한성백제박물관 학술총서

근초고왕과 석촌동고분군

The King Geunchogo and Baekje Royal Tombs in Seoul

근초고왕과
석촌동고분군

발행인 이인숙(한성백제박물관장)
총괄 이인숙(한성백제박물관장)
기획 · 진행 조영훈(백제학연구소장), 김서경(학예연구사)
편집교정 김서경(학예연구사), 전미정(연구원)
행정지원 이상진 · 이영경 · 정혜경(총무과)

번역 일문 박재용(충청남도역사문화연구원)
중문 송동림(학예연구사), 박준형(연구원)
통역 일문 박재용(충청남도역사문화연구원)
중문 조윤재(고려대학교)

한성백제박물관
05540 서울특별시 송파구 위례성대로 71
Tel. 02-2152-5800
http://baekjemuseum.seoul.go.kr

발행일 2016년 10월 28일

디자인 · 제작 홀리데이북스
Tel 02-2026-0545

ISBN 979-11-86012-18-5

한성백제박물관 학술총서

근초고왕과 석촌동고분군

The King Geunchogo and Baekje Royal Tombs in Seoul

한성백제박물관
SEOUL BAEKJE MUSEUM

발 간 사

대한민국 수도, 서울은 지구상에서 몇 번째로 손꼽히는 현대 거대 도시이면서 고대에는 한반도의 중추인 한강 유역을 중심으로 오랫동안 전개된 한민족 역사 현장이기도 합니다. 21세기 현대에도 지정학적으로 그 중요성이 강조되고 있는 한강 유역은 삼국시대 이전부터 한민족 고대 지배 세력들 간 각축장이었기 때문에 수많은 역사 흔적들이 서울과 그 주변 땅 속에 잠들어 있습니다.

지금으로부터 2천여 년 전, 백제의 온조 대왕은 한강 변에 첫 도읍을 정해 나라를 세웠고 이곳은 이후 5백여 년 간 왕도로서 발전을 거듭하였습니다. 서울 지역 최초의 고대 국가, 백제는 전체 678년 역사 중에서 493년 동안 이 지역에 머무르며 주변 세력들을 아우르고 강력한 왕권을 키워 나아갔습니다. 초대 온조왕을 비롯하여, 16 관등제를 마련하고 삼국 중 가장 먼저 율령을 반포한 고이왕, 평양까지 진출하여 고구려를 공격하는 등 강력한 왕권을 행사했던 근초고왕과 한성백제 시대 마지막 왕인 개로왕에 이르기까지 전체 백제왕의 3분의 2에 해당하는 21명의 왕이 이곳, 한성에서 즉위하였습니다. 서울(당시 위례성, 한성)에 도읍하며 한강을 통해 중국, 일본 등과 대외교류를 활성화하여 해상강국으로서 이름을 날리고 문화적으로도 크게 융성했던 백제는 한강유역을 고구려에게 빼앗기면서 백제 전기 왕도는 사라지고 왕성이 자리했던 위례성 유지는 최근까지도 위치 비정 논란에 시달려야 했습니다. 서기 475년 백제가 고구려 장수왕의 침공을 받아 공주(웅진)로 천도한 후 현대까지도 백제 전기 왕도 5백여 년 역사의 흔적은 뚜렷한 기록 자료의 부족과 유적에 대한 충실한 조사, 보존이 이루어지지 못한 채, 도시 건설과 개발 논리에 우선 자리를 내어주고 많은 부분 기억 속에 영원히 묻혀버릴 뻔했던 것입니다. 그 동안 줄곧 논의되어 왔던 초창기 백제 도읍지, 하남 위례성의 위치에 대해 학계에서 비로소 신빙성 있는 견해가 제시된 것은 백제의 왕릉 지구로 추정되는 송파구 석촌동 일대 고분군에 대한 발굴 조사와 풍납토성 유지 내에서 왕도 관련 유구가 발굴되기 시작한 이후의 일이라 하겠습니다.

최근, '2천년 역사도시 서울'을 바로 세우자는 기치 아래, 백제 왕도와 왕릉 지구에 대한 면밀한 조사 필요성이 제기되고 학계와 박물관의 연구 활동에 지원과 협력이 이루어지면서 거의 잃어버린 고대사 복원에 한걸음 다가서게 된 것은 그나마 다행스러운 일이라 생각합니다. 백제 제13대 근초고왕(346-374년 재위)은 한성백제시대 최고 전성기를 이끈 왕으로서 전기 백제사에서 가장 명성을 드높인 왕이라 할 수 있습니다. 우리나라 고대사 속 백제가 왕국으로서 정치적, 문화적 위상을 확고히 하면서 상당한 수준의 성장과 영토 확장을 이루어낼 수 있었던 근초고왕 시대 역사에 대한 재조명과 심도 있는 탐구가 온전한 백제 역사 복원에 있어서 절대적으로 필요한 시점이라 하겠습니다.

한성백제박물관에서는 서울특별시와 서울특별시의회의 적극적 지원으로 지난 6월 3일과 4일, 양일 간 '근초고왕과 석촌동고분군' 국제학술대회(1부: 근초고왕과 그의 시대, 2부: 석촌동고분군과 근초고왕)를 개최한 바 있습니다. 이 국제학술대회에는 20여 명이 넘는 국내외 연구진들이 참가하여 모두 11편의 연구 논문이 발표되었습니다. 지금까지 학계에서 연구된 근초고왕 代의 대내외 정세 및 시대 상황에 대해 집중적으로 조명해 보는 좋은 기회로서, 백제 왕릉지구로 알려진 국가사적 제243호 석촌동고분군에 대한 기존 조사 성과를 위시하여 최근 재개된 한성백제박물관의 석촌동고분 시굴, 발굴 조사 내용도 일부 보고되어 본격적인 학술 논의를 더할 수 있었습니다. 학술대회에서 발표된 논문들과 종합토론에서 정리된 내용을 모아 이제 한권의 책으로 간행하게 되었습니다. 앞으로도 진지하게 이어져야 할 올바른 우리 역사 찾기 노력에 이 책이 하나의 작은 시금석이 되기를 기대합니다.

앞으로 한성백제박물관은 이러한 학술연구 및 발굴조사 성과를 바탕으로 백제 역사 보존과 복원 내용을 더욱 풍부히 하고, 나아가 '백제학의 정립과 확산'을 위해 매진할 것입니다. 더불어 전시와 교육 활동을 활성화하여 학계와 박물관계의 발전에 이바지하면서 지역 간 교류와 소통에 앞장서고 일반 대중에 가까이 다가가는 박물관의 공공적 기능과 역할에 충실하고자 노력을 기울일 것입니다.

2016년 10월,

한성백제박물관 관장 李 仁 淑

축 사

'근초고왕과 석촌동고분군' 국제학술대회가 지난 2016년 6월 3일과 4일에 개최되었습니다. 이제 여기서 발표된 여러 편의 논문들과 종합토론에서 논의된 사항들을 정리하여 학술총서로 발간하고자 합니다. 학술총서 발간을 통해 근초고왕과 석촌동고분군의 연구현황과 성과를 연구자와 시민들이 다 함께 공유할 수 있기를 기대합니다.

서울은 백제의 건국 이래 현재까지 우리 한민족 역사의 주요 무대가 되어온 유구한 전통의 도시입니다. 특히 송파는 백제의 도성과 왕릉이 자리 잡은 곳으로서 풍납토성과 몽촌토성, 그리고 석촌동고분군과 방이동고분군 등 주요 유적들이 남아 있는 생생한 역사의 현장입니다. 흔히 백제의 도성이라고 하면, 우리는 공주나 부여를 떠올리게 됩니다. 그러나 이 곳 서울, 특히 송파는 무려 500년에 이르는 장구한 시간 동안 백제의 첫 번째 도성이었고 백제 최고의 전성기를 이룬 근초고왕이 활약했던 장소입니다.

이번 국제학술대회와 학술총서 발간을 통해 근초고왕이 다시 깨어나 우리 송파에 백제의 숨결을 불어넣고, 송파가 세계적인 역사관광명소로 발돋움하는 발판이 되었다고 생각합니다. 또한 이런 학술대회를 지속적으로 개최하여 '백제 건국 도성, 송파'의 찬란한 역사를 재현해낼 수 있기를 기원합니다.

송파의 역사적 뿌리를 발굴하는 일은 단지 송파만이 아니라 서울의 미래가치를 담아내는 일입니다. 서울특별시의회는 2000년 역사도시 서울을 재조명하는 이 뜻깊은 일에 지원을 아끼지 않겠습니다. 이번 국제학술대회와 같은 고증 사업은 물론 현재 진행 중인 관광명소화 사업이 차질 없이 진행될 수 있도록 적극적으로 앞장설 것을 약속드립니다.

끝으로 학술대회에서 훌륭한 발표와 더불어 열성적으로 토론에 임해주신 국내외 여러 학자분과 여기에 관심을 가지고 참석해주신 시민들께 이 자리를 빌려 깊은 감사의 말씀을 드립니다.

2016년 10월,

서울특별시의회 의원 강 감 창

제1부 근초고왕과 그의 시대

차 례

제2부 석촌동고분군과 근초고왕

주제발표

제1부

근초고왕과 그의 시대

주제발표 1

근초고왕대 마한 복속에 대한 일고찰

정 재 윤 공주대학교

Ⅰ. 머리말

Ⅱ. 마한 복속에 대한 관점

Ⅲ. 백제의 마한 복속 요인

Ⅳ. 근초고왕대 마한 복속의 실체

Ⅴ. 맺음말

Ⅰ. 머리말

근초고왕은 마한을 정벌하고, 그 여세를 몰아 평양성 전투에서 고구려에 승리하였다. 이어 동진東晉과 통교를 하며, 국제사회에서 백제의 이름을 널리 알렸다. 이러한 원동력으로는 366년 신라와 통교, 가야를 통한 왜와의 교류 등도 빠트릴 수 없다. 이처럼 근초고왕 때 특징 가운데 하나는 활발한 대외 교류와 영토 확장을 들 수 있겠다. 흥미로운 점은 마한을 통과해야 가야 · 신라 · 왜와 통교를 할 수 있으며, 후방인 마한 지역의 동향이 고구려와의 일전에 중요하였다는 사실이다. 이러한 점에서 본다면 백제의 마한 복속은 대외 교류와 영토 확장의 출발점이라 할 수 있겠다.

이에 따라 백제의 마한 복속에 대해서는 많은 선학이 관심을 가져왔다. 하지만 그 시기와 지배 형태에 대해서는 큰 편차가 존재하여 새로운 접근 방식이 요구된다. 마한 복속은 『삼국사기三國史記』 온조왕대 기사와 『일본서기日本書紀』 신공기神功紀 49년조 기사의 사료적 검토와 분석, 그리고 고고학 결과물 등에 관한 다양한 해석이 상존하고 있기 때문이다.

이에 본고에서는 3가지 핵심 키워드를 중심으로 마한 복속[1]에 대한 관점

1 복속이란 용어는 사전적인 의미로는 순종하여 귀속됨을 뜻한다(檀國大學校, 2003, 『漢韓大辭典』 6, 東洋學硏究所, 1009쪽). 이는 자발적인 면을 뜻하지만 한편으로 무력을 통한 복속도 의미한다. 이러할 경우 피동 형태인 '복속시키다'라는 말이 더 적절하다고 생각된다. 지역 지배에 대한 관점은 직접지배를 뜻하는 '영토'의 개념, 간접지배까지 포함하는 '세력권', 정치적 · 군사적 의무 관계가 형성되지 않은 '영향권'이란 3단계 구분을 하는 선학의 연구(김영심, 2003, 「웅진 · 사비시기 백제의 영역」, 『古代 東亞細亞와 百濟』, 서경문화사, 91-95쪽)가 있다. 이에 의하면 영역이라는 범주도 세력권까지 포함시키며, 마한을 백제의 영역으로 보지 않았다. 필자는

을 합리적으로 정리하고자 한다. 다음으로, 백제가 마한을 복속시킬 수 있었던 요인에 대하여 살펴보고자 한다. 이를 통해 백제가 마한을 압도할만한 점과 근초고왕대 마한 복속을 마무리할 수 있었던 요인이 무엇이었는지 밝혀질 것으로 기대된다. 끝으로, 근초고왕대 마한 복속의 실체를 규명하고자 한다. 자발적인 복속과 정벌의 의미, 시기적으로 일시에 이루어졌는가도 새롭게 고찰할 문제이다. 이를 통하여 근초고왕대 마한 복속의 실체를 파악하였으면 하는 바람이다.

그 구분법에는 대체로 동의하지만 마한의 복속이란 영역의 범주로 볼 수 있다고 생각한다. 또한 복속은 포괄적 의미이며, 정벌은 저항할 경우에 무력을 동반함을 뜻한다. 이러한 관점에서 백제의 마한 복속과 정벌의 편차성을 다루고자 한다.

Ⅱ. 마한 복속에 대한 관점

마한 복속에 대한 문헌 자료는 크게 『삼국사기』와 『일본서기』에 보인다.[2] 그런데 두 기사는 시기적으로 일치하지 않아 사료 비판이 선행되어야 한다. 먼저, 『삼국사기』를 살펴보기로 하자. 아래는 이와 관련된 자료를 모은 것이다.

> A-1. 가을 7월에 왕이 熊川 책을 세우자 마한왕이 사신을 보내 나무라며 말하였다. "왕이 처음 강을 건너와서 발 디딜 만한 곳도 없을 때 내가 동북쪽의 100리 땅을 떼어주어 편히 살게 하였으니 왕을 대우함이 두텁지 않았다고 할 수 없소. 마땅히 이에 보답하려고 생각해야 하건만, 이제 나라가 완성되고 백성들이 모여드니 '나에게 덤벼들 자가 없다'고 하면서 성과 못을 크게 짓고 우리 땅을 침범하니 그것이 과연 의리에 맞는 일인가?" 왕이 부끄러워하여 마침내 그 목책을 헐어 버렸다.
>
> 〈『三國史記』 23 百濟本紀1 溫祚王 24年條〉

> -2. 봄 2월에 왕궁의 우물물이 갑자기 넘치고, 漢城의 민가에서 말이 소를 낳았는데 머리 하나에 몸은 둘이었다. 점쟁이가 말하길 "우물물이

2 중국 사서인 『三國志』와 『晋書』 등에도 보이지만 구체적인 실체 파악은 어렵기 때문에 두 사서를 중심으로 논의를 진행하면서 부분적으로 언급하고자 한다.

갑자기 넘친 것은 대왕께서 우뚝 일어날 조짐이요, 소의 머리가 하나고 몸이 둘인 것은 대왕께서 이웃 나라를 병합할 징조입니다"라고 하였다. 왕이 듣고 기뻐하며 드디어 진한과 마한을 병탄하려고 마음먹었다.

〈『三國史記』 23 百濟本紀1 溫祚王 25年條〉

-3. 가을 7월에 왕이 말하길 "마한이 점점 약해지고 윗사람과 아랫사람의 마음이 갈리어 그 형세가 오래갈 수 없을 것 같다. 만일 남에게 병합된다면 입술이 없어지자 이가 시린 격이 되어 후회하더라도 이미 늦을 것이다. 남보다 먼저 병합하여 훗날의 어려움을 면하는 편이 더 낫다"고 하였다. 겨울 10월에 왕이 군사를 내어 겉으로는 사냥한다고 하면서 몰래 마한을 습격하여 마침내 그 國邑을 병합하였다. 그러나 원산성과 금현성만은 굳게 지키며 항복하지 않았다.

〈『三國史記』 23 百濟本紀1 溫祚王 26年條〉

-4. 여름 4월에 두 성이 항복하였다. 그 백성을 漢山 북쪽으로 옮기니 마한이 마침내 망하였다. 가을 7월에 대두산성을 쌓았다.

〈『三國史記』 23 百濟本紀1 溫祚王 27年條〉

위의 사료 A-4에 의하면 백제는 온조왕 27년(9) 마한을 정벌한 것으로 기록되었다. 이를 신뢰하는 견해[3]도 있지만 3세기 중·후반에 편찬된 『삼국지三國志』 동이전東夷傳 마한조馬韓條에 마한의 여러 나라가 열거되었으며, 백제는

3 온조왕 때의 사실로 보고 홍성 금마의 마한을 멸망한 것으로 보는 견해(千寬宇, 1989, 『古朝鮮史 · 三韓史研究』, 一潮閣, 320-322쪽)와 백제 부근에 있던 마한의 맹주국을 정벌한 것으로 이해하고 이후 충청도이남 지역에서 새로운 맹주국으로 대두되었다고 보는 견해(李鍾旭, 1999, 『韓國의 初期國家』, 276쪽)가 대표적이다.

그중 한 소국에 불과하기 때문에 이를 그대로 믿기에는 석연치 않은 점이 존재한다. 이에 따라 마한 정벌 기사를 후대의 사실이 온조왕 때로 부회附會되었으며, 구체적으로는 고이왕 때로 상정하는 견해[4]가 지배적이다.

고이왕대로 보는 견해는 246년 기리영崎離營 전투 이후 정치적 파장에 주목하였다. 기리영 전투 이후 백제국이 한강 이남으로 이주하여 목지국과 충돌이 일어났다고 본 것이다. 그 시기는 240년대에서 280년대로 추정하였다.[5] 아울러 고이왕대 국가체제 정비에 주목하여 구체적으로 246년에서 263년에 걸친 마한 정복 기사로 보는 견해[6]도 제시되었다. 이에 대해서는 이 기사에 등장하는 지명과 고고학적인 증거를 통해서 검토를 해보자.

먼저, 앞의 사료 A-3에 보이는 항복하지 않은 원산성과 금현성의 위치 비정이다. 원산성은 금산 진산으로 비정하는 견해,[7] 전북 전주시로 비정하는 견해[8]가 있다. 그런데 앞의 사료 A에 보이는 마한은 대체로 목지국으로 비정하고, 목지국은 아산만 일대로 보고 있다.[9] 이를 고려하면 저항한 원산성은 아산만 일대와 비교적 가까운 금산 일대로 보는 것이 타당할 듯하다.

다음으로 금현성은 전의의 금성산으로 보는 견해,[10] 진천으로 보는 견해[11]가 있다. 이중 앞의 사료 A-4에 보이는 것처럼 마한을 멸망시키고 아산 일대로 비정되는 대두산성[12]을 쌓기 때문에 이와 가까운 전의로 보는 것이 옳을

4 李丙燾, 1959, 『韓國史』古代, 350쪽; 李賢惠, 1997, 「3世紀 馬韓과 百濟國」, 『百濟의 中央과 地方』, 忠南大, 15-29쪽; 兪元載, 1994, 「晉書의 馬韓과 百濟」, 『韓國上古史學報』 17, 146쪽; 金壽泰, 1998, 「3세기 중 · 후반 백제의 발전과 馬韓」, 『馬韓史研究』, 忠南大, 197-203쪽.

5 李賢惠, 1997, 앞의 논문, 15-29쪽.

6 金壽泰, 1998, 앞의 논문, 197-203쪽.

7 千寬宇, 1976, 「三韓의 國家形成」下, 『韓國學報』 3, 一志社, 128쪽.

8 全榮來, 1975, 「完山과 比斯伐論」, 『馬韓百濟文化』, 創刊號, 249쪽.

9 李賢惠, 1997, 앞의 논문, 13~14쪽.

10 李丙燾, 1976, 『韓國古代史研究』, 博英社, 57쪽.

11 민덕식, 1983, 「高句麗의 道西縣城考」, 『史學研究』36, 47쪽.

12 충남 공주 혹은 서천 지역으로 보는 견해(千寬宇, 1976, 앞의 논문, 130쪽), 아산시 음봉면 수한산성으로 보는 견해(李基白, 1978, 「熊津時代 百濟의 貴族勢力」, 『百濟研究』 9, 12쪽), 아산시 영인산성으로 보는 견해(兪元載, 1992, 「百濟 湯井城 研究」, 『百濟論叢』 3, 84쪽)가 있다. 온조

듯하다.[13] 이를 통하여 온조왕 마한 정벌 기사는 목지국과 관련된 정복이며, 대체로 아산만 일대를 크게 벗어나지 않은 범위 내에서 이루어진 영역 확장으로 보아도 좋을 듯하다.

아산만 일대의 목지국은 천안 청당동[14]과 아산 밖지므레[15] 등의 유적을 통해서 활발한 대외교류와 위상을 알 수 있으나 이 유적들은 4세기에 이르면 유물의 질이 확연하게 떨어진다. 이를 고려하면 천안 일대가 백제의 세력 범위 안에 편입된 것을 확인할 수 있으며[16], 목지국은 쇠퇴한 것이 분명하다. 이를 통하여 『삼국사기』 온조왕대의 마한 정벌 기사는 시기적으로 온조왕 때가 아닌 3세기 중후반 이후의 사실을 말해주며, 범위도 마한 전체가 아닌 아산만 권역을 크게 벗어나지 않은 것으로 생각된다.

이와 달리 백제의 마한 복속 시기를 근초고왕 때로 상정하는 것은 『일본서기』 신공기 49년조에 이의 단서가 있기 때문이다. 아래는 이를 전하고 있는 사료이다.

B. 봄 3월 荒田別과 鹿我別을 장군으로 삼아 久氐 등과 함께 군사를 정비하여 (바다를) 건너가 卓淳國에 이르러 신라를 습격하려고 하였다. 이때 어떤 사람이 "병사의 수가 적어서 신라를 깨뜨릴 수 없으니 다시 沙白과 蓋盧에게 표문을 바쳐 군사를 늘려달라고 청하십시오."라고 하였다. 곧 木羅斤資와 沙沙奴跪[이들 두 사람은 그 성을 알 수 없다. 다

왕 36년 온양에 탕정성을 쌓고 대두산성의 민호를 옮겼다는 기록과 관련시켜 보면 아산 지역으로 비정하는 것이 타당하다(정구복 외, 2012, 『역주 삼국사기』 3, 한국학중앙연구원출판부, 630쪽).

13 정구복 외, 2012, 앞의 책, 629쪽.

14 韓永熙 · 咸舜燮, 1993, 『淸堂洞』, 국립중앙박물관, 144쪽.

15 충청남도 역사문화연구원, 2011, 아산 탕정 LCD단지 조성부지(2구역)내 『牙山 鳴岩里 밖지므레遺蹟』 3지점(본문 · 도판), 502-503쪽.

16 김영심, 1999, 「백제의 영역변천과 지방통치」, 『특별전 백제』, 국립중앙박물관, 226-227쪽.

만 木羅斤資는 백제의 장군이다.]에게 명하여 정예 병사를 이끌고 沙白·蓋盧와 함께 보냈다. 모두 탁순에 모여 신라를 쳐서 깨뜨렸다. 이어 比自炑·南加羅·喙國·安羅·多羅·卓淳·加羅 등 7국을 평정하였다. 이어 군사를 옮겨 서쪽으로 돌아 古奚津에 이르러 南蠻 忱彌多禮를 屠戮하여 백제에게 주었다. 이에 그 왕인 肖古(근초고왕 : 필자 주)와 왕자인 貴須(근구수왕 : 필자 주)가 또한 군사를 이끌고 와서 모였다. 이때 比利辟中布彌支半古四邑이 자연스럽게 항복하였다. 이리하여 백제왕 부자와 荒田別·木羅斤資 등이 함께 意流村 [지금의 州流須祇 이다.]에서 만나 서로 보고 기뻐하며, 답례를 후하게 하여 보냈다. 오직 千熊長彦만 백제왕과 백제국에 이르러 辟支山에 올라 맹서하고, 다시 古沙山에 올라 磐石 위에 함께 앉았다. 이때 백제왕이 맹서하기를 "만약 풀을 깔고 앉으면 불에 탈 염려가 있습니다. 또 나무를 깔고 앉으면 홍수에 쓸려갈 염려가 있습니다. 그러므로 반석에 앉아 맹서하는 것은 영원히 썩지 않을 것임을 나타내는 것입니다. 이리하여 지금부터는 영원토록 끊임없이 서쪽의 번국임을 칭하며 봄·가을로 조공할 것입니다."라고 하였다. 이어 千熊長彦을 데리고 도읍 아래에 이르러 예우를 두텁게 하였으며, 또한 久氐 등을 딸려 보냈다.

〈『日本書紀』 9 神功皇后 49年條〉

위의 사료에 보이는 신공기 49년은 259년이다. 그런데 『일본서기』는 보통 2주갑을 하향 조정하므로, 근초고왕 24년(369)에 해당한다. 이는 『일본서기』에 나와 있는 백제 왕력을 통해서 확인된다.[17] 위의 사료에 보이는 정벌 지역은 크게 4부분으로 나뉜다. 먼저, 탁순卓淳에 집결하여 신라를 정벌하였다. 다

17 『日本書紀』의 연대 수정은 『三國史記』 왕력과의 비교를 통해서 이루어진다. 이를 수정할 경우 대부분 120년 남짓 차이가 나므로 2주갑 인하하여 보정한다(李丙燾, 1976, 앞의 책, 518쪽).

음으로, 비자발比自炑 · 남가라南加羅 · 탁국㖨國 · 안라安羅 · 다라多羅 · 탁순卓淳 · 가라加羅 등 가야 7국을 평정하였다. 가야 정벌이 두 번째가 된다. 셋째, 고해진古奚津에 이르러 남만南蠻 침미다례忱彌多禮를 도륙屠戮하여 백제에게 주었다. 전남 서남해안 일대는 세 번째 정벌 지역이 된다. 마지막으로 백제의 근초고왕과 근구수 부자가 오자, 비리比利 · 벽중辟中 · 포미布彌 · 지반支半 · 고사古四 읍이 스스로 항복하였다. 이곳은 네 번째 지역으로, 스스로 항복하였다는 점에서 다른 곳과 차별성이 있다.[18]

이 기사는 왜곡이 심하여 여러 면에서 논리적 모순이 보인다. 먼저, 첫 번째 대상인 신라는 이미 신공기 9년에 정복되었으나 다시 정벌 대상이 된다. 다음으로, 신라 정벌의 집결지였던 탁순국은 오히려 정벌의 대상이 되었다. 이처럼 모순된 행동은 신라 → 가야 → 마한 지역으로 이어지는 공격 루트가 일시에 이루어진 것이 아니라 조작된 것임을 말해준다. 무엇보다도 신공기 49년조의 핵심이 네 번째 지역과 세 번째 지역이라는 점도 간과할 수 없다. 세 번째 지역은 정벌하여 백제에 주었고, 네 번째 지역에서는 백제가 왜의 서번西蕃이 되겠다고 맹세를 한다는 점에서 이 기사의 핵심적인 내용이 되는 것이다. 따라서 신라와 가야 정벌은 마한 정벌의 부수적인 전치구라 할 수 있다.[19]

물론 이 기사를 그대로 취신取信하여 임나일본부任那日本府의 근거[20]로 보기도 하지만 당시 일본 열도가 통일되지 못하면서 한반도 정벌이 가능한가 하는 점, 비슷한 논리이지만 야마토국大和國 지배력의 범위가 큐슈九州 지역을 완전히 장악하지 못한 점[21] 등 여러 면에서 문제가 발생한다. 급기야 신공기

18 정재윤, 2013,「문헌자료로 본 比利辟中布彌支半古四邑」,『百濟學報』9, 120-123쪽.
19 정재윤, 2013, 앞의 논문, 120-123쪽.
20 末松保和, 1949,『任那興亡史』, 吉川弘文館, 46-63쪽.
21 연민수, 1998,『고대한일관계사』, 혜안, 262-263쪽.

기사 자체의 조작설[22]까지 제기되고 있기 때문에 설득력이 약하다. 또한 근초고왕대가 아닌 5세기 이후의 사실을 반영한다는 견해[23]도 있어 더욱 혼란이 가중된다.

그렇지만 근초고왕대 백제와 왜의 교류가 없었다면 광개토왕릉비에 나오는 백제와 왜의 군사적 협력 관계는 어떻게 설명할 수 있을까에 대해 의문이 든다.[24] 대방계를 공격한 백제와 왜의 군사[25]적 협력이 가능하게 하려면 사전에 충분한 교류가 선행되어야 한다. 이는 아신왕 6년(397) 전지왕이 왜에 질자質子로 가면서 이루어진 군사적 협력 단계로 보인다. 왜가 황해도 지역에 이르려면 남해안과 서해안을 거쳐야 하므로 이러한 면에서 4세기 중 · 후반 근초고왕 때 왜와 백제의 통교 사실로 보아도 큰 문제는 없을 듯하다.

신공기 기사를 근초고왕 때로 본다면 온조왕대『삼국사기』마한 정벌 기사와 비교하여 보자. 먼저, 마한 정벌의 주체이다. 앞의 사료 B에 보이는 것처럼 이 정벌에 백제장군인 목라근자木羅斤資가 큰 역할을 하였다는 점에서, 정벌의 주체를 신공황후神功皇后가 아닌 백제왕으로 보는 것은 무난하다.[26] 따라서 근초고왕대 마한 정벌이 확인[27]되는 것이다.

정벌 지역도 등장하는 지명을 통하여 추정할 수 있다. 앞의 사료 B에 보이는 고해진은 강진 혹은 해남으로 비정된다.[28] 침미다례忱彌多禮 역시 강진이나

---

22 연민수, 1998, 위의 책, 43-56쪽.

23 金起燮, 1997,『百濟 漢城時代 統治體制 研究』, 韓國精神文化研究院 博士學位論文, 168-170쪽; 田中俊明, 1997,「熊津時代 百濟의 領域再編과 王 · 侯制」,『百濟의 中央과 地方』, 忠南大 百濟研究所, 260-262쪽; 李根雨, 1997,「熊津時代 百濟의 南方境域에 대하여」,『百濟研究』27, 59-60쪽; 연민수, 1998, 앞의 책, 혜안, 40-56쪽.

24 주보돈, 2011,「백제 칠지도의 의미」,『韓國古代史研究』62, 280-286쪽.

25 광개토왕릉비에 의하면 14년(404) '倭不軌 侵入帶方界 和通殘兵□'라는 구절[판독은 王健群(林東錫 譯),『廣開土王碑 研究』, 역민사, 1985, 272-276쪽을 따랐다]이 보인다.

26 李丙燾, 1976, 앞의 책, 511-514쪽; 千寬宇, 1991, 앞의 책, 23쪽.

27 李丙燾, 1976, 앞의 책, 511-514쪽; 盧重國, 1987,「馬韓의 成立과 變遷」,『馬韓 · 百濟文化』10, 40-41쪽; 李基東, 1990,「百濟國의 成長과 馬韓 倂合」,『百濟論叢』2, 60쪽; 千寬宇, 1991,「復元加耶史」,『加耶史研究』, 一潮閣, 23쪽.

28『三國志』30 東夷傳 馬韓條에 보이는 구해국(狗奚國)과 동일한 것으로 보인다. 전남 강진 일

해남으로 비정[29]되기 때문에 전남 서남해안 일대임을 알 수 있다. 이는 분명 『삼국사기』 온조왕 마한 정벌 기사와 차이가 있는 것으로, 서로 배치된 것으로 볼 수도 있다. 그렇지만 온조왕대 기사를 백제가 목지국을 정벌하여 마한의 주도권을 장악하였고, 근초고왕대 이르러 마한 전체를 복속시킨 것으로 본다면 서로 보완적인 기사가 될 수 있다고 생각한다.

이 문제와 밀접하게 관련된 것이 앞의 사료 B에 등장하는 가야 정벌의 문제이다. 이 기사를 백제가 근초고왕 때 가야제국을 군사적으로 지배하였다고 보기도 하지만[30] 신라와 마찬가지로 가야 기사는 모순점을 가지고 있으므로 동의하기 힘들다. 실제 신공기 50년(370) 5월조에서는 왜가 백제에 경남 하동으로 비정되는 다사성多沙城을 준 것으로 서술[31]하였다. 그런데 '다사多沙'라는 지명은 계체기繼體紀 23년(529) 3월조에도 보인다. 이에서는 백제가 왜에 가라加羅의 다사진多沙津을 요구하자 왜가 이를 허락하였다고 하는 내용이다.[32] 중복되는 두 자료에서 백제가 6세기경 다사진을 확보하였다고 보는 것에는 이론이 없다. 따라서 왜가 백제에게 다사성을 하사하였다는 신공기 기사는 백제가 6세기경 다사진을 확보한 역사적 사실이 4세기 후엽의 사실처

대로 비정한 견해(李丙燾, 1976, 앞의 책, 512쪽), 해남 일대로 보는 견해(全榮來, 1985, 「百濟南方境域의 變遷」, 『千寬宇先生還曆紀念 韓國史學論叢』, 正音文化社, 141쪽)가 있다.

29 『日本書紀』 17 繼體 2年(508) 12月條에는 남해(南海)의 '탐라(耽羅)'가 보인다. 이 기사의 '남해(南海)'와 신공기(神功紀)의 '남만(南蠻)'이라는 표현이 유사하다는 것에 주목하여 침미다례(忱彌多禮)를 제주도로 비정하기도 한다(三品彰英, 1962, 『日本書紀 朝鮮關係記事考證』 上, 吉川弘文館, 154쪽; 李鎔賢, 1999, 「『梁職貢圖』 百濟國使條の「旁小國」」, 『朝鮮史研究會論文集』 37, 187-188쪽). 그러나 제주도는 백제에서 가야에 이르는 해상 교통로에서 벗어나 있고, 그 복속이 웅진 천도 이후라는 점에서 근초고왕대와는 상관이 없다. 오히려 고해진(古奚津)의 요충지인 강진(李丙燾, 1976, 앞의 책, 512쪽; 노중국, 2011, 앞의 논문, 13쪽), 혹은 해남 일대(李道學, 1995, 앞의 책, 349-352쪽)로 보는 것이 타당하다. 최근에는 고고학적 성과에 의해 고흥반도 일대로 보는 견해(임영진, 2010, 「침미다례의 위치에 대한 고고학적 고찰」, 『百濟文化』 43, 14-22쪽)도 제기되었다.

30 千寬宇, 1991, 앞의 책, 23쪽.

31 『日本書紀』 9 神功皇后 50年條.

32 『日本書紀』 17 繼體天皇 23年條.

럼 소급되었다고 볼 수 있다.[33] 이를 통하여 우리는 중요한 사실을 확인할 수 있다. 경남 하동 지역은 일본 열도로 가는 중요한 교통로이다. 다사성을 확보함으로써 백제는 왜와 통교할 수 있었다. 근초고왕 때 다사성의 확보는 교역로 확보 차원으로 이해할 수 있는 것이다. 따라서 가야 정벌은 사실이 아니며, 탁순국을 매개로 가야 지역과 협력 관계를 구축한 것으로 생각된다. 이와 같이 가야 정벌 기사를 교역로의 확보 차원에서 이해하면 백제의 전남 서남해안 일대 확보는 필수적이다. 근초고왕대 마한 복속을 이해하는 중요한 시대적 상황이다.

끝으로, 영산강 유역에서 보이는 전용 옹관묘 문제이다. 영산강 유역의 옹관묘는 3세기 후반 이후 대형화되고,[34] 전용 옹관으로 발전하였다. 고총 고분의 등장은 권력의 집중도를 말해준다 할 수 있다. 대표적인 옹관묘군이 있는 영암 시종면 지역은 5세기 전반까지 축조되며, 나주 반남면 일대도 6세기 전반까지 이른다.[35] 이 때문에 백제계 굴식돌방무덤의 등장 이전인 6세기 전반까지 마한이 존속하였다고 보는 설[36]이 제시되었다. 백제 중앙과는 다른 토착적인 무덤의 축조와 대형화는 마한의 정치적 독립성을 보여준다는 것이다. 이 문제의 핵심은 문화적 현상을 정치적 독립과 연결할 수 있는가가 관건이 된다.

옹관묘의 고총화는 고구려의 남하를 저지하기 위해 북방에 전력을 기울임으로써 영산강 유역의 토착 세력이 강대해진 것으로 볼 수도 있다.[37] 그러나 이들이 강해진 원동력은 무엇일까 궁금하다. 분명 자체적인 성장으로만 볼

33 연민수, 1998, 앞의 책, 50쪽.

34 그 시기로는 3세기 후반설(安承周, 1983, 「백제 옹관묘에 관한 연구」, 『百濟文化』 15, 32쪽)과 4세기 전후설(成洛俊, 1983, 「영산강 유역의 옹관묘 연구」, 『百濟文化』 15, 180쪽)로 나뉜다.

35 강봉룡, 1998, 「5-6세기 영산강유역 '甕棺古墳社會'의 해체」, 『百濟의 地方統治』, 學研文化社, 224쪽.

36 林永珍, 1996, 「全南의 石室墳」, 『全南의 古代 墓制(本文)』, 全羅南道 · 木浦大學校博物館, 760쪽.

37 姜鳳龍, 1998, 앞의 논문, 244쪽.

수 있는 것은 아니다. 옹관묘 중심 고분이 있는 영암과 나주 지역의 부상은 백제와의 관련성을 부인할 수 없기 때문이다.[38] 앞의 사료 B에서는 백제에 저항한 침미다례忱彌多禮가 도륙되었다는 점을 강조하고 있다. 이를 통해 저항하지 않은 나머지 세력은 온전한 것으로 보인다. 최소한 백제에 협조한 세력들만 온전한 것으로 확인할 수 있다. 이처럼 백제의 영산강 유역과 서남해안 장악은 고구려의 남하에 맞서기 위해 가야-왜로 이어지는 교역로의 개척과 후방인 영산강 유역의 안정이 필요하다는 시대적 상황을 고려해야 한다. 이에 고구려의 남하에 맞서 영산강 유역의 도움이 필요하였으며, 이때 영산강 유역의 정치체와 백제의 관계를 지배적 동맹 관계로 보기도 한다.[39] 하지만 힘에 있어서 우위를 차지한 백제와 연맹체의 실체가 드러나지 않은 영산강 유역을 동맹으로 보는 것도 모호하다. 그렇다고 백제 중앙의 굴식돌방무덤橫穴式石室墳이 등장한 시점을 지배로 볼 수 있는가도 의문이다.

사실 정치적 지배와 문화적 동질성이 반드시 일치하는 것은 아니다. 문화적 침투는 시간적 편차가 있으며, 지배의 정도 혹은 정책에 따라 차이가 날 수 있기 때문이다. 따라서 이를 가늠하는 기준점은 정치체로서 마한의 존속 여부가 관건이 될 것이다. 정치체로서 마한은 4세기 이후 보이지 않는다는 점에 주목하여 근초고왕 때 백제 영역에 편입되었다는 증거[40]로 본다. 반면에 『송서宋書』 왜국전倭國傳에 등장하는 모한慕韓을 이 지역의 독자적인 국가로 보는 견해[41]도 있다. 이 중 모한은 왜의 자칭이기 때문에 당시 현존한 국가로 보기에는 다소 문제가 있다. 따라서 마한은 4세기 이후 보이지 않아 정치체는 소멸한 것으로 보는 것이 온당하다.[42]

38 拙稿, 2016, 「삼국시대 나주와 영산강 유역 세력의 동향」, 『歷史學硏究』 62, 45쪽.
39 朴淳發, 1999, 「百濟의 南遷과 榮山江流域 政治體의 再編」, 『韓國의 前方後圓墳』, 忠南大, 101쪽.
40 노중국, 2000, 『영산강유역 고대사회의 새로운 조명』 토론 요지문, 전라남도, 239-240쪽.
41 田中俊明, 2000, 「榮山江流域 前方後円形古墳의 性格」, 앞의 책, 191쪽.
42 『晋書』 馬韓傳에 의하면 290년 이후 통교 사실이 보이지 않는다.

문제 해결의 단서는 근초고왕대 고구려와의 전쟁에서 3만여 명의 군사를 동원하였다는 사실이다. 백제가 전라도 지역을 복속시키지 않은 후방이 불안한 상황에서 전면전을 할 수 없다는 점이다. 또한, 백제 군사가 이후 3만 명을 크게 상회하지 않은 상황[43]에서 전라도 지역의 물적 · 인적 자원의 도움이 없었다면 가능하였는가도 의문이다. 따라서 근초고왕 때 전라도 지역이 백제에 협조하였던 것은 분명하며, 그 형태는 복속으로 보는 것이 온당하다고 생각한다.

이처럼 고고학적 증거를 중시한다면 신공기 기사가 5세기 이후의 사실을 반영한다고 볼 수도 있다.[44] 하지만 신공기 자체를 부정하기보다는 근초고왕대 신라 · 가야 · 왜와의 교류를 인정한다면 최소한 마한의 서남해안을 통과해야 하며, 고구려와의 일전에 대비하려면 마한을 평정해야 하므로 최소한 복속 정도로 이해할 수 있겠다. 웅진 천도 이후 지방관이 파견되면서 직접 지배하는 행태는 복속보다 진전된 것이며, 이 때문에 문화적 동질성도 강화된다 할 수 있다.

백제사에서 획기를 근초고왕대로 보는 것도 이와 관련이 있는 듯하다.[45] 『삼국지三國志』 단계에서 '백제伯濟'국이었으나 근초고왕 때 동진東晉과 통교하면서 '백제百濟'국으로 변한 것은 분명 어원적으로 차이가 난다. '제濟'를 '거느리다'라는 의미로 본다면 '백伯'은 맏형의 의미이기 때문에 '백제伯濟'는 주변을 거느린 두각을 나타낸 정도의 모습이라고 생각된다.[46] 반면에 '백百'은 '많다'는 의미이기 때문에 '백제百濟'는 주변을 거느린 대제국으로서의 위용을 나

43 동원 군사가 3만 명을 넘는 사례는 아막산성 전투에서 4만 명을 동원하였다는 기사(『三國史記』 27 百濟本紀5 武王 3年條)만 보일 뿐이다. 백제 멸망기에도 이러한 대규모 군사 동원은 보이지 않는다.

44 앞의 주 23) 참조.

45 권오영, 2001, 「백제국(伯濟國)에서 백제(百濟)로의 전환」, 『역사와 현실』 40, 47-51쪽. 씨는 논고에서 마한주에서 초월적인 백제왕의 지위에 올랐음을 언급하고 있다.

46 이현혜는 한강 북쪽 정치 집단의 수장으로 보고 있다(1997, 앞의 논문, 21쪽).

타낸다. 실제 백제라는 것이 처음 확인되는 것은 근초고왕 27년(372) 동진과의 견사[47]라는 점을 기억해야 한다. '백제百濟'라는 새로운 국명의 의미 부여는 동진으로부터 받은 '영낙랑태수 領樂浪太守'직과 불가분의 관계가 있다.[48] 낙랑태수는 명목상으로 중국 황제의 명을 받아 한반도를 통치하였다. 백제가 고구려를 격파한 직후 낙랑태수직을 받았다는 것은 백제가 이 시기 한반도의 패자로 인정받았음을 말해준다 하겠다.[49] 아울러 백제왕이 '여씨餘氏' 라는 왕성을 사용하는 등 국가의 중요한 체제를 갖춘 시기는 근초고왕대임은 두말할 나위가 없겠다. 고흥이 『서기書記』를 편찬하였다는 기록을 중시하면 이때 대제국으로서 백제의 골격이 갖추어졌다 할 수 있다. 마한의 복속도 이미 근초고왕 때 완결되었기 때문에 온조왕대에 배치할 수 있었다. 고구려를 격파하고, 한반도의 패자로 인정받은 최전성기에 마한이 그대로 존속되었을 가능성은 희박하다 하겠다. 다만 근초고왕 때는 직접 지방관을 파견할 수 없었기 때문에 그 지배 형태는 별개로 인식해야 할 듯싶다.

47 백제왕 여구(餘句)를 진동장군영낙랑태수(鎭東將軍領樂浪太守)로 삼았다(『晋書』 9 簡文帝 2年 6月條).

48 이는 백제왕의 지위가 3품인 진동장군이고, 낙랑태수는 5품에 해당하기 때문에 직위가 높은 사람이 받은 낮은 관직명 앞에 '영(領)' 자를 붙인다(김성환, 2013, 「百濟의 遼西 영유와 '樂浪'」, 『歷史學硏究』 52, 189쪽).

49 이에 대해서는 낙랑군 지역의 중심인 평양을 차지하고 동진(東晉)에게 알려 이 지역에 대한 영유권을 인정받았다는 견해(金起燮, 1997, 「百濟의 遼西經略說 再檢討」, 『韓國 古代의 考古와 歷史』, 學硏文化社, 335쪽)가 있다.

Ⅲ. 백제의 마한 복속 요인

그렇다면 백제가 마한을 복속시킬 수 있었던 요인은 무엇이었을까. 먼저, 백제의 성장은 한강 하류의 넓은 충적 평야에 있는 지정학적 요인을 들 수 있다. 건국 설화에서 백제 건국지인 하남 위례성은 '한수를 띠처럼 두르고 있고, 기름진 벌판'이라고 묘사[50]되어 농업을 지향한 국가임을 보여준다. 반면에 다른 건국 시조인 비류가 정착한 미추홀은 '땅이 습하고 물이 짜다'라는 표현[51]에서 바닷가인 것으로 보인다.[52] 따라서 비류는 바닷가에 정착한 해상 세력으로 보는 것이 온당하다 하겠다. 그런데 건국 설화에서 드러나듯이 부여 · 고구려의 주민들은 정치적 변동기에 대거 남하하였다. 한강 유역에 김해식 토기, 철기, 돌무지무덤을 특징으로 한 특정 집단의 성장은 이들과 관련지을 수 있다.[53] 그중에 두각을 나타낸 세력으로는 비류와 온조를 들 수 있겠다. 둘 간의 관계에서 비류 세력은 온조의 형으로 불리고 있다는 점에서 초기에는 온조 세력보다 우위에 있었던 것으로 보인다. 바닷가는 교류에 유리하면서 한편으로 해산물의 공급은 생활에 유리한 조건이었기 때문이다.

그러나 4세기 이후 철기 제작기술의 발달로 철제 농기구의 개량이 촉진되

50 『三國史記』 23 百濟本紀1 溫祚王 卽位年條.
51 『三國史記』 23 百濟本紀1 溫祚王 卽位年條.
52 양주 고읍설도 제기되었지만(金起燮, 1998, 「彌鄒忽의 位置에 대하여」, 『韓國古代史研究』 13, 95-98쪽), 현재 가장 유력한 후보지로는 인천 문학산 일대로 추정되고 있다(윤용구, 1994, 「<목지국> 미추홀설에 대하여」, 『황해문화』 3, 새얼문화재단, 245-246쪽.
53 權五榮, 1986, 「初期百濟의 성장과정에 대한 일고찰」, 『韓國史論』 15, 서울대학교, 34-63쪽.

고 보급도 확대[54]되면서 농업이 생산력 측면에서 우위를 점한 것으로 생각된다. 수전 경영의 다양화도 한 몫한 것으로 보인다.[55] 백제는 부富가 축적되면서 주변 세력보다 점차 우위를 점하였다.

백제가 큰 힘을 발휘하지 못할 때는 한강 하류 지역을 통제하지 못했지만 이제 상황이 달라졌다. 북한강과 남한강 상류 지역의 세력이 백제가 위치한 서울 지역을 통과할 때 백제의 허락을 맡아야 했던 것으로 추정된다.[56] 자연스럽게 백제는 남한강과 북한강에 산재한 세력들의 교류를 통제하면서 주변을 장악할 수 있었다. 교통로의 장악이 백제 성장의 두 번째 조건이 되는 것이다.

이러한 힘을 바탕으로 온조 세력은 드디어 비류 세력을 통합하였다. 점차 한강 유역권을 통합한 힘의 우위[57]를 바탕으로 경기만 일대를 장악한 비류 세력을 통합한 것이다. 온조 세력은 부여-고구려계를 통합하였다는 의미에서 '백제伯濟'라고 칭한 것으로 생각된다.[58]

셋째 발달한 선진문물과 제도를 일찍부터 접했고, 그 수용에 적극적이었다는 점이다. 한강 하류 지역은 중국 군현과 인접하고, 이곳에 이르는 교통로상에 위치하여 지리상 이점이 있었다. 하지만 중국 군현은 백제의 성장을 저지함으로써 한반도에 대한 지배를 관철하려 하였다. 『삼국사기』 백제본기에 보이는 초기 낙랑 · 말갈과의 충돌은 이를 분명하게 보여준다.[59] 따라서 백제

54 전덕재, 2007, 「농업」, 『百濟의 社會經濟와 科學技術』, 충청남도 역사문화연구원, 175쪽. 4세기 초 이후 한반도 전역에서 공급되기 시작한 낫(李賢惠, 1998, 「三國時代의 농업기술과 사회발전」, 『韓國上古史學報』 8, 57-61쪽)을 대표적으로 들 수 있겠다.

55 전덕재, 2007, 앞의 논문, 194쪽.

56 이는 위만조선이 팽창하면서 남쪽의 진국이 중국의 한과 직접 통교하려는 것을 막으려는 상황에서 유추할 수 있다.

57 이는 진한을 통합한 힘을 바탕으로 가야 지역으로 진출한 신라의 상황과 유사하다.

58 백제 국명의 변천이 초기에 십제(十濟)에서 백제(伯濟)를 거쳐 백제(百濟)로 변화한 것은 점차 주변을 통합하는 백제의 위상을 말해주는 것이라 생각된다.

59 정재윤, 2007, 「初期 百濟의 成長과 眞氏 勢力의 動向」, 『歷史學硏究』 29, 11-12쪽.

가 건국한 초기에는 중국의 견제때문에 어려운 상황이었다고 생각된다. 그렇지만 환제桓帝와 영제靈帝 말기에 한韓과 예濊가 강성하여 중국 군현이 제대로 통제하지 못하니 많은 백성이 한국으로 유입되었다 한다.[60] 이 무렵부터 백제는 중국 군현의 유이민들을 흡수하거나 이들과 접촉함으로써 선진문물과 제도를 수용하였다고 보인다.

근초고왕 27년(372) 칠지도를 왜에게 준 것은 이를 보여주는 좋은 사례이다. 칠지도는 왜에서 접하지 못한 좋은 명검으로,[61] 곡나철산谷那鐵山의 철을 재료로 한 것이었다.[62] 이를 고려하면 근초고왕 때 백제는 양질의 철제 무기와 농공구를 생산할 수 있었던 것으로 보인다. 우월한 생산력과 무기를 바탕으로 주변을 정복할 수 있는 여건이 만들어진 것이다. 특히 기마술은 백제가 마한을 복속시키는 데 큰 역할을 한 것으로 보인다. 마한의 전통이 남아 있는 반남과 시종의 옹관 고분에서는 마구馬具가 출토되지 않는다. 반면 백제의 영향을 받은 복암리고분의 돌방무덤에서는 마구류가 나오고 있다. 마한 지역에서 마구류가 보이지 않는다는 것은 전쟁에서 기마술을 행할 수 없었다는 것을 말해준다. 기마술은 전투력에서 우위를 차지하기 때문에 백제가 마한을 복속시킬 수 있었던 주요한 요인으로 볼 수 있는 것이다.[63] 주변의 정복은 인적 · 물적 자원의 충당으로 이어졌고, 이를 주도한 왕의 전리품이 되었나. 식섭 시배함으로써 얻는 이익이 증대되면서 마한연맹체의 틀을 유지하지 않고, 주변에 대한 영역화를 시도한 것이다.

왕은 이러한 과정을 주도함으로써 더욱 발언권이 강해졌고, 점차 왕을 정점으로 한 권력의 집중화를 추구하였다. 근초고왕 이후 부자 상속제가 실시

60 『三國志』 30 東夷傳 韓條.

61 칠지도의 명문에는 '백번이나 단련하여 칠지도를 만들었는데, 능히 많은 군사(혹은 온갖 재해)를 물리칠 수 있다(造百練鐵七支刀 生辟百兵)'라고 하여 매우 우수한 검임을 강조하고 있다.

62 『日本書紀』 9 神功皇后 52年條.

63 기마술 논지는 학술대회 토론자인 박중환 선생의 도움을 받았음을 밝힌다.

되는 것은 이를 단적으로 보여준다. 부자 상속제는 왕위가 형제가 아닌 아들에게 계승되는 제도이다. 형제 상속은 형제들이 번갈아 왕위를 잇는 것이기 때문에 형제들이 권력을 공동으로 소유한 측면이 강하였다. 반면에 부자 상속은 수직적인 왕위 계승 체계로 권력의 집중화가 이루어졌다. 물론 근초고왕 등장 이전에도 부자 왕위 계승이 보이지만 이후 특별한 예외가 없는 한 일반화되었다는 점에 의미가 있는 것이다.

그렇다면 다른 세력들은 이를 방기하였을까. 그렇지는 않았을 것이다. 부자상속이 이루어지면서 따르는 현상 중의 하나가 바로 왕비족의 등장이다. 유력한 가문에서 왕비를 배출하면서 왕의 권력을 지지해주는 것이다. 권력의 집중화에 저항하는 세력들에게 왕과 왕비족이 연합하면서 둘 간의 권력을 배분하고 있다. 근초고왕 이후 진씨眞氏 왕비족이 등장하는 것은 이와 관련이 있다. 부자 상속제와 왕비족의 등장은 고대 집권국가의 표지로서,[64] 근초고왕대 이러한 두 요소가 등장하는 것은 체제 내부 정비와 불가분의 관계가 있다. 왕을 중심으로 한 중앙집권화를 추진하면서 국가의 효율성을 극대화하였으며, 이러한 측면이 바로 백제의 경쟁력을 높일 수 있는 원동력이 되었다.[65] 근초고왕대 백제가 마한을 정벌할 수 있었던 것은 바로 이와 같은 내부 체제 정비와 밀접한 관련이 있음은 두말할 필요가 없겠다.

아울러 주목되는 것은 중국계 관료들을 등용하기 시작하였다는 점이다. 그 대표적인 예로 들 수 있는 사람은 『서기書記』를 편찬한 고흥을 들 수 있다. 그가 어떤 사람인지 알 수 없다는 기록[66]을 통해서 백제에 언제 등용되었는

64 李基白, 1959, 「百濟王位繼承考」, 『歷史學報』 11, 18쪽 및 32-36쪽.

65 이밖에도 지방통치제도, 중앙행정조직의 정비, 율령 반포 등 여러 요소가 있겠지만 실시 시기 등에 여러 이설(異說)이 있으므로, 확인되는 사실만 언급하였다. 이에 대한 자세한 내용은 김기섭의 저서(2000, 『백제와 근초고왕』, 학연문화사)를 참조.

66 옛 기록에 이르기를 "백제는 나라를 연 이래 문자로 일을 기록한 적이 없는데 이때에 이르러 박사 고흥(高興)을 얻어 비로소 서기(書記)를 갖게 되었다."고 하였다. 그러나 고흥이 다른 책에 나온 적이 없어서 그가 어떤 사람인지 알 수 없다(『三國史記』 24 百濟本紀2 近肖古王 26年條).

지는 알 수 없다. 다만 국사인 서기 편찬을 통해서 새롭게 편입된 백성들에 대한 통치의 정당성과 국가의 정체성, 그리고 국가 정책의 방향성을 제시하였음은 틀림없다. 이러한 유능한 관료들의 등장은 백제가 새롭게 통치 구조를 마련하는 데 큰 역할을 하였을 것이다.[67] 그는 대방군 계통의 중국인으로 보이며,[68] 백제의 북상[69]에 따른 등용으로 보인다.

백제가 대방계인 황해도 지역으로 언제 진출하였는지는 정확하지 않다. 다만 책계왕이 대방왕의 딸 보과寶菓에게 혼인을 할 정도로 친숙했으며, 고구려가 대방을 치자 백제가 구원해주는 점[70]을 고려하면 최소한 대방군이 축출된 이후에는 가능하였을 것으로 보인다. 실제 고이왕 28년(261) 위사좌평衛士佐平에 임명된 고수高壽가 대방계일 가능성이 크다는 점[71]에서 이는 확인된다.

중국계 백제 관료인 이들은 주로 외교적인 역할을 하였으나 국가 정책의 수립에도 영향을 미쳤을 것으로 생각된다. 372년 동진과의 교류에도 외교 관례를 숙지한 이들의 역할이 컸다는 점[72]을 고려하면 이들은 당시 국제 정세에 능통하였다고 보아도 큰 무리가 아니다. 중국계 백제 관료는 국제 정세의 분석 속에서 고구려의 남하에 대비하는 전략을 취하였다. 실제 366년 신라와의 화호와 가야를 통한 왜와의 통교가 이루어진 것도 이들이 큰 역할을 하였으리라는 의구심을 떨칠 수 없다. 앞장에서 살펴본 낙랑태수직의 사여는 이들의 작품일 가능성이 크기 때문에, 중국계 백제 관료는 낙랑군이 한 역할을 백제의 우선적인 과제로 삼았을 것이다. 낙랑군이 한반도와 왜에 걸친 교역로를 주관하였다는 점에서 근초고왕 때 재개된 교역로의 개통은 우연만은

67 정재윤, 2012,「중국계 백제관료에 대한 고찰」,『史叢』77, 13쪽.
68 정재윤, 2012, 앞의 논문, 10쪽.
69 근초고왕은 고구려와의 평양성 전투(371년)가 벌어지기 이전 예성강 상 · 하류 지역을 차지한 것으로 보인다(김기섭, 2000, 앞의 책, 140-155쪽).
70 『三國史記』24 百濟本紀2 責稽王 元年條.
71 강종원, 2002,『4세기 백제사 연구』, 서경문화사, 88쪽; 정재윤, 2012, 앞의 논문, 6쪽.
72 정재윤, 2012, 앞의 논문, 17-18쪽.

아닐 것이다. 다시 말해 근초고왕대 국제 정세에 능통한 대방계의 등용은 대고구려의 남하와 한반도 주도권 장악이라는 명분을 제공하였다. 이들은 가야-왜로 이어지는 교역로를 장악하기 위해 먼저 마한을 복속시키는 것을 우선적 과제로 삼았다고 믿어진다. 교역로의 개통뿐만 아니라 신라-가야-왜와의 우호적 관계 수립은 남하하는 고구려와 일전에 대비하는 성격을 띠고, 마한을 통합해야 하는 거시적인 틀을 제공하였다.

Ⅳ. 근초고왕대 마한 복속의 실체

근초고왕대 마한 복속의 근거로는 앞서 언급한 신공기 49년조를 들고 있다. 신공기 49년은 보정 연대 369년으로, 백제가 가장 영토 확장을 많이 한 근초고왕 재위 시기와 일치하기 때문이다. 아울러 신라 · 가야 · 왜와의 통교가 가능하게 하려면 서남해안을 거쳐야 하기 때문에 자연스럽게 마한을 복속시킨 이후에 가능하였을 것으로 보고 있다. 이에 반해 온조왕대 기사는 시기적으로나 고고학적 증거로도 맞지 않는다. 흥미로운 점은 신공기 49년을 4주갑 인하하면 온조왕 27년(9)이 되어 정확히 일치한다는 점이다. 이에 주목하여 실제 근초고왕대 이루어진 정벌이 온조왕 9년으로 재배치되지 않았나 하는 견해[73]도 제시되었다. 그럴듯한 견해이지만 온조왕대 기사는 복속 지역이 크게 충남 지역을 벗어나지 않아 마한 전체를 복속시킨 근초고왕대와 일치시키기에는 한계가 있다. 이는 마한 정벌을 보는 관점이 차이가 있기 때문이라 생각된다. 온조왕대 마한 복속 기사는 아산만 일대의 목지국 등 중심부를 복속시켰다는 의미로 파악할 수 있기 때문이다. 이는 여러 기사가 섞여 혼용되었다는 점을 말해주고 있으며, 따라서 마한 정벌은 여러 단계로 나뉘어 파악할 필요가 있겠다.

먼저, 온조왕 13년 도읍을 하남 위례성으로 옮기기 직전의 기사는 백제의 초기 영역을 살피는 데 커다란 시사점을 준다. 마한을 복속시키기 전 단계로서 당시 백제가 가진 영토 관념을 살필 수 있기 때문이다.

---

73 李丙燾, 1977,『三國史記』譯註, 乙酉文化社, 375쪽 註 3; 李基東, 1990, 앞의 논문, 62-63쪽.

C. 8월에 사신을 마한으로 보내 도읍을 옮긴다고 알렸다. 마침내 강역을 구획하고 정하였는데, 북쪽으로는 浿河에 이르고, 남쪽은 熊川을 경계로 삼고, 서쪽은 큰 바다에 닿고, 동쪽으로는 走壤에 이르렀다.

〈『三國史記』23 百濟本紀1 溫祚王13年條〉

온조왕 13년은 백제가 마한과의 관계가 원만하였을 때이다. 온조왕 10년에는 신령스러운 사슴을 잡아 마한에 보냈을 정도로 돈독하였다.[74] 그러나 온조왕 24년 백제가 웅천책을 세우자 마한과의 갈등이 시작된다. 앞의 사료 A-1에 보이는 것처럼 이 기사의 핵심은 마한과의 갈등이 시작되는 시점과 웅천이라는 지명이다. 연대를 보정할 수 있는 근거가 되는 것이다. 이때 키워드는 '나라가 완성되었다'는 기사에서 찾고 있다. 고이왕 27~28년 사이에 행해진 개혁과 동일한 시기로 보고 있는 것이다.[75] 다음으로 목지국으로 비정되는 마한왕과 갈등의 기폭이 되는 웅천의 문제이다. 웅천은 안성설[76]과 공주의 금강설[77]이 있다. 이중 목지국이 아산만 권역에 있었던 점을 감안하면 이 단계에서 웅천은 안성으로 보는 것이 합리적이다. 아직 목지국을 정벌하기 이전이기 때문이다. 이를 통해서 3세기 중반 무렵 백제와 마한의 경계가 안성이 되는 것을 알 수 있다.

다음으로 백제는 앞의 사료 A-1에 보이는 것처럼 마한 북계인 동북쪽의 100리 땅에 자리 잡은 것임을 알 수 있다. 100리는 반경 40km 내외이기 때문에 오늘날 국가 단위의 정치체가 들어서기에 적당한 면적이다.[78] 따라서 백제는 처음 마한연맹체와는 구분된 북쪽에 자리 잡았으며, 소국에서 출발하

74 『三國史記』 23 百濟本紀1 溫祚王 10年條

75 李丙燾, 1959, 앞의 책, 350쪽; 盧重國, 1990, 「目支國에 대한 一考察」, 『百濟論叢』 2, 87쪽; 李賢惠, 1997, 앞의 논문, 24쪽; 김수태, 1998, 앞의 논문, 199쪽.

76 李丙燾, 1976, 앞의 책, 247-248쪽.

77 千寬宇, 1976, 「三韓의 國家形成」下, 『韓國學報』 3, 一志社, 130쪽.

78 李鍾旭, 1999, 『한국의 초기국가』, 아르케, 210쪽.

였음을 알 수 있다. 이후 백제는 점차 부여-고구려계 이주민들을 통합하였고, 최종적으로 비류 세력을 통합하였다. 앞의 사료 C의 '서쪽은 큰 바다에 닿았다'라는 표현에서 바닷가에 있는 비류 세력을 포함하였음을 알 수 있는 것이다. 마찬가지로 동쪽으로는 앞의 사료 C의 '동쪽으로는 주양으로 이르렀다'는 표현이 단서를 제공한다. 주양은 춘천으로 비정되고[79] 있기 때문이다. 춘천은 북한강 유역권이기 때문에 앞서 언급한 이주민들의 분포도와 일치한다. 끝으로 패하는 시대에 따라 다르나 백제 영역 북계로 불린 패수는 예성강으로 보는 것이 타당하다.[80] 따라서 2단계의 백제는 소국을 넘어 부여-고구려계 이주민들을 통합하여 남북으로는 경기 북부에서 안성까지, 동서로는 서해에서 춘천에 이르는 지역까지를 영역 관념으로 삼았음을 알 수 있다. 목지국과 갈등을 일으키기 직전까지는 대체로 3세기 중반 이전으로 보이며, 이 영토 관념이 백제와 마한을 구분하는 기준점이 된 것으로 생각된다.

이어 앞의 사료 A에 보이는 것처럼 백제는 아산만 일대의 목지국을 정벌하였다. 목지국을 복속시킴으로써 백제는 명실상부하게 마한 연맹체의 중심국이 된 것으로 보인다. 이의 기준점이 되는 것은 기리영 전투와 서진과의 교섭이다. 기리영 전투 이후 백제의 성장에 주목한 것이다.[81] 다음으로 서진과 마한의 교섭으로 추정되는 기사는 276년,[82] 277년,[83] 278년,[84] 280년,[85] 281

79 千寬宇, 1976, 앞의 논문, 118쪽.

80 李丙燾, 1977, 앞의 책, 355쪽.

81 鄭載潤, 2001, 「魏의 對韓政策과 崎離營 전투」, 『中原文化論叢』 5, 忠北大學教 中原文化研究所, 44-48쪽.

82 "東夷八國歸化"〈『晉書』 3 帝紀3 世祖武帝 咸寧 2年 2月條〉; "東夷十七國內附"〈『晉書』 3 帝紀3 世祖武帝 7月條〉

83 "西北雜虜及鮮卑 · 匈奴 · 五溪蠻夷 · 東夷三國前後十餘輩 各帥種人部落內附"〈『晉書』 3 帝紀3 世祖武帝 咸寧 3年 是歲條〉; "馬韓來"〈『晉書』 97 馬韓傳〉

84 "東夷六國來獻"〈『晉書』 3 帝紀3 世祖武帝 咸寧 4年 3月條〉; "東夷九國內附"〈『晉書』 3 帝紀3 世祖武帝 是歲條〉; "馬韓請內附"〈『晉書』 97 馬韓傳〉

85 "東夷十國歸化"〈『晉書』 3 帝紀3 世祖武帝 大康 1年 6月條〉; "東夷十國朝獻"〈『晉書』 3 帝紀3 世祖武帝 7月條〉; "馬韓主頻遣使入貢方物"〈『晉書』 97 馬韓傳〉

년,[86] 282년,[87]286년,[88] 287년,[89] 288년,[90] 289년,[91] 290년,[92] 291년[93]에 보인다. 이에 대해서는 백제를 중심으로 한 마한으로 보는 견해,[94] 마한으로 보는 견해,[95] 백제로 보는 견해[96]가 있다. 반면 『진서晉書』 장화전張華傳에 등장하는 282년 신미제국新彌諸國의 조공 사실을 기점으로 이를 구분하여 보려는 입장도 있다. 먼저, 신미제국의 등장 이전은 백제,[97] 건마국,[98] 목지국과 백제의 복수 파견으로 보는 견해[99]가 있다. 다음으로 신미제국의 등장 이후에는 신미국新彌國,[100] 혹은 백제국과 신미국이 복수로 활동한 것으로 보거나,[101] 영산강 유역의 집단으로 보는 견해[102]가 있다. 세부적으로 여러 상이한 논의가 진행되고 있지만 3세기 후반에는 대체로 백제가 마한 연맹체의 주도권을 장악하였음을 인정하는 것은 공통점이라 할 수 있다. 3세기 후반의 백제는 이제 아산만 일대를 장악하였으며, 그 특징의 하나로는 앞의 사료 A에 보이는 것처럼 복

86 "東夷五國來獻"〈『晉書』 3 帝紀3 世祖武帝 大康 2年 3月條〉; "東夷五國來附"〈『晉書』 3 帝紀3 世祖武帝 6月條〉; "馬韓主頻遣使入貢方物"〈『晉書』 97 馬韓傳〉

87 "東夷二十九國歸化 獻其方物"〈『晉書』 3 帝紀3 世祖武帝 大康 3年 9月條〉; "東夷馬韓新彌諸國依山大海 去州四千餘里 歷世未附者二十餘國 竝遣使朝獻"〈『晉書』 36 張華傳〉

88 "東夷十一國內附"〈『晉書』 3 帝紀3 世祖武帝 大康 7年 8月條〉; "馬韓等十一國遣使來獻"〈『晉書』 3 帝紀3 世祖武帝 是歲條〉; "馬韓至"〈『晉書』 97 馬韓傳〉

89 "東夷二國內附"〈『晉書』 3 帝紀3 世祖武帝 大康 8年 8月條〉; "馬韓至"〈『晉書』 97 馬韓傳〉

90 "東夷七國詣校尉內附"〈『晉書』 3 帝紀3 世祖武帝 大康 9年 9月條〉

91 "東夷十一國內附"〈『晉書』 3 帝紀3 世祖武帝 大康 10年 5月條〉; "東夷絕遠三十餘國內獻"〈『晉書』 3 帝紀3 世祖武帝 是歲條〉; "馬韓至"〈『晉書』 97 馬韓傳〉

92 "東夷七國朝貢"〈『晉書』 3 帝紀3 世祖武帝 太熙 1年 2月條〉; "馬韓詣東夷校尉何龕上獻"〈『晉書』 97 馬韓傳〉

93 "東夷十七國 南夷二十四部並詣校尉內附"〈『晉書』 4 帝紀4 孝惠帝 1年條〉

94 李丙燾, 1959, 앞의 책, 350-351쪽; 千寬宇, 1989, 앞의 책, 341-342쪽.

95 俞元載, 1994, 앞의 논문, 149-152쪽.

96 金壽泰, 1998, 앞의 논문, 203-213쪽.

97 盧重國, 1990, 앞의 논문, 88쪽.

98 俞元載, 1994, 앞의 논문, 151-152쪽.

99 權五榮, 1996, 『三韓의 國에 대한 硏究』, 서울대학교 博士學位論文, 217쪽.

100 盧重國, 1990, 앞의 논문, 89쪽; 俞元載, 1994, 앞의 논문, 150-152쪽.

101 李賢惠, 1997, 앞의 논문, 27-28쪽.

102 權五榮, 1996, 앞의 책, 217-218쪽.

속보다는 정벌의 성격이 강했다는 점을 들 수 있다. 이는 마한 연맹체의 중심이었던 목지국과 추종 세력집단의 저항이 심했기 때문이라 생각된다.

4세기 들어 백제는 아산만 일대를 넘어 금강 유역권 세력을 복속시켰다. 벽골제 축조 기사를 비류왕 때로 본다면,[103] 적어도 4세기 초반에 백제는 김제 지역에 이르렀다는 유력한 증거가 될 수 있다. 실제 앞의 사료 B를 보면 백제국에 이르러 벽지산에 올랐다는 구절이 보인다. 이때 벽지산은 벽골제가 있는 지역으로 보기 때문에 근초고왕 남정 이전 김제 지역이 백제의 영역에 포함되었음을 알 수 있다. 이를 통하여 최소한 근초고왕이 일거에 마한을 복속시킨 것이 아니라는 사실은 확인된다. 근초고왕의 남정은 아마 동성왕이 무진주에 이른 것처럼 위세를 과시하려는 목적[104]이 더 강하다 하겠다.

앞의 사료 B에 보이는 것처럼 근초고왕의 남정으로 비리比利 · 벽중辟中 · 포미布彌 · 지반支半 · 고사古四 읍이 자연스럽게 항복하였다. 이제 전북 지역을 영역화하고 있는 것이다. 이들은 항복하였다는 점에서 남만南蠻 침미다례忱彌多禮와는 분명하게 차이가 난다. 침미다례는 남만이라는 표기에서 알 수 있듯이 백제에 속하지 않았던 지역임을 말해주며, 도륙[105]이라는 표현을 통해 저항하였기 때문에 정벌의 대상이 된 것으로 생각된다. 또 이를 주도한 장군은 목라근자木羅斤資였다는 점이 주목된다. 근초고왕이 직접 정벌한 곳이 아니라는 점이다. 따라서 전북 지역이 스스로 항복한 것과는 차이가 있다고 생각된다. 이에 따라 근초고왕대 영역을 금강 지역,[106] 혹은 노령 이북[107]으로 보기

103 尹武炳, 1976,「金堤 碧骨制 發掘報告」,『百濟硏究』7, 10-11쪽.

104 정재윤, 2010,「영산강유역 前方後圓形墳의 축조와 그 주체」,『역사와 담론』56, 264쪽.

105 이와 관련하여『日本書紀』神功紀 49年條의 백제에 강력하게 저항하는 침미다례(忱彌多禮)를 도륙하였다는 기사를 강진 양유동유적과 해남 신금유적, 해남 분토유적 등 이 일대 취락의 화재 사실과 연관시킨 견해(정일 · 최미숙, 2013,「강진 양유동 취락의 특징과 고대사적 의미」,『湖南考古學報』45, 148-151쪽)가 주목된다. 취락의 화재 시기가 논란의 여지가 있긴 하지만 강제 진압의 사례를 보여주기에는 충분하다고 생각한다.

106 金起燮, 1995,「近肖古王代 南海岸進出說에 대한 再檢討」,『百濟文化』24, 15-16쪽.

107 李道學, 1990,「漢城 後期의 百濟 王權과 支配體制의 整備」,『百濟論叢』2, 304-305쪽.

도 한다. 하지만 침미다례는 백제의 가야와 왜와의 교역로에 필수적인 곳이었다. 이에 백제가 영역화[108]를 시도하였고, 침미다례가 반발하였던 것이다. 가야-왜로 이어지는 교역로의 중요성을 상기하면 근초고왕은 반드시 이곳을 장악해야 하였기 때문에 정벌을 행했던 것으로 생각된다. 하지만 나머지 서남해안의 다른 세력들은 언급되지 않음을 볼 때 침미다례처럼 저항은 하지 않았다고 보인다. 이를 통해 우리는 근초고왕대 서남해안의 장악은 정벌로 묘사되었지만 실제로는 주로 복속이 일반적이었다라고 보는 것이 온당하다.

우리는 이상의 논의를 통해 백제의 마한 복속 과정에 대한 실체를 파악할 수 있다. 앞의 사료 A에 보인 것처럼 아산만 일대의 마한 중심국을 습격할 때 원산과 금현 2성이 반발하였다. 따라서 이들은 정벌의 대상이 되었다. 다음으로 근초고왕 때 전북 지역의 마한 소국들과 서남해안 지역의 세력은 백제의 위엄에 복속하였던 것으로 보인다. 그러나 침미다례는 끝까지 저항하고 도륙이라는 표현처럼 백제의 대대적인 정벌 대상이 되었다. 따라서 근초고왕대 백제의 마한 복속 과정은 대부분 자발적인 방법으로 진행되었으나 여기에 반발하는 세력은 정벌하였음을 알 수 있다. 이는 힘의 우위를 보인 백제의 남하에 마한의 세력가들이 복속함으로써 자신의 지위를 보장받고자 함이 아닌가 생각된다.

또한 온조왕대 목지국 중심의 마한 복속 기사를 일괄 정리한 것처럼 신공기 49년조는 한꺼번에 서남해안과 전북 내륙 지방의 복속 기사를 정리한 것으로 생각된다. 이러한 영토 확장은 근초고왕 이전부터 진행된 금강 하구 장악과 밀접하게 관련된 것으로 보인다. 금강 하구에 이어 서남해안을 장악하고 있는 것이다. 이를 보면 신공기 49년조는 금강 하구 장악에 이은 전북 내륙 지역 장악, 그리고 서남해안 장악이라는 단계로 구성되었음을 알 수 있다. 마한 세력의 자발적 복속과 저항하는 서남해안 세력의 정벌, 가야와의 통교

108 주)1에서 제기한 것처럼 복속을 영역화 단계로 보고자 한다.

라는 3단계로 구별할 수 있는 것이다. 근초고왕 부자는 전북 일원에서 마한 세력을 복속시켰으며, 전남 해안 지역의 확보는 목라근자木羅斤資라는 장수에 의해 수행되었다. 이를 바탕으로 가야 지역과 통교할 수 있는 길이 열린 것이다. 이처럼 백제의 마한 정벌은 근초고왕 때 일시에 이루어진 것이 아니라 이전부터 단계적으로 진행되었음을 알 수 있다.

Ⅴ. 맺음말

이제까지 필자는 근초고왕대 마한 복속에 대한 실체에 대하여 살펴보았다. 그 결과 근초고왕대 마한 복속은 여러 단계에 걸쳐 진행된 마한 정벌과 복속을 일괄적으로 정리한 것임을 알 수 있었다. 이에 이제까지 살펴본 내용을 요약함으로써 맺음말에 대신하고자 한다.

먼저, 마한 복속의 중요한 키워드는 온조왕대 마한 정벌 기사, 신공기 49년조 마한 정벌 기사, 고고학적 결과물이다. 이 키워드를 검토한 결과 온조왕대 기사는 3세기 중후반 아산만 일대의 목지국 정벌을 기록한 것이다. 신공기 49년조 기사는 근초고왕대 마한 복속의 단계적 모습을 보여주었다. 고고학적 결과물은 문화적인 면을 강조하기보다는 지배의 정도에 따라 토착성을 유지할 수 있으므로 정치적인 실체에 더 주목하였다. 그 결과 마한 지역은 백제에 복속되었다고 보는 것이 타당하다고 판단하였다.

다음으로, 백제가 마한을 복속할 수 있었던 요인으로는 농업에 유리한 지정학적 요인과 교통로의 장악을 들 수 있다. 다음으로 선진문물을 일찍 접했고, 그 수용에 적극적이었다는 점도 들 수 있다. 제도의 정비와 기술의 발달은 마한을 복속할 수 있었던 힘의 원천이 되었다. 철제무기와 기마술도 마한을 압도할 수 있는 군사적 기반이 되었다. 특히 근초고왕대 마한 복속이 완결된 점은 부자 상속과 왕비족의 등장 등 권력 집중화가 보이고, 중국계 관료들을 등용하여 대외 교류와 국가 정책의 수립에 대한 거시적인 틀을 만들었기 때문에 가능하였음을 알 수 있었다.

끝으로, 근초고왕대 마한 정벌은 사실상 자발적인 복속이 중심이었다. 이는 백제가 힘의 우위를 점하고 있었기 때문에 마한 토착 세력가들은 자신들의 세력을 유지하기 위해 자발적으로 복속하였던 것이다. 침미다례의 도륙은 일부 저항하는 세력에 대한 일벌백계一罰百戒로서, 이를 통하여 근초고왕은 마한 복속을 완결할 수 있었다. 그런데 마한 복속은 부여-고구려계 이주민들을 통합한 힘으로 아산만 권역의 목지국을 정벌함으로써 전환점이 되었다. 이때의 복속은 힘의 대결로 정벌적인 성격이 강하였다. 백제는 힘의 우위를 점하면서 점차 금강 유역과 전북 내륙 지역, 그리고 서남해안의 장악이라는 단계적 확장을 시도하였다. 이러한 마한 복속은 가야-신라-왜와의 통교를 위한 교역로의 확보와 고구려와의 대결에 앞선 후방의 안정이라는 측면을 고려한 정책적 판단이었다. 이러한 국제 정세의 큰 틀을 제공한 것은 다름 아닌 새로 편입된 중국계 백제 관료였다는 점에서 주목할 필요가 있겠다.

주제발표 2

3~4세기 백제의 북방 진출과 고구려

안 정 준 연세대학교

Ⅰ. 머리말

3세기 후반~4세기 초는 서진西晉 왕조가 서서히 붕괴하는 가운데 변경과 이민족 세력에 대한 통제가 크게 약화되는 시기였다. 특히 290년대 이래로 황위 계승을 두고 벌어진 '8왕의 난'으로 인해 수도 낙양이 폐허화되었고, 북방민족들이 차례로 자립하여 서진 조정을 위협하고 있었다. 이에 낙랑·대방군은 중앙의 지원이 끊긴 가운데 점차 소멸하게 되었다.

3세기 후반 고구려는 청천강 유역 및 동해안 방면을 장악한 뒤 2군 지역을 압박하고 있었다. 따라서 3~4세기 백제의 북방 진출과 고구려와의 접경接境 문제를 검토하기 위해서는 2군의 소멸과 고구려의 남계南界 형성 과정을 함께 고려할 필요가 있다. 다만 기존에는 3세기 후반 이후 2군의 상황, 그리고 2군 소멸 이후 잔존했던 토착세력에 대해 다소 막연하게 파악해온 측면이 있다.

이는 기본적으로 사료의 부족에 기인한 것이지만, 중국 측 사료와 『삼국사기三國史記』 백제본기百濟本紀 기사, 그리고 고고자료의 적극적인 활용을 통해 당시 상황을 좀 더 상세하게 파악할 수 있는 여지가 없지 않다. 이 글에서는 일부 문헌 사료와 고고자료들을 재해석하는 가운데, 3세기 후반~4세기 초의 백제 북방 진출 과정을 다시 구성해볼 것이다. 이를 통해 4세기 중반 근초고왕대의 북계北界 형성 과정과 고구려 관계 기사가 갖는 의의를 재고해보고자 한다.

Ⅱ. 3세기 후반의 북진(北進)과 '대방(帶方)'

3세기 당시 백제의 북방에는 대방군이 존재했으며, 양자 사이에는 한인韓人, 예인穢人으로 대표되는 다수의 토착세력이 거주하고 있었다. 따라서 이 시기 백제의 북방 경략을 살펴보기 위해서는 2군과 주변 토착세력의 동향을 먼저 살펴볼 필요가 있다. 우선 낙랑군은 1세기 대 이래로 고구려 등 주변 세력의 침공으로 인해 영역이 점차 축소되는 과정에 있었다.

고구려는 동옥저東沃沮를 정복하였던 태조왕 4년(56) 당시에 이미 남서쪽으로 청천강薩水 방면까지 진출하여 이를 낙랑군과의 경계로 삼았다.[1] 또 1세기 중반 이후로는 점차 살수薩水 이남 지역을 잠식해 갔을 것이다. 낙랑군 탄열현呑列縣은 보통 청천강 인근의 평안남도 영원군寧原郡에 비정되는데, 『후한서後漢書』 군국지郡國志의 기록에 해당하는 140년(영화永和 5년) 경에 이미 소멸한 것으로 보인다. 당시 탄열현이 동북 변경 지역으로서 군치郡治 및 다른 현縣들과 떨어져 있었던 사정을 고려할 때 고구려 등의 침공때문에 폐지되었을 가능성이 크다.[2] 이후 고구려는 청천강 이남~대동강 이북 지역으로의 진

1 임기환, 2004, 「고구려와 낙랑군의 관계」, 『韓國古代史研究』 34, 146-151쪽; 김현숙, 2005, 『고구려의 영역지배방식 연구』, 모시는 사람들, 111-112쪽.

2 『後漢書』 郡國志의 낙랑군 속현은 총 18군데로 전한대(前漢代)의 탄열현(呑列縣)이 사라지고 낙도현(樂都縣)이 새로 등장하고 있다. 이를 동일 지역의 현명(縣名)이 바뀐 것으로 볼 수도 있으나, 고구려가 태조왕 4년에 이미 청천강까지 남하했던 상황을 고려할 때, 군현 중심부에서 상대적으로 멀리 떨어진 탄열현(呑列縣)이 고구려에 이미 몰입(沒入)되었고 낙도현(樂都縣)은 타 지역에 새로 두어진 현(縣)일 가능성이 높다고 생각된다(李丙燾, 1976, 『韓國古代史研究』, 博英社, 136쪽). 낙도현(樂都縣)을 평원(平原) · 증산(甑山)일대로 비정하기도 한다(김미경, 2007, 「高句麗 前期의 對外關係 研究」, 연세대 박사학위논문, 164쪽).

출을 본격화했을 가능성이 높다고 생각된다.[3]

한편 고구려는 244~246년 관구검毌丘儉의 침입으로 인해 큰 타격을 입고 동옥저東沃沮 · 영동예嶺東濊를 포함한 일부 지역을 일시 상실하기도 하였지만, 3세기 후반 경에는 이미 동해안 지역에 대한 지배권을 다시 회복하고 2군 지역에 대한 공략을 지속하였을 것이다. 서진대西晉代인 280년 무렵 군현의 세력권을 보여주는 『진서晉書』 지리지[진무제晉武帝 태강원년太康元年(280)]에 의하면 이전의 낙랑군 소속 18현 가운데 남한䛁邯(순천順川) · 패수浿水(영변寧邊) · 점제黏蟬(온천溫泉) · 증지增地(안주安州) · 낙도현樂都縣(위치불명)이 폐지되었으며,[4] 그 군세郡勢도 낙랑군 6현 3,700호, 대방군 7현 4,900호로서 이를 합쳐봐도 후한대後漢代(낙랑군 18현 61,492호)에 비해 크게 쇠락한 형세였다.[5]

특히 사라진 5현 가운데 낙랑군 속현이었던 남한䛁邯 · 패수浿水 · 증지현增地縣은 모두 청천강 이남에서 대동강 이북 지역으로 비정되는데, 이 현들은 고구려의 침공으로 인해 통제가 불가능한 상태가 되어 폐지된 것으로 보아도 무리가 없을 것이다.[6] 이를 종합하면 1세기 중반 태조왕대 이래로 고구려는 2군의 남동과 남서 방면 영역을 잠식해갔고, 이로 인해 3세기 후반의 2군 세력권은 대동강 유역 이남 및 재령강 유역 일원으로 축소된 상황이었다.

한편 백제와 인접해있던 대방군의 경우 280년경에 7현 4,900호를 유지하

---

3 후한말(後漢末)인 3세기 초에는 요동의 군벌세력인 공손강(公孫康)이 낙랑군 지역을 장악하고 대방군을 신설(新設)하였는데, 이 과정에서 대동강 이북 지역이 낙랑군의 통치 범위에서 벗어나 있었고 고구려의 영향력 하에 있었을 가능성이 제기되기도 하였다(김미경, 2007, 위의 논문, 163쪽).

4 『晉書』 地理志에는 이전 낙랑군 소속 현들 가운데 소명현(昭明縣)이 빠져 있는데, 현명(縣名)이 동서(同書)에 새로 등장하는 남신현(南新縣)으로 개칭되었을 가능성이 제기된 바 있다(李丙燾, 1976, 「眞番郡考」, 앞의 책, 126쪽). 감감(䛁邯) · 패수(浿水) · 증지현(增地縣)의 위치는 李丙燾, 1976, 위의 책, 144-146쪽, 점선현(黏蟬縣)의 위치는 오영찬, 2006, 『낙랑군 연구』, 사계절, 98~99쪽을 참고하였다.

5 『後漢書』 郡國志에 나오는 낙랑군의 1현당 평균 호수는 3,416호이다. 반면 『晉書』 地理志에 나타나는 낙랑 · 대방군의 1현당 평균 호수는 600~700호로 후한대의 1/5 정도에 불과하다.

6 김미경, 2007, 앞의 논문, 163쪽.

지도 1 『晉書』 지리지의 대방군 5현 위치(제해현과 남신현은 불명)

고 있었다. 대방군 7현의 지역 범위는 위치가 분명하지 않은 제해현提奚縣과 남신현南新縣을 제외하면 대방현帶方縣(봉산군), 열구현列口縣(은율군), 장잠현長岑縣(신천군), 함자현含資縣(안악군),[7] 해주시海冥縣 등으로 비정되는데, 이들 지역은 대개 그 동계東界가 서흥과 연안군 일대에도 훨씬 못 미치고 있다. 황해남북도의 전축분 축조 범위도 위 5현들의 범위를 크게 벗어나지 않으며, 남동부로는 아양리 일대까지만 한정된다(〈별첨1〉참조). 아마도 대방군의 직

7 대방군 7현의 위치는 李丙燾, 1976, 앞의 책의 비정을 대체로 따랐다. 다만 장잠현(長岑縣)의 경우 신천군 남부 봉황리에서 "수장잠장왕경(守長岑長王卿)"이라 새겨진 명문전이 출토된 점을 고려할 때 신천군으로 비정할 수 있을 것이다(오영찬, 2006, 앞의 책, 103쪽). 또 함자현의 경우 이병도(李丙燾)는 서흥으로 비정하기도 했으나, 이는 전축분 유적이 발견되는 범위보다 훨씬 동쪽에 위치해 있다. 안악군 안악읍 유성리 일대에서 "일민함자왕군묘(逸民含資王君墓)"라는 명문전이 출토된 점을 근거로 안악 일대로 비정한 견해가 더욱 타당하다고 생각된다(오영찬, 2006, 위의 책, 103쪽).

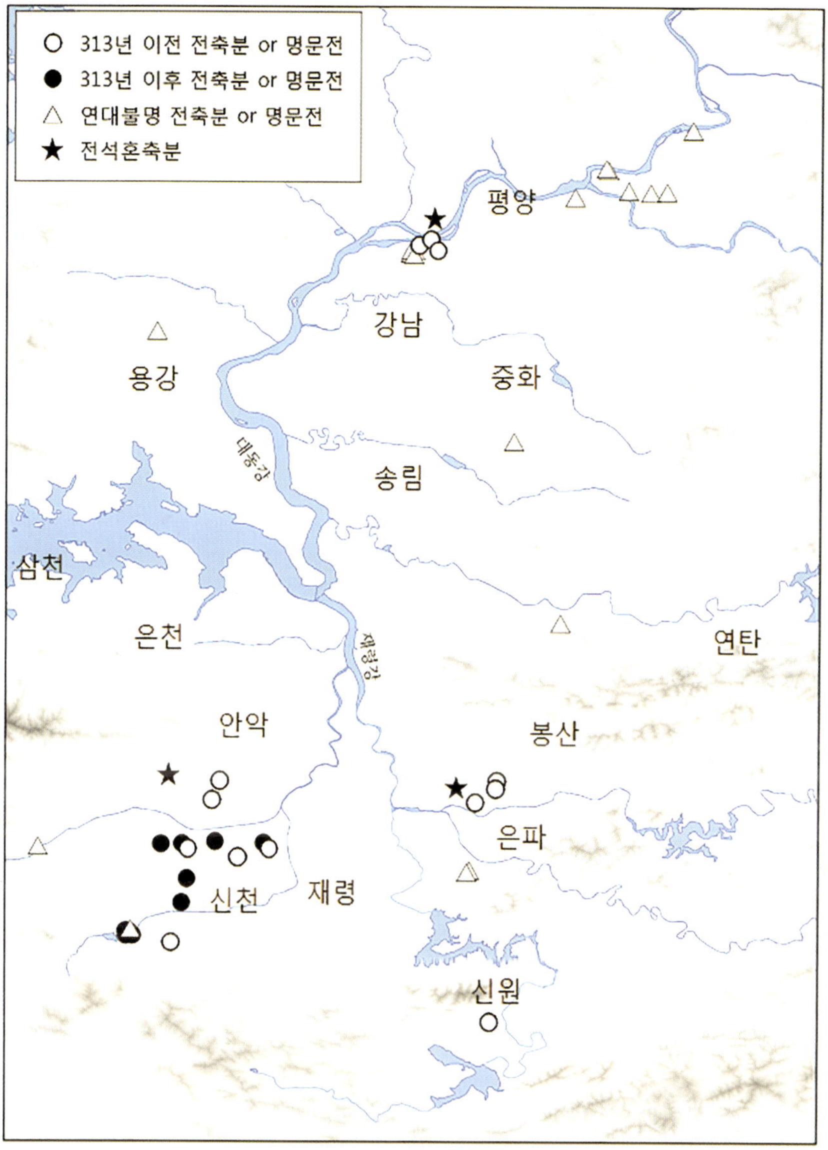

별첨 1 낙랑 · 대방 고지 전축분 분포도

접 통치가 미치지 않는 지역에는 주로 한인韓人, 예인穢人 등 토착세력들이 존재하였을 것이다.

『삼국사기三國史記』에는 기원 전후부터 3세기 전반까지 '말갈靺鞨' 이라는 세력이 백제와 신라를 지속적으로 공격하는 기사가 나오는데, 이들은 대체로 2군에 부용附庸되어 있던 토착세력으로 보인다.[8] 즉 3세기 전반까지 군현 주변의 한 · 예 토착세력들은 대체로 군현에 부용되어 백제와 적대적인 관계를 맺고 있었던 것으로 보인다. 따라서 3세기 중반 이후 백제의 북방 진출은 대방군과 접촉하기 이전에 그 사이에 존재했을 토착세력들과의 관계 변화가 선행되었을 것으로 생각된다. 이와 관련해 아래의 기록이 주목된다.

> 責稽王 元年 (286) 책계왕은 고이왕의 아들이다. (중략) 고구려가 帶方을 정벌하자 대방이 우리에게 구원을 청했다. 이에 앞서 왕은 帶方王의 딸 寶菓를 맞이하여 부인으로 삼았기 때문에 "대방과 우리는 장인과 사위의 나라이니 그 청에 응하지 않을 수 없다."고 말하였다. 마침내 군사를 내어 구원하니 고구려가 원망하였다. 왕은 고구려의 침입을 염려하여 阿且城과 蛇城을 수축하여 이에 대비하였다.[9]
>
> 〈『三國史記』 卷24 百濟本紀2 責稽王 元年〉

위 기록에 의하면 286년 당시 고구려가 '대방帶方'이라 지칭된 세력을 정벌하려 했다고 전한다. 이때 '대방'을 대방군帶方郡으로 보고, 당시 백제가 대방군과 혼인관계를 맺을 정도의 관계 개선을 이루었다고 보는 것이 일반적이

8 군현의 형세(形勢) 변동과 '말갈(靺鞨)'의 군사 활동 시점이 서로 시간적 선후관계가 있다고 파악된다(李康來, 1985, 「『三國史記』에 보이는 靺鞨의 軍事活動」, 『領土問題硏究』 2, 56-58쪽).

9 "責稽王 古尒王子 (중략) 高句麗伐帶方 帶方請救於我 先是 王娶帶方王女寶菓 爲夫人 故曰 帶方我舅甥之國 不可不副其請 遂出師救之 高句麗怨 王慮其侵寇 修阿且城 · 蛇城備之"〈『三國史記』 卷24 百濟本紀2 責稽王 元年〉

다.[10] 책계왕의 혼인은 '선시先是' 인 고이왕대에 행해졌을 가능성이 높은데,[11] 그렇다면 고이왕대의 어느 시기부터 책계왕대 초반까지 백제가 대방군과의 혼인관계를 비롯해 고구려의 침입에 대응한 군사적 원조를 하기도 했다는 것이다.

그러나 '대방'을 대방군으로 단정하기는 어려워 보인다. 우선 위 기록에서 등장하는 '대방왕帶方王'은 대방군의 공식 관명官名이라고 보기 어려우며 다른 기록에서 군현의 관리를 '왕'으로 표현한 사례도 찾기 어렵다. 또한 280년대 중반에 대방군의 세력이 차츰 약화되고 있었던 것은 분명하지만, 낙랑군을 비롯한 서진 중앙정부의 통제가 미치지 않을 정도로 고립되었거나, 외부세력과 독단적인 동맹관계를 맺을 정도의 자립 상태였는지 여부도 의심스럽다. 이와 관련해 다음의 기록이 주목된다.

> 元康元年 (291) (3월) (司馬)繇의 형인 東武公 (司馬)澹은 평소 (司馬)繇를 미워하여서, 누차 太宰 (司馬)亮에게 참소하여 가로되, "(司馬)繇가 사람을 죽이고 상 주는 일을 오로지 결행하고, 조정의 정사를 마음대로 하고자합니다."라고 하였다. 27일(庚戌)에 (황제가) 詔書를 내려 (司馬)繇의 官을 免하였다. 또 悖言을 한 일에 연좌되니, 廢하여 帶方(郡)으로 귀양 보냈다.[12]
>
> 〈『資治通鑑』 卷82 晉紀 4 世祖武皇帝下 元康元年〉

10 盧重國, 1988,『百濟政治史硏究』, 一潮閣, 123-24쪽; 權五榮, 1995,『한국사(6) -삼국의 정치와 사회 Ⅱ(백제)-』, 국사편찬위원회, 35쪽; 孔錫龜, 1998,『高句麗 領域擴張史 硏究』, 書景文化社, 64쪽; 문안식, 2006,『백제의 흥망과 전쟁』, 혜안, 61쪽; 정재윤, 2012,「중국계 백제 관료에 대한 고찰」,『史叢』 77, 5쪽.

11 盧重國, 2005,「4~5세기 百濟의 성장 · 발전과 삼국의 각축」,『향토서울』66, 159쪽.

12 "繇兄東武公澹 素惡繇 屢譖之於太宰亮曰 繇專行誅賞 欲擅朝政 庚戌 詔免繇官 又坐有悖言 廢徙帶方"〈『資治通鑑』 卷82 晉紀4 世祖武皇帝下 元康元年〉

永寧元年(301) (8월) 東武公 (司馬)澹이 不孝한 일에 연좌되어 遼東(郡)으로 귀양 보내졌다. 9월에 그 동생 東安王 (司馬)繇를 불러들여 옛 爵位를 되찾게 하고, 尚書左僕射에 拜하였다.[13]

〈『資治通鑑』 卷84 晉紀6 惠帝 永寧元年〉

위 기록에 따르면 책계왕 원년(286)으로부터 6년 뒤인 291년에 서진西晉에서 황족皇族인 사마요司馬繇를 대방군으로 귀양 보냈다고 한다.[14] 사마요는 사마의司馬懿의 4남인 사마주司馬伷의 셋째 아들이며, 사마주의 사후死後인 283년에 동안공東安公에 봉해졌던 서진 황족의 일원이었다. 그는 291년에 서진 무제武帝의 장인이었던 외척 양준楊俊 일족을 주멸하는데 주도적인 역할을 하였고, 이 일로 조정 내외內外에 위엄을 떨쳤다고 한다.[15]

그는 이후 외척세력인 가씨賈氏 일족의 전횡을 막으려고 시도하다가, 사마담의 참소로 인해 면직되어 대방군으로 귀양 보내지게 되었다. 대방군은 서진 조정의 입장에서는 가장 극지極地라고도 할 수 있는 지역이지만, 사마요라는 인물의 정치적 비중을 고려할 때 해당 지방관(대방태수)의 철저한 감시와 정기적인 보고가 요구되었을 것이다. 10여 년이 지난 301년 8월에 사마담司馬澹의 실각이 있자 다음 달인 9월에 사마요가 바로 징소徵召된 것은 중앙에서 사마요의 동향을 지속해서 파악하고 있었음을 보여준다.[16] 그렇다면 적어도

13 "八月 東武公澹坐不孝徙遼東 九月 征其弟東安王繇復舊爵 拜尚書左僕射"〈『資治通鑑』 卷84 晉紀6 惠帝 永寧元年〉

14 필자는 이전에 작성한 논문에서 원강원년(元康元年) 3月條의 사료를 대방군의 '폐사(廢徙)'로 해석한 적이 있었다(안정준, 2013, 「高句麗의 樂浪·帶方 故地 영역화 과정과 지배방식」, 『韓國古代史研究』 69, 148쪽). 이는 명백하게 잘못된 해석이었으므로 본고를 통해 수정하고자 한다.

15 "是夜 誅賞皆自繇出 威振內外"〈『資治通鑑』 卷82 晉紀4 惠帝 元康元年〉

16 291년에 대방군으로 귀양 갔던 사마요가 301년에 조정으로 징소(徵召)될 당시까지도 대방군에 그대로 머물러 있었는지 여부는 현재로선 단정하기 어렵다. 『資治通鑑』에 죄인의 유배지가 옮겨지는 경우가 일일이 기록되었다고 보기 어려우며, 고구려 · 백제 등의 공격으로 대방군 지역의 주변 상황이 변동되었다는 점도 무시할 수 없다.

291년 당시의 대방군은 서진 중앙과의 교통은 물론 태수 및 예하의 관원들이 존재하는 가운데 중앙과의 지휘체계가 여전히 작동했을 가능성이 높다.[17]

만약 책계왕 원년元年조의 '대방왕'이 대방군의 관원을 막연히 지칭한 것이라면 최소 중앙에서 파견한 장리급長吏級 이상의 인물이었을 것이다. 이러한 인물이 외방 이족夷族 수장과 혼인관계를 맺고 군현 차원의 군사적 원조까지 요청할 정도였다면, 이는 서진 중앙정부의 의도 및 낙랑군과의 관계 속에서 이루어진 결정이라고 보아야 할 것이다.

그러나 대방군은 3세기 초에 신설될 당시부터 군현민郡縣民의 한韓 지역 유입을 막고 남쪽 정치체에 대한 군사·대외적 통제를 담당하는 것이 주된 역할이었다.[18] 이러한 대방군이 백제와 우호적인 관계를 맺고자 했다면 이러한 정책적 기조의 변화를 상정할만한 계기가 있었을 것이다. 그러나 백제와 중국 군현은[19] 3세기 중반까지도 계속 군사적으로 대립해오는 등 286년 당시에 지극히 우호적인 관계로 전환될만한 계기를 찾기 어렵다. 또한, 양자는 286년 이후에도 적대적인 관계로 일관하고 있다.

> 責稽王 13년(298) 가을 9월에 漢이 貊人과 함께 쳐들어오니 왕이 나아가 막았으나 敵兵에 의해 害를 당한 바 되어 죽었다.[20]
>
> 〈『三國史記』 卷24 百濟本紀2 責稽王 13年〉

---

17 李東勳, 2016, 「고구려 중·후기 지배체제 연구」, 고려대학교 박사학위논문, 138쪽.

18 임기환, 2000, 「3세기~4세기 초 위(魏)·진(晉)의 동방 정책」, 『역사와 현실』 36, 7-8쪽; 오영찬, 2003, 「帶方郡의 郡縣支配」, 『강좌 한국고대사』 10, 225쪽.

19 1~3세기에 정치적으로 통합된 세력을 이루지 못했던 '말갈(靺鞨)[예(穢)]'이 백제 지역을 누차 침공했던 원인은 이들이 한군현(漢郡縣)의 영향력 하에 있었기 때문으로 보고 있다(李康來, 1985, 앞의 논문, 56~58쪽; 문안식, 2003, 『한국고대사와 말갈』, 혜안, 47-51쪽). 또 백제는 고이왕 13년(246)에 위(魏) 유주자사(幽州刺史) 관구검(毌丘儉)이 낙랑태수 유무 등과 더불어 고구려를 쳤을 당시에 낙랑의 변방 주민들을 습격하여 빼앗았으며, 유무가 이를 듣고 노하자 왕은 침공을 받을까 염려하여 주민을 돌려보냈다고 한다. 〈『三國史記』 百濟本紀 古爾王 13年〉

20 "秋九月 漢與貊人來侵 王出禦爲敵兵所害薨"〈『三國史記』 卷24 百濟本紀2 責稽王 13年〉

汾西王 7年(304) 봄 2월에 몰래 군사를 보내 樂浪의 서쪽 縣을 습격하여 빼앗았다. 겨울 10월에 (분서)왕은 낙랑태수에 의해 보내진 자객에게 賊害를 입어 죽었다.[21]

〈『三國史記』 卷24 百濟本紀2 汾西王 7年〉

위 기록에 의하면 298년에는 '한漢'으로 지칭된 세력이 백제 영역을 침공하여 책계왕이 전사하였고,[22] 304년에는 백제가 낙랑군 서쪽을 공략한 이후 약 8개월 뒤 '낙랑태수'가 보낸 자객에 의해 분서왕이 죽임을 당하기도 했다.[23] 286년 이래로 백제와 2군과의 특별한 관계 전환의 계기가 보이지 않음에도 불구하고 양자가 완전히 적대적인 관계로 나타나는 것이다. 이처럼 책계왕責稽王 원년元年(286)에 있었던 '대방'과 백제와의 혼인 및 군사적 동맹 기사 이후, 298년과 304년에 백제-군현 간에 일어난 일련의 사건들은 2군의 일관된 정책적 판단 하에 이루어진 것으로 보기 어렵다.[24]

21 "春二月 潛師襲取樂浪西縣 冬十月 王爲樂浪太守所遣刺客賊害薨"〈『三國史記』 卷24 百濟本紀 2 汾西王 7年〉

22 여기서 등장하는 '맥인'을 함경도 지역에 자리하고 있던 동예를 가리키는 것으로 보기도 했으나(李丙燾, 1997, 『국역 삼국사기』, 을유문화사, 371쪽), 298년 당시 함경도의 동예는 고구려의 영역 하에 있었다. 한편 '맥인'을 낙랑군 혹은 대방군을 중심으로 백제와 적대하고 있던 군현 휘하의 비한계(非漢系) 주민으로 추정하는 것도 불가능하지 않다. 혹은 '맥인'을 낙랑군 지역을 지나 대방군 일대까지 공략할 수 있게 된 고구려로 보고, 그 영향력 하의 옛 군현 토착 세력('漢')과 더불어 백제를 공략한 사건으로 보기도 한다(김미경, 2007, 앞의 논문, 167쪽). 현재로서는 위 기사의 출전과 계통을 명확하게 알기 어려운 상황이므로 본고에서는 결론을 유보하고자 한다.

23 307년 당시 백제의 낙랑군 지역 공략에 대응하여 '낙랑태수'라고 호칭된 인물이 자객을 보내서 대응한 것은 당시 2군의 군사적 기능이 상실된 상태였기 때문이라고 보기도 한다(김미경, 2007, 위의 논문, 167쪽).

24 낙랑(樂浪)·대방태수(帶方太守)에 대한 중국 측 기록은 247년의 대방태수 왕기(王頎)와 낙랑태수 유무(劉茂)가 마지막이다. 본문의 304년조 기록에서 분서왕의 암살을 주도한 '낙랑태수'가 실제 서진정부가 파견한 낙랑태수인지 여부에 대해서는 분명하게 단정할 수는 없다고 생각된다.

그렇다면 286년 기사의 '대방'은 대방군 이외의 다른 세력으로 비정할 필요가 있다. 이와 관련해 280년대부터 2군의 주변 토착세력들에 대한 영향력이 약화되는 현상을 주목할 필요가 있다. 우선 286년경에는 고구려의 침공 등으로 2군의 주변 동이제족東夷諸族에 대한 통제력이 약화되면서 기존 동이東夷(주로 한)와의 교섭 기능이 동이교위부東夷校尉府로 이관되었다.[25] 또한 291년 8왕의 난에서 비롯된 혼란으로 3세기 말 이래 동이와의 교섭체계가 완전히 붕괴하였다.[26] 특히 중원과 요동으로부터의 정치 · 군사적 지원을 잃게 된 2군이 주변 지역에 대해 갖는 영향력은 매우 제한적이었을 것이다.[27]

실제로 『삼국사기』 백제본기에서는 210년(초고왕 45)~229년(구수왕 16) 동안 백제를 5회 침입하였던 '말갈靺鞨'이 30여 년 뒤인 258년(고이왕 25)에는 더 이상 침입을 포기하고 우호관계를 청해왔다.[28] 즉 기원 전후부터 한군현의 영향력 하에 있었던 토착세력들('말갈')은 3세기 중반 경에 대방군의 영향력이 점차 약화되자, 그 예하에서 이탈하여 백제와 우호적인 관계를 맺거나 귀속되기도 했던 것으로 보인다.[29]

그렇다면 286년의 '대방'은 백제와 대방군의 경계에 있던 유력한 토착세력 가운데 하나였을 가능성을 생각해볼 수 있다. 실제로 『삼국사기』에는 300년 경에 신라에 귀복歸服한 토착세력을 낙랑국樂浪國 · 대방국帶方國이라고도 일컫는 등[30] 과거 2군에 귀속歸屬 혹은 부용附庸되어 있다가 이탈한 토착세력을 군

25 權五重, 1992, 『樂浪郡硏究』, 一潮閣, 125-126쪽. 관련 기록은 『晉書』 卷3 武帝紀; 『晉書』 卷4 惠帝紀; 『晉書』 卷97 東夷 馬韓.

26 요서 · 요동 지역에서는 선비족(鮮卑族)이 세력을 계속 확대함에 따라 삼한(三韓)과의 교섭로가 단절되기도 했다. 함령(咸寧) 2년(276)이래 총 9회에 걸쳐 나타나는 진(晉)에 대한 동이제국(東夷諸國)의 견사조공(遣使朝貢) 기사는 영평원년(永平元年, 291)을 끝으로 더 이상 등장하지 않는다.

27 임기환, 2000, 앞의 논문, 30쪽.

28 李康來, 1985, 앞의 논문, 56-58쪽; 문안식, 2003, 『한국고대사와 말갈』, 혜안, 47-51쪽. 관련기사는 "春 靺鞨長羅渴獻良馬十匹 王優勞使者以還之"〈『三國史記』 卷24 百濟本紀9 古爾王 25年〉.

29 강종원, 2012, 『백제 국가권력의 확산과 지방』, 서경문화사, 39-40쪽.

30 『三國史記』 卷2 新羅本紀2 基臨尼師今 3年(300) 春5月

현명으로 표현하는 경우도 적지 않다.[31] 즉 286년 당시에 백제와 인접한 황해남도 남부에는 군현의 통제에서 벗어난 한 토착세력('대방')이 존재하였고,[32] 그 수장('대방왕')은 백제와 혼인관계를 비롯해 고구려의 침공으로부터 군사적인 보호를 요청하기도 했던 것으로 생각된다.

당시 '대방'의 정확한 위치는 알기 어렵다. 다만 고구려가 3세기 후반에 동해안 지역에 대한 지배권을 다시 회복한 상태에서 그 서쪽으로 진출하는 상황이었다는 점을 감안한다면, 대방군의 주변 지역 가운데 백제의 구원이 닿을 수 있는 북방 한계는 대방군 동남부 외곽의 예성강 일대에서 임진강에 이르는 지역 정도로 추정해 볼 수 있을 것이다.[33]

요컨대 280년대 당시에 2군의 북쪽에서는 고구려가 청천강 이남~대동강 이북 지역으로 진출하고 있었다. 또한 남쪽에서는 대방군 주변의 토착세력들이 점차 독자적인 노선을 걷는 가운데 백제와 우호관계를 맺거나 귀부하는 등 군현의 영향력이 차츰 약화하고 있었다. 이때 백제가 북방의 토착세력들과 전략적 유대관계를 가져왔던 것이 동해안 방면에서 서쪽으로 진출하던

31 이와 관련해 '낙랑국', 혹은 '낙랑'이라는 명칭이 낙랑 속현의 지배하에 있었던 國邑 정도 규모의 우월한 세력명이었을 가능성도 제기된 바 있다(金起燮, 1991, 「『三國史記』「百濟本紀」에 보이는 靺鞨과 樂浪의 位置에 대한 再檢討」, 『淸溪史學』 8, 17~18쪽). 『三國史記』 高句麗本紀 大武神王 15年(32)의 '낙랑왕(樂浪王)' 최리(崔理), 신라본기 혁거세 거서간 30년(기원전 28)의 '낙랑인(樂浪人)', 남해차차웅 원년(4), 11년(14)의 '낙랑(樂浪)', 유리이사금 13년(36), 14년(37)의 '낙랑(樂浪)' 등도 실제 낙랑군을 가리킨다고 보기 어려우며, 그에 속해있거나 부용되었던 세력을 가리키는 것으로 보인다.

32 보통 한사군(漢四郡)의 하나인 진번군(眞番郡) 지역은 낙랑군 남부도위(대방군)를 포괄하는 지역이었다고 본다(李丙燾, 1976, 「眞番郡考」, 『韓國古代史硏究』, 博英社, 118쪽). 진번군은 총 15현으로 치소는 삽현(霅縣)이었다고 하는데(『漢書』 武帝紀 元封 3年 眞番郡條의 臣讚註所引 茂陵書), 아마도 진번군이 폐지된 이후 문헌에 더 이상 등장하지 않는 8현은 방기되었을 것이다. 이 8현을 포함한 진번군의 본래 영역은 동쪽으로 춘천일대, 남으로 한강유역까지 보기도 하는데(李丙燾, 1976, 위의 논문, 124쪽), 이 지역은 세력 강약에 따라 군현에 귀속되기도 하고, 한(韓)에 귀속되기도 했을 것이다. 『三國史記』 卷24 百濟本紀2 責稽王 元年(286년)에 등장하는 "대방(帶方)" 역시 과거에 진번군의 폐지와 함께 방기된 지역 범위 내에서 위와 같이 존재했던 토착세력으로 볼 수 있을 것이다.

33 후술 하겠지만 4세기 중반에 형성된 백제의 서북쪽 경계도 예성강을 크게 벗어나지 못한 것으로 생각된다.

고구려와의 갈등을 일으키게 되었던 것이다.

3세기 후반에 책계왕이 고구려의 침공에 대비하여 아차성阿且城과 사성蛇城을 수축하여 이에 대비하였다는 것은 고구려와의 갈등으로 인해 백제가 한성漢城 이북 지역을 위협받기도 했던 상황을 보여준다.[34] 이 기록만으로 양국 간의 직접적인 군사적인 충돌이 있었다고 단정하기는 어렵지만, 점차 약화되는 2군 지역에 대한 패권을 두고 양국이 지속적으로 대립하였을 가능성이 높다고 생각된다.

34 286년 당시 책계왕이 고구려의 침공과 노략질을 염려하여 아차성(阿且城)과 사성(蛇城)을 수축하여 이에 대비하였다고 하였는데, 두 성이 대체로 서울시 일원으로 비정된다는 점을 고려한다면, 고구려가 강원 북부에서 서쪽 루트를 통해 한강 이북으로도 진격이 가능했음을 알 수 있다.

Ⅲ. 4세기 초반 낙랑군(樂浪郡) 지역의 공략(攻略)과 고구려

4세기 초반에는 2군이 군현 중심부 이외의 지역에 대한 방어력을 점차 상실해 가는데, 이에 대한 백제·고구려의 공략이 이어졌다.

> 汾西王 7년(304년) 봄 2월에 몰래 군사를 보내 樂浪의 서쪽 縣을 습격하여 빼앗았다. 겨울 10월에 왕은 낙랑태수가 보낸 자객에게 살해되었다.[35]

위 기사에서는 304년에 백제 분서왕이 몰래 군사를 보내 낙랑군의 서쪽 현을 습격하여 빼앗았다고 한다. 이 공격이 육로를 통해서였는지, 혹은 해로를 통한 것이었는지 여부는 분명히 알 수 없지만, 몰래 군대를 보내 습취襲取하였다는 기사("잠사습취潛師襲取")를 고려한다면, 이는 2군과의 주요 전선戰線을 우회하여 낙랑군 조선현의 서쪽에 있는 지역을 일부 차지한 사건으로 볼 수 있을 것이다.[36]

『진서晉書』 지리지에서 280년경까지 잔존했던 낙랑군의 6현 가운데 조선현

---

35 『三國史記』 卷24 百濟本紀2 汾西王 7年

36 백제 온조왕대의 '낙랑(樂浪)'을 진한(辰韓)으로 해석하는 가운데, 위 분서왕대의 '낙랑(樂浪)' 역시 진한 세력을 가리킨다는 해석도 있다(강종훈, 2004, 「백제의 성장과 對中國郡縣 관계의 추이」, 『韓國古代史硏究』 34, 166-167쪽). 여기서는 낙랑태수가 보낸 자객에 의해 분서왕이 시해 당했다는 기사를 『新增東國輿地勝覽』 卷21 慶州府 風俗條의 '무검지희(舞劍之戱)'에 나타나는 설화와 연관시키고 있다. 그러나 백제본기에 '진한(辰韓)'이 '낙랑(樂浪)'으로 표기된 이유가 분명하게 해명되지 않았으며, 『新增東國輿地勝覽』에 실린 설화를 분서왕의 시해 기사와 연관시킬만한 근거도 부족하다고 생각된다.

朝鮮縣(평양)의 서쪽에 비정되는 현은 혼미현渾彌縣(증산增山 · 청산靑山)을 들 수 있다. 혹은 『후한서後漢書』 군국지郡國志에 보이는 점제현黏蟬縣(온천溫泉)의 경우 서해와 맞닿은 대동강의 하구에 있다.[37] 혼미현渾彌縣은 비록 280년대 이후에는 존재하지 않았지만, 백제가 304년 당시 낙랑군 서쪽 대동강 하구의 구현舊縣 지역을 차지한 뒤, 이를 낙랑군의 현처럼 인식했을 가능성도 있다. 양자 가운데 "낙랑서현樂浪西縣"을 단정하기는 어렵지만, 백제가 해상을 통해 비교적 쉽게 진입할 수 있는 구점제현舊黏蟬縣(온천溫泉)지역이었을 가능성이 높다고 생각된다.

위 기록을 통해 늦어도 304년 당시의 낙랑군은 중심부를 제외한 서쪽 영역에 대한 방어를 제대로 수행하기 어려웠던 상황이라는 점을 알 수 있다. 당시 서진西晉은 290년대 이래 황위 계승을 두고 벌어진 '8왕의 난'으로 인해 수도 낙양洛陽이 폐허화되었고, 여러 왕들이 병력 보급을 위하여 끌어들인 흉노匈奴 · 선비鮮卑 등 북방민족이 304년 이래로 차례로 자립하여 서진 조정을 위협하고 있던 시점이었다. 따라서 당시 낙랑 · 대방 등 변군邊郡에 대한 중앙 차원의 지원은 이루어지기 어려웠을 것이다.

이에 낙랑군은 304년 2월 백제의 침공에 대해 약 8개월이 지난 10월에 몰래 자객을 보내는 방식으로 대응했던 것이다. 이때 자객을 보냈던 '낙랑태수'가 서진西晉에서 정식으로 파견된 인물인지 아닌지는 분명하지 않다. 다만 어떤 경우든 당시 2군은 백제를 응징하기 위한 군현 차원의 대대적인 군사 징발이 사실상 어려운 상황이 아니었나 생각된다. 백제의 "낙랑서현樂浪西縣" 공격은 이와 같은 배경 하에 실현될 수 있었던 것이다.

앞서 언급한 대로 3세기 후반 낙랑군의 북계는 고구려에 의해 대동강 유역

37 점선현(黏蟬縣)으로 비정되는 온천군은 평안남도 서남쪽 끝에 위치한 지역으로 대동강이 서해로 들어가는 하구의 남안을 끼고 있다. 백제가 해로를 통해 이 지역을 일시 점유했을 가능성도 있다. 온천군에는 성현리 토성이 있으며 그 동북쪽 150m 지점에서 「점제현신사비」가 발견되기도 했다(오영찬, 2006, 앞의 책, 97-99쪽).

까지 밀리고 있던 상황이었다. 따라서 문헌 기록에는 구체적으로 나타나지 않지만, 고구려도 백제처럼 4세기 초에 군치郡治 주변부에 대한 공격을 시도하였을 가능성이 크다. 이로 인해 2군은 최종 소멸하기 이전에 이미 치소治所 이외의 지역들을 점차 상실하였을 것이다. 특히 고구려는 313~314년에 2군의 최종 소멸을 주도하기도 하였다.

> 美川王 12년(311) 가을 8월에 장수를 보내 요동 西安平을 공격하여 차지하였다.[38] 〈『三國史記』 卷17 高句麗本紀 美川王 12年〉

> 建興元年(313) 遼東의 張統은 樂浪·帶方 두 郡을 근거로 고구려왕 乙弗利와 여러 해 계속 싸웠다. 樂浪 王遵이 張統을 설득하여 백성 1천여 가를 거느리고 慕容廆에 귀부하니, 慕容廆가 그를 위해 낙랑군을 설치하고 張統을 太守로, 王遵을 參軍事로 임명하였다.[39]
> 〈『資治通鑑』 卷88 晉紀10 孝愍建興元年〉

> 美川王 14년(313) 겨울 10월에 낙랑군을 침략하여 남녀 2천여 명을 사로잡았다.[40] 〈『三國史記』 卷17 高句麗本紀 美川王 14年〉

> 美川王 15년(314) 가을 9월에 남쪽으로 대방군을 침략하였다.[41]
> 〈『三國史記』 卷17 高句麗本紀 美川王 15年〉

---

38 "秋八月 遣將襲取遼東西安平"〈『三國史記』 卷17 高句麗本紀 美川王 12年〉

39 "遼東張統據樂浪帶方二郡 與高句麗王乙弗利相攻 連年不解 樂浪王遵說統帥其民千餘家歸廆 廆爲之置樂浪郡 以統爲太守 遵參軍事"〈『資治通鑑』 卷88 晉紀10 孝愍建興元年〉

40 "冬十月 侵樂浪郡 虜獲男女二千餘口"〈『三國史記』 卷17 高句麗本紀 美川王 14年〉

41 "秋九月 南侵帶方郡"〈『三國史記』 卷17 高句麗本紀 美川王 15年〉

『자치통감資治通鑑』에는 당시 여러 해에 걸친 공략 끝에 낙랑군 세력을 축출한 주체를 미천왕으로 전하고 있다. 이 공격은 미천왕 12년(311)에 고구려가 요동 서안평西安平을 공격해 차지함으로써 2군을 고립시킨 전략과 별개로 보기 어렵다. 그렇다면 고구려가 낙랑군의 소멸에 주도적인 역할을 했다고 볼 수 있으며, 이어지는 314년의 대방군 침략이 대방군의 소멸과 관련이 있다고 해석하는 기존의 시각도 큰 무리가 없다고 생각된다.[42]

한편 2군이 소멸하기 직전인 313년경, 군현의 군사방어체계는 군 소멸 이전에 이미 무너진 상태였으며, 고구려의 침공에 대한 방어는 군현병郡縣兵이 아닌 토착세력 왕준王遵과 요동 출신의 장통張統이 주도하고 있었다. 즉 공식 태수가 부재한 상황에서 토착세력인 왕준王遵 등이 자기 영향력 하에 있는 종족宗族과 향당鄕黨을 결집하여 자위自衛집단을 형성하고 있었다.[43] 이들의 저항 목적도 이미 붕괴한 군현 체제의 복원이 아닌 개별 집단들의 자위였을 가능성이 높다.[44]

기존 연구에서는 황해도 일대에서 4세기 중반까지 전축분 유적이 지속적으로 조영되는 양상을 근거로 고구려가 2군 소멸 이후 4세기 말까지도 대동강 이남 지역의 토착세력을 완전히 장악한 것은 아니었으며, 5세기 초반까지 점차적으로 지배력을 확대해가는 것으로 보기도 했다. 즉 2군이 소멸한 이후에도 한동안 이 지역에 중국 군현 지배에 익숙한 가운데 중국 문화를 향유하는 토착세력이 다수 존재했고, 이들의 저항 때문에 오랫동안 고구려의 지배력이 미치지 못했다고 본 것이다.[45]

42 대방군이 고구려에 의해 최종 소멸한 시기는 미천왕이 대방군을 침공한 314년 이후부터 늦어도 대방태수가 모용외(慕容廆)의 세력 하에 존재하는 333년 이전의 어느 시기로 볼 수 있을 것 같다(千寬宇, 1977,「灤河 流域의 朝鮮」,『史叢』21 · 22合, 29쪽).

43 윤용구, 2007,「중국계 관료와 그 활동」,『백제의 대외교섭』(백제문화사대계 연구총서 9), 충청남도 역사문화연구원, 259쪽.

44 김미경, 1996,「高句麗의 樂浪·帶方地域 進出과 그 支配形態」,『學林』17, 15-17쪽.

45 三上次男, 1964,「樂浪郡社會の支配構造」,『朝鮮學報』30; 武田幸男, 1989, 앞의 논문; 孔錫龜,

또 2군 고지의 토착세력이 갖는 특수성에 주목하는 가운데, 350년대 고구려와 모용'연'과의 대외관계 변화를 2군 고지에 대한 지배력 확대의 주된 계기로 보기도 하였다.[46] 이에 따르면 4세기 중반 전축분 조영 양상과 중국계 망명인의 안치 등 변화상을 근거로 고구려가 4세기 후반까지 2군 고지에 대한 지배력을 단계적으로 강화하는 과정으로 파악하기도 하였다.[47]

그러나 이러한 견해들은 313년 이후 2군 고지의 군현 계통 토착세력의 영향력이 미치는 범위를 지나치게 넓게 파악하고 있다. 실제로 313년 이후에 2군 고지에 나타나는 전축분 관련 유적 · 유물(명문전銘文塼만 출토된 것도 포함)은 주로 황해남도 신천군 일부 지역에 한정된다(〈별첨1〉참조).[48] 즉 고구려가 낙랑군 지역을 차지한 313년을 기점으로 전축분 유적 · 유물이 전체적으로 감소하며, 그 지역적 분포도 일부 지역으로 축소된 것이다.

그렇다면 313년 이후 한계漢系 토착세력의 거주지와 그들의 영향력이 미치는 범위도 이미 신천군 일대를 비롯한 극히 일부 지역에만 국한된 상태였을 가능성이 크다고 생각된다. 이처럼 한정된 범위의 토착세력 존재로 인해 고구려가 4세기 중반 이후까지 2군 고지를 완전히 장악하기 어려웠다고 볼 수 있을지는 의문스럽다.

또한, 신천군 일대에 잔존했던 전축분 축조 세력들이 고구려의 지배에 적극적으로 저항했다고 단정하기도 어려운 면이 있다. 과거 낙랑군의 최대 중심지였던 평양 지역은 313년 이후 전축분 관련 유적이 거의 나타나지 않는다. 이는 여전히 전축분 유적이 일부나마 지속되는 대방 고지와 대조되는 점

1998, 앞의 책, 101-102쪽; 윤용구, 2007, 앞의 논문, 260-261쪽.

46 李仁哲, 2000, 「고구려의 낙랑 · 대방 정복과 지배」, 『고구려의 대외정복 연구』, 백산자료원, 69-70쪽; 장창은, 2014, 『고구려 남방 진출사』, 景仁文化社, 43-44쪽.

47 余昊奎, 2009, 「4세기 高句麗의 樂浪 · 帶方 경영과 中國系 亡命人의 정체성 인식」, 『韓國古代史研究』 53, 161-192쪽.

48 봉산군 및 평양 지역에 일부 나타나는 전축분은 전형적인 전축분의 형태로 보기 어려우며 석실봉토분의 영향을 받은 전석혼축분의 형태로 나타난다.

인데, 그 원인을 낙랑군과 대방군의 지배세력이 갖는 성향의 차이, 그리고 고구려가 2군 지역을 점령하는 과정상의 차이 때문으로 보기도 한다.

예컨대 313년 고구려가 낙랑군 중심지를 완전히 점령하기 직전에 장통·왕준 등과 1천여 가家의 주민이 모용외慕容廆 세력권으로 이주하였다. 그 직후 낙랑군 지역은 고구려에 점령되었으며, 그동안의 저항에 따른 무력 응징, 그리고 2천 여구에 달하는 주민의 노획虜獲이 뒤따랐을 것이다.[49] 이로 인해 낙랑군의 소멸 직후 이 지역의 중심 고분군에는 고구려 계통 석실묘가 비교적 이른 시기부터 등장하는 등 기존의 전축분 조영 세력(한계 토착민)이 크게 약화되었다.[50]

그런데 낙랑군의 군치郡治와 그 인근 지역에는 귀틀묘 시기 이래 계속 토착 기반을 유지해 온 세력이 다수였던 반면, 대방군의 지배세력은 3세기 초반 군이 설치되면서 새로 유입된 한인漢人들과 군郡 설치 당시에 새롭게 지배층으로 편입된 토착세력들로 이루어진 것으로 보인다. 즉 대방군을 설치하는 과정에서 공손씨 세력과 관련된 인물들이 다수 이주하였을 가능성이 높은 것이다.[51]

이들은 조위대曹魏代 이후 동이東夷 제족諸族과의 교역 주도권을 낙랑군에 다시 넘겨주는 등 중원과 불편한 관계였기 때문에 4세기 초반 당시 고구려의 지배에 대한 반감이나 저항이 낙랑군보다는 상대적으로 적었던 것으로 생각

49 "冬十月 侵樂浪郡 虜獲男女二千餘口"〈『三國史記』 卷18 高句麗本紀 美川王 14年〉

50 오영찬, 2006, 앞의 책, 235-238쪽.

51 본래 낙랑군의 지배계층으로 편입된 토착세력은 200년이 넘도록 한(漢) 왕조와의 긴밀한 관계 속에 군현 지역에 대한 정치적 지배와 경제적 교역 등에 간여하면서 자신들의 정치·사회·경제적 지위를 유지해갔을 것이다. 이로 인해 3세기 초에 요동 지역의 세력가였던 공손강(公孫康)이 낙랑군 지역을 장악하였을 당시에도 낙랑군 중심부에는 오랫동안 중원왕조의 영향력이 크게 남아있었을 것으로 추정된다. 공손강이 건안연간에 낙랑군을 제쳐둔 채 별도의 군사 정벌을 감행한 끝에 둔유현 이남의 '황지(荒地)'를 수복하고 대방군을 분치(分置)했던 것은 정치·군사적으로 성장하는 한(韓)에 대한 대응 이외에도, 이 지역에 비중원계(非中原系, 자기 세력)를 부식시키려는 의도가 강하게 작용했을 것이다(오영찬, 2003, 앞의 논문, 220-221쪽).

된다. 고구려의 침공 이후에도 대방군 고지에 전축분 관련 세력이 그나마 잔존했던 것은 바로 이러한 2군 지역의 지배세력이 갖는 성격과 점령과 정상의 차이 때문으로 볼 수 있다.[52]

그렇다면 기존에 고구려의 지배력이 미치지 못한 범위로 인식해왔던 4세기 초반 이후의 전축분 조영 세력에 대해서는 조금 다른 관점에서 접근할 필요가 있다. 즉 고구려가 2군 고지를 점유한 가운데, 일부 지역은 현지의 사회·문화적 전통을 일부 허용하는 지배가 이루어지기도 했으며, 그 배경은 고구려의 점령 과정에서 있었던 군현계 토착세력과의 타협과 귀순歸順의 결과라고 생각된다.[53] 이러한 점들을 종합할 때, 4세기 초반 이래로 고구려가 2군 고지를 일관되게 영역화 했을 가능성이 높으며, 오랜 기간 지배력을 확대하는 과정으로 보아왔던 기존의 시각은 재고할 필요가 있다.

이처럼 백제가 304년 당시에 낙랑군의 영역을 공략한 바 있으며, 4세기 초반에 고구려가 대방군 지역까지 영역화했음을 고려한다면, 양국의 접경과 군사적 충돌 역시 일찍이 4세기 초반부터 이루어졌을 가능성이 높다. 문헌에 보이는 4세기대 고구려와 백제의 첫 군사적 충돌에 대한 기록은 다음과 같다.

> 근초고왕 24년(369) 가을 9월에 고구려 왕 斯由가 보병과 기병 2만 명을 거느리고 雉壤에 와서 진을 치고는 군사를 나누어 민가를 약탈하였다. 왕이 태자를 보내 군사를 [거느리고] 지름길로 치양에 이르러 고구려 군사를 급히 쳐서 깨뜨리고 5천여 명을 죽이거나 사로잡았는데, 그 사로잡은 적들은 장수와 군사들에게 나누어주었다. 겨울 11월에 漢水 남쪽에서 크게

52 오영찬, 2006, 앞의 책, 238-239쪽.
53 안정준, 2013, 앞의 논문, 137-138쪽.

> 사열하였는 데 깃발은 모두 黃色을 사용하였다.[54]
>
> 〈『三國史記』 百濟本記 近肖古王 24年〉

> 근초고왕 26년(371)에 고구려가 군사를 일으켜 왔다. 왕이 이를 듣고 浿河 가에 군사를 매복시켰다가 그들이 이르기를 기다려 급히 치니 고구려 군사가 패하였다. 겨울에 왕이 태자와 함께 정예 군사 3만 명을 거느리고 고구려에 쳐들어가서 平壤城을 공격하였다. 고구려 왕 斯由가 힘을 다해 싸워 막았으나 流矢에 맞아 죽었다. 왕이 군사를 이끌고 물러났다.[55]
>
> 근초고왕 30년(375) 가을 7월에 고구려가 북쪽 변경의 水谷城을 공격해 와서 함락시켰다. 왕이 장수를 보내 막게 하였으나 이기지 못하였다. 왕이 다시 군사를 크게 일으켜 보복하려 하였으나 흉년이 들어 실행하지 못하였다. 겨울 11월에 왕이 죽었다.[56]
>
> 〈『三國史記』 百濟本記 近肖古王 30年〉

『삼국사기』 근초고왕 24년(369)조에는 고구려의 고국원왕이 먼저 치양에 와서 진을 치고 주변 민가를 약탈하였다고 전한다. 동서同書 근구수왕 원년조에서도 동일한 사건을 기술하고 있는데, 여기서는 백제군이 반걸양半乞壤에서 고구려군과 싸워 이긴 뒤 다시 수곡성(신계)의[57] 서북 방면까지 추격한

54 "秋九月 高句麗王斯由帥步騎二萬 來屯雉壤 分兵侵奪民戶 王遣太子以兵徑至雉壤 急擊破之 獲五千餘級 其虜獲分賜將士 冬十一月 大閱於漢水南 旗幟皆用黃"〈『三國史記』 百濟本記 近肖古王 24年〉

55 "高句麗擧兵來 王聞之 伏兵於浿河上 俟其至急擊之 高句麗兵敗北 冬 王與太子帥精兵三萬 侵高句麗 攻平壤城 麗王斯由力戰拒之 中流矢死 王引軍退 移都漢山"〈『三國史記』 百濟本記 近肖古王 26年〉

56 "秋七月 高句麗來攻北鄙水谷城陷之 王遣將拒之 不克 王又將大擧兵報之 以年荒不果 冬十一月 王薨"〈『三國史記』 百濟本記 近肖古王 30年〉

57 『東國輿地勝覽』 卷42 新溪縣 古蹟條.

사실을 기록하고 있다.[58] 이때 반걸양과 치양은 동일한 지역으로 예성강 하류의 서쪽에 인접한 황해남도 백천으로 비정되고 있다.[59] 즉 백제군이 고구려군을 패퇴시킨 뒤 백천 북쪽으로 진격하여 신계 일대까지 장악하였다는 것이다.

한편 근초고왕 26년(371)에도 고구려의 선공으로 시작된 전투에서 백제군이 패하浿河에 이른 고구려군을 격파하였고 대규모 반격을 하여 평양성까지 이르렀다고 전한다. 평양성 전투에서 백제군은 고국원왕을 전사시키는 대승을 거두었다. 위 근초고왕대의 기록을 통해 369년 당시 백제의 북계는 대략 예성강 하류 인근에 형성되어 있었고, 377년까지 양국의 공방전은 대개 예성강 유역의 치양-수곡성-평양성 루트에서 벌어진 것으로 나타난다. 대체로 369년 이후 백제의 상대적인 우세가 눈에 띈다고 하겠다.

위 기록만을 근거로 검토한다면 고구려와 백제 양국 간의 접경 및 군사적 충돌은 4세기 중반 이후에야 비로소 나타났다고 해석될 수도 있다.[60] 그러나 백제는 이미 286년에 대방군 동남쪽의 토착세력('대방') 귀속 문제를 두고 고구려군을 저지한 바 있었다. 당시 '대방'의 위치가 대방군 동남부 외곽의 예성강 일대에서 임진강의 사이 정도로 비정되는데, 4세기 중반까지 백제가 예성강 하류 지역까지 진출하는 동안 고구려와의 갈등이나 접촉이 없었다고 단정하기는 어렵다. 또한 앞서 검토했듯이 고구려는 4세기 초반에 낙랑 · 대방군을 차례로 공격하여 차지했다. 이미 304년 당시에 낙랑군의 서쪽 지역을 공략한 바 있던 백제가 4세기 초반 고구려의 2군 장악 과정에서 아무런 저항이나 움직임이 없었다고 단정할 수 있을지는 의문이다.

---

58 『三國史記』 百濟本記 近仇首王 卽位年條.

59 李丙燾, 1976, 『韓國古代史硏究』, 博英社, 509쪽.

60 369년 고구려의 침공은 백제의 세력 확대에 대한 견제의 측면으로 해석하기도 하며(李熙眞, 1994, 「4세기 중엽 百濟의 '加耶征伐'」, 『韓國史硏究』 86, 13쪽), 모용선비가 있던 요동지역으로 진출하기 어려웠던 대외적 여건을 고려한 남진으로 보기도 한다(공석구, 1991, 「고구려의 영역확장에 대한 연구」, 『한국상고사학보』 6, 246-247쪽).

사실 고구려본기에서 기록이 나타나지 않는 것은 이 시기 고구려 자체의 대외관계에 대한 전승이 부족한 것이 한 원인일 것이다. 『삼국사기』 고구려본기에서 4세기 초반~후반까지의 기록들 가운데 대외관계 부분은 중국 왕조와의 관계를 기록한 중국 측 사서의 전사轉寫가 대부분이며, 고구려의 남진 과정에서 나타난 백제·신라와의 대외 관계에 대한 기사는 매우 소략한 형태이거나, 백제본기 등을 그대로 옮긴 형태이다.[61] 고구려가 미천왕 대에 2군 지역을 점령한 사건도 그 비중에 비해 매우 단편적인 기사로만 남아있을 뿐이다.

반면 백제본기의 경우에는 4세기 초반 이래 자체 전승으로 볼 수 있는 기사들이 다수 등장한다. 다만 비류왕대比流王代 이래로 369년에 이르기까지 대외적인 군사 활동에 대한 기록은 전혀 나타나지 않는다. 304년에 낙랑군 서쪽 지역을 공략한 이후 369년에 대략 예성강 하류를 북계北界로 삼기까지의 과정도 전혀 언급되고 있지 않은 것이다. 그 배경에 대해서는 현재로써는 명확하게 판단하기 어려운 측면이 있다. 다만 추정컨대 369년에 예성강 하류 일대에 형성된 양국 간의 경계가 4세기 초반 이래로 고구려의 지속적인 남진에 의해 백제가 밀려난 결과였기 때문이 아닌가 생각된다.

다시 말해 근초고왕대인 369년에 비로소 상세하게 등장하기 시작하는 대외 군사 활동 기사, 즉 고구려의 잇따른 선공과 그에 대응한 백제의 반격, 그리고 백제의 대승으로 이어지는 일련의 기사들은 이전부터 이어진 양국 간의 공방에서 주요 전환점을 의미할 수도 있다. 백제는 4세기 중반까지 고구려에게 예성강 유역까지 밀리던 형국에서, 369년 이후 드디어 공세로 전환하였던 것이다. 이것이 백제 측에서 대외기사를 적극적으로 기술하게 된 하나의 계기가 아니었나 추정해본다.

61 李康來, 1997, 『三國史記 典據論』, 民族社, 91쪽; 임기환, 2006, 「고구려본기 전거 자료의 계통과 성격」, 『한국고대사연구』 42, 43쪽.

이를 종합하면 4세기 초반 2군의 소멸로 인해 양국은 일찍이 접경하였을 가능성이 높다. 백제는 4세기 중반까지 지속적으로 밀려나 예성강 하류 부근을 북계北界로 삼고 있었던 것으로 추정된다. 그러나 근초고왕대인 369년을 기점으로 공세로 전환한 백제는 수곡성(신계)을 차지하고 평양성을 공략하여 371년 고국원왕을 전사시키는 전과를 거두기도 했다. 369년에서야 백제본기에 기록된 양국의 군사적 충돌은 최초의 충돌 시점이 아닌, 백제의 공세가 시작되는 시점이었을 가능성이 높다고 생각된다.

Ⅳ. 맺음말

3세기 후반 8왕의 난에서 비롯된 서진 말의 혼란으로 중원과 요동으로부터의 정치 · 군사적 지원을 잃게 된 낙랑 · 대방군은 주변 지역에 대한 영향력이 급속도로 약화되어 갔다. 당시에 2군의 북쪽에서는 고구려가 청천강 이남~대동강 이북 지역으로 진출하고 있었다. 또한 남쪽에서는 대방군 주변의 토착세력들이 점차 독자적인 노선을 걷는 가운데 백제와 우호관계를 맺거나 귀부歸附하기도 하였다. 책계왕 원년조의 '대방'은 286년 당시에 군현의 통제에서 벗어난 황해남도 남부 일대의 대표적인 토착세력으로 생각된다. 이때 백제가 북방의 토착세력들과 전략적 유대관계를 가져왔던 것이 동해안 방면에서 서쪽으로 진출하던 고구려와의 갈등을 일으키기도 했던 것으로 보인다.

한편 4세기 초반에는 2군이 군현 중심부 이외의 지역에 대한 방어력을 점차 상실하였고, 이 지역에 대한 백제 · 고구려의 공략이 이어졌다. 304년 당시의 2군은 군현 차원의 대대적인 군사 징발과 중심부를 제외한 지역에 대한 방어가 사실상 어려운 상황이었다. 백제의 '낙랑서현樂浪西縣' 공격은 이러한 배경 하에 실현될 수 있었던 것이다. 또한 2군 고지에 전축분 조영 범위가 매우 한정적으로 나타난다는 점을 고려한다면, 4세기 초반 이래로 고구려가 2군 고지를 일관되게 영역화했을 것으로 생각된다.

그렇다면 백제가 4세기 중반에는 예성강 하류 지역을 북계로 삼기 이전에 이미 고구려와의 접경 및 군사적 충돌이 있었을 가능성이 높다. 백제와 고구려와의 전쟁 기사들이 369년부터 비로소 등장하기 시작한 것은 추정컨대 근초고왕대가 이전부터 이어진 양국 간의 공방이 일대 전환점을 맞는 시기였기 때문이라고 생각된다. 즉 4세기 초반 이래로 백제가 고구려에게 예성강선까지 밀리고 있던 형국에서, 369년 이후 드디어 공세로 전환하였던 것이 백제가 대외기사를 적극적으로 남기게 된 계기였다고 생각된다.

■ 참고문헌

◎ 단행본

李丙燾, 1976, 『韓國古代史硏究』, 博英社.

盧重國, 1988, 『百濟政治史硏究』, 一潮閣.

權五重, 1992, 『樂浪郡硏究』, 一潮閣.

孔錫龜, 1998, 『高句麗 領域擴張史 硏究』, 書景文化社.

임기환, 2004, 『고구려 정치사 연구』, 한나래.

김현숙, 2005, 『고구려의 영역지배방식 연구』, 모시는사람들.

문안식, 2006, 『백제의 흥망과 전쟁』, 혜안.

오영찬, 2006, 『낙랑군 연구』, 사계절.

장창은, 2014, 『고구려 남방 진출사』, 景仁文化社.

◎ 논문

三上次男, 1964, 「樂浪郡社會の支配構造」, 『朝鮮學報』 30.

千寬宇, 1977, 「灤河 流域의 朝鮮」, 『史叢』 21 · 22合.

李康來, 1985, 「『三國史記』에 보이는 靺鞨의 軍事活動」, 『領土問題硏究』 2.

武田幸男, 1989, 德興里壁畵古墳被葬者の出自と經歷」, 『朝鮮學報』 130.

공석구, 1991, 「고구려의 영역확장에 대한 연구」, 『한국상고사학보』 6.

金起燮, 1991, 「『三國史記』「百濟本紀」에 보이는 靺鞨과 樂浪의 位置에 대한 再檢討」, 『淸溪史學』 8.

李熙眞, 1994, 「4세기 중엽 百濟의 '加耶征伐'」, 『韓國史硏究』 86.

權五榮, 1995, 『한국사(6)-삼국의 정치와 사회Ⅱ(백제)-』, 국사편찬위원회.

김미경, 1996, 「高句麗의 樂浪·帶方地域 進出과 그 支配形態」, 『學林』 17.

李康來, 1997, 『三國史記 典據論』, 民族社.

李仁哲, 2000, 「고구려의 낙랑 · 대방 정복과 지배」, 『고구려의 대외정복 연구』, 백산자료원.

임기환, 2000,「3세기~4세기 초 위魏 · 진晉의 동방 정책」,『역사와 현실』36.

오영찬, 2003,「帶方郡의 郡縣支配」,『강좌 한국고대사(10)』, 가락국사적개발연구원.

강종훈, 2004,「백제의 성장과 對中國郡縣 관계의 추이」,『韓國古代史硏究』34.

임기환, 2004,「고구려와 낙랑군의 관계」,『韓國古代史硏究』34.

盧重國, 2005,「4~5세기 百濟의 성장 · 발전과 삼국의 각축」,『향토서울』66.

임기환, 2006,「고구려본기 전거 자료의 계통과 성격」,『한국고대사연구』42.

김미경, 2007,「高句麗 前期의 對外關係 硏究」, 연세대 박사학위논문.

윤용구, 2007,「중국계 관료와 그 활동」,『백제의 대외교섭』(백제문화사대계 연구총서 9), 충청남도 역사문화연구원.

문안식, 2009,「옥저의 기원과 대외관계의 변화」,『고구려의 등장과 그 주변』, 동북아역사재단.

余昊奎, 2009,「4세기 高句麗의 樂浪 · 帶方 경영과 中國系 亡命人의 정체성 인식」,『韓國古代史硏究』53 .

윤용구, 2010,「낙랑군 초기의 군현지배와 호구파악」,『낙랑군 호구부 연구』, 동북아역사재단.

강종원, 2012,『백제 국가권력의 확산과 지방』, 서경문화사.

정재윤, 2012,「중국계 백제 관료에 대한 고찰」,『史叢』77.

안정준, 2013,「高句麗의 樂浪·帶方 故地 영역화 과정과 지배방식」,『韓國古代史硏究』69.

주제발표 3

근초고왕대의 백제와 가야

이 영 식 인제대학교

Ⅰ. 머리말

『삼국사기三國史記』 백제본기百濟本紀 근초고왕의 왕대기에는 백제와 가야의 교섭을 보여주는 단 한 자의 기록조차 보이지 않지만, 4세기 중엽의 근초고왕대에 백제가 가야에 절대적인 영향력을 확보 또는 행사하고 있었다는 역사관은 여전한 듯하다. 백제사 구성의 초기부터 근초고왕이 '체모기위體貌奇偉하고 원식遠識이 있었다.'는 형용에 촉발되었는지, 제대로 된 사료비판도 거치지 않은 채 『일본서기日本書紀』 신공기神功紀의 이른바 '가라7국평정전승'에 대한 백제 중심적 해석을 바탕으로 이미 근초고왕대에 전남 해안지역까지 진출을 완료하였다거나,[1] '임나일본부론'을 대체한 '백제군사령부설'이 등장하고,[2] 근년에는 '주체교체론'의 시각으로[3] 공납의 의무를 지게 하거나 가야의 교역권을 장악했다는 등 이 시기 가야에 대한 강한 영향력을 행사했다는 적극적인 해석들이 적지 않은 듯하다.[4]

따라서 본고에서는 근초고왕대 백제와 가야의 관계를 유일하게 보여주는 「신공기」의 관련 기사에 대한 발표자의 견해를 요약 제시하면서, 「신공기」와 관련되는 「칠지도 명문」의 의미에 대해 다시 음미해 보았던 부분을 소개해보고자 한다. 아울러 최근 남부가야의 김해 대성동고분군에서는 근초고왕대에

1 이병도, 1976, 『한국고대사연구』, 박영사.
2 천관우, 1977 여름 · 가을, 1978 봄, 「복원가야사」(상 · 중 · 하), 『문학과 지성』.
3 김현구, 1994, 「4세기 가야와 백제 · 야마토 왜의 관계」, 『한국고대사논총』 6.
4 노중국, 1988, 『백제정치사연구』, 일조각, 121쪽; 이도학, 1955, 『백제 고대국가 연구』, 일지사, 189-197쪽; 이도학, 2003, 『살아 있는 백제사』, 휴머니스트, 111, 430쪽; 주보돈, 2014, 「가야사 새로 읽기」, 『가야문화권 실체 규명을 위한 학술연구』, 가야문화권발전시장군수협의회, 34, 72-79쪽.

속하는 외래계 문물이 다량 출토되었기 때문에 이 출토유물에 대한 일별을 통해 근초고왕이 중개를 부탁했던 외교의 배경과 실상이 어떠하였는지를 검토해 보면서, 「신공기」의 '가라7국평정전승'에 반영되었던 역사적 사실이 어떠한 것이었는지에 대한 검토를 진행해 보고자 한다.

Ⅱ. 『일본서기』 신공기의 백제와 가야

『일본서기日本書紀』 신공기神功紀의 '가라7국평정전승'에 대해서는 실로 다양한 해석이 전개됐지만, 『일본서기』 편찬사국이나 인용사료에 의한 창작과 개작 그리고 윤색이 주를 이룬다는 것은 주지의 사실이다. 다만 결과적으로는 가라7국 뿐 아니라 전라도 지역으로 비정되는 고해진古奚津이나, 남만南蠻의 탐미다례耽彌多禮, 그리고 비리比利 · 벽중辟中 · 포미지布彌支 · 반고半古 등의 이른바 4읍까지 백제가 획득했던 것으로 되어 있고, 그 평정과정 역시 백제가 주체처럼 기술되어 있는 부분도 있어 엄밀한 검토가 필요하다.

- 46년(366; 근초고왕 21년) 3월에 倭가 斯摩宿祢를 卓淳國에 파견했다. 이때 卓淳國王 末錦旱岐가 斯摩宿祢에 말하기를 甲子年(神功 44年) 7월 중에 백제인 久氐 · 彌州流 · 莫古 등 3인이 우리나라에 와서 東方에 '日本貴國'이 있다고 들었는데 통하게 해 달라고 하였다.

- 47년(367; 근초고왕 22년) 4월에 백제왕이 久氐 · 彌州流 · 莫古를 倭에 파견했다.

- 49년(369; 근초고왕 24년) 3月에 倭는 荒田別 · 鹿我別을 장군으로 삼아, 久氐 등과 함께 병을 이끌고 卓淳國에 도착해 신라를 치고자 했다. 그러나 병력이 부족해 신라를 칠 수 없으므로 沙白과 蓋盧를 보내 증병을 요청했다. 이에 木羅斤資와 沙至比跪에게 명해(이 두 사람의 姓

은 알 수 없다. 다만 木羅斤資는 百濟將軍이다.) 沙白 · 蓋盧와 함께 군사를 파견했다. 卓淳에 모여 신라를 치고, 比自鉢 · 南加羅 · 㖨國 · 安羅 · 多羅 · 卓淳 · 加羅 등의 七國을 平定했다. 兵을 서쪽으로 옮겨 古奚津에 도달하고, 南蠻인 耽彌多禮를 도륙해 백제에 下賜하였다. 이때 肖古王과 왕자 貴須가 군사를 이끌고 오니 比利 · 辟中 · 布彌支 · 半古의 四邑이 스스로 항복하였다. 백제왕 父子와 荒田別 · 木羅斤資 등이 意流村(지금 州流須祇라 한다.)에서 만나 서로 격려했다. 다만 千熊長彦와 백제왕은 백제국으로 가 辟支山에 올라 盟約하고, 다시 古沙山에 올라 반석위에서 함께 盟約하였다.

- 50년(370년; 근초고왕 25년) 2월에 荒田別 등이 귀국했다. 5월에 千熊長彦과 久氐가 와서 …(중략)… 多沙城을 下賜했다.

- 52년(372년; 근초고왕 27년) 9월에 백제가 久氐를 시켜 七枝刀 · 七子鏡 등 각종 重寶를 보냈다. 다시 啓를 올려 말하기를 "臣國의 서쪽에 강이 있는데, 그 물의 원천은 谷那鐵山에서 나온다. 그곳은 아득히 멀어 7일 동안 가도 이르지 못한다. 마시기에 적합한데, 이 산철을 내내 공급하도록 하겠다"고 하였다.

「신공기」 46년 3월에서 52년에 백제가 가야의 탁순국卓淳國에 중개를 요청하여 왜와의 통교를 시도하였고, 47년 4월에 백제 근초고왕이 왜국에 사신을 파견해 양국 간의 국교가 성립하였으며, 49년 3월에는 백제 사신의 귀국을 계기로 백제 장군 목라근자木羅斤資와 왜장 사지비궤沙至比跪가 함께 신라를 치고, 비자발比自鉢 · 남가라南加羅 · 탁국㖨國 · 아라安羅 · 다라多羅 · 탁순卓淳 · 가라加羅 등의 가라7국을 공략했으며, 다시 서방의 고해진古奚津과 남만의 탐미다례耽彌多禮를 공략하였고, 백제의 초고왕肖古王과 왕자 귀수貴須가 군대를 이끌고 와 비리比利 · 벽중辟中 · 포미지布彌支 · 반고半古 등의 4읍이 항복했는데, 50년 2월에는 다사성多沙城도 하사하였고, 52년 9월에는 백제가 왜에 감사의 표시로 칠지도七支刀 등을 바치면서 곡나철산谷那鐵山의 철도 계속 공급하겠다고 서약했다는 내용이다.

그러나 이미 많은 지적이 있었듯이 이 서술들에는 모순도 많고 다시 생각해 보아야 할 점도 적지 않다. 발표자는 이미 오래 전에 기사 상호 간의 모순에 대한 지적을 시작으로 다음과 같은 사료비판론을 개진한 바 있다.[5] 이 기술들을 객관적으로 해석할 수 있는 전제로서 간단하게 요약하면 다음과 같다.

첫째, 『일본서기』의 모든 기술은 8세기 편찬 시기의 율령국가로서 일본의 천하관이나 역사관에 의해 윤색되었다.

둘째, 『일본서기』 편찬의 기본적 사료가 되었던 각 씨족 전승은 8세기의 『일본서기』와 9세기의 『신찬성씨록新撰姓氏録』 등의 편찬을 위해 제출되었던 가기류家記類나 묘기류墓記類 같은 것이었다. 이러한 사료들은 야마토 조정大和朝廷을 구성하는 각 씨족이 보다 높은 카바네姓, 곧 사회적 신분의 획득이란 현실적 목적에 따라 선조 대에 삼국과 가야에 대한 산발적이고 단편적인 활동전승을 바탕으로 무제한의 과장과 창작이 베풀어진 것이었다. 위에 제시한 황선별荒田別 · 녹아별鹿我別 또는 사지비궤沙至比跪나 천웅장언千熊長彦 등과 같은 씨족 전승에도 동일한 과장과 왜곡이 포함되어있다. 아래에 사지비궤의 예를 약술해 본다.

셋째, 『일본서기』 편찬진의 높은 신뢰로 채록된 「백제기百濟記」를 비롯한 이른바 '백제삼서'와 같은 백제계통의 사료에 베풀어졌던 백제 중심적 창작과 윤색도 극복하지 않으면 안 된다. 백제에서 이주했던 백제

5 이영식, 1995, 「백제의 가야진출과정」, 『한국고대사논총』 7.

계 이주민들이 백제 멸망 후에 작성했다는 특성도 고려해야 하고, 5세기 후반 ~ 6세기대, 특히 성왕대의 가야지역에 대한 현실적 이해관계의 관철을 위한 외교적 주장들과 외교적 주장을 위해 창작 또는 윤색되었던 기술들은 회고와 같은 형식으로 후대의 사실이 연대적으로 소급 중복 기술된 것이 적지 않다. 이렇게 백제계통 사서의 채록에서 생겨났던 백제 중심적 한계 역시 극복되어야 한다.

이렇게 「신공기」의 해당 기술들에 대한 상세한 사료비판은 위의 연구결과에 미루기로 하고, 조금 더 적극적으로 위의 기술들에 그래도 의미가 있다면 어떤 것이었을 가에 대한 의문을 바탕으로 근초고왕대의 백제와 가야의 관계에서 좀 더 음미해 보고자 한다.

신공 46년 4월, 2주갑 인하의 통설에 따르면 서기 366년이며 근초고왕 21년이 된다. 이 기사는 49년 3월의 '가라7국평정전승'에 가려 적극적으로 검토된 적이 별로 없지만 위에 제시한 일련의 기사 중에서 가장 역사적 사실에 가까운 기록으로 보아야 할 내용이다. 이때 백제는 왜와 외교교섭을 시작하기 위해서 남부 가야의 탁순국卓淳國에게 중개를 부탁했고, 다음 해 신공 47년(367) 곧 근초고왕 22년 4월에 백제는 구저久氐 · 미주류彌州流 · 막고莫古 등의 사신을 왜倭에 파견해 백제와 왜 사이에 처음으로 국가 간의 외교관계를 성립시켰다.

여기서 중개를 담당했던 탁순국은 백제에서 일본열도로 건너가는 전통적 해상루트 등을 고려할 때 경남 창원으로 비정하는 견해가 타당한데, 그 위치가 『삼국지三國志』 한전韓傳에 구야국狗邪國 또는 『삼국지』 왜인전倭人傳에 구야한국狗邪韓國으로 표기된 경남 김해의 인접지역이라는 점이 주목된다. 주지하다시피 구야(한)국은 김해의 가락국(금관가야)으로, 3세기말까지 대방군에서 일본열도의 왜국들로 통하는 해상교역로의 중간에 있었던 가야국으로 서북한지역~남해안지역~일본열도를 연결하는 해상교통로의 요충지로서 빠뜨릴 수 없는 중요 항구였다.

『삼국지』 왜인전에는 '대방군에서 (서해안을 따라) 남행하고 다시 (남해안을 따라) 동행해 구야한국에 도착하는' 과정에서 '(여러) 한국을 거친다'는 '역한국歷韓國'의 표현이 보이는데, 백제국 등의 마한과 남해안의 변한의 제국들을 경유하는 해상교통로를 서술한 것이었다. 뒤에 <표 1>로 제시하는 바와 같이, 김해 대성동고분군에서는 3~4세기의 마한계 토기가 출토되고 있다. 이 마한계 토기는 낙랑·대방의 한군현에서 구야국, 곧 김해의 가락국(금관가야)으로 통하던 해로가 마한지역을 경유하였고, 또 마한 소국들과의 교류에도 이용되었음을 보여주는 물적 증거가 된다.

한성백제漢城百濟 역시 대방군에서 남부 가야의 구야국을 거쳐 왜국으로 통하던 해상교통로에 대한 지식을 이미 가지고 있었던 것으로 보아야 한다. 313·314년에 낙랑군과 대방군이 축출되면서 대방帶方의 고지故地를 차지하게 된 한성백제가 이러한 해상교역권의 계승에 나서게 된 것은 당연한 일이었다. 바로 이러한 과정에서 가락국에 인접해 있던 탁순국 왕에게 왜국과 최초 교섭을 위한 중개를 부탁하는 일은 오히려 극히 당연한 일이었다.

『일본서기』 숭신기崇神紀와 수인기垂仁紀에 김해의 가락국을 비롯한 남해안의 가야는 '최초의 외국'으로 기록되었다. 더구나 일본열도에 새롭게 이주하는 백제계통의 이주민들이 '지금 왔다'는 의미의 '이마키今来'로 불렸던 것에 비해, 그 이전부터 거주하고 있었던 가야계통의 이주민들은 '옛날에 왔다'는 '후루키古来'로 불렸다. 이렇게 왜국에 남은 한 계통 이주민들의 전승 역시 한성백제가 남해안의 가야국을 매개로 왕권 간의 교섭을 시도했던 역사적 사실을 짐작케 하는 배경이 된다. 다음의 <표 1>에서 제시하는 것처럼 3~4세기경 남부 가야지역의 김해 대성동고분군과 양동고분군, 그리고 창원의 삼동동고분군 등에서 출토되고 있는 다량의 왜 계통 문물들은 이러한 시대적 배경을 보여주기에 충분하다. 이마도 「신공기」에서 확인할 수 있는 백제와 가야 관련의 역사적 사실이란 이것이 전부에 가깝다고 해 좋을 것으로 생각한다.

한편 최초의 통교 교섭을 성립시킨 2년 뒤의 신공 49년(369) 3월, 곧 근초고왕 24년에 왜倭는 돌아가는 백제사신 구저久氐 등과 함께 탁순국卓淳國에 도착해 신라 공격에 나섰다가 가라7국을 평정했다고 한다. 한성백제와 왜 사이에서 통교교섭의 중개를 담당했던 가야의 탁순국을 왜 또는 백제가 무슨 이유로 침공해야 하는지 이해하기 힘들다. 「신공기」 자체에서도 신공황후神功皇后 섭정전기攝政前記 중애仲哀 9년조와 같이, 신라는 이미 이른바 '신공황후의 친정親征'에 의해 정토된 대상이었을 것인데, 이를 다시 공격한다는 것 또한 모순이다. 다만 『일본서기』에 이런 모순적 기록은 다반사이다. 가라7국에 대한 공략은 어떻게도 이해하기 어렵지만 신라를 공격했다는 기술에서는 어떤 역사적 의미를 발견할 수도 있을 듯하다.

주지하는 바와 같이 백제사 대부분의 시기가 그렇지만 특히 근초고왕대에 국가적으로 가장 중요한 현안의 하나는 고구려와의 전쟁을 어떻게 성공리에 수행할 수 있을까 였다.

- (근초고왕) 24년(369) 9월에 고구려왕 斯由가 보병과 기병 2만을 거느리고 雉壤에 와 주둔하면서 군사를 나누어 민가를 약탈하였다. 왕이 태자에게 군사를 주어 지름길로 치양에 이르러서 불시에 공격해 격파하고 5천 여 급을 베었다. 노획물은 장병들에게 나누어 주었다.

- (근초고왕) 26년(371)에 고구려가 군사를 일으켜 공격해왔다. 왕이 이를 듣고 浿河가에 복병을 두고 그들을 기다렸다가 불시에 치니 고구려군이 패하였다. 겨울에 왕과 태자가 정예 3만을 거느리고 고구려에 침입해 平壤城을 공격했다. 고구려왕 斯由가 필사적으로 막다가 화살에 맞아 사망하자 왕은 군사를 이끌고 물러났다.

- (근초고왕) 30년(375) 7월에 고구려가 북쪽 변방의 水谷城을 공격하여

함락시켰다. 왕이 장수를 보내 방어하게 하였으나 승리하지 못했다. 왕이 다시 군사를 크게 동원하여 보복하려 했으나, 흉년이 들었기 때문에 실행하지 않았다.

이 3차례의 전쟁기사는 근초고왕대에 보이는 전쟁기사의 전부이다. 2만이나 되는 보병과 기병이 동원되었고 5천여 급을 베는 대규모 전쟁이었다. 근초고왕대에 고구려를 상대로 한 일진일퇴의 전쟁에 백제의 국력을 집중하고 있었던 상황이 충분히 읽혀진다. 근초고왕이 새롭게 왜와의 통교에 나서게 되었던 것 역시 이러한 역사적 상황과 관련되는 것으로 생각한다. 왜와 우호적인 관계에 있었던 가야의 탁순국에 중개를 요청하면서까지 왜국에 대한 통교 시도에 나서게 되었던 것은 단순한 외교적 목적에서 비롯된 것은 아니었다.

물론 신공 49년조의 기술 자체를 역사적 사실로 보지는 않지만, 백제와 왜의 통교가 성립되자마자 양국이 신라를 공격했다는 기술 역시 대 고구려 전의 성공적 수행을 위해 배후의 세력을 확보해야 한다는 백제의 전통적 노선과 정책의 산물이다. 고구려의 견제를 위해 배후세력이 될 수 있는 왜와 통교를 시작하였고, 이러한 교섭은 군사적 동맹관계의 수립과 같은 성격을 띠었을 것이다. 이후 20년이 못되어 「광개토왕릉비」의 이른바 신묘년辛卯年, 곧 391년부터 기능하기 시작하는 백제와 왜의 연합전선으로 발전하는 단초가 되었을 것이다. 백제와 왜가 전통적으로 의식하던 고구려와 신라의 협동라인에 대한 대항의식이 오버랩 되어 오히려 최초의 교섭이 이루어진 기록에 설화처럼 덧붙여졌던 것으로 볼 수도 있다.

물론 이때 왜나 백제에 의한 신라 공격이 역사적 사실일 가능성은 희박하다. 오히려 이 시기의 백제가 신라를 상대로 전쟁이 아닌 우호적 외교교섭의 관계를 유지하고 있음이 확인되기 때문이다.

- (근초고왕) 21년(366) 3월에 신라에 사신을 보내 예방하였다.

- (근초고왕) 23년(368) 3월에 신라에 사신을 파견해 좋은 말 2필을 보냈다.

- (내물왕) 18년(373, 근초고왕 28)에 백제의 禿山城主가 3백인을 이끌고 와서 투항하니 왕이 받아들여 6부에 나누어 살게 하였다. 백제왕이 글을 보내 이르기를 "양국이 우호를 맺어 형제가 되기를 약속했는데 지금 대왕이 우리의 도망한 백성을 받아들였으니 화친의 뜻에 심히 어긋납니다. 대왕에게 바라는 바가 아니니 돌려주기를 청합니다"라 하였다. 답해 말하기를 "백성은 꾸준한 마음이 없는 까닭에 은혜를 베풀면 오고 싫으면 가는 것이 정해진 이치입니다. 대왕이 백성의 불안을 걱정하지 않고 과인을 책망하니 어찌 이리 심합니까"라 하였다. 백제가 듣고 다시 말하지 아니하였다.

『삼국사기』 백제본기와 신라본기의 같은 시기에 백제가 신라를 공략한 기록이 없는 대신에 우호관계의 성립 또는 유지책으로서 외교교섭의 사실이 확인되고 있다. 신라에 대한 백제의 침략을 기술한 「신공기」의 사실성을 의심하기에 충분할 것이다.

반면에 『삼국사기』 신라본기에는 비슷한 시기에 왜병에 의한 신라 침공이 다음과 같이 기록되었다.

- (흘해이사금) 36년(345) 2월에 왜왕이 글을 보내 절교하였다.

- (흘해이사금) 37년(346)에 왜병이 갑자기 風島에 와서 변경의 민가를 약탈하고, 또 金城으로 진출해 갑자기 공격하였다. 왕은 나가 서로 싸우

고자 하였으나 이벌찬 康世가 말하기를 "적이 멀리서 왔으니 그 선봉을 대적할 필요는 없으며 시간을 늦춰 그 군사가 지치기를 기다리는 것만 못합니다." 왕이 그렇다고 여겨 성문을 닫고 나가지 않았다. 적들이 식량이 떨어져 퇴각하려 하자 왕이 康世에게 명해 강한 기병으로 추격해 쫓아내게 하였다.

• (내물이사금) 9년(364) 4월에 대규모의 왜병이 쳐들어 왔다. 왕이 듣고 아마 대적함이 불가하다고 여겨 풀 허수아비 수천 개를 만들어 옷을 입히고 병기를 들게 해 토함산 아래에 줄 세워놓고, 용맹스런 군사 1천을 斧峴 동쪽 뜰에 매복시켰다. 왜인은 병력이 많음을 믿고 곧바로 전진했는데, 복병들이 일어나 불시에 치니 왜인은 대패해 도주하였다. 추격해 거의 모두를 죽였다.

「신공기」와 동일한 전쟁을 전하는 것으로 생각하지는 않지만, 이렇게 신라에 대한 산발적이고 왜구적인 침략 사실이 참가했던 씨족의 전승과 같은 형태로 남아 있다가, 일본 율령국가의 천하관과 이상의 피력을 위해 신라 공략의 기술로 삽입되었던 것 중 하나로 생각된다. 상술하진 않지만 사지비궤沙至比跪를 소츠히코襲津彦, 곧 카츠라기 소츠히코葛城葛城襲津彦와 동일 인물로 보는 견해에 따르면,[6] 이러한 전승은 일찍이 한반도 관련의 조상전승을 가지고 있었던 카츠라기씨葛城氏의 가기류家記類를 기본사료로 이용했을 것으로 생각할 수 있다. 당시 야마토왕권大和王權의 중추적 위치를 차지하고 있던 카츠라기씨葛城氏, 곧 갈성씨의 산발적이고 왜구적인 군사 활동이 씨족전승으로서 창작되고 과대 포장되어 「신공기」에 입전되었던 것으로 생각한다. 「신공기」의 기술을 역사적 사실로 생각할 수는 없지만 창작과 윤색을 위한 이와 같은 일

6 岩波書店, 1967, 『日本古典文學大系 日本書紀』 上, 618쪽.

말의 소재는 생각해 볼 수도 있을 것이다.

한편 가야의 중개로 이루어진 백제와 왜의 통교가 군사동맹적 성격을 띠었음은 신공神功 52년(372) 9월, 곧 근초고왕 27년에 백제가 구저久氐를 시켜 칠지도七枝刀와 칠자경七子鏡 등 각종의 중보重寶를 보냈다는 기술과 현존하는 「칠지도 명문」의 의미에서도 다시 확인되는 것으로 생각한다. 연호와 명문 판독의 문제도 있고, 「신공기」에는 '칠지도七枝刀'로, 「칠지도 명문」에는 '칠지도七支刀'로 달리 새겨졌지만, 양자가 같은 칠지도로 보는 통설대로 좋다고 생각한다.

즉 근초고왕 27년에 백제가 왜에게 보냈던 칠지도는 현재 일본 나라현奈良県 덴리시天理市 이소노카미 신궁石上神宮의 신보神寶로 전해지고 있는데, 검신 양면에 새겨진 금상감명문은 일찍부터 고대 한일관계사의 쟁점이 되어 왔다.

> <앞면> 泰和 4년(372) 여름의 가운데 달 5월에 불의 힘이 가장 왕성한 16일 丙午의 날 정오에 수없이 두드려 강철의 七支刀를 만들었다. 이 칼은 모든 병기의 해를 물리칠 수 있으니 공손한 侯王에게 적합할 것이다. 오랫동안 좋은 효험이 있기 바란다.

> <뒷면> 이제까지 이런 칼이 없었는데 百濟 王世子인 奇生이 성스럽고 덕이 있어 倭王 旨를 위해 만들었으니 후세에 길이 전해 보이기 바란다.

백제가 이제까지 없었던 칠지도를 제작해 왜왕에게 선물했던 배경에 대해서는 신공神功 49년, 곧 369년에 비자발比自鉢(창녕) · 남가라南加羅(김해) · 탁국㖨國(김해 진영 또는 창원 동읍) · 아라安羅(함안) · 다라多羅(합천) · 탁순卓淳(창원) · 가라加羅(고령) 등의 가라7국을 평정하고, 서쪽으로 고해진古奚津에 이르러 남만南蠻의 탐미다례耽彌多禮(제주)를 도륙해 백제에게 하사했던 것에 감사하는 뜻으로 신공 52년 곧 372년에 칠자경七子鏡 등의 보물과 함께 '헌상'

되었다는 주장이 있었다.

그러나 '가라7국평정설화'가 『일본서기』의 창작과 윤색, 그리고 후대 백제의 외교적 주장 등으로 이루어진 것이라는 점에 대해서는 이미 여러 차례 강조한 바와 같다.[7] 현재 한일사학계에서 「신공기」의 기술 자체를 역사적 사실로 생각하는 사람도 거의 없다. 왜가 가야를 정벌했다는 것이나, 백제가 왜에게 가야 또는 마한 일부를 선사받았다는 것은 역사적 사실이 아니다. 따라서 「신공기」의 기술과 「칠지도 명문」이 가지는 의미의 접점에 대해서는 달리 생각해 볼 수밖에 없다.

전술한 바와 같이 대 고구려전쟁을 성공적으로 수행하기 위해 후방 확보의 목적을 가지고 있었던 근초고왕은 양국의 관계를 통교의 시작보다 진전된 군사동맹의 수준까지 발전시키고자 했었던 것으로 생각된다. 대방의 해상교통로를 계승한 백제가 일본열도에 가는 법을 몰라서가 아니라, 왜국과 우호 관계에 있던 가야의 탁순국 왕에게 중개를 부탁했던 것도 그 때문이었다.

결국, 372년 곧 근초고왕 27년에 백제 왕세자 기생奇生, 곧 귀수貴須의 이름으로 후왕侯王의 위치로 상정된 왜왕 지旨에게 주었던 칠지도七支刀는 왜왕이 가라7국을 평정해서 하사했던 것에 대한 감사의 표시가 아니라,[8] 366년에 가야를 통한 왜국과 통교를 시작하고, 367년에 왜국과 국교성립을 기념하기 위해서, 369년에 근초고왕의 명령에 따라 왕세자 귀수의 이름으로 칠지도가 제작되었으며, 372년(태화泰和 4년)에 백제사신 구저久氐를 통해 야마토大和의 왜왕倭王에게 전달했던 것으로 해석함이 타당할 것이다. '백번(수없이)' 단련하고 금으로 상감하는 최첨단기술로 칠지도를 제작하고 왜왕에 대한 증여를 통해 백제의 선진성과 위세를 나타내 보여서 왜 왕권을 백제의 외교적 전략

---

7 李永植, 1993, 『加耶諸國と任那日本府』, 吉川弘文館.

8 이영식, 앞 주 5) 논문; 이영식, 1998, 「칠지도는 정말 백제가 일본에 바치는 선물이었나」, 『한국과 일본, 왜곡과 콤플렉스의 역사』 2, 한일관계사학회; 이영식, 2007, 「4~6세기 백제와 왜의 교류사」, 『백제의 대외교섭』(백제문화사대계 연구총서 9), 충청남도 역사문화연구원.

속에 끌어들이려는 극히 현실적인 목적이 있었음을 간과해서는 안 된다.

백제와 왜의 우호 관계를 군사동맹의 수준까지 진전시키기 위해서 군사적 목적을 상징하는 7개의 칼날을 가진 병장기가 선물 또는 징표로 선택되었으며, 그런 까닭에 「칠지도 명문」에 칠지도를 보유하는 왜왕이 '모든 병장기의 해를 물리칠 수 있을 것'이라는 주문呪文까지 포함시켰던 것이다. 왜왕이 백제와의 연합전선에 선 듯 나설 수 있도록 격려하며 안심시키려 했던 의미가 칠지도의 제작과 증여에 포함되었던 것으로 생각한다.

「신공기」의 주석대로 가라7국을 평정했다는 목라근자木羅斤資는 백제 장군이었고, 목라木羅 또는 목木의 성씨가 백제 경영의 주역이었던 대성팔족大姓八族에 속하는 것은 사실이지만, 그렇다고 해서 '주체교체론'처럼 단순하게 가라7국 평정의 주체를 왜倭 대신에 백제百濟로 바꾸어 넣는다고 해서 선뜻 역사적 사실로 인정될 수 있을 만큼 단순하지는 않다.

가라7국에 포함되어 있는 탁순卓淳은 근초고왕이 통교의 중개를 부탁했던 대상으로 새삼스럽게 공격해야 할 이유가 전혀 없으며, 평정대상으로 비자발比自鉢 · 남가라南加羅 · 탁국㖨國 · 아라安羅 · 다라多羅 · 탁순卓淳 · 가라加羅 등의 가야제국명만이 나열되었을 뿐, 전쟁의 경과에 대한 서술은 전혀 없다. 이미 츠다 쏘우키치津田左右吉 등에 의해 지적된 바와 같다. 일제 식민사학자가 황실 모독죄로 투옥되면서까지 부정했던 사료를 주체만 바꾼다고 역사성이 회복되는 것은 아니다.

그렇다면 이 시기 백제의 가야 진출론은 전혀 근거가 없는 완전한 허구일까? 그래도 모종의 사실이 과장되어 삽입되었거나 반영되었던 것은 아닐까? 그 가능성에 대해 검토해 볼 필요가 있다.

신공 50년(370), 곧 근초고왕 25년에 백제가 다사성多沙城을 확보한 것처럼 기술되어 있지만, 『일본서기』 계체繼體 23년조의 기록처럼 백제가 섬진강 하구의 다사진多沙津 곧 지금의 하동지역에 진출하는 것은 529년의 역사적 사실이지 4세기 중엽의 사실이 아니다. 후대의 다사진 확보가 기원전승과 같은 형태로 연대적으로 소급돼 중복 기술된 것으로 생각하는 것이 타당하다.

남만南蠻의 탐미다례耽彌多禮를 탐라국耽羅國이 아니라 『삼국지』 마한전馬韓傳에 보이는 신미국新彌國으로 보고 백제가 영산강유역을 확보했던 사실로 해석했던 견해도 있으나,[9] 『일본서기』 계체 2년(508) 조에 따르면 이때 남해의 탐라가 백제와 교통했던 사실이 확인된다. 더구나 『삼국사기』 백제본기 동성왕 20년(498) 8월조에는 탐라가 조공하지 않아 왕이 친정하고자 무진주武珍州, 곧 전남 광주까지 오니 복속했던 것으로 기록되었다. 탐미다례耽彌多禮와 탐라가 근사하고 백제 중심의 방위도 남만南蠻과 남해南海처럼 동일하게 표현되었다. 「신공기」와 「계체기繼體記」 사이에 중복된 또 다른 기술이다. 이러한 사료들은 그 내용과 연대를 고려할 때, 사료의 오리지낼리티는 「계체기」에서 구하는 것이 타당하다. 근초고왕대 진행되었던 다른 정복사업에 대한 전승이 연대적으로 소급되고 부연되었던 것이 아닌가 한다.

4세기 중엽의 영산강유역은 전남 나주의 반남면 고분군과 같이 옹관묘甕棺墓 중심의 묘제가 채택되고 있어, 한성백제의 적석총積石塚과는 분명히 구분되고 있다. 따라서 논자는 백제가 영산강유역에 진출하고 제주도까지 복속시키는 것은 5세기 후반의 시기를 기다리지 않으면 안 된다고 생각한다.[10] 마찬가지로 『일본서기』 현종 3년(487) 시세조에서 「계체기」까지 서술되어 있는 일련의 기사에 따르면, 백제가 금강 상류와 섬진강 유역에 적극적으로 진출하는 것은 475년 웅진熊津 천도 이후의 일이며, 5세기 말~6세기 초 경에 추진되었던 임실(장수)~남원~하동에 이르는 금강 상류와 섬진강 수계에 대한 진출과 궤를 같이 하는 것으로 보고 있다.[11]

따라서 「신공기」에 보이는 가야에 대한 백제의 군사행동은 근초고왕肖古王

---

9 노중국, 1988, 앞 주 4) 책, 117-122쪽.

10 田中俊明, 1992, 『大加耶連盟の興亡と「任那」』, 吉川弘文館, 84-85쪽.

11 이영식, 앞 주 5) 논문 참조.

과 귀수貴須 곧 근구수왕貴須의 양대(346~383년)에 한강 이남에서 금강 유역까지, 그리고 서부 또는 북부 가야의 일부에 대한 정복사업의 일부가 백제계통의 사료에 의해 과장 또는 부연되어 「신공기」에 삽입되었던 것으로 생각하고 있다. 이러한 백제의 군사행동의 범위를 생각해 볼 수 있는 지명에 대한 약간의 검토를 진행해 보면 다음과 같다.

비리比利 · 벽중辟中 · 포미지布彌支 · 반고半古에 대해서는 전남 일원,[12] 또는 충남~전북 일원으로 보는 견해가 있다.[13] 비리는 『삼국지』 마한전의 비리국卑離國을 비롯해 비리卑離의 지명어미가 붙는 마한제국명과 관계가 있으며,[14] 「광개토왕릉비」에 보이는 비리성比利城과 같은 지명으로 생각되고 있다. 「광개토왕릉비」 영락永樂 6년(396)에 고구려군이 공파했던 58성의 하나로 비리성比利城이 보이며, 수묘인守墓人 조에 광개토왕의 친정親征으로 획득했던 지역 중에서 차출했던 '신래한예新來韓濊'의 출신지로 비리성이 보인다. 이때 고구려의 공략지역은 미추성彌鄒城과 아단성阿旦城 등의 임진강과 한강 유역이었으며, 차출된 집단은 주로 '신래한예'로 표기되었다.[15] 따라서 「광개토왕릉비문」의 비리성을 한성漢城 이남으로 비정하기는 힘들 것 같다.

그러나 '신래한예' 중에는 '백잔남거한百殘南居韓'으로 표기된 사람들도 보이는데, '백잔남거한'은 백제, 곧 한성漢城 또는 위례성慰禮城 남부지역에 있었던 한인촌락韓人村落으로 생각되고 있다.[16] 따라서 「신공기」의 비리가 영락永樂 6

12 李丙燾, 1976, 앞 주 1) 책, 511-514쪽.

13 鮎貝房之進, 1937, 『日本書紀朝鮮地名考』, 國書刊行會, 309-328쪽; 今西龍, 1922, 「己汶伴跛考」, 『史林』 7-4; 1970, 『朝鮮古史の硏究』, 國書刊行會에 재수록; 末松保和, 1949, 『任那興亡史』, 吉川弘文館, 49-52쪽; 千寬宇, 1979, 「馬韓諸國의 位置試論」, 『東洋學』; 1989, 『古朝鮮·三韓史硏究』, 一潮閣, 422쪽.

14 다른 卑離國이 있고, 監奚卑離國, 內卑離國, 辟卑離國, 牟盧卑離國, 如來卑離國, 楚山塗卑離國 등이 있다.

15 박시형, 1966, 『광개토왕릉비』, 사회과학원출판사, 220-221쪽; 武田幸男, 1979, 「廣開土王碑からみた高句麗の領域支配」, 『東洋文化硏究所紀要』 78; 1989, 『高句麗史と東アジア』, 岩波書店에 재수록, 44-49쪽; 王健群, 1984, 『好太王碑硏究』, 人民出版社, 193쪽.

16 武田幸男, 앞 주 15) 논문, 50쪽; 趙法鍾, 1995.2, 「廣開土王陵碑文에 나타난 守墓制硏究」, 『韓國

년(396)에 공파된 비리성比利城이 아니라, 『삼국지』 마한전에 비리卑離라는 공통적 지명어미가[17] 붙는 마한 국명 중 하나일 가능성이 있다. 또한 '백잔남거한'은 영락永樂 6년 전쟁의 결과로 백제가 고구려에 헌상한 '생구일천인生口一千人'에 포함되며, 한성 이남에 있던 마한의 잔존세력 또는 주민으로 보는 견해가 있다.[18] 이에 따르면 「신공기」의 비리比利를 『삼국지』에서 비리卑離가 붙는 마한제국들 중 하나로 상정할 수 있다.

이렇게 광개토왕릉 수묘인의 '백잔남거한百殘南居韓'은 396년 이전에 백제가 한성 이남의 마한소국에 진출한 결과를 말해 주는 것으로, 비리比利는 신공 49년(369) 또는 신공 62년(382) 경에 백제가 군사적으로 진출했던 지역의 하나로서 볼 수 있다. 구체적으로는 전북 전주와 전남 나주로 보는 설로 나뉘고,[19] 위에서 서술한 고구려와의 관계를 생각하고, 영락永樂 6년에 고구려가 진출한 지역이 주로 한강유역이었던 점과 그 남하의 한계선을 국원성國原城(충주)으로 보는 견해를 참고한다면,[20] 전남 나주로 비정하기 보다는 전북 전주에 비정하는 것이 타당하다고 생각한다.

벽중辟中은 『삼국지』 마한전에 보이는 벽비리국辟卑離國으로 생각되고 있다. 『삼국사기』의 벽골辟骨, 벽성현辟城縣, 벽골군碧骨郡, 벽골현碧骨縣 등과 관련되는 곳으로 전북 김제에 해당한다.[21] 백제百濟와 왜倭가 맹약했다는 벽지산辟支山과 관련이 있을 것이다. 『남제서南齊書』 백제국 전에는 건무建武 2년(495)에 동성왕東城王이 신하 찬수류贊首流를 안국장군安國將軍 벽중왕辟中王에 책봉해주

古代史研究』 8, 228-236쪽.

17 비리(卑離)는 백제계 지명어미 '부리(夫里)'와 같은 말이다. 申采浩, 1925, 吏讀文名詞解釋法, 東亞日報; 1974, 『朝鮮史研究草』, 乙酉文化社, 21쪽.

18 趙法鍾, 앞 주 16) 논문, 227-236쪽.

19 末松保和, 앞 주 13) 책, 49-50쪽.

20 李道學, 1988, 「永樂 6年의 廣開土王의 南征과 國原城」, 『孫寶基博士停年紀念韓國史學論叢』.

21 『三國史記』 卷37 雜志 6 地理4 三國有名未詳地分, 辟城縣 木辟骨; 『三國史記』 卷36 雜志5 地理3 全州, 金堤郡 本百濟碧骨縣 景德王改名 今因之; 『三國史記』 卷37 雜志6 地理4 完山, 碧骨郡; 『三國史記』 卷11 新羅本紀11 文聖王 13年 2月, 罷淸海鎭 徙其人於碧骨郡.

기를 요청하였다. 이 벽중왕이란 왕호의 작호爵號는 행정권을 표시하는 것으로 백제가 책봉요청 전에 영역화를 완료하고 승인을 요청했던 것이었다.[22] 벽중에 대한 백제의 영역화는 5세기 후엽의 일로 4세기 중엽 경의 벽중에 대한 군사적 활동은 일시적이었던 것으로 봄이 타당할 것이다.

포미지布彌支는 『삼국지』 한전韓傳에 마한소국으로 보이는 불미지국不彌支國으로 생각되는데, 불미지不彌支는 『삼국사기』 지리지 4에 백제 웅천주熊川州에 속한 벌음지현伐音支縣과 음사로 충남 공주군 유홍리(현 계룡시 유동리?) 북쪽으로 비정되고 있다.[23]

반고半古는 『삼국지』 한전에 마한소국으로 보이는 반구국半狗國에 근사한 지명으로 전남 나주군 반남,[24] 전북 부안·태인 방면으로 각각 비정한 견해가 있다.[25] 앞의 세 지역이 전북 또는 충남지역으로 비정되고, 백제와 왜가 맹약했던 고사산古沙山이 고사부리古沙夫里의 전북 고부로 비정되고 있으며,[26] 주류수기州流須祇가 주류성周留城으로 전북 무주군,[27] 또는 고부로 비정되므로,[28] 반고半古 역시 여기에 가까운 지역이었을 것이다.

결국 4세기 중 후엽의 근초고왕대에 진행된 군사 활동의 실태는 충남 또는 전북 일원이 대상 지역이었다. 다만 벽중의 경우처럼 곧 영역확보로 이어졌다고는 볼 수 없는 부분도 있지만, 4세기 중 후엽의 충남과 전북 일원에 대한 일시적인 군사 활동이 '가라7국평정'에 연속되었던 전승으로 부연되었던 것

22 李永植, 앞 주 7) 책, 85-86쪽.
23 末松保和, 앞 주 13) 책, 50쪽.
24 末松保和, 앞 주 13) 책, 50쪽.
25 千寬宇, 앞 주 13) 책, 422쪽. 다만 마한(馬韓)의 국명(國名)에 대하여는 현존 『三國志』 상에 있는 그대로 불미국(不彌國) · 지반국(支半國) · 구소국(狗素國)으로 보아야 하며, 불미지국(不彌支國)·半狗國(반구국)으로 고쳐 보려는 나이토 토라지로우(內藤虎次郎)의 견해에는 반대하고, 불미국(不彌國)과 지반국(支半國)을 전북 부안 · 태인 방면으로 비정하였다. 李丙燾, 앞 주 1) 책, 512-513쪽, 참조.
26 末松保和, 앞 주 13) 책, 49-52쪽.
27 鮎貝房之進, 앞 주 13) 책, 729-744쪽.
28 今西龍, 1930, 「周留城考」; 1970, 『百濟史硏究』, 國書刊行會, 327-348쪽.

으로 생각한다.

근초고왕의 시기는 아니지만 신공 60년 조에는 가라7국에 포함되어 이미 49년에 평정되었을 가라국加羅國을 다시 공략했다는 기술이 보인다.

- 신공 62년(382)에 신라가 朝貢하지 않자 襲津彦를 파견하여 신라를 쳤다. 百濟記에 말하기를 壬午年(신공 62년)에 신라가 貴國에 朝貢하지 않아 貴國은 沙至比跪를 보내 토벌하도록 하였다. 신라인은 美女를 단장시켜 나루에 나가 유혹하게 하였다. 소츠하코(沙至比跪)는 美女를 받고 도리어 加羅國을 정벌하였다. 加羅國王 己本旱岐와 그 아들 百久至 · 阿首至 · 國沙利 · 爾羅麻酒 · 爾汶至 등이 인민을 이끌고 백제로 달아나자 백제는 이들을 후하게 맞았다. 加羅國王의 누이동생인 旣殿至가 大倭에 啓를 올려 말하기를 天皇은 사치히코(沙至比跪)로 하여금 신라를 치게 하였는데, 沙至比跪는 신라의 美女를 받고 도리어 우리나라를 멸망시켜 형제와 인민 모두가 떠도니 그 근심은 이루 다 말할 수 없다고 하였다. 天皇은 크게 노하여 木羅斤資를 보내 加羅의 社稷을 복구시키도록 하였다. 一云에 沙至比跪가 天皇이 노함을 알고 공공연히 귀국할 수 없어 몰래 잠입하였다. (沙至比跪는) 皇宮에 있는 누이동생에게 은밀히 사람을 보내 天皇의 화가 풀렸는지 어떤지를 알아보게 하였다. 누이동생이 오늘 밤 꿈에 沙至比跪를 보았다고 아뢰자 天皇은 크게 분노하여 어떻게 감히 比跪가 돌아올 수 있는가 하였다. 누이동생이 이 말을 전하자 比跪는 죄를 면치 못할 것을 알고 석굴에 들어가 죽었다 한다.

가라국加羅國은 고령의 대가야大加耶를 가리키는데, 신공 49년 조의 남가라南加羅와 상대되는 표기이다. 그런데 북쪽의 가라국과 남쪽의 남가라의 구분이 역사적 사실로 인정되는 것은 5세기 이후의 일이다.[29] 더구나 『일본서기』 현종~계체기에는 금강 상류와 섬진강 유역의 장수나 임실의 상기문上己汶이나 남원 아영면의 하기문下己汶 등에 대한 가라국(반파국伴跛國)과 백제의 쟁탈전 역시 5세기 중 후엽에 일어났던 사실이었다. 더구나 여기에서 왜왕이 가라국의 사직社稷 복구를 원하고 있는 것도, 후대 「흠명기欽明紀」에서 상술되는 '임나부흥任那復興'이나 '남가라 · 탁기탄㖨己呑 · 탁순卓淳의 부흥復興'과 같은 맥락의 서술이다.

전술한 바와 같이 4세기 중엽의 백제가 전북의 고부 · 김제 · 전주 등 지역의 군사 활동 이후에 다시 공략된 고령의 가라국으로 보기 보다는 금강과 섬진강 상류에 실재했던 서부가야에 대한 일시적인 군사행동에 5세기 말~6세기 초경에 반파伴跛로도 표기된 가라국과 백제간의 영역쟁탈전이 소급 부연된 것으로 보는 것이 합리적이라고 생각된다.

사실 신공 52년(372), 곧 근초고왕 27년에 칠지도 등을 보내면서 '나라 서쪽에 강이 있는 데 그 원천지에 곡나철산谷那鐵山이 있고, 며칠을 가도 도달하지 못하지만 여기서 나는 철을 계속해서 공급하며 충성하겠다.'는 서술이 보인다. 여기에서 서쪽의 강이란 금강錦江을 가리키는 것으로 생각되며 며칠을 가더라도 도달할 수 없는 원천지는 금강 최상류를 가리키는 것으로 곡나철산을 충주로 보는 견해가 유력하지만, 무주나 진안 또는 장수를 가리키는 것으로 볼 수도 있다. 이 시기의 백제가 금강 상류 지역을 확보하게 되었던 사실과 관련되는 서술로 보는 것이 타당할 것으로 생각한다. 무주 덕유산 남쪽이 바로 가야지역인 거창 함양이 되고, 서쪽과 남쪽의 진안과 장수 지역에서 대가야加羅國 계통의 고분군과 유물이 보고되고 있는 것은 주지의 사실이다. 금강유역에 대한 일시적인 공략전과 관련된 서술로 이해할 수 있다.

「백제기」를 찬술한 백제 유민들의 인식에는 5세기 말~6세기 초에 이런 지

29 田中俊明, 앞 주 10) 책, 84-92쪽.

역에서 백제와 가라국(伴跛)이 충돌했던 역사가 있었는데, 그것이 4세기 중엽에 진행되었던 일시적인 군사행동에 부쳐져 가라국에 대한 공격으로 기술되었을 가능성이 있다. 가라국加羅國의 기본한기己本旱岐나 그의 아들들의 이름이 가라국 관련의 사료에 전혀 확인되지 않는 것이나, 4세기 중엽의 공격대상이었던 전주지역에서 임실이나 남원지역이 가까운 점 등을 고려한다면 이러한 추정은 더욱 설득력을 가질 것으로 생각한다.

결국 「신공기」의 이른바 '가라7국평정'과 '가라국 공략'에 관련된 전승에서 확인할 수 있는 역사적 사실이란 백제 근초고왕대의 충남과 전북 지역에 대한 군사 활동이었으며, 장수~임실~남원 지역 등에 실재하고 있었던 가야세력에 대한 일시적인 군사행동이 관련되었던 것으로 추정해 볼 수 있다.[30] 왜가 병력과 물자를 투입하여 확보한 지역을 '인심 좋게' 백제에 내주었다는 것이나 전쟁의 경과도 없이 백제가 가라7국을 평정했다고 믿을 사람은 아무도 없다. 오히려 여기에서 상정되는 왜의 입장이란 백제의 군사행동에 따른 약간의 군사지원과 백제 군사 활동의 결과를 추인했던 것에 불과하고, 백제의 군사행동이란 충남과 전북, 또는 서부 가야 일부에 대한 침략 사실이 후대의 관련사실의 부연을 통해 서술되었던 것으로 보아야 할 것이다.

아무튼 「신공기」의 기록에서 역사적 사실로 제일 먼저 인정해야 할 것은 근초고왕이 고구려를 상대하기 위한 배후세력의 확보노력으로서 이미 우호적인 관계를 맺고 있었던 남부 가야를 통해 일본열도의 왜와 통교를 시도하고 군사동맹을 맺었다는 서술이다. 이하 '신라정토'나 '가라7국평정전승', 그리고 '4읍'과 '가라국공략'등의 기술은 이 사실을 전제로 다시 해석되지 않으

30 박순발, 1997, 「한성백제의 중앙과 지방」, 『백제의 중앙과 지방』, 충남대학교백제연구소; 박순발, 2000, 「가야와 한성백제」, 제6회 가야사학술회의 『加耶와 百濟』, 김해시. 고고자료를 바탕으로 백제가 금강유역에 영향력을 확대하는 시기를 4세기 중엽으로 추정하고, 금강유역을 확보하고 가야와의 교섭을 추진했던 것을 목라근자(木羅斤資) 등의 목씨 집단으로 추정했던 해석과 일맥상통하는 것으로 생각한다.

면 안 될 것이다. 백제와 가야 왕권 간의 최초 접촉은 이렇게 근초고왕대에 시작되었고, 서부 가야에 대한 본격적인 군사적 진출은 475년의 웅진 천도 이후가 되는 『일본서기』 현종3년 시세조時世朝의 487년부터 금강과 섬진강 상류 지역에 대한 본격적인 진출이 진행되는 것으로 생각한다.

Ⅲ. 가야고분에 보이는 백제와 가야

왜나 백제에 의한 '가라7국평정전승'이 역사적 사실이 아님을 증명하는 방법의 하나로 그동안 우리 학계가 이른바 '임나일본부설'의 부정에 곧잘 사용했던 방법을 빌려 보고자 한다. 곧 가야지역에서 '왜의 지배나 강력한 영향력 행사를 증명할 만한 유적과 유물은 아무것도 발견되지 않았다'는 명제와 같이, '백제군사령부의 존재나 강한 영향력의 행사를 증명할 만한 유물이 발견되는가'에 대한 검토를 위해 근초고왕대까지 가야의 중심세력이었다고 생각되는 가락국의 왕릉묘역인 대성동고분군에서 국제교류에 관련된 유물들을 적출하여 그 계통을 짚어 보기로 한다. 이런 방법은 오히려 어떤 특정 학설을 부정하기 위한 목적보다는 근초고왕이 남부 가야를 통해 왜와의 통교와 군사동맹을 추진하던 배경을 보다 잘 드러내는 분석이 될 것으로 생각한다.

4세기 말부터는 백제와 가라국(대가야)을 비롯한 북부 가야와의 교섭이 확인되는 고고 유물이 현저하게 등장하게 된다지만,[31] '가라7국평정전승'이 기술되었던 근초고왕의 시기에는 반드시 그렇지도 않다. 우선 <표1>과 같이 마한과 백제 계통의 문물이 차지하는 비중은 극히 소략하다. 「신공기」의 '가라7국평정전승'에서 주체를 백제로 바꿔서 역사적 사실로 생각하기 어려운 유물의 시기와 분포상황이라고 생각한다.

그렇다고 가야가 마한 · 백제와 교류가 없었던 것은 아니다. 우선 대성동

31 박순발, 2000, 「가야와 한성백제」, 제6회 가야사학술회의 『加耶와 百濟』, 김해시; 성정용, 2002, 「대가야와 백제」, 『대가야와 주변제국』.

시기		고분	묘제	유물	비고	계통
전기가야	1C전	가숲3호	목관	칠기부채2 동과 동경	동경(가죽주머니入)	중원
	1C	구지로31 · 40호	목관	칠기	할죽형	
	1~2C	구지로16 · 39 · 45호	목관	칠기	상자형	
		23호	목곽	방격규구사신경	(4C후)전세?	
		14호	목곽	내행화문경(원좌)편	(5C전)전세? 펜던트?	
		2호	목곽	수대경(세선식)편	(4C3/4)전세?	
	2C초	67호	목관	호형대구		북방
		11호	목곽	호형대구	봉토(4C후)전세 · 혼입?	
	3C초	45호	목관	유견철부		
	3C 2/4	구지로51호	목곽	단경호	'歷韓國' 서해와 남해연안항로 상	마한
	3C	28호	목관	양이부단경호		
	3C후	52호	목곽	양이부단경호		
중기가야	3C 3/4	구지로38호	목곽	원저단경호	호서지역?	마한
				수정제발찌		왜
	3C후	46호	목곽	벽옥제옥장	茶臼山	왜
	3C말	29호	목곽	동복 금동관편	길림성	북방
				수정제곡옥(도굴갱)	椿井大塚山 OR 자체제작?	왜
				정각형철촉	椿井大塚山	
	3C말	59호	목곽	광유엽형철촉5	椿井大塚山	
	4C전	15호	목곽	통형동기1		
	4C전	18호	목곽	원저단경호		마한
		38호	목관	단경호		
	4C 1/4	구지로43호	목곽	합형토기	富雄丸山 マエ塚	왜
	4C 2/4	18호	목곽	비취곡옥이식	新澤500호	
				통형동기2		
				방추차형석제품	西新町 雪野山 新沢千塚	
		13호	목곽	석촉형 석제품	青塚고분	
				하지키		
				파형동기4(대형) 편2	시계방향	
	4C 2/4	91호	목곽	통형동기1		
				동세	河南巩義站家晋墓	중원
				칠완		
				운모		
				유견철부	4C 喇嘛洞	북방?
				금동마면		북방
				금동교차운주	라마동 태왕릉	
				조개장식운주	* 이모가이	
				방원형운주	원태자(동) 태왕릉 · 라마동(금동)	
				金銅馬鈴	원태자묘	
				구형령	서구촌고묘	
				녹각제입식		
				로만글래스	4C 동진 삼연	서역
	4C 3/4	88호	목곽	방추차형석제품2	新沢千塚, 宝来山 觀音松	왜
				동촉5		
				중광형동모		

시기		고분	묘제	유물	비고	계통
중기가야	4C 3/4	88호	목곽	통형동기3		왜
				파형동기12	회전방향 시계1 반시계11	
				대단금구1 과3		중원
	4C 3/4	68호	목곽	하지키		왜
	4C 3/4	70호	목곽	하지키		
	4C 3/4	47호	목곽	동복	라마동	북방
				하지키(기대)		왜
	4C후	39호	목곽	통형동기2		
				벽옥제곡옥		
	4C후	23호	목곽	정각형철촉	椿井大塚山	
				파형동기2		
				하지키		
				단경호	4C전?	마한
	4C 3/4	2호	목곽	파형동기1		왜
				통형동기2		
				철정	大和6호	
				하지키		
				재갈	삼연 고구려	북방
	4C 3/4	62호	목곽	파수부옹	백제계 평저옹 동반	왜
				합형토기	富雄丸山 マエ塚	
	4C 4/4	구지로41호	목곽	하지키(소옹)		
	4C후	35호	석곽	하지키(호)		
후기가야	5C전	1호	목곽	통형동기8		왜
				마주 등자 행엽 안교	북연풍소불묘	북방
		42호	석곽	轡 (삽자루인수 X자환판)	고구려? 모방?	
		41호	목곽	비취곡옥	新澤500榛原町ノ坊2	왜
		12호	목곽	철검초미장식 직호문		
		구지로42호	석곽	마형대구	천안청당동 · 청원송대리 · 청주봉명동 (중국 화남산 원료)	백제
	5C 3/4	73호	석곽	신라식토기 *金銅盛矢具		신라
	5C4/4	85호분	석곽	철도자병직호문	주인공	왜
				비취제곡옥경식		
				직호문손칼(순장갱)	여성	

표 1 대성동고분군 출토 외래계 유물

28호분과 18호분의 양이부단경호兩耳附短頸壺, 23호분의 단경호短頸壺, 38호분의 단경호, 52호분과 구지로 18 · 28 · 51호분의 단경호, 구지로 38호분의 양이부단경호, 그리고 <표 1>에 넣지는 않았지만 김해 양동리 280호분의 양이부직구호兩耳附直口壺와 324호분의 승문타날단경호繩文打捺短頸壺, 3~4세기 고성

동외동유적의 시루와 장란형토기長卵形土器,[32] 3~4세기 동래패총의 장란형 마한계 토기와 삼각거치문三角鋸齒文 백제토기[33] 등은 『삼국지』 왜인전에 대방군에서 구야한국에 이르는데 '(여러) 한국韓國을 거친다'는 사실과 관련지어 생각해 볼 수 있는 유물이다.

그리고 역시 <표1>에 넣지는 않았지만 양동리 462호분에서 출토된 금박유리 옥은 토기들과는 다르게 마한지역 수장층과의 교류 가능성을 짐작하게 해주는 유물로 한성백제와의 교류를 생각할 수 있는 유물이다. 이와 같이 같은 시기 마한계 토기들의 출토상황이 김해만과 부산의 수영만에 집중되고 있음을 근거로 서남해안의 연안항로를 통한 반입으로 추정한 연구들이 이미 제시되어 있다.[34]

다만 마한계 토기에 대한 정의가 정립되어 있지 못하다는 비판도 있지만,[35] 마한 · 백제지역에서 양이부호兩耳附壺가 등장하게 된 배경을 낙랑토기의 영향에서 구하고 있는 점이나[36] 낙랑군 설치 이전 대중교섭과 관련되는 자료 대부분이 마한지역을 중심으로 출토되고 있는 점을 고려한다면,[37] 그다음 단계가 되는 이 시기에서 한군현과 가락국(금관가야)의 교섭과 교류에 마한계통 소국의 개재를 추정해 좋을 것으로 생각한다. 이러한 토기들에 담겨 있었을 문물의 내용과 계통이 밝혀진다면 더욱 상세한 초기 한성백제와 가

32 정일, 2013, 「영남지역과 영산강유역(계)의 문물관계」, 『영남지역 속에 스며든 마한 · 백제계 문물의 흔적』, 대한문화재연구원 · 국립김해박물관 · 고분문화연구회, 53쪽.

33 홍보식, 2013, 「마한 · 백제와 진 · 변한 및 가야 · 신라의 교류」, 『영남지역 속에 스며든 마한 · 백제계 문물의 흔적』, 대한문화재연구원 · 국립김해박물관 · 고분문화연구회, 11쪽.

34 이성주, 2007, 「가야와의 문물교류」, 『백제문화사대계』 10, 138쪽; 홍보식, 앞 주 33) 논문, 11쪽; 서현주, 2013, 「영남지역과 마한 · 백제계 문물 관계」, 『학술대회 영남지역 속에 스며든 마한 · 백제계 문물의 흔적』, 40쪽.

35 대성동고분박물관 심재용 선생의 교시에 의함.

36 金鐘萬, 1999, 「馬韓圈域 出土 兩耳附壺 小考」, 『考古學志』 10; 林永珍, 2000, 「百濟 建國 이전 馬韓社會의 변모」, 『轉換期의 考古學 Ⅲ』, 한국상고사학회.

37 鄭仁盛, 2003, 「弁韓 · 加耶의 對外交涉 -樂浪郡과의 교섭관계를 중심으로-」, 『가야고고학의 새로운 조명』, 혜안, 578쪽.

야와의 교류가 복원될 수 있을 것으로 생각한다.

『삼국지』 왜인전이 전하는 3세기 말까지 대방군에서 남부 가야를 거쳐 일본열도에 이르는 해상루트에 대한 정보는 '작남작동作南作東'하는데 '(여러) 한국을 거친다'는 '역한국歷韓國'의 기록처럼 한성백제도 주지하고 있었을 것이다. 이런 한성백제가 '대방고지帶方故地'의 계승자로서 이와 같은 해상교역권의 계승자로 등장하게 되면서 남부의 가야국들과의 교류도 진행하게 되었으며, 마침내 근초고왕은 왜국과 우호적이며 군사동맹적인 관계의 수립을 위해 탁순국卓淳國과 같은 가야국에 중개를 요청하게 되었던 것으로 생각된다.

반면에 4세기 단계에서 금방 확인되지는 않지만, 창원 도계동 6호분에서 출토된 동상감銅象嵌 파상점선문波狀點線文 환두대도環頭大刀와 같이 5세기 2/4분기 이후에 가야지역에서 출토되는 환두대도처럼 백제가 중국왕조와 책봉관계를 유지하는 과정에서 수용 발전시켰던 것이 있다.[38] 이처럼 4세기 단계의 중원계나 북방계 유물 중에 백제의 관여를 생각할 수도 있는 유물이 있는 것은 아닐까?

<표1>에서 보이는 바와 같이, 최근 대성동고분군에서는 근초고왕대와 겹치는 4세기 2/4분기의 91호분, 4세기 3/4분기의 88호분이 조사되어 금동 대금구金銅帶金具나 금동제金銅製 운주雲珠와 같이 위신재威信財에 해당하는 유물들이 쏟아졌는데, 중원계와 북방계, 그리고 왜 계통으로 분류되는 유물과 함께 출토되고 있다.

4세기 3/4분기의 88호분에서 금동으로 제작된 화려한 용 문양 허리띠 장식의 중원계 대금구(晋式帶金具)가 출토되었는데, 발견 당시 용 문양 등에 대한 형식적 관찰을 통해 요녕遼寧 삼연三燕지역의 라마동 고분군이나 원태자袁台子 유적 등과의 관련이 강하게 주장되었으나, 문양을 새기는 제작방법에 대한 정밀한 관찰과 새로운 분류를 통해 중원中原의 동진東晋과 직접 교류했

38 박순발, 앞 주 31) 논문, 36쪽.

던 결과의 산물이었을 가능성이 제기되었다.[39]

88호분 출토의 진식 대금구晋式帶金具는 실제로 중국은 물론, 가야와 백제, 그리고 일본열도에서 출토되고 있다. 중국에서는 가장 이른 시기의 하북성河北省 정현定縣 43호를 비롯해 삼국 시기의 낙양洛陽 조휴묘曹休墓, 남경南京 동오설추묘東吳薛秋墓와 상방동오묘上坊東吳墓, 서진시기의 강소성江蘇省 의흥宜興 주처묘周處墓, 낙양洛陽 24호묘, 십육국시대의 조양朝陽 원태자묘袁台子墓와 십이대향전창十二臺鄕塼廠 88-1호묘, 라마동喇嘛洞 Ⅱ M101호묘, 광동성廣東省 대도산大刀山 동진東晋 태녕太寧2년(324)묘, 호북湖北 한양묘漢陽墓, 북경시北京市 류리하묘琉璃河墓 등에서 출토되었다.[40] 일본에서는 나라현奈良県 신야마고분新山古墳, 효고현兵庫県 교우자즈카行者塚, 덴리참고관天理参考館 · 이데미츠미술관出光美術館 · 국립역사민속박물관國立歷史民俗博物館 · 교토대학종합박물관京都大学総合博物館 등의 소장품이 보고되고 있는데, 이데미츠미술관出光美術館 소장품은 같은 제품이라 할 수 있을 정도로 흡사하다.[41]

한성백제에서 대성동 88호분과 같은 대단금구帶端金具가 출토된 적은 없으나, 같은 진식 대금구 과판銙板의 수하식垂下飾이 몽촌토성(규형)[42]과 풍납토성(하트형)에서 출토된 바 있으며,[43] 화성 사창리(말굽형)에서 수습된 바 있다.[44] 특히 일제강점기에 풍납토성에서 출토된 하트형 대금구 과판銙板의 수하식垂下飾은 대성동 88호분에서 출토된 것과 거의 흡사한 형식이다. 중원이

---

39 藤井康隆, 2013, 「大成洞88號墳の晋式帶金具と中國 · 倭」, 『대성동고분박물관 10주년 기념 국제학술회의 · 공청회 최근 大成洞古墳群의 발굴성과』. 다만 시기를 4세기 1/4~2/4분기로 설정했던 점은 발굴단의 4세기 3/4분기와 약간의 괴리가 있다.

40 조윤재, 2015, 「고고자료로 본 한성백제와 양진, 십육국의 대외교섭」, 『백제의 성장과 중국』(백제학연구총서 쟁점백제사 5), 한성백제박물관, 206-212쪽.

41 藤井康隆, 앞 주 39) 논문, 48쪽.

42 박순발, 「한성백제의 중앙과 지방」, 앞 주 30) 논문, 참조.

43 김태식, 2001, 『풍납토성』, 김영사, 372-375쪽.

44 권오영, 2013, 「대성동 88호분의 진식대금구와 중국 · 왜에 대한 토론문」, 『대성동고분박물관 10주년 기념 국제학술회의 · 공청회 최근 大成洞古墳群의 발굴성과』; 조윤재, 앞 주 40) 논문, 208-210쪽.

나 삼연三燕 지역과 가야와 일본열도를 연결하는 중간점에 한성백제가 위치하고 있음을 중시해야 할 필요가 있다.

또한 88호분과 비슷한 시기인 4세기 후반의 23호분에서는 방격규구사신경方格規矩四神鏡이 출토되었는데, 역시 요녕 삼연三燕지역과의 관련이 주장되었으나, 위진경魏晋鏡이나 육조경六朝鏡으로 분류되는 만큼,[45] 동진이나 북위와 같은 중원 왕조와의 교류로 보는 것이 타당할 수도 있다. 더구나 4세기 2/4분기의 91호분에서는 서역계통의 로만글래스도 출토되었고, 불로장생의 신선사상이나 도교사상과 관련되는 중원문화계통의 운모도 출토되었으며, 중원의 문물로 생각될 수 있는 2점의 청동그릇과 칠그릇이 출토된 바 있다. 서역의 문물이 중국 중원을 거쳐 유입되던 루트가 새롭게 주목을 받고 있다.

313 · 314년의 낙랑군과 대방군의 축출은 가야제국의 동진이나 삼연과 같은 북방北方을 대상으로 하는 새로운 교류의 개척으로 이어졌고, 그 교류의 중간에 대방군의 역할을 대신하는 한성백제漢城百濟 왕권의 역할이나 관여를 생각할 수 있다. '공백의 4세기'라는 표현도 있지만, 『진서晋書』에서 3세기 말까지 확인되던 빈번한 교류가 4세기의 동진부터 갑자기 두절되었다고 보기는 어렵다. 4세기 전반에 삼연三燕과 같은 북방지역 뿐만 아니라 동진과 같은 중원지역과의 교류도 시야에 함께 포함해야 할 것이며, 한성백제의 중간자적 역할을 상정할 필요가 있을 것으로 생각한다. 4세기 전~중반의 대성동 91호분과 88호분에서 출토되고 있는 중원계와 북방계 유물들에 근초고왕대 한성백제와의 관련성에 유념할 필요가 있다.

한편 3세기 말~4세기 중반의 시기는 <표 1>에 제시한 바와 같이, 대성동 29호분의 수정제 곡옥, 59호분의 광유엽형 철촉, 15호분의 통형동기筒形銅器,

45 대성동고분박물관, 2013, 『대성동고분박물관 10주년 기념 특별전시회 동아시아의 가교! 대성동고분군』, 42쪽.

구지로 43호분의 합형토기盒形土器, 18호분의 비취제 곡옥 · 통형동기[46] · 방추차형 석제품, 13호분의 석촉형 석제품 · 하지키土師器 · 6점의 파형동기巴形銅器, 91호분의 통형동기, 88호분의 방추차형 석제품 2점 · 동촉 5점 · 중광형 동모 · 통형동기 3점 · 파형동기 12점, 39호분의 통형동기 2점, 23호분의 파형동기 2점 · 하지키, 2호분의 파형동기 1점 · 통형동기 2점 · 하지키 등과 같이, 일본열도의 왜倭와 수장층간의 교류를 보여주는 유물이 아주 많은 비중을 차지하는 단계이기도 하다.

특히 파형동기, 동촉, 정각형 철촉, 옥장玉杖, 석촉, 방추차형 석제품 등처럼 기내畿內의 야마토정권大和政權과 직접 연결될 수 있는 유물의 출현이 주목된다. 이 시기에 가락국을 비롯한 가야와 왜의 야마토정권 간 교섭의 실재를 나타내고 있는 것으로 생각되고 있는데,[47] 전술했던 「칠지도 명문」과 『일본서기』 신공기의 시기나 내용과 관련되는 유물이다.

결국 근초고왕대에 가락국(금관가야)의 국제교류를 보여주는 대성동고분군의 외래계 유물에 대한 검토를 통해 확인할 수 있었던 사항은 다음과 같은 것이었다.

첫째, 4세기대는 물론 전후의 시기에도 위신재를 비롯한 적극적인 백제계 문물이 현저하게 출토되지 않는 것은 역시 '가라7국평정전승'을 백제의 가야지역에 대한 적극적 진출이나 강력한 영향력의 행사와 같은 역사상을 그리기 어려울 것이라는 확증이 될 것으로 생각한다.

둘째, 대성동 28호분 등에서 확인되는 3~4세기 마한계 토기의 존재는 『삼

46 다만 통형동기의 원산지에 대해서는 근년 한국학계의 주장대로 가야발생설을 지지하는 입장으로 '외래계 유물'이란 표현에 모순은 있지만, 가야와 왜의 교류를 보여주는 유물이라는 의미에서 포함시켰다. 파형동기에 대해서도 같은 모티프의 문양이 광주 신창동유적 출토의 목기에서 확인되고 있는 점 등에 주목할 필요가 있다고 생각하지만, 아직까지는 왜에서 전해진 구외래계 유물에 포함하였다.

47 홍보식, 2006, 「한반도 남부지역의 왜계 요소-기원후 3~6세기 대를 중심으로-」, 『한국고대사연구』 44.

국지』 왜인전 단계의 한군현~구야국~왜국의 교류를 보여주는 것으로 4세기 중반에 근초고왕이 대 왜 통교 교섭의 시작을 위해 남부가야의 탁순국에 중개를 요청할 수 있었던 배경이 되었다.

셋째, 4세기 2/4분기의 대성동 91호분과 4세기 3/4분기의 88호분 출토의 진식 대금구나 금동제 운주 등의 중원계 또는 북방계 유물들은 근초고왕이 가야를 매개로 왜 왕권과의 관계를 군사동맹에 가까운 수준으로 발전시키는 데 관여되었을 가능성도 고려해 두어야 한다. 이런 시각에 기초한 한성백제 출토품의 검토와 출토 가능성을 기대해 본다.

넷째, 3세기 후반의 대성동 46호분 출토의 벽옥제 옥장璧玉製 玉杖에서 시작되어 5세기 4/4분기 85호분 출토의 직호문直弧紋 도자刀子와 비취제 곡옥경식曲玉頸飾까지 단절없이 이어지는 왜 계통 문물의 출토는 남부가야와 왜의 긴밀한 교류를 보여주지만, 4세기 전~중반 근초고왕대에 속하는 91호분과 88호분에서 출토되는 다양한 왜계 문물들은 가야의 중개로 한성백제와 왜와의 통교가 군사동맹과 같이 긴밀한 관계로 발전할 수 있었던 배경이 되었을 것으로 생각한다.

Ⅳ. 맺음말

근초고왕대의 백제는 4세기 초의 낙랑군과 대방군의 축출을 계기로 『삼국지』 위서 왜인전이 기록했던 대방군~구야한국(가락국)~왜를 연결하던 해상교역로의 승계와 대 고구려 전의 성공적 수행을 위해 배후세력의 확보 노력으로서 왜 왕권에 접근하고자 하였다. 원래 통교의 목적이 단순한 친선관계의 수립이 아니라 양국 간의 관계를 군사적 동맹으로 발전시키는 데 있었다. 따라서 이러한 통교와 동맹관계의 수립을 위해서는 이전부터 우호 관계를 유지하고 있었던 김해의 가락국이나 창원의 탁순국 등과 같은 남부 가야를 의식하지 않을 수 없었다.

『삼국지』 왜인전의 '역한국'과 동래, 김해, 창원 등지에서 출토되고 있는 마한 · 백제계 토기 등은 한성백제가 일본열도와 통하는 중개자로서 남부 가야의 왕권을 의식하게 된 역사적 배경이었다. 고구려와의 군사적 충돌이 격렬하던 4세기 중엽의 백제가 배후세력을 확보하고자 했던 노력은 366년과 368년에 신라에 두 차례의 사신 파견과 372년과 373년에 진晋에 두 차례의 사신 파견에서도 확인되며, 「신공기」에 기록된 왜국과의 통교전승도 동일하게 해석해야할 것으로 생각한다.

근초고왕대에 해당하는 김해 대성동고분군의 91호분과 88호분에서 출토된 금동 대단금구나 금동제 운주, 또는 로만글라스와 같은 유물은 아직까지 한성백제에 현저한 예는 없지만, 「신공기」의 통교사실이 보여주는 한성백제와 왜 사이에 남부가야가 중개를 담당하던 모습과 겹쳐 보아도 좋은 자료가 될 것으로 생각하며, 이러한 위신재로서의 유물들은 백제와 가야 왕권 간의 교류를 보여주는 자료로 생각할 수 있는 여지가 있다.

주제발표 4

백제 근초고왕대 동진과의 관계

여 호 규 한국외국어대학교

Ⅰ. 머리말

Ⅱ. 372년 이전 동진(東晉)과의 교섭 여부 검토

Ⅲ. 낙랑(樂浪) · 대방계 유민(帶方系 遺民)을 통한 요녕(遼寧) 지역과의 교섭

Ⅳ. 372년 동진(東晉)과의 교섭 배경과 그 성격

Ⅴ. 맺음말

* 이 글은 필자의 2015, 「4세기~5세기 초엽 백제의 대중교섭 양상」, 『백제의 성장과 중국』(백제학 연구총서 쟁점백제사 5), 한성백제박물관 중 '백제 근초고왕대 동진과의 관계' 부분을 발췌하여 수정한 것임을 밝혀둔다.

Ⅰ. 머리말

근초고왕대近肖古王代(346-375년)는 백제사의 전개에서 중요한 분수령을 이루는 시기이다. 백제는 이 무렵 마한의 소국을 거의 대부분 병합했을 뿐 아니라, 가야 지역과 긴밀한 관계를 맺고, 왜와도 본격적으로 교섭하기 시작했다. 북방으로는 고구려의 남진을 저지한 다음, 평양 지역까지 진격했다. 특히 중국왕조와도 이때부터 본격적으로 교섭했는데, 372년(근초고왕 27년) 1월 백제가 동진東晉에 사신을 파견하자, 이해 6월 동진이 근초고왕을 '진동장군鎭東將軍 령낙랑태수領樂浪太守'로 책봉한 것이다(사료 ③-㉠ · ㉡ 참조).

그런데 1980년대 이래 백제의 풍납토성과 몽촌토성에서 중국산 물품이 대기 출토되면서 중국왕조와의 교섭이 372년 이전부터 활발하게 전개되었다는 견해가 제기되었다. 이곳에서 출토된 흑색마연기법黑色磨研技法의 직구호直口壺나 중국산 시유도기施釉陶器(전문도기錢文陶器) 등은 서진대西晉代 물품인데, 이들 물품은 마한馬韓 소국이던 백제국이 3세기 후반부터 대중교섭對中交涉을 주도하며 삼국의 백제百濟로 전환한 사실을 반영한다는 것이다. 그리고 백제는 4세기 초엽부터 서진을 이은 동진과도 활발하게 교섭했다는 것이다.[1]

특히 몽촌토성에서 출토된 진식晉式 금동과대金銅銙帶를 4세기 1/4분기로

1 김수태, 1999, 「3세기 중 · 후반 백제의 발전과 마한」, 『마한사연구』; 박순발, 1998, 「한성 백제의 대외관계」, 『백제연구』 30, 충남대학교 출판부; 임기환, 2000, 「3세기-4세기 초 위 · 진의 동방정책」, 『역사와 현실』 36; 권오영, 2001, 「백제국에서 백제로의 진환」, 『역사와 현실』 40; 권오영, 2002, 「풍납토성 출토 외래유물에 대한 검토」, 『백제연구』 36; 임기환, 2004, 「한성기 백제의 대외교섭」, 『한성기 백제의 물류시스템과 대외교섭』, 학연문화사.

편년한 다음, 책봉을 통한 동진과의 공식적인 외교관계가 372년 이전에 이루어졌다고 보기도 했다.[2] 백제가 372년 이전에 동진의 책봉을 받았을 것이라는 견해에 대해서는 백제의 국내외 정세나[3] 근초고왕의 책봉호 구성[4] 등을 근거로 비판이 제기되었지만, 일찍부터 동진과 교섭했을 가능성에 대해서는 많은 연구자가 동의했다.[5] 이로써 고고자료를 통해 문헌사료에서 확인되지 않는 대중교섭의 양상까지 유추하기에 이르렀다.

이러한 새로운 연구동향은 고고자료考古資料라는 구체적 물증物證을 바탕으로 전개되었기 때문에 상당히 높은 설득력을 지닌 것으로 받아들여지고 있다. 이에 최근에는 고고자료를 토대로 영성한 문헌사료를 보완하려는 시도도 다채롭게 이루어지고 있다. 그렇다면 과연 백제는 372년 이전부터 동진과 활발하게 교섭을 전개했을까? 더욱이 372년 이전에 동진의 책봉을 받았다고 상정할 수 있을까? 만약 이러한 견해가 실제 역사적 사실에 부합한다면, 이 시기 백제의 대중교섭 전반을 새롭게 검토할 필요가 있다.

그런데 4세기 백제의 대중교섭과 관련한 최근 연구 성과를 일별하면, 대체로 백제 중심적 시각에서 관련 고고자료나 문헌사료를 해석하고 있다는 느낌을 지울 수 없다. 주지하듯이 4세기에 중국대륙은 서진의 붕괴와 5호 16국의 흥기라는 미증유의 대격변을 겪었다. 이에 따라 이 시기 백제의 대중교섭도 중국대륙의 정세변화와 밀접하게 연관되어 진행되었을 텐데, 최근 연구

2 박순발, 1999, 앞의 글, 38-40쪽; 박순발, 2004, 「한성기 백제 대중교섭 일례 - 몽촌토성 출토 금동과대금구 추고」, 『호서고고학』11, 12-13쪽.

3 김수태, 2001, 「백제의 대외교섭권 장악과 마한」, 『백제연구』33, 31-32쪽.

4 임기환, 2004, 앞의 글, 102쪽.

5 권오영, 2003a, 「백제의 대중교섭의 진전과 문화변동」, 『강좌 한국고대사』 4, 6쪽; 문동석, 2010, 「한성 백제의 도교문화와 그 성립과정」, 『백제연구』 50, 21-22쪽; 이한상, 2011, 「허리띠 분배에 반영된 고대 동북아시아의 교류양상」, 『동북아역사논총』 33, 377쪽; 노중국, 2012, 『백제의 대외교섭과 교류』, 지식산업사, 188-189쪽; 周裕興, 2008, 「해상 교류로 본 중국과 백제의 관계」, 『백제문화』 38, 54쪽; 周裕興, 2010, 「从海上交通看中国与百济的关系」, 『東南文化』, 2010-1(213기), 72쪽.

동향에서는 이러한 측면을 구체적으로 검토한 경우를 찾아보기 힘들다. 또한 국제정세 변화와 맞물려 각국의 대외인식이나 외교정책도 시시각각 변모했을 텐데, 이러한 측면을 고려한 경우도 찾아보기 힘들다.

이에 이 글에서는 국제정세 변화에 유의하면서 '백제 근초고왕대 동진과의 관계'를 재조명하고자 한다. 특히 백제가 372년 이전에 동진과 외교교섭을 가졌는지 여부를 검토한 다음, 372년 동진이 근초고왕을 책봉한 배경을 동진의 외교정책 변화와 연관시켜 고찰하고자 한다. 이를 바탕으로 근초고왕대 이후 대중교섭 양상도 전망해보고자 한다. 이러한 검토 과정에서 한반도-중국대륙 연안해로沿岸海路의 중간 기착지인 요녕遼寧-하북河北일대의 동향에도 관심을 기울이고자 한다. 선학제현의 아낌없는 질정을 바란다.

Ⅱ. 372년 이전 동진(東晉)과의 교섭 여부 검토

그럼 먼저 최근 제기된 견해처럼 백제가 과연 372년 이전부터 동진東晉과 활발하게 교섭했는지 여부부터 검토해보자. 백제가 4세기 초엽부터 동진과 활발하게 교섭했다는 견해는 1980년대 이래 몽촌토성과 풍납토성에서 대거 출토된 시유도기施釉陶器와 전문도기錢文陶器를 논거로 삼아 제기되었다. 이들 물품은 서진대西晉代의 남중국산南中國産이므로 백제가 3세기 말경 서진의 동이교위부나[6] 남중국 정치세력과[7] 교섭하던 양상을 반영한다는 것이다. 그리고 이러한 견해는 자연스럽게 4세기 초엽 서진 붕괴 이후에도, 백제가 남중국의 동진과 활발하게 교섭했을 것이라는 견해로 이어졌다.

이 견해는 '남중국南中國에서 생산된 서진대 시유도기와 전문도기'라는 구체적 물증을 바탕으로 전개되었기 때문에 많은 연구자의 폭넓은 지지를 받았다. 그런데 최근 들어 시유도기나 전문도기의 제작시기를 서진대로 상정하는 편년관이 조금씩 흔들리고 있다. 풍납토성 경당지구 196호의 시유도기(전문도기)는 3세기 후반에서 4세기 전반에 해당하며, 다른 백제 유적 출토품은 이보다 늦을 가능성이 높다고 한다.[8] 더욱이 중국학자들은 풍납토성 출토 시유도기(전문도기)는 동진 중후반의 단도丹徒 교장窖藏유적 출토품보다

6 권오영, 2001, 앞의 글, 50-51쪽; 권오영, 2002, 앞의 글, 26-29쪽.

7 박순발, 1999, 앞의 글, 35-37쪽.

8 한지수, 2010, 「백제 풍납토성 출토 시유도기 연구」, 『백제연구』 51, 25-34쪽.

후행하거나[9] 남조 초인 유송대劉宋代에 해당한다고[10] 파악하고 있다.

이러한 견해에 따르면 시유도기(전문도기)를 논거로 삼아 백제가 372년 이전부터 동진과 활발하게 교섭했다고 단정하기는 힘들다. 물론 중국학계에서도 시유도기(전문도기)에 대한 편년관이 정립된 것으로 보이지 않지만,[11] 몽촌토성이나 풍납토성에서 출토된 시유도기(전문도기)의 제작시기를 서진대나 동진 초로 단정하고 논의를 진행하는 연구경향은 재고再考할 필요가 있다.[12] 또한 고고자료를 물증으로 삼아 문헌사료에서 확인되지 않는 대중교섭 양상을 유추할 때 보다 신중하게 접근할 필요가 있는 것이다.

백제와 동진의 교섭 양상을 고찰하려면, 백제의 상황뿐 아니라 교섭 상대인 동진의 대내외 상황도 면밀하게 파악할 필요가 있다. 그런데 종전 연구에서는 고고학계에서 제시한 물증을 바탕으로 논의를 확장하는데 치중했을 뿐, 동진의 상황까지 고려하면서 비판적으로 검토하려는 시도는 거의 이루어지지 않았다. 가령 백제가 372년 이전에 동진의 책봉을 받았다는 견해에 대해서는 주로 백제의 국가체제 정비가 365년경에 비로소 마무리되었다는 점[13], 372년 근초고왕의 책봉호가 '백제왕'이 아니라 이미 소멸한 '낙랑태수'라는 점[14] 등을 들어 그 가능성을 비판하는 정도였다.

이러한 비판의 전제는 만약 백제가 4세기 전반에 국가체제를 정비한 사실이 확인되고, 372년 근초고왕의 책봉호에 '백제왕'이 포함된 사실이 밝혀진

9 賀雲翶 · 馮慧 · 李洁, 2008-2, 「東亞地區出土早期錢文陶瓷器的研究」, 『考古與文物』, 90-91쪽 및 90쪽의 도21 참조.

10 王志高, 2012, 「풍납토성의 세 가지 문제에 대한 시론」, 『동아시아 속의 풍납토성』, 학연문화사, 87-121쪽.

11 조윤재, 2015, 「고고자료로 본 한성 백제와 양진, 십육국의 대외교섭」, 『백제의 성장과 중국』(백제학연구총서 쟁점백제사 5), 한성백제박물관, 194-202쪽.

12 권오영, 2014, 「몽촌토성을 통해본 백제 왕궁의 실체」, 『한성 백제의 왕궁은 어디에 있었나』(백제학연구총서 쟁점백제사 4), 한성백제박물관, 187쪽.

13 김수태, 2001, 앞의 글, 31-32쪽.

14 임기환, 2004, 앞의 글, 102쪽.

다면, 372년 이전에 동진의 책봉을 받았다고 볼 수도 있다는 것이다. 즉 백제가 372년 이전에 동진의 책봉을 받았는지 여부에 대한 논의가 주로 백제의 상황에 입각하여 전개된 것이다. 책봉을 받는 백제의 상황만 고려하고, 책봉 수여국인 동진의 대내외 상황에 대해서는 관심을 기울이지 않았던 것이다. 그렇다면 백제가 372년 이전부터 동진과 외교교섭을 전개하면서 책봉을 요청했다면, 동진이 백제에게 책봉호를 수여했을까?

이러한 의문에 답하기 위해서는 372년 이전 동진의 책봉호 수여 현황을 검토할 필요가 있다.[15] 372년 이전 동진과 교섭한 국가나 정치세력은 종전 서진의 판도를 기준으로 크게 두 그룹으로 대별할 수 있다. 〈표 1〉에서 보듯이 동진 건국 초부터 교섭한 요녕遼寧-하북河北 지역의 선비鮮卑 모용부慕容部(전연前燕)와 단부段部 및 하서河西지역의 전량前涼, 340년대 후반부터 교섭한 한중漢中 지역의 전구지前仇池, 건국 이전에 동진과 잠시 교섭한 전진前秦의 부씨苻氏나 후진後秦의 요씨姚氏 등은 기본적으로 종전의 서진판도 내부에서 흥기한 국가나 정치세력으로 분류할 수 있다. 이에 비해 〈표 2〉에 나오는 고구려, 숙신肅愼, 임읍林邑, 부남扶南 등은 모두 서진의 판도 외부에 자리잡고 있던 국가나 족속에 해당한다.

그런데 동진은 서진의 판도 내부에서 흥기한 국가나 정치세력이 칭신稱臣하거나 내속來屬하면 책봉호를 수여한 반면, 그 외부의 국가나 족속에 대해서는 견사遣使하여 조헌朝獻하더라도 책봉호를 수여하지 않고 있다. 이는 370년경까지만 하더라도 동진이 종전의 서진西晉 판도 외부에 존재하는 국가나 족속에 대해 책봉호를 수여하지 않았을 가능성을 시사한다. 이러한 동진의 상황을 고려하면, 백제가 372년 이전에 동진과 공식적인 교섭을 가졌다 하더라

15 五胡十六國史의 전개 및 동진(東晉)과의 관계는 谷川道雄, 1971,「古代世界帝國の崩壞と五胡諸國家の興立」,『隋唐帝國形成史論』, 筑摩書房; 朴漢濟, 1988,「五胡前期政權과 漢人士族」,『中國中胡漢體制硏究』, 一潮閣; 三崎良章, 2006,『五胡十六國』, 東方書店, (김영환 옮김, 2007,『五胡十六國』, 경인문화사); 庄金秋, 2011,「兩晋與北方民族政權關係硏究」, 蘭州大學 박사학위논문 등 참조.

도 동진으로부터 책봉호를 수여받았을 가능성은 희박하다고 파악된다.

표 1 370년까지 동진의 책봉호 수여 현황

대상국	대상자	연도	책봉호 구성	비고
前燕	慕容廆	317	假節·散騎常侍·都督遼佐雜夷流民諸軍事·龍驤將軍·大單于·昌黎公	사양
		318	龍驤將軍·大單于·昌黎公	公爵 사양
		320	監平州諸軍事·安北將軍·平州刺史	
		321	使持節·都督幽平二州東夷諸軍事[16]·車騎將軍·平州牧·遼東郡公·大單于	
		326	侍中·特進 추가	
	慕容皝	334	(使持節·都督幽平二州東夷諸軍事) 鎭軍大將軍·平州刺史·大單于·遼東公	
		338	征北大將軍·幽州牧·領平州刺史 승격. 散騎常侍 추가. (持節,都督,單于,公은 종전과 동일)	
		341	使持節·大將軍·都督河北諸軍事·幽州牧·大單于·燕王	
		347	安北將軍(『晋書』 권8에만 보임)	
	慕容儁	349	使持節·侍中·大都督·都督河北諸軍事·幽冀并平四州牧[17]·大將軍·大單于·燕王	
段部	段匹磾	317	서진의 幽州刺史·左賢王·渤海公 책봉받은 상태	
		321	撫軍將軍·幽州刺史 소지(戰死)	
段部	尙書 陳昣	323	都督幽平二州諸軍事·幽州刺史	
	段末波	325	幽州刺史 소지(사망)	
段部	段牙	325	段末波의 幽州刺史 승계	
	段遼	331	幽州刺史·大單于 소지, 驃騎將軍 수여	
	段龕	351	鎭北將軍·齊公	
前涼	張寔	320	西中郎將·護羌校尉·涼州刺史·西平公 소지(피살)	
	張茂	320	平西將軍, 涼州刺史	
	張駿	324	使持節·大都督·大將軍·涼州牧·領護羌校尉·西平公	愍帝의 使者가 수여
	張重華	347	(假節)大都督隴右關中諸軍事·護羌校尉·大將軍·(涼州刺史)	
		351	涼州牧으로 승격	
	張玄靚	361	涼州刺史 소지. 大都督隴右諸軍事·護羌校尉·西平公 추가	
	張天錫	太和初	大將軍·大都督·督隴右關中諸軍事·護羌校尉·涼州刺史·西平公	
前仇池	楊初	347	使持節·征南將軍·雍州刺史·平羌校尉·仇池公, 並假節	
	楊國	355	仇池公 소지(피살)	
	楊俊	356	仇池公	
	楊世	360	楊俊의 仇池公 계승	
		368	秦州刺史	
前秦	蒲洪(苻洪)	350	氐王·使持節·征北大將軍·都督河北諸軍事·冀州刺史·廣川郡公	건국 이전
後秦	姚弋仲	351	使持節·六夷大都督·督江諸軍事·車騎大將軍·天府義同三司·大單于·高陵郡公	건국 이전

16 『晉書』 卷108 慕容廆載記에는 '도독유주동이제군사(都督幽州東夷諸軍事)'으로 나옴.

17 『資治通鑑』 卷98 秦紀20 永和 5年 4月條에는 '유평이주목(幽平二州牧)'으로 나옴.

표 2 370년까지 주변국의 동진에 대한 사신 파견 현황

國名	연도	교섭 내용	전거
고구려	336	高句驪遣使貢方物	『晉書』 7
	343	高句驪遣使朝獻	『晉書』 7
숙신	319	肅愼獻楛矢石砮	『晉書』 2
임읍	340	林邑獻馴象	『晉書』 7
부남	357	扶南竺旃檀獻馴象	『晉書』 8

그렇다면 백제가 372년 이전부터 동진과 직접 교섭했는지 여부도 당시 동진의 상황이나 그 외 다양한 요소를 고려하여 검토할 필요가 있다. 이와 관련하여 먼저 동진과의 교섭 루트부터 살펴볼 필요가 있다. 당시 백제와 동진 사이에는 고구려나 5호胡 제국諸國이 웅거하고 있었으므로 해로海路를 통해 동진과 교섭할 수밖에 없는 상황이었다. 한반도 서해안에서 중국대륙의 산동반도山東半島로 직접 건너가는 서해 횡단항로는 5세기 이후에야 비로소 개설된 것으로 파악된다.[18]

그러므로 4세기 초 · 중반에 백제가 동진과 직접 교섭하기 위해서는 한반도 서해안과 중국대륙 동해안을 따라가는 연안항로를 이용하여야 했다. 〈지도 1〉에서 보듯이 이 연안항로는 서해안을 따라 요동반도遼東半島 서남단까지 간 다음, 이곳에서 묘도열도廟島列島를 거쳐 산동반도山東半島로 건너고, 다시 산동반도의 성산각成山角을 돌아 양자강揚子江 하구로 나아가는 원거리 루트였다.[19] 백제가 이러한 연안항로를 이용하여 동진까지 가려면 원거리 항해술을 보유하고, 그 사이에 위치한 여러 정치세력이나 국가의 협조를 받아야 했다.

18 周裕興, 2008, 앞의 글, 54-56쪽; 박순발, 2012, 「고고자료로 본 山東과 韓半島의 고대 해상교통」, 『백제와 주변세계』, 진인진; 박순발, 2013, 「연운항 봉토석실묘의 역사 성격」, 『백제연구』 57, 91-92쪽.

19 2-5세기 중국대륙 동해안과 요동지역을 잇는 연안항로에 대해서는 黎虎, 1989-5, 「六朝時期江左與東北地區的交通」, 『北京師範大學學報』; 王綿厚 · 李健才, 1990, 『東北古代交通』, 瀋陽出版社; 張興兆, 2008-6, 「魏晋南北朝時期的北方近海水運」, 『青島大學師範學院學報』; 侯德彤, 2012-6, 「三國兩晋南北朝時期膠東半島海上活動」, 『東方論壇』 등 참조.

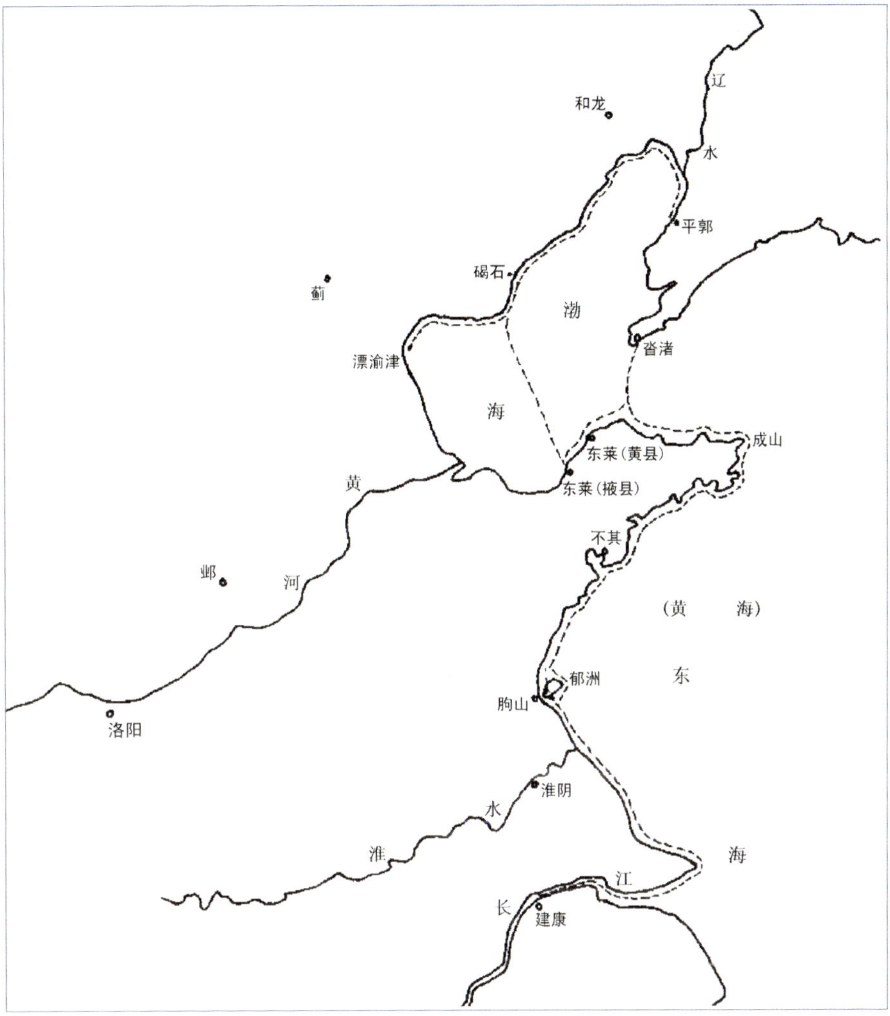

지도 1 남중국과 요동 사이의 海路 (張興兆 2008, 34쪽)

〈표 3〉은 4세기 전반 전연前燕이 동진에 파견한 사행使行 현황이다. 전연도 해로를 통해 동진과 교섭했는데,[20] 귀국 시에 요동반도 서남단의 마석진馬石津

20 "(慕容廆) 遣長史王濟, 浮海詣建康, 勸進."〈『資治通鑑』卷90 晉紀12 建武元年 4月條〉

(여순旅順) 일대에[21] 상륙한 것으로 보아[22] 요동반도-산동반도-양자강 하구의 연안항로를 이용한 것으로 파악된다. 그런데 319년 동진에 파견되었던 배억裴嶷은 319년 12월에 전연을 출발하여 이듬해 3월에 건강建康에 도착했다.[23] 당시 전연의 중심지인 대릉하大凌河 하류의 극성棘城에서 동진의 도성인 건강까지 가는데 3개월가량 소요되었던 것이다.[24] 그러므로 백제 도성에서 출발하여 동진의 건강까지 가는 데는 3개월보다 더 많은 시간이 소요되었을 것이다.

표 3 前燕 사신의 東晉 往來 현황

시기	使臣名	使臣의 이력	임무
317. 4	長史 王濟	渤海 출신 333년: 동진에 견사	司馬睿 勸進
319–320	裴嶷	河東 출신, 昌黎太守 역임. 314년: 慕容廆의 謀主(長史) 325년: 遼東相 재직 325년 이후: 樂浪太守	평주자사 최비 격파 獻捷 (319년 12월 출발, 320년 3월 건강 도착)
333. 6	長史 王濟		慕容廆 訃音 전달
334. 8	長史 王濟		東晉의 조문사와 함께 귀국 馬石津에서 모용인에게 억류
336. 9	長史 劉斌	昌黎 출신 314년: 慕容廆의 典機要 350년: 内史 –> 大司農	동진의 조문사 송환
	郎中令 陽景	遼東 출신	
339. 冬 341. 7	長史 劉翔	平原 출신 段部에 의탁 –> 慕容廆에 의탁 318년: 慕容廆의 主簿 338년: 功曹 재직 341년: 東夷護軍 · 領大將軍長史	후조에 대한 전승 헌첩 (341년 7월에 전연에 귀환)[25]
	參軍 鞠運		

21 王綿厚 · 李健才, 1990, 『東北古代交通』, 瀋陽出版社, 74-76쪽.

22 "王濟還遼東, (중략) 船下馬石津, 皆爲慕容仁所留."(『資治通鑑』卷95 秦紀17 咸和 9年 8月條)

23 『資治通鑑』 卷91 晉紀13 太興 2年(319년) 12月條 및 太興 3年 3月條.

24 지배선, 1998, 「동진과 전연의 관계에 대하여」, 『동양사학연구』 62, 4-5쪽.

25 『資治通鑑』 卷95 咸康 7年 2月 · 7月條에는 유상(劉翔) 일행이 341년 2월에 동진에 도착했고, 1년 이상 건강(建康)에 머문 다음 341년 7월에 귀환했다고 나온다. 기사에 착오가 있는 셈인데, 339년 겨울에 전연(前燕)을 출발하여 340년 2월에 동진에 도착한 다음 1년 이상 머물다가 341년 7월에 전연에 귀환했다고 보는 것이 가장 타당하다.

한편 〈표 3〉에서 보듯이 전연의 동진 사절단의 책임자는 4명을 확인할 수 있는데, 모두 중원中原이나 서진西晉 변군邊郡의 한족漢族 출신이다. 특히 317년과 333년에 파견된 왕제王濟는 발해渤海, 336년에 파견된 유빈劉斌은 창려昌黎, 339년에 파견된 유상劉翔은 평원平原(산동성山東省 덕주시德州市 평원平原) 등 모두 발해만渤海灣 연안 지역 출신이다. 319년에 파견된 배억裴嶷도 내륙인 하동河東 출신이지만, 발해만 연안의 창려태수昌黎太守를 역임한 바 있다. 사절단의 책임자가 모두 한족 출신으로 당시 국제정세에 밝았을 뿐 아니라, 연안항로에도 익숙했을 것으로 추정된다. 전연이 국제정세와 연안항로에도 밝은 인물을 동진 사절단의 책임자로 임명했던 것이다.

백제가 3세기 말경부터 남중국의 정치세력이나 동진과 직접 교섭하기 위해서는 원거리 항해술과 더불어 한반도-중국대륙의 연안항로에 밝은 인물을 확보하고 있어야 했다. 또한 3개월 이상 소요되는 원거리 항해를 하려면 중간 기착지로부터 물자공급을 받을 수 있어야 했다. 백제가 남중국의 동진과 교섭하기 위해서는 그에 앞서 한반도-중국대륙 연안항로의 중간 기착지에 해당하는 요녕遼寧-하북河北 일대의[26] 정치세력이나 국가와 먼저 교섭을 전개해야했던 것이다.

26 333년 6월 동진에 파견되었던 전연(前燕)의 장사 왕제(長史 王濟)는 334년 8월 동진의 조문사절과 함께 귀환했는데, 요동반도 서남단의 마석진(馬石津)에 상륙했다가 당시 모용황(慕容皝)에게 항거하며 요동지역을 장악하고 있던 모용인(慕容仁)에게 억류된 바 있다(『資治通鑑』 卷95 晉紀17 成帝 咸和 9年 8月). 이 사례는 한반도-중국 대륙의 연안항로에서 요동반도 일대가 중간 기착지(中間 寄着地)로 중요한 역할을 했을 가능성을 시사한다.

Ⅲ. 낙랑(樂浪)·대방계 유민(帶方系 遺民)을 통한 요령(遼寧)지역과의 교섭

서진西晉의 붕괴와 더불어 요령-하북 일대의 정세도 급변했다. 이 지역에서는 선비鮮卑와 갈족羯族이 크게 흥기했는데, 점차 선비 모용부의 전연前燕과 갈족의 후조後趙가 대립하는 형세를 이루다가, 352년에 전연이 화북 일대까지 석권하였다.[27] 본고와 관련하여 주목되는 점은 전연이 해로를 이용하여 동진에 자주 사신을 파견했고, 후조도 해로를 이용하여 전연을 공격하거나[28] 고구려와 함께 전연 협공을 도모했다는 점이다. 이 지역의 연안해로가 각국의 교섭이나 공방전에 주요 루트로 활용되었던 것이다.

백제도 해로를 통해 이 지역과 교섭했을 것으로 추정되는데,[29] 이와 관련하여 낙랑·대방계 유민의 동향이 주목된다. 많은 연구자들이 지적했듯이 낙랑·대방군 멸망 이후 많은 유민들이 백제 지역으로 남하한 것으로 추정된다. 그리고 이들이 백제의 대중교섭에 중요한 역할을 담당했고, 372년 동진에 대한 견사도 이를 바탕으로 가능했던 것으로 파악된다.[30] 실제 〈표 4〉에

27 여호규, 2000,「4세기 동아시아 국제질서와 고구려 대외정책의 변화」,『역사와 현실』36, 37-52쪽.

28 "趙橫海將軍王華帥舟師, 自海道襲燕安平, 破之."〈『資治通鑑』卷96 晉紀18 咸康 7年 10月條〉

29 종래『晉書』卷109 慕容皝載記에 기재된 345년 봉유(封裕) 시국책의 '백제'나『資治通鑑』晉紀19 永和 2年 春正月條의 '백제'를 바탕으로 백제가 4세기 전반에 해로를 통해 전연과 다양한 관계를 맺었다고 파악한 견해가 제기되기도 했다. 그렇지만 345년경 고구려인, 우문부인, 단부인 등과 함께 전연의 도성 주변에 강제 천사되었다는 봉유(封裕) 시국책의 '백제'는 '부여'의 오기로 추정된다. 또한 346년 이전에 부여의 중심부를 공격했다는『資治通鑑』晉紀19 永和 2年 春正月條의 '백제'는 '고구려'의 오기로 추정된다(여호규, 2015 앞의 글, 131-136쪽).

30 김기섭, 2000,『백제와 근초고왕』, 학연문화사, 98-100쪽; 강종원, 2002,『4세기 백제사연구』, 서

서 보듯이 5세기 중국왕조에 파견된 백제 사신은 왕족으로 추정되는 여례餘禮를 제외하면 거의 모두 중국계 성씨를 보유하고 있는데, 이 가운데 장張, 고高, 양楊, 회會, 진陳 등의 성씨가 낙랑 · 대방 지역의 문자자료에서 확인된다.[31]

그러므로 낙랑 · 대방계 유민이 백제지역으로 남하한 다음, 대중교섭에 중요한 역할을 담당했다는 견해는 대체로 타당하다고 생각된다. 다만 종전 견해에서는 낙랑 · 대방군의 멸망과 함께 낙랑 · 대방계 유민이 대거 남하했고, 이들이 곧바로 동진 등과 직접 교섭했다고 파악하는 경향이 강했다. 그렇지만 낙랑 · 대방계 유민이라고 누구나 대중교섭을 주도할 수 있는 것은 아니다. 전연의 사례에서 보았듯이 대중교섭을 주도하기 위해서는 원거리 항해술과 한반도-중국대륙의 연안항로에 대한 정보를 보유하고 있어야 한다.

그런데 313년 고구려가 낙랑군을 점령할 때 고구려와 대립관계에 있던 유력세력은 거의 대부분 선비 모용외에게 내투하였고,[32] 314년 대방군을 점령할 때는 재지세력이 거의 대부분 종전의 세력기반을 용인받고 계속 전축분을 조영한 것으로 파악된다.[33] 이렇게 본다면 낙랑 · 대방군 멸망 직후 낙랑 · 대방계 유민 가운데 유력세력의 남하는 매우 제한적으로 이루어졌다고 추정된다. 낙랑 · 대방군 멸망 직후 원거리 항해술과 연안항로에 대한 정보를 보유한 낙랑 · 대방계 유력세력이 백제지역으로 대거 남하했다고 보기는 힘든 것이다. 그러므로 백제가 4세기 초부터 낙랑 · 대방계 유민을 활용하여 동진 등 중국왕조와 활발하게 교섭했다고 단정하기는 쉽지 않다.

경, 88-93쪽; 강종훈, 2001, 「4세기 백제-왜 관계의 성립과 그 배경」, 『역사와 현실』 40, 6-7쪽; 권오영, 2003a, 앞의 글, 8-11쪽.

31 孔錫龜, 1998, 「平安 · 黃海道 지방출토 기년명전에 대한 연구」, 『震檀學報』 65, (1988, 『高句麗領域擴張史 硏究』, 서경문화사); 임기환, 1992, 「제3편 제1부 樂浪」, 『역주 한국고대금석문』 Ⅰ, 가락국사적개발연구원 참조.

32 "遼東張統據樂浪 · 帶方二郡, 與高句麗王乙弗利相攻, 連年不解. 樂浪王遵說統帥其民千餘家歸廆, 廆爲之置樂浪郡, 以統爲太守, 遵參軍事."〈『資治通鑑』 卷88 晉紀10 建興元年 4月條〉

33 오영찬, 2006, 『낙랑군연구』, 사계절, 226-239쪽.

표 4 5세기 중국왕조에 파견된 백제 사신 현황

연도	파견국	외교 직책	백제 관작	인명	교섭 내용	전거
424	송	長史		張威	詣闕貢獻	『宋書』 백제국전
450	송	私假臺使	西河太守	馮野夫	表求易林 · 式占 · 腰弩	『宋書』 백제국전
465 ～ 471	송	長史	行 建威將軍 廣陽太守	高達	관작요청 (?)	『南齊書』 백제전
		司馬	行 建威將軍 朝鮮太守	楊茂		
		參軍	行 宜威將軍	會邁		
472	북위	長史	私署 冠軍將軍 駙馬都尉 弗斯侯	餘禮	고구려 정벌 요청	『魏書』 백제국전
		司馬	私署 龍驤將軍 帶方太守	張茂		
490	남제	長史	假行 龍驤將軍 帶方太守	高達	관작 요청	『南齊書』 백제전
		司馬	假行 建威將軍 廣陵太守	楊茂		
		參軍	假行 廣武將軍 淸河太守	會邁		
495	남제	長史	行 龍驤將軍 樂浪太守	慕遺	대고구려전 전승 보고, 관작 요청	『南齊書』 백제전
		司馬	行 建威將軍 城陽太守	王茂		
		參軍	行 振武將軍 朝鮮太守	張塞		
			行 揚武將軍	陳明		

이러한 점에서 전연 모용외에게 귀부한 낙랑 · 대방계 유민의 동향이 주목된다. 모용외는 장통張統 등의 귀부를 받은 다음, 교군僑郡인 낙랑군樂浪郡을 설치하고 장통을 태수, 왕준王遵을 참군사參軍事로 삼았다. 이는 교군민僑郡民과 출신 지역이 다른 인물을 교군의 지방관에 임명하던 전연의 중국계 유민 정책과[34] 차이가 난다. 이는 전연이 낙랑 · 대방군의 특수한 성격을 인정했을 가능성을 시사한다. 전연은 장통 이후에는[35] 낙랑태수에도 다른 지역 출신 인물을 임명한 것으로 확인된다. 이중 325년 이후 낙랑태수를 역임한 사주司

34 關尾史郎, 1981, 「前燕政權(337-370년)成立の前提」, 『歷史學研究』488; 仇鹿鳴, 2007-4, 「僑郡改置與前燕政權中的胡漢關係」, 『中國歷史地理論壇』, 97쪽.

35 장통(張統)은 319년 장군의 직책을 갖고 고구려와의 전투에 투입되었는데(『資治通鑑』 卷91 晉紀13 元帝 太興 2年(319년) 12月), 이때 낙랑태수에서 퇴임하였는지는 확인되지 않는다.

州 하동河東 출신의 배억裵嶷은[36] 본래 창려태수를 역임했고, 319년에는 동진에 사신으로 파견되었던 인물이다.

또한 338년 이전 낙랑태수를 역임한 청주青州 동래東萊 출신의 국팽鞠彭은[37] 산동반도山東半島의 동래태수東萊太守를 역임했고, 향리鄕里의 천여 가를 거느리고 해로를 통해 요동지역으로 이주했던 인물이다.[38] 장통 이후 낙랑태수를 역임한 인물이 모두 해로에 밝고 원거리 항해 경험이 있는 한족漢族 사인士人인데, 이를 우연의 일치라고만 보기는 어렵다. 다소 무리한 추정일 수 있지만 낙랑 · 대방계 유민이 전연에 귀부한 이후 해로와 관련한 교역 등에 많이 종사했기 때문에, 이를 지원하고 또 통제하기 위해 해로에 밝고 원거리 항해 경험이 있는 인물을 낙랑태수에 임명했다고 파악된다.[39]

그러므로 전연에 귀부한 낙랑 · 대방계 유민들이 전연의 지원과 통제 아래 연안항로를 이용한 교역 등에 종사했을 가능성을 상정할 수 있다. 그리고 전연이 멸망할 때까지 한반도-중국대륙 연안항로의 중간 기착지인 요동반도 일대를 장악한 사실을 감안하면, 이들이 낙랑 · 대방계 유민의 연계망을 활용하여 서북한이나 한반도 중부지역과도 교역했을 가능성이 높다.[40] 백제가 낙랑 · 대방군 멸망 직후 대중교섭을 진행했다면, 주로 전연에 귀부한 낙랑 · 대방계 유민을 매개로 이루어졌을 가능성이 높은 것이다.

---

36 "出爲遼東相, 轉樂浪太守."〈『晉書』 卷108 慕容廆載記 裴嶷傳〉

37 "樂浪太守鞠彭以境內皆叛, 選鄕里壯士二百餘人共還棘城."〈『資治通鑑』 卷96 晉紀18 成帝 咸康 4年(338년) 5月條〉

38 "初, 鞠羨既死, 苟晞複以羨子彭爲東萊太守. (중략) 彭歎曰 : '今天下大亂, 強者爲雄. 曹亦鄕里, 爲天所相, 苟可依憑, 即爲民主, 何必與之力爭, 使百姓肝腦塗地! 吾去此, 則禍自息矣.' 郡人以爲不可, 爭獻拒嶷之策, 彭一無所用, 與鄕里千餘家浮海歸崔毖. (중략) 比至遼東, 毖已敗, 乃歸慕容廆."〈『資治通鑑』 卷91 晉紀13 太興 2年(319년) 12月條〉

39 일찍이 모용외(慕容廆)의 핵심 참모인 배억(裴嶷)이 낙랑태수에 임명된 것을 두고 낙랑군이 전연 정권의 핵심적인 군의 하나였을 가능성이 제기된 바 있고(千寬宇, 1977, 「灤河 하류의 朝鮮」, 『사총』 21 · 22), 후연의 낙랑왕 작호 및 북연(北燕)의 낙랑공주 등을 바탕으로 낙랑군이 후연이나 북연(北燕)대까지도 대군(大郡)으로 존재했을 가능성이 제기되었다(이성규, 2005, 「4세기 이후의 낙랑교군과 낙랑유민」, 『동아시아 역사 속의 중국과 한국』, 서해문집, 205-207쪽).

40 김기섭, 2000, 앞의 책, 209-211쪽.

결국 문헌사료에서는 확인되지 않지만, 백제가 4세기 전반에는 주로 전연으로 귀부한 낙랑·대방계 유민을 매개로 대중교섭 특히 요녕지역과의 교섭을 진행했을 가능성이 높다. 그러므로 이 과정에서 요녕 지역에 자리잡고 있던 모용慕容 선비鮮卑계통의 문화도 유입되었을 것이다. 일찍부터 여러 논자가 지적했듯이 한반도 중서부에서 널리 확인되는 4세기 전반으로 편년되는 선비 계통의 마구류는 이러한 교섭 양상을 잘 반영한다.[41] 다만 4세기 초부터 백제가 낙랑·대방계 유민을 매개로 한 전연과의 교섭을 독점했는지, 아니면 다른 정치세력과 공유했는지에 대해서는 명확하게 단언하기 어렵다.

이는 백제의 국가체제 확립 시점과 관련하여 중요한 쟁점 사항인데,[42] 향후 고고자료의 축적과 그에 대한 면밀한 분석을 기다릴 필요가 있다. 이와 관련하여 풍납토성에서 출토된 4구획 전문와당錢文瓦當과 유사한 와당이[43] 최근 업북성鄴北城에서도 확인되고 있어 주목된다. 업북성에서 출토된 4구획 와당은 5호 16국시기 전연의 것으로 추정된다.[44] 양자는 당심(중방)과 문양의 배치양상은 조금 다르지만, 와당면을 4분할한 다음 다시 'V'자선 모양으로 분할하고 원형문을 배치한 점은 동일하다. 특히 말단의 원형문 안에 '+'자를 배치한 점은 거의 동일하다.[45]

아직 관련 자료가 충분히 축적되지 않았고, 제작기법이나 편년에 대한 비

41 박순발, 1999, 앞의 글, 37-38쪽; 성정용, 2000, 「중서부 마한지역의 백제영역화 과정 연구」, 서울대 박사학위논문, 107-123쪽.

42 이에 대한 최신 연구동향은 이현혜, 2014, 앞의 글을 비롯하여 『백제의 왕권은 어떻게 강화되었나』(백제학연구총서 쟁점백제사 4)에 게재된 논문과 토론 녹취록에 잘 정리되어 있다.

43 한성시기 백제 와당에 대해서는 권오영, 2003, 「한성기 백제 기와의 제작전통과 발전의 획기」, 『백제연구』 38; 정치영, 2009, 「백제 한성기 와당의 형성과 계보」, 『한국상고사학보』 64 참조.

44 山崎信二, 2011, 「第4章 魏·十六國·北朝の瓦生産」, 『古代造瓦史-東アジアと日本』, 雄山閣, 53-55쪽. 한편 후조로 편년하기도 한다(조윤재, 2015, 앞의 글, 184-187쪽).

45 山崎信二, 2011, 「第7章 百濟の瓦生産」, 위의 책, 83-90쪽; 이병호, 2014, 『백제 불교 사원의 성립과 전개』, 사회평론, 47쪽의 각주 59. 풍납토성 출토 4구획 전문와당과 업북성 출토 와당의 관련성에 대해서는 2014년 7월 업성박물관(鄴城博物館)을 관람하던 중 충남대 박순발 교수로부터 처음 전해 들었고, 그와 관련한 연구자료는 국립중앙박물관의 이병호 박사로부터 제공받았다. 귀중한 정보와 자료를 제공해주신 두 분 선생님께 감사드린다.

교 연구도 정치하게 이루어지지 않았으므로 양자의 직접적인 연관성을 상정하기는 다소 이르다. 다만 풍납토성에서 출토된 4구획 전문와당이 업북성 출토 4분할 와당의 직간접적인 영향을 받아 제작되었을 가능성은 매우 높다. 이는 백제가 낙랑 · 대방계 유민을 매개로 전연과 교섭을 전개하면서 점차 최상층 문화까지 수용하는 단계에 이르렀을 가능성을 시사한다. 적어도 이 단계가 되면 백제가 낙랑 · 대방계 유민을 매개로 한 전연과의 교섭을 독점적으로 수행하거나 여러 집단의 교역을 강력하게 통제했을 가능성이 높다.

이러한 점에서 낙랑 · 대방계 유민이 355년을 전후하여 대거 백제지역으로 유입되었을 것이라는 최근 연구가 주목되는데,[46] 이 지역에 대한 고구려의 지배양상을 고려하면 가능성이 상당히 높다고 생각된다. 고구려는 낙랑 · 대방군을 점령한 직후에는 기존의 군치郡治를 재활용하고 재지세력의 기반을 용인하는 등 최소한의 국력만 투입하여 이 지역을 경영한 것으로 파악된다. 그러다가 330년대 중반부터 대동강 북안에 평양성을 축조하여 새로운 지배거점을 구축하는 한편, 340년대에는 중국계 망명인을 대거 이주시켜 재지의 지배질서를 재편하면서 통치력을 강화했다. 특히 고구려는 355년 전연과 조공 · 책봉관계를 체결한 다음, 요동진출을 잠시 유보한 채 남진정책을 적극적으로 추진했다.

이 과정에서 낙랑 · 대방지역에 대한 통치력을 강화하기 위해 다양한 조치를 취했던 것으로 보인다. 낙랑 · 대방군 멸망 이후에도 계속 축조되던 대방지역의 전축분이 352년을 전후하여 점차 소멸하기 시작한 것은 이를 잘 보여준다. 이는 고구려가 남진정책을 추진하기 위해 그 전진기지인 낙랑 · 대방지역에 대한 통치력을 강화한 것과 깊이 연관된다. 이에 따라 대방지역의 재

46 송지연, 2004, 「대방군의 성쇠에 대한 연구」, 『사학연구』 74; 윤용구, 2007, 「중국계 관료와 그 활동」, 『백제의 대외교섭』, 충청남도 역사문화연구원; 정재윤, 2012, 「중국계 백제관료에 대한 고찰」, 『사총』 77.

지세력은 고구려의 남진정책에 적극 협조하거나 아니면 이탈할 수밖에 없었을 것이다.[47] 낙랑 · 대방계 유민 특히 대방지역의 유민이 대거 백제지역으로 남하한 것은 바로 이 무렵으로 추정된다.[48]

① 延曆4년(785년) 6월, (癸酉) 右衛士督從三位兼下總守 坂上大忌寸 獲田麻呂等, 上表言, "臣等, 本是後漢靈帝之曾孫阿智王之後也. 漢祚遷魏, 阿智王因神牛敎, 出行帶方. 忽得寶帶瑞, 其像似宮城. 爰建國邑, 育其人庶. 後召父兄告曰, 吾聞, 東國有聖主, 何不歸從乎. 若久居此處, 恐取覆滅. 卽携母弟迂興德, 及七姓民, 歸化來朝. 是則譽田天皇治天下之御世也. 於是, 阿智王奏請曰, 臣舊居在於帶方, 人民男女皆有才藝. 近者寓於百濟 · 高麗之間, 心懷猶豫, 未知去就. 伏願, 天恩遣使追召之. 乃勅遣臣八腹氏, 分頭發遣. 其人民男女, 擧落隨使盡來, 永爲公民. 積年累代, 以至于今.

〈『續日本紀』 卷38 延曆4年 6月條〉

상기 기사는 대방지역 유민의 향배를 잘 보여준다. 이에 따르면 대방지역 유민은 '칠성민七姓民'이라는 혈연집단 또는 '락落'이라는 지연집단을 단위로 이주했는데, 이는 당시 중국대륙의 유민流民이 '종족宗族'과 '향리鄕里'의 결속을 유지하면서 주변 지역으로 이주하던 양상[49] 과 유사하다. 그런데 상기 기사에 따르면 대방계 유민은 고구려와 백제 사이에 살면서 거취를 정하지 못하고 있다가 왜로 이주했다고 한다. 이는 대방계 유민이 왜로 이주한 직접적 계기가 이 지역을 둘러싼 고구려와 백제의 대결이었음을 반영한다.

---

47 여호규, 2009, 「4세기 고구려의 낙랑 · 대방 경영과 중국계 망명인의 정체성 인식」, 『한국고대사연구』 53, 참조.

48 송지연, 2004, 앞의 글, 18-22쪽.

49 關尾史郎, 1981, 앞의 글, 15-16쪽.

따라서 대방계 유민이 백제로 대거 남하한 것도 이 지역을 둘러싼 고구려와 백제의 각축전이 심화되는 355년 전후라고 볼 수 있다.[50] 백제사의 입장에서 본다면 근초고왕대 전반에 대방계 유민이 대거 백제로 유입했다고 볼 수 있는 것이다.[51] 이에 따라 원거리 항해술과 한반도-중국대륙의 연안항로에 대한 정보를 보유한 낙랑 · 대방지역의 유력세력도 다수 귀부했을 것으로 추정된다. 백제가 근초고왕대 전반에 원거리 항해를 통해 동진과 직접 교섭할 수 있는 토대를 점차 마련했던 것이다.

50 윤용구, 2007, 앞의 글, 258-263쪽.
51 정재윤, 2012, 앞의 글, 5-12쪽.

Ⅳ. 372년 동진(東晉)과의 교섭 배경과 그 성격

고구려와 백제의 각축전은 369년 9월 고구려가 멸악산맥을 넘어 예성강 유역을 선공先攻하는 형태로 시작되었다. 그렇지만 백제가 예성강 하류의 치양雉壤에서 고구려군을 격파하고, 상류의 수곡성水谷城까지 추격했다. 2년 뒤인 371년 10월에는 백제가 평양성까지 진공하여 고국원왕을 전사시키는 대승을 거두었다.[52] 이로써 양국의 첫 번째 각축전은 백제의 승리로 귀결되었는데, 백제는 그 여세를 몰아 372년 1월 동진에 사신을 파견했다.

②-㉠ (372년) 春正月 辛丑, 百濟 · 林邑王各遣使貢方物.

〈『晉書』 卷9 簡文帝紀9 咸安2年〉[53]

②-㉡ (372년) 六月, 遣使拜百濟王餘句為鎮東將軍 · 領樂浪太守.

〈『晉書』 卷9 簡文帝紀9 咸安2年〉

②-㉢ (373년) 春二月, 遣使入晉朝貢.

〈『三國史記』 卷24 近肖古王 28年〉

52 『三國史記』 卷18 故國原王 39年 및 41年條; 卷24 近肖古王 24年 및 26年條; 卷24 近仇首王 卽位年條 등 참조.

53 『三國史記』 卷24 近肖古王 27年 正月條에 "遣使入晉朝貢"라는 기사가 나옴.

②-㉣ (379년) 春三月, 遣使朝晉, 其使海上遇惡風, 不達而還.

〈『三國史記』 卷24 近仇首王 5年〉

②-㉤ (384년) 秋七月 己酉, 百濟遣使來貢方物.

〈『晉書』 卷9 孝武帝9 太元九年〉[54]

②-㉥ (384년) 九月, 胡僧摩羅難陁自晉至, 王迎之, 致宮內禮敬焉, 佛法始於比 〈『三國史記』 卷24 枕流王 元年〉

②-㉦ (386년) 夏四月, 以百濟王世子餘暉為使持節 · 都督 · 鎮東將軍 · 百濟王. 〈『晉書』 卷9 孝武帝9 太元十一年〉

②-㉧ (406년) 二月, 遣使入晉朝貢. 〈『三國史記』 卷25 腆支王 2년〉

②-㉨ (416년) 以百濟王餘映爲使持節 · 都督百濟諸軍事 · 鎮東將軍 百濟王

〈『宋書』 卷97 百濟傳 義熙12年〉[55]

사료 ②는 372년 이래 백제와 동진의 교섭 기사를 정리한 것인데, 백제가 동진에 견사遣使한 기사와 동진이 백제왕을 책봉冊封한 기사로 대별할 수 있다. 이에 따르면 백제는 372년에서 406년까지 34년간 모두 5차례 동진에 사신을 파견했는데, 379년에는 악풍惡風을 만나 동진까지 가지 못했다. 또한 동진은 백제왕을 모두 3차례 책봉했으며, 372년에는 사신을 파견하여 직접 근

54 『三國史記』 卷24 枕流王 元年 7月條에 "遣使入晉朝貢"라는 기사가 나옴.
55 『三國史記』 卷25 腆支王 12年條에 "東晉安帝遣使, 冊命王, 爲使持節 · 都督百濟諸軍事 · 鎮東將軍 · 百濟王"라는 기사가 나옴.

초고왕을 책봉했다. 동진과의 교섭이 확인되지 않는 372년 이전과 비교한다면, 양국의 공식적인 외교교섭이 매우 활발하게 전개되었던 것이다.

사료 ②-㉠·㉡에 따르면 백제는 372년 1월 동진에 사신을 파견하여 방물方物을 공헌했고, 이에 동진이 372년 6월 사신을 파견하여 근초고왕(여구餘句)을 '진동장군鎭東將軍·령낙랑태수領樂浪太守'에 책봉했다고 한다. 372년 1월 기사에는 백제와 함께 임읍林邑의 견사도 기록된 것으로 보아, 백제 사신이 동진에 도착한 시점을 나타낸 것으로 파악된다. 그러므로 전연에서 동진까지 가는데 3개월 정도 소요된 사실을 고려하면, 백제가 371년 10월 평양성 전투 직후 곧바로 동진에 사신을 파견했다고 파악된다.[56] 371년 백제의 견사는 고구려에 대한 전승을 알리는 것이 가장 주요한 목적이었던 것이다.

종래 372년 동진과의 교섭기사는 많은 연구자의 관심을 받았다. 특히 근초고왕의 책봉호에 대해 다양한 검토가 이루어졌는데, 일찍이 "이 책봉호는 백제의 요청에 기초하여 부여된 것인데, 평양 부근까지 영유한 상황을 동진으로부터 인정받고, 고구려에 대한 억지력을 얻기 위해 중국세력을 이용한 것으로 볼 수 있다"는 견해가 제기되었다. 상기 책봉이 백제의 요구에 따라 이루어졌다는 것이다.[57]

이 견해가 제기된 이후에도 백제의 주도적 역할이 강조되는 가운데, 상기 책봉호는 마한 방면으로의 영역 확장, 가야나 왜와의 교섭, 대방고지로의 진출 등 백제의 국가적 성장을 상징하며,[58] 백제에서 가야-왜로 이어지는 교역

56 李磊, 2014-2, 「百濟的天下意識與東晋南朝的天下秩序」, 『華東師範大學學報(哲學社會科學版)』, 64-65쪽.

57 江畑武, 1968, 「四-六世紀の朝鮮三國と日本」, 『朝鮮史研究會論文集』5, 29-30쪽.

58 서영수, 1981, 「삼국과 남북조 교섭의 성격」, 『동양학』1, 163쪽; 유원재, 1994, 「진서의 마한과 백제」, 『한국상고사학보』17, 153-159쪽; 김기섭, 2000, 앞의 책, 211-214쪽; 권오영, 2001, 앞의 글, 51-54쪽; 김수태, 2001, 앞의 글, 32-34쪽; 강종원, 2002, 앞의 책, 268-273쪽; 임기환, 2004, 앞의 글, 102-104쪽.

망을 백제 중심으로 복원한 결과라는[59] 견해가 주류를 이루게 되었다. 특히 '령낙랑태수領樂浪太守' 호號에 대해 대부분의 논자들이 동진이 백제의 낙랑지역 점령을 인정한다는 뜻에서 수여했다고 파악하는 가운데,[60] 한반도를 대표하는 세력으로 인정받았다고 이해하기도 했다.[61]

이와 더불어 '령낙랑태수'호에 대해 백제가 낙랑지역 점령을 인정받고 낙랑 유민을 회유할 필요성 때문에 동진에 요청했고,[62] 고구려 고국원왕이 전연으로부터 받은 '낙랑공'호를 의식하여 의도적으로 동진으로부터 얻어냈다고[63] 파악하기도 했다. 그러면서 고구려가 일찍부터 동진과 교섭했지만 책봉호를 받지 못한 것은 북중국과의 교류에 신경을 써야하는 고구려의 내부 사정 때문이라고 보기도 했다.[64]

대체로 상기 책봉호를 백제의 입장에서만 이해하고, 정작 책봉호의 수여 주체인 동진의 상황이나 인식은 거의 고려하지 않았던 것이다. 물론 372년 근초고왕의 책봉호가 백제의 국가적 성장을 반영하며, 이를 국제적으로 인정받는 측면이 강하다는 데는 필자도 동의한다. 또한 4세기 전반에 전연이 동진에 '연왕燕王' 책봉호를 여러 차례 요청한 것이나, 5세기에 왜왕이 송에 특정한 책봉호를 요청한 사실을 상기하면, '령낙랑태수'를 비롯한 상기 책봉호도 백제의 요청에 의해 수여되었을 가능성도 없지 않다.

그렇지만 책봉호는 이를 수여받는 피책봉국의 입장도 중요하지만, 기본적으로 책봉국의 대외인식과 외교정책에 입각하여 수여되었다고 보는 것이 타당하다. 설령 피책봉국의 요청을 받아들이는 형태로 책봉호를 수여했다 하더라도, 이는 책봉국의 대외인식이나 외교정책에 부합하거나 적어도 그에

59 강종훈, 2001, 앞의 글, 6-7쪽; 임기환, 2004, 앞의 글, 107-110쪽.
60 노중국, 2012, 앞의 책, 151쪽.
61 정재윤, 2012, 앞의 글, 12-18쪽.
62 김기섭, 2000, 앞의 책, 211-214쪽.
63 강종원, 2002, 앞의 책, 268-273쪽; 송지연, 2004, 앞의 글, 21쪽 각주 50.
64 정재윤, 2008, 「5-6세기 백제의 南朝 중심 외교정책과 그 의미」, 『백제문화』 41, 177-178쪽.

위배되지 않았기 때문에 받아들여졌다고 보아야 한다. 372년 근초고왕의 책봉호도 예외는 아니었을 것이다.

이와 관련하여 372년 이전에는 동진이 서진의 판도 외부에 존재하는 국가나 족속에게 책봉호를 수여한 적이 없다는 사실에 주목할 필요가 있다. 372년 근초고왕의 책봉호는 동진이 서진의 판도 바깥에 존재하는 주변국을 책봉한 첫 번째 사례에 해당하는 것이다. 이는 근초고왕에 대한 책봉을 전후하여 동진의 대외인식이나 외교정책에 커다란 변화가 일어났을 가능성을 시사한다. 다만 이 분야 전공자가 아닌 필자로서는 깊이 있는 분석을 하기는 힘들고, 몇 가지 현상적인 측면만 지적하고자 한다.

먼저 〈표 1〉에서 보듯이 동진은 서진의 판도 내부에서 흥기한 국가나 정치세력에게 4세기 전반부터 '지절호持節號, 도독제군사호都督諸軍事號, 장군호將軍號, 지방관명地方官名, 작호爵號' 등으로 구성된 책봉호를 수여했다. 여기에 상황에 따라 호강교위護羌校尉 · 평강교위平羌校尉 등의 이민족통제관異民族統制官, 본국왕호本國王號의 일종인 대선우大單于 등을 부가했다. 이것과 비교하면 372년 근초고왕의 책봉호는 장군호와 지방관명만으로 구성된 매우 간략한 형태이다. 지절호와 도독제군사호가 없을 뿐 아니라, 355년 전연이 수여한 고구려 고국원왕의 책봉호와[65] 비교하면 작호와 본국왕호가 없다는 점도 특징적이다. 특히 5호 16국이나 남북조 왕조가 주변국의 본국왕호本國王號를 거의 그대로 승인한 사실을 고려하면,[66] 본국왕호인 '백제왕'이 빠진 점이 주목된다.

그런데 동진은 서진의 판도 내부에서 흥기한 국가나 정치세력에게도 '왕호王號'를 수여하는 것은 대단히 꺼렸다. 가령 전연前燕 모용외가 331년 사신을 파견하여 '연왕燕王'에 책봉해줄 것을 요청했지만, 동진 조정이 2년 가까이

65 355년 고국원왕은 전연으로부터 '營州諸軍事 · 征東大將軍 · 營州刺史 · 樂浪公 · 高句麗王'이라는 책봉호를 수여받았다(『晉書』卷110 慕容儁載記; 『十六國春秋輯補』 卷26 前燕錄4 元璽 4年).

66 남북조시기 책봉호 현황은 김종완, 1995,『중국 남북조사 연구』, 일조각, 128-136쪽 도표 참조.

결정을 유보하는 사이 333년에 모용외는 사망했다.[67] 또한 모용외를 이은 모용황이 337년 '연왕'을 자칭했지만, 동진은 이를 인정하지 않고 338년 종전의 '요동공遼東公'를 계속 유지했다〈표 1〉.

이에 모용황이 339년 유상劉翔을 파견하여 후조에 대한 전승을 헌첩獻捷하며 왕호 승인을 요청하자, 동진 조정에서는 '한 · 위漢 · 魏 이래 이성異姓을 봉封하여 왕으로 삼지 않았다면서 허가할 수 없다'는 의론議論이 대세를 이루었다.[68] 유상劉翔이 건강建康에 1년 이상 머물렀으나 동진 조정의 중론衆論이 모아지지 않았다. 이에 전연이 중상시中常侍 욱홍彧弘이나 유빙劉氷 등을 개별적으로 설득하여 341년 2월에 겨우 '대장군大將軍 · 연왕燕王'이라는 책봉호를 수여받을 수 있었다.[69] 결국 모용황의 '연왕'이라는 책봉호는 동진이 자발적으로 수여한 것이 아니며, 동진 조정의 중론衆論은 이성異姓에게는 왕호를 수여할 수 없다는 것이라 할 수 있다.

이는 전조前趙가 319년에 후조의 석륵을 '조왕趙王'에 책봉[70]하고, 323 -324년에 전량前涼의 장무張茂나 장준張駿을 '량왕涼王'에 책봉한[71] 사례와 뚜렷이 대비된다. 특히 전량의 장중화張重華가 346년 '가량왕假涼王'을 자칭했음에도 불구하고 동진이 이를 승인하지 않자, 351년 동진의 책봉사冊封使 유귀俞歸에게 선비족 출신인 모용황에게만 왕호를 수여한 이유가 무엇이냐고 강력하게 반발했다. 이에 유귀는 "이성異姓은 왕을 칭할 수 없고 구주九州 안에서 작호는 공작公爵을 뛰어넘을 수 없다면서, 선비 모용황의 사례는 융적戎狄이므로

67 『晉書』 卷108 慕容廆載記

68 "二月, 劉翔至建康, 帝引見, 問慕容鎮軍平安. 對曰 "臣受遣之日, 朝服拜章." 翔爲燕王就求大將軍 · 燕五章璽. 朝議以爲, "故事, 大將軍不處邊, 漢 · 魏以來, 不封異姓爲王. 所求不可許."〈『資治通鑑』 卷95 晉紀17 咸康 7年〉

69 堀敏一, 2006, 「江南王朝との東アジア諸國 · 諸民族」, 『東アジア世界の形成』, 汲古書院, 230쪽; 崔明德 · 庄金秋, 2010-9, 「略論慕容鮮卑與兩晋的關係」, 『西南民族大學學報(人文社會科學版)』, 50-51쪽.

70 『資治通鑑』 卷91 晉紀13 太興 2年 2月條.

71 『資治通鑑』 卷92 晉紀14 太元 元年 8月條; 『晉書』 卷86 張駿傳

비교 대상이 아니다"고 답변했다.[72]

이로 보아 동진 조정에서는 황실皇室 구성원이 아니면 한인漢人이든 이적夷狄이든 왕호를 책봉할 수 없다는 의론議論이 대세를 이루었다고 파악된다. 특히 유귀兪歸의 언설을 빌리면, 전연 모용황에게 '연왕燕王' 호號를 내린 것은 이적夷狄 출신으로 구주九州의 왕제王制 적용 대상에서 제외되었기 때문이라고 한다. 전연 모용황에게 왕호를 내린 것은 이적 출신이기 때문에 왕제의 제약을 받지 않는 예외적 사례에 불과하다는 것이다. 4세기 초 · 중반 동진이 주변국이나 정치세력에 대한 책봉호 수여를 상당히 폐쇄적으로 운영하고 있었던 것이다.

이러한 폐쇄적인 책봉호 운영은 서진의 붕괴 이후 5호 제국이 북중국 대륙을 장악한 상황에서 동진만이 유일한 정통왕조라는 보수적인 정통관에서 기인한 것으로 보인다. 가령 333년 후조가 동진에 사신을 파견하여 수호修好를 제안했지만, 동진은 후조의 사절을 받아들이지 않고 폐백을 모두 불태웠다.[73] 동진이 구적寇賊과는 왕래할 수 없다는 단호한 의지를 표출한 것인데,[74] 중원中原 군신君臣의 명분을 버리고 중토中土를 절도한 이적夷狄과는 인국隣國 관계를 맺을 수는 없다는 인식의 발로라 할 수 있다.[75]

동진이 370년경까지 고구려를 비롯한 주변국에게 책봉호를 수여하지 않은 것도 이와 연관하여 해석할 수 있다. 비록 종전 서진의 판도 외부에 존재하는 주변국이라 하더라도 이들에게 본국왕호本國王號 등을 수여하면, 북중국 곳곳에 웅거한 5호 제국의 존재도 인정해야하는 모순이 발생할 수 있기 때문이다. 이에 동진은 〈표 1〉에서 보듯이 주로 서진대부터 신속했던 서진 판도

72 『晉書』 卷86 張重華傳; 堀敏一, 2006, 앞의 책, 232쪽

73 "趙主勒遣使來修好, 詔焚其幣."〈『資治通鑑』 卷95 晉紀17 咸和 8년 正月條〉

74 堀敏一, 2006, 앞의 책, 231쪽.

75 馮世明, 2009, 「正統觀視覺下的十六國與東晋政權的關係」, 『晋中學院學報』 26-5, 84-87쪽.

내부의 국가나 정치세력에게 책봉호를 수여했고,[76] 후조처럼 천왕天王이나 황제를 자칭한 국가와는 공식적인 외교교섭조차 갖지 않았다.

이러한 제반 측면을 고려하면, 372년 근초고왕에 대한 책봉은 동진의 대외인식이나 외교정책과 관련한 중요한 변화라고 볼 수 있다. 즉 372년을 전후하여 동진의 대외인식이나 외교정책이 변화하지 않았다면, 백제가 아무리 국가적 성장을 이룩하고 낙랑 · 대방지역을 장악했다 하더라도 책봉호를 수여받지 못했을 가능성이 높은 것이다. 그렇다면 과연 이 무렵 동진의 대외인식이나 대외정책은 어떠한 양상으로 변모했던 것일까?

이와 관련하여 먼저 중국대륙의 정세 변화부터 살펴볼 필요가 있다. 370년을 전후하여 북중국 대륙에는 전진前秦, 전연前燕, 전구지前仇池, 전량前涼 등이 병존하고 있었다. 그런데 전진이 370년 11월 전연을 멸망시키고 북중국 대륙의 중심부를 통합했다. 전진은 이 여세를 몰아 371년 4월에는 전구지를 멸망시켰는데, 이 무렵 전량의 장천석張天錫도 전진에 칭번했다.[77] 370년대에 접어들면서 전진이 빠른 속도로 북중국 대륙을 통일해 나간 것이다.[78]

더욱이 전연의 실권자였던 모용평慕容評이 전진 추격을 받아 용성龍城을 거쳐 고구려까지 망명하자, 고구려는 그를 붙잡아 전진에 송환했다.[79] 이로써 전진은 요동 일대로 도망친 전연의 세력을 비교적 손쉽게 평정하고,[80] 전연의 책봉을 받았던 고구려와도 우호관계를 맺을 수 있었다. 그 뒤 고구려와 전진은 별다른 무력 충돌 없이 383년 비수淝水의 전투로 전진이 붕괴할 때까

76 三崎良章, 2006, 앞의 책; 庄金秋, 2011, 앞의 논문 참조.

77 전진(前秦)은 376년 8월에 전량(前涼)마저 멸망시키고 북중국 대륙을 통일했다.

78 三崎良章, 2006, 앞의 책; 庄金秋, 2011, 앞의 논문 참조.

79 『資治通鑑』 卷102 晉紀24 太和 5年 11月條.

80 전진(前秦)이 요동에서 마지막까지 항거하던 전연의 모용환(慕容桓)을 주살한 시점에 대해서는 370년 11월(『資治通鑑』 卷102 太和 5年 11月條)과 372년 2월(『晉書』 卷9 簡文帝紀9 咸安 2年 2月條)로 다소 상반되는 기사가 전하는데, 본고에서는 동진이 근초고왕을 책봉하기 이전에 요동의 전연세력을 완전히 소탕한 사실에 주목하고자 한다.

지 화친관계를 유지했다.[81]

백제 근초고왕이 동진에 사신을 파견한 372년 1월경, 북중국 대륙은 급속하게 전진의 천하로 변모했고, 동방지역에도 전진의 영향력이 강하게 작용했던 것이다. 동진의 입장에서는 자국에만 칭신하거나 칭번하는 국가나 정치세력이 전무한 위기 상황을 맞았던 것이다. 이러한 상황에서 동진이 서진의 판도 외부에 존재하는 국가나 족속에게 책봉호를 수여하지 않는 종전의 외교정책을 계속 유지하기는 힘들었을 것이다.

특히 백제는 평양성 전투 직후 곧바로 동진에 사신을 파견하여 고구려에 대한 전승을 알렸다. 비록 간접적이지만 전진과 우호관계를 맺은 고구려를 격파했다는 백제의 승전보는 위기상황에 몰린 동진에게 매우 반가운 소식이었을 것이다. 결국 동진이 백제 근초고왕을 책봉한 데는 전진의 북중국 통일에 따른 국제정세 변화가 중요한 요인의 하나로 작용했다고 볼 수 있다.[82] 다만 당시 동진이 주변국에 대한 책봉호 수여를 매우 폐쇄적으로 운영한 사실을 상기하면, 국제정세 변화만으로 근초고왕에 대한 책봉을 설명하기는 충분하지 않다. 동진의 대외인식에도 변화가 일어나야 가능한 것이다.

이와 관련하여 이 무렵 동진의 내부정세 변화가 주목된다. 당시 동진의 최대 문벌 세력은 환온桓溫이었는데, 354년 중앙정권의 핵심이었던 은호殷浩를 제거한 다음 북벌北伐을 주도했다. 다만 환온은 354년과 356년에 1차와 2차 북벌을 잇따라 승리로 이끌면서 성망을 제고했지만, 조정의 중추권력을 확고하게 장악하지는 못했다. 이에 환온은 조정의 중앙권력을 점진적으로 장악하며, 도성 방위의 핵심인 서주徐州-예주豫州에 대한 영향력을 확대했지만, 3차 북벌을 추진하던 369년까지도 서주-예주의 관군을 완전히 장악하지 못했다.

---

81 여호규, 2000, 앞의 글, 62-63쪽.

82 당시 국제정세 전체를 조망한 것은 아니지만, 전연의 패망 및 고구려 · 전진의 우호관계에 자극을 받아 동진과 백제가 외교관계를 맺었다는 견해가 제기된 바 있다(권오영, 2001 앞의 글, 51-54쪽; 임기환, 2004 앞의 글, 102-104쪽; 이병호, 2014, 앞의 책, 32-33쪽).

환온은 방두枋頭에서 369년 3차 북벌에서 패배함에 따라 성망이 크게 훼손되었지만, 오히려 이때 서주-예주의 군사력을 장악하고 도성으로 진입하여 조정을 장악했다. 다만 북벌의 실패로 성망이 훼손되었기 때문에 조정 장악력은 불안정했고, 왕씨王氏와 사씨謝氏 등 고문대족高門大族은 정치투쟁까지 전개했다. 이에 환온은 371년 11월 폐제廢帝(해서공海西公)를 폐위시키고, 간문제簡文帝(사마욱司馬昱)를 옹립했다. 환온桓溫 정권政權이 성립한 것인데, 372년 7월 간문제가 사망했을 때 선위禪位를 희구希求할 정도였다고 한다.[83]

이렇게 본다면 백제의 사신이 동진에 도착한 372년 1월은 환온 정권이 성립한 직후라 할 수 있다. 그런데 환온은 문벌세력이면서도 362년에는 붕당에 따른 사의私議 혁파와 관제官制 개혁 등을 포함한 시정개혁안 7가지를 건의했고, 364년에는 대사마大司馬의 직위에 있으면서 은닉호隱匿戶를 색출하기 위한 토단책土斷策을 대대적으로 시행했다.[84] 환온의 이러한 조치는 기본적으로 자신의 정치적 기반을 확장하려는 목적과 깊이 연관되어 있지만, 보수적인 문벌귀족과 비교한다면 상당히 개혁적인 정책으로 평가된다.[85]

이러한 점에서 환온이 371년 11월 간문제를 옹립하여 중앙권력을 장악한 다음, 전진의 북중국 통일이라는 새로운 국제정세에 대응하기 위해 종전의 대외인식이나 외교정책을 수정했을 가능성이 높다고 추정된다. 5세기 초반 군벌軍閥인 유유劉裕가 권력을 장악한 다음 북위나 고구려 등 주변국과 활발하게 교섭한 사실[86]도 이러한 가능성을 시사한다. 결국 국제정세 변화와 함께 환온 정권이 성립하면서 동진의 대외인식과 외교정책이 변화하였기 때문

83 田余慶, 2005,『東晋門閥政治』(제4판), 北京大學出版社(초판 1989년), 145-162쪽. 환온(桓溫)은 373년 2월 고문대족(高門大族)을 주멸하고 왕조 교체를 기도하려다가 실행에 옮기지 못하고 이해 7월 병사했다.

84 『晉書』 卷98 桓溫傳;『資治通鑑』 卷101 晉紀23 興寧 2年 3月條

85 王永平 · 戚雲龍, 1986,「試論桓溫北伐與東晉門閥政治」,『揚州師院學院學報(社會科學版)』, 1986-4, 132-133쪽.

86 馮世明, 2009, 앞의 글, 84-87쪽.

에 근초고왕에 대한 책봉호 수여가 가능했다고 파악된다.[87]

다만 동진으로서는 서진 판도 바깥의 주변국에 처음 책봉호를 수여하면서 급격한 변화를 주기는 힘들었을 것이다. 이에 동진은 5호 제국의 존재를 용인할 수도 있는 본국왕호本國王號를 제외하고, 장군호와 지방관명으로 구성된 간략한 책봉호를 수여했다고 판단된다. 이때 지방관명도 종래 서진이 관할하던 '령낙랑태수'호를 수여함으로써 백제가 서진의 판도 외부에 존재한다는 사실을 애써 외면하려 한 것으로 보인다.[88]

물론 종래 많은 연구자들이 지적했듯이 '령낙랑태수'호에는 백제가 평양성까지 진공하여 낙랑지역을 일시 점령한 사실을 인정한다는 의미도 담겨있다. 또한 백제가 종래 낙랑군을 중심으로 형성되었던 해상교역망을 복원한 사실을 인정한다는 의미도 담겨있다. 백제의 국가적 성장이나 대외적 위상을 인정한다는 의미가 담겨 있기 때문에 백제도 상기 책봉호를 수여받았던 것이다. 결국 근초고왕의 책봉호는 372년경 동진과 백제의 외교정책이 상호 부합한 결과라 볼 수 있다.

그런데 386년 동진은 백제에 '사지절使持節 · 도독都督 · 진동장군鎮東將軍 · 백제왕百濟王'이라는 책봉호를 수여했는데, 근초고왕의 책봉호와 비교하면 '령낙랑태수'(지방관명)가 빠진 대신, 백제왕이라는 본국왕호와 함께 지절호 · 도독호 등이 수여된 점이 주목된다. 동진이 북중국의 5호 제국과 거의 같은 형태로 주변국에게 책봉호를 수여하기 시작한 것이다. 이는 동진이 서진의 판도 외부에 존재하는 주변국에게 본격적으로 책봉호를 수여하기 시작했음을 의미한다. 또한 중원 유일의 정통왕조라는 인식에서 탈피하여 국가적 위

---

87 백제에 대한 동진의 책봉호 수여가 권신(權臣)의 권력 장악 직후에 이루어진 사실이 지적된 바 있는데(안성진, 2011, 「陶瓷를 통해 본 4세기 초 백제와 동진의 교류」, 『한국사학보』 42, 16-20쪽), 대외인식이나 외교정책의 변화에는 주목하지 못했다.

88 이와 관련하여 낙랑태수라는 관직이 소멸한 것이지만, 동진이 동방지역에 대한 지배력을 상징적으로 드러낼 수 있는 칭호로 인식했다는 지적이 주목된다(임기환, 2004, 앞의 글, 102-104쪽).

상을 객관적으로 인지하고, 5호 제국의 존재를 인정하기 시작했음을 뜻한다.

실제 동진은 396년에 북위北魏에 사신을 파견했고, 399년에는 후진이 침공하자 북위에 구원을 요청하기도 했다. 이때 북위의 척발규는 동진의 옹주 자사雍州刺史 희회가 군신의 예를 행하지 않았다면서, 최정 등으로 하여금 동진의 황제를 폄척貶斥하는 서신을 작성하게 했는데, 최정이 동진의 황제에 대해 '귀주貴主'라는 표현을 사용하자 대노하여 자진自盡케 했다. 북위가 동진에 대해 위압적 태도를 보였는데, 동진은 변강의 안정을 도모하기 위해 계속 북위에 사신을 파견했다고 한다.[89] 동진이 중원 군신의 명분을 버리고 중토中土를 절도한 이적夷狄과 상호대등한 인국관계隣國關係를 맺기에 이른 것이다.[90]

이에 따라 동진과 5호 제국은 상호 교섭을 전개하면서 주변국에 대한 외교 경쟁을 본격적으로 전개했다. 5세기에 들어와 동진과 5호 제국이 주변국에게 책봉호를 경쟁적으로 수여한 사실은 이를 반영한다. 이에 따라 백제의 대중교섭 폭도 더욱 확장되었을 가능성을 상정해 볼 수 있는데, 이와 관련하여 다음 사료가 주목된다.

③-㉠ (380년) 三月, 幽州治中平規曰 "(중략) 若明公神旗一建, 必率土雲從. 今跨據全燕, 地盡東海, 北總烏桓 · 鮮卑, 東引句麗 · 百濟, 控弦之士不滅五十餘萬, 奈何束手就徵, 蹈不測之禍乎!" 洛攘袂大言曰 "孤計決矣, 沮謀者斬." 於是自稱大將軍 · 大都督 · 秦王. (중략) 分遣使者徵兵於鮮卑 · 烏桓 · 高句麗 · 百濟 · 新羅 · 休忍諸國.

〈『資治通鑑』 卷104 晉紀26 太元五年〉

③-㉡ 宋代得高麗 · 百濟伎. 魏平馮跋, 亦得之而未具. 周師滅齊, 二國獻其

89 庄金秋, 2011, 앞의 논문, 57-58쪽.
90 馮世明, 2009, 앞의 책, 84-87쪽.

樂, 合西涼樂, 凡七部, 通謂之國伎. 隋文帝平陳, 得清樂及文康禮畢曲, 而黜百濟. 至煬帝, 乃立清樂 · 龜茲 · 西涼 · 天竺 · 康國 · 疏勒 · 安國 · 高麗 · 禮畢為九.

〈『通典』卷146 樂6 四方樂〉

사료 ③-㉠은 전진의 유주자사 부락苻洛이 380년 요서 일대에서 반란을 일으킨 상황을 전한다. 당시 부락은 대릉하 중류의 용성龍城에 주둔하고 있었는데, 평규가 그의 세력을 "전연을 뛰어넘어 웅거하면서 북으로는 오환과 선비를 아우르고, 동으로는 고구려와 백제를 끌어당겼다"고 표현한 점이 주목된다. 평규의 말대로 부락이 이들을 모두 강력하게 통제했다고 보기는 어렵지만, 백제와 교섭했을 가능성은 높다고 생각된다.

실제 부락은 반란을 일으킨 다음 주변국에게 사신을 파견하여 군사 징발을 시도했는데, 이때 고구려, 신라와 더불어 백제에도 사신을 파견했다. 따라서 전진前秦대에 들어와서도 백제가 한반도-중국대륙 연안항로의 중간 기착지인 요녕 지역과 계속 교섭했을 가능성이 높다고 생각된다. 다만 백제와 전진의 교섭 사실이 문헌 사료 상 확인되지 않으므로 국가 간의 외교관계로까지 발전했다고 단언하기는 쉽지 않다.[91]

사료 ③-㉡에 따르면 "남조의 송이 고구려와 백제의 기악伎樂을 획득했으며, 북위가 풍발馮跋(북연)을 정벌하고 또한 이들 국가의 기악을 획득했는데 완전히 갖추지는 못했다"고 한다. 5세기 초엽 지금의 요서지역에 웅거했던 북연北燕이 백제의 기악을 보유하고 있었다는 것이다. 이는 백제가 5세기 초엽에도 지금의 요서지역과 교섭했을 가능성을 시사한다. 이러한 점에서 450

91 '天王詔與百濟王銅虎符第口'라는 명문이 새겨진 동호부(銅虎符)나 백제 왕후제의 좌우현왕(左右賢王) 등을 근거로 백제와 전진(前秦)의 외교관계를 상정하기도 한다(방선주, 1973, 「蕺 · 百濟 관계 虎符에 대하여」, 『사총』 17 · 18 합집, 39-40쪽; 노중국, 2012, 앞의 책, 155-161쪽 및 183-186쪽).

년 송에 사신으로 파견된 백제의 사신인 사가대사私假臺使 풍야부馮野夫가 북연계 망명인일 것이라는 견해에도 유의할 필요가 있다.[92]

이렇게 본다면 전연 멸망 이후에도 백제는 5세기 초엽까지 한반도-중국대륙 연안항로의 중간 기착지에 해당하는 요동반도나 지금의 요서지역 일대와 지속적으로 교섭했을 가능성이 높다. 그리고 낙랑교군樂浪僑郡이 북연대까지도 이 지역에 설치된 것으로 확인되므로[93] 낙랑·대방계 유민이 이러한 교섭을 주도했을 가능성을 상정해볼 수 있다.

92 鈴木靖民, 2003, 「왜와 백제의 부관제」, 『고대 동아세아와 백제』, 충남대학교 백제연구소, 347쪽.
93 이성규, 2005, 앞의 글, 205-207쪽.

V. 맺음말

이상을 통해 4세기-5세기 초엽 백제의 대중교섭 양상을 검토했다. 특히 최근 백제의 대중교섭을 다룬 연구성과가 지나치게 백제 중심적인 시각에 입각하고 있다는 반성에서 당시 국제정세의 전반적인 변화양상을 고려하면서 논의를 진행하려고 노력했다. 이를 위해 동진의 대외인식이나 외교정책 변화에 유의했고, 한반도-중국대륙 연안해로의 중간 기착지인 요녕遼寧-하북河北 일대의 동향에도 관심을 기울였다.

당시 국제정세나 백제의 상황을 종합하면 4세기 전반에는 주로 전연에 내투한 낙랑·대방계 유민을 매개로 대중국 교섭을 전개했다고 파악된다. 다만 350년대 중반부터 고구려가 본격적으로 남진정책을 추진하면서 대방지역의 유력세력이 대거 백제지역으로 남하했다. 그리하여 백제가 점차 원거리 항해술과 한반도-중국대륙 연안항로에 대한 정보 등을 구비하여 동진과 직접 교섭할 수 있는 역량을 갖추기 시작했다.

백제는 이러한 역량을 바탕으로 평양성 전투에서 고구려를 대파한 다음, 372년 1월에 동진에 사신을 파견하고, 이해 6월에 '진동장군鎭東將軍·령낙랑태수領樂浪太守'라는 책봉호를 수여받았다. 370년경까지만 하더라도 주변국에게 책봉호를 수여하지 않던 동진이 근초고왕에게 책봉호를 수여한 것은 국제정세 변화에 따라 대외인식과 외교정책도 변모했기 때문이다. 즉 동진은 북중국 대륙이 전진前秦의 천하로 급속하게 변모하는 국제정세 변화에 대응하기 위해 주변국인 백제에게 책봉호를 내렸던 것이다.

결국 근초고왕의 책봉호는 동진의 대외정책 변화와 백제의 국가적 성장이

상호 부합한 결과라 볼 수 있다. 그 뒤 동진은 중원 유일의 정통왕조라는 인식에서 탈피하여 국가적 위상을 객관적으로 정립하는 방향으로 대외정책을 전개했다. 386년 동진이 백제에 수여한 책봉호에 '본국왕호本國王號'가 포함된 것은 5호 제국의 존재를 용인할 수 있다는 예시였다. 실제 동진은 4세기 말부터 5호 제국과 교섭하며 인국관계隣國關係를 맺기 시작했다.

이처럼 동진과 5호 제국이 상호 교섭을 전개하면서 주변국에 대한 외교경쟁을 본격화함에 따라, 백제의 대중교섭 폭도 더욱 확장되었을 것이다. 실제 백제가 전연 멸망 이후에도 요녕 지역의 전진이나 북연 등과 교섭한 흔적을 확인할 수 있다. 다만 사신 교환 등의 기록이 전하지 않는 것으로 보아 이러한 교섭을 국가 간의 공식적인 외교관계로까지 발전시키지는 못했던 것으로 보인다.

주제발표 5

近肖古王と七支刀

仁 藤 敦 史 国立歴史民俗博物館

Ⅰ. はじめに

『日本書紀』神功紀四十九年三月条には「因以平二定比自火本・南加羅・喙国・安羅・多羅・卓淳・加羅七国一」という加羅七国平定記事が掲載されている。大王の直轄領が朝鮮半島の加耶地域に存在したとする「大和朝廷の任那支配」の歴史的根拠として、長い間、当該条は扱われてきた。この神功紀四十九(二四九)年条本文の解釈については、本来『日本書紀』の外交史料として採用された「百済記」の原文に存在した己巳(三六九)年の年紀を二四九年へ百二十年古くさかのぼらせたものとする見解が古くからの通説であり[1]、四世紀の史実として理解できる可能性が指摘されてきた。以下では、こうした通説的見解の当否について基礎的検討をおこなう。

1. 神功紀外交記事の研究史と課題

神功紀外交記事みえる「加羅七国平定記事」に関する諸説は、「加羅七国平定

1　古くは津田左右吉「百済に関する日本書紀の記載」(『津田左右吉全集』二、岩波書店、一九六三年、初出一九二一年)、池内宏『日本上代史の一研究』(中公美術出版、一九七〇年、初出一九四七年)、末松保和『任那興亡史』(吉川弘文館、一九四九年)、三品彰英『日本書紀朝鮮関係記事考証』上(天山社、二〇〇二年、初出一九六二年)などに指摘がある。さら山尾幸久「任那成立の史料について」(『日本史研究』一五四、一九七五年)は、津田左右吉による可能性の指摘や「百済記」における干支一運の空白を前提に、加羅平定にかかわる木満致の話は干支二運を修正するのではなく三運を繰り下げるべきとする。

記事」に限定するならば、津田左右吉・池内宏説は否定的評価を下していた。これに対して、末松保和・三品彰英説は肯定的な評価をくだしている。この違いは、「百済記」に対する評価の違いであり、『日本書紀』編者の造作・潤色の程度をどの程度に考えるかによっている。しかしながら、津田左右吉・池内宏説においても、広開土王碑(新羅圧服の史実)への信頼はゆるがないもので、倭国による加羅の「保護」、すなわち「任那日本府」の存在は、あくまで自明なこととして議論されている。

四世紀から六世紀にかけての「大和朝廷による南部朝鮮支配」すなわち「ヤマト王権による任那支配」という「不動の事実」が、国家史に関する通説の全説明体系のカナメになっており、前方後円墳の分布と王権の支配範囲を同一視し、「記紀」が語るような全国統一過程と支配権確立を想定する大きな前提となっている[2]。

こうした議論は、百済三書の客観性と広開土王碑への信頼性という大きくは二つの史料を大きな論拠としている。しかし、広開土王碑文からは百済に主導された九州勢力を中心とする出兵の可能性は想定されるが、広開土王碑にみえる辛卯年の倭の渡海記事からは、「大和朝廷による南部朝鮮支配」すなわち「ヤマト王権による任那支配」という「不動の事実」を証明することはできないと考える。

2. 神功紀外交記事の構想

倭国による加羅の「保護」、すなわち「任那日本府」の存在を自明視してきた

2 山尾幸久「史料と学説」(金達寿『加耶から倭国へ』竹書房、一九八六年)、同『古代の日朝関係』塙書房、一九八九年。

前提である「広開土王碑文」への素朴な信頼は、現在の史料批判の水準においては成り立たないことは明らかである。ここでは、もう一つの根拠とされた、古い百済系史料であることにより『日本書紀』の造作を受けにくいとされた客観性の問題について検討したい。

まず百済三書の性格については、『三国史記』『三国遺事』などの一般的歴史書とは大きく相違し、原文に記された「日本」号の使用や日本への迎合的記述などを根拠とすれば、八世紀初頭において、断絶した百済の王系ごとに百済遺民の出自や奉仕の根源を語るものとして編纂された可能性を指摘した[3]。従来、「百済記」を十分な検証なしに百済で編纂された古記録・史籍と位置付け、干支を記した原文的な記事として信頼し、そのまま客観性を有する系統的な史書と評価した点は問題であったと考えられる。

以下では、神功紀の対外関係記事の基礎的検討を行いたい。「百済記」を基本とする神功紀の対外関係記事は以下のような構成となっている。

百済と卓淳国との交通

〈『日本書紀』神功紀四十六年三月乙亥朔条(丙寅三六六)〉

百済と新羅の朝貢をめぐる争い－千熊長彦を新羅への使者

〈『日本書紀』神功紀四十七年四月(丁卯三六七)〉

加羅七国の平定と百済への割譲

〈『日本書紀』神功紀四十九年三月条(己巳三六九)〉

3 拙稿「『日本書紀』編纂史料としての百済三書」(『国立歴史民俗博物館研究報告』一九四、二〇一五年)。なお、「広開土王碑文」の史料批判については、同「倭国の成立と東アジア」(『岩波講座日本歴史』一、原始・古代一、岩波書店、二〇一三年)参照。

荒田別の帰還

〈『日本書紀』神功紀五十年二月条(庚午三七〇)〉

千熊長彦の帰還

〈『日本書紀』神功紀五十年五月条〉

百済の朝貢

〈『日本書紀』神功紀五十一年三月条(辛未三七一)〉

七枝刀の献上

〈『日本書紀』神功紀五十二年九月丙子条(壬申三七二)〉

襲津彦による新羅征討

〈『日本書紀』神功紀六二年条(壬午三八二)〉

神功紀は百済と卓淳国との交通を記した四六年条から百済王による七枝刀の献上を記した五十二年条までの七年間が一つの物語として位置付けられており、百済の倭に対する服属の起源を示す記事となっている。これに対して六十二年条は襲津彦による新羅征討記事である。

3. 神功紀四十九年条の分析

神功紀の外交記事群のうち、「己巳年の史実」とされた倭国による加耶七国平定記事は四十九年三月条に見える[4]。

『日本書紀』神功紀四十九年三月条

1. 以二荒田別・鹿我別一為二将軍一。則与二皋氏等一共勒レ兵而度之、至二卓淳国一。将レ襲二新羅一。
2. 時或曰、兵衆少之、不レ可レ破二新羅一。更復奉二上沙白盖盧一、請レ増二軍士一。
3. 命二木羅斤資・沙沙奴跪一。〈是二人不レ知二其姓一人也。但木羅斤資者百済将也。〉領二精兵一与二沙白盖盧一共遣之。倶集二于卓淳一、撃二新羅一而破レ之。
4. 因以平二定比自火本・南加羅・喙国・安羅・多羅・卓淳・加羅七国一。
5. 仍移レ兵、西廻至二古爰津一、屠二南蛮忱弥多礼一。以賜二百済一。
6. 於レ是其王肖古及王子貴須亦領レ軍来会。
7. 時比利・辟中・布弥支・半古四邑自然降服。
8. 是以百済王父了及荒田別　木羅斤資等共会二意流村一。〈今云二州流須祇一。〉相見欣感、厚礼送遣之。
9. 唯千熊長彦与二百済王一、至二于百済国一、登二辟支山一盟之。復登二古沙山一、共居二磐石上一。時百済王盟之曰、若敷レ草為レ坐、恐見二火焼一。且取レ木為レ坐、恐為二水流一。　故居二磐石一而盟者示二長遠之不一レ朽者也。是以自レ今以後、千秋万歳、無レ絶無レ窮、常称二西蕃一。春秋朝貢。
10. 則将二千熊長彦一至二都下一、厚加二礼遇一。亦副二皋氏等一而送之。

4　以下の区分は、田中俊明『大加耶連盟の興亡と「任那」－加耶琴だけが残った－』(吉川弘文館、一九九二年)の分類に従った。

当該条の『日本書紀』における紀年は二四九年に相当するが、本来は百二十年(修正三六九年)ないし百八十年(修正四二九年)後の記載をさかのぼらせたものと推定される。「百済記」には蓋鹵王の死去までの記載が存在したと考えられるが、『日本書紀』本文には神功紀と応神紀、すなわち腆支(直支)王の死去までしか採用されず、さらに、木羅斤資とその子木満致に関する記述はさらに干支三巡 = 百八十年さかのぼらせているので、本来は「百済記」に存在した記述を以下のように移動させたと考えられる[5]。

肖古王甲子(三六四)年 → 神功紀四十六(二四六)年条本文[6]

百済と卓淳国との通交記事

肖古王己巳(三六九)年 → 神功紀四十九(二四九)年条本文[7]

倭国と百済の通交開始記事

毗有王己巳(四二九)年 → 神功紀四十九(二四九)年条本文

木羅斤資の征討記事

毗有王壬午(四四二)年 → 神功紀六十二(二六二)年条所引「百済記」

　木羅斤資の加羅征討記事

蓋鹵王甲寅(四七四)年 → 応神紀二十五(二九四)年条本文と所引「百済記」[8] 木満致の国政担当と父木羅斤資の回顧記事

★この間「書紀」は外交記事空白、(二九四→修正四一四)から(四七五)までの六十年分

蓋鹵王乙卯(四七五)年 → 雄略紀二十(四七六)年条所引「百済記」

5 拙稿註(3)前掲論文。

6 「百済本記」を原史料にしたと推定される『日本書紀』欽明二年四月条、同七月条、同五年十一月条には、肖古王代における百済と加耶諸国との通交開始が語られている。

7 『古事記』応神段には「百済国主照古王」が「横刀及大鏡」を貢上したとあり、石上神宮には七支刀が現存し、「泰和四(三六九)年」の年紀がある。

8 『三国史記』百済本記蓋鹵王二一(四七五)年条に木満致の南行記事がある。

高句麗来攻、百済滅亡記事

「百済記」に記載されていた毗有王・蓋鹵王の記事の多くは神功紀と応神紀に移動したため、雄略紀本文の百済関係記事を「百済記」により記述することができなくなり、他の史料により穴埋めする必要が生じた。「百済記」蓋鹵王乙卯(四七五)年条の百済滅亡記事は、神功紀と応神紀に使用されなかったので、例外的に註として引用されたと考えられる。

雄略紀に引用された「百済記」には「蓋鹵王乙卯年冬」という王代と干支が併記されており、本来はこの形式で記録されており、神功紀や応神紀の引用にあたっては「王代」と「干支」を抹消して実年代を繰り上げる作為がなされたと考えられる[9]。しかし、四世紀後半の確実な史実として百済と卓淳国との通交記事、および倭国と百済の通交開始記事以外には確認されず、明らかに神功紀編纂段階における付加された木羅斤資の征討記事や、「百済記」の表記とは異なる「荒田別・鹿我別」の伝承などが挿入されており、甲子年と己巳年以外の年紀は必ずしも重視できず、「百済記」には物語全体としては詳細な年紀がなかったか、神功紀が「干支」を消して紀年を移動させた可能性が高いと考える[10]。したがって、池内宏・末松保和説のように神功紀に配列された甲子・丁卯・己巳・壬申年という干支の記載を「百済記」由来のものとして尊重し、甲子(三六四)年と己巳(三六九)年の間に、百済王と倭王の交渉、百済王が倭王に帰服し、倭王が新羅討伐の軍を出したこと、加羅七国平定記事などを「百済記」に記載されていたと判断することはできない。

9 山尾幸久『古代王権形成史論』(岩波書店、一九八三年)、二〇五~二〇六頁。
10 田中俊明註(4)前掲書、二〇二頁によれば、『日本書紀』が三七二年に七支刀がもたらされたことも潤色で、本来は三六九年の製作と同時にもたらされたと推定する。

4.「百済記」肖古王代史実の復元

以上の検討結果に基づき、「百済記」が肖古王代の記事として本来記載していた内容を復元する。まず「百済記」を基礎とした神功紀の記載は、日本と百済との交渉の起源を説明することに主眼があるが、継体・欽明紀の基礎史料である「百済本記」には肖古王の時代に加耶との交渉を開始したことはたびたび記載されているのに倭国との関係は説明されていなかった。「百済記」における百済側の主張は、「百済本記」にしばしば回顧されているように、加羅に対する影響力を有するようになったことの一貫した起源伝承として記録されたものと考えられる[11]。「百済本記」を基礎として「百済記」が起源伝承として新たに創作されたものとすれば、当時、確実に伝承されていたのは、速古王 = 近肖古王(三四六~三七五)、貴首王 = 近仇首王(三七五~三八四)の時期に百済は、加耶諸国と友好関係を結んだことが確認されるのみである。干支の記載を重視すれば肖古王甲子(三六四)年七月以来の百済と卓淳国の交渉が「百済記」に存在し、さらにそれに続いて倭国からの使者として「職麻那那加比跪」が報使として卓淳国から百済に派遣された記事が存在したことが推測される。しかしながら、その後に記載された神功紀四十七年から五十二年条に至る展開の多くは造作であり、とりわけ四十七年条のような百済と新羅の朝貢をめぐる争いは造作の可能性が高く、さらに重複的かつ中身の空疎な百済入朝記事である五十年条・五十一年条を含む三年分の記載は「百済記」になく、『日本書紀』編者による造作と考えられる[12]。

以上によれば、「百済記」由来の肖古王代の史実は、甲子(三六四)年七月以来

11 百済と卓淳国の交通開始、百済の将軍木羅斤資による新羅・加羅征討と社稷の回復が「百済記」の主題となっている。

12 三品彰英註(1)前掲書、一一〇・一一一、一七八頁。

の百済と卓淳国との交渉記事(百済による卓淳国への遣使と卓淳国への職麻那那加比跪＝斯摩(麻)宿禰の遣使)と、それに続く丙寅(三六六)年における百済への卓淳国と倭人の来朝と斯摩(麻)宿禰＝職麻那那加比跪の遣使・報使の記載程度であり、以後にみえる百済の久弖と倭の千熊長彦の頻繁な往来についての三年分ほどの記事は造作であったと考えられる。

もう一つの確実な記事は、己巳(三六九＝泰和四年)年における百済王による七枝刀(横刀)の献上記事と推定される。七枝刀については以下のような史料により確認される。

泰和四年□月十六日丙午正陽、造百練鋼七支刀、出辟百兵、宜供供侯王、□□□□作、
先世以来、未有此刃、百済王世子奇生聖音、故為倭王旨造、伝示後世、

〈石上神宮七支刀銘文〉

久氏等従二千熊長彦一詣之。則献二七枝刀一口・七子鏡一面、及種々重宝一。仍啓曰、臣国以西有レ水。源出レ自二谷那鉄山一。其邈七日行之不レ及。当飲二是水一、便取二是山鉄一、以永奉二聖朝一。乃謂二孫枕流王一曰、今我所レ通、海東貴国、是天所レ啓。是以、垂二天恩一、割二海西一而賜レ我。由レ是、国基永固。汝当善修二和好一、聚二斂土物一、奉貢不レ絕、雖レ死何恨。自レ是後、每レ年相続朝貢焉。

〈『日本書紀』神功五十二年九月丙子条〉

亦、百済国主照古王、以二牡馬壱疋・牝馬壱疋一、付二阿知吉師一以貢上(此阿知吉師者、阿直史等之祖)。亦、貢二上横刀及大鏡一。

〈『古事記』応神段〉

『古事記』応神段の記載が照古王代に「横刀及大鏡」を献上したとあること

は、『日本書紀』の「七枝刀一口・七子鏡一面」と対応している。『古事記』の原史料は帝紀・旧辞で、「百済記」以前からの伝承であり、異なる伝承が符合している。

確認すべきは七支刀銘文の年紀「泰和四年」が東晋年号の太和四(三六九)年であることで、干支二運＝百二十年遅らせると神功紀の年代(壬申＝二五二→修正三七二)と三年の差違が存在することである[13]。いずれの年紀を重視すべきかについては、百済が晋へ入朝したとされる咸安二(三七二)年となる点が重視されてきた。

百済・林邑王各遣レ師(使カ)貢二方物一。

〈『晋書』簡文帝紀, 咸安二年正月辛丑条〉

遣レ使拝二百済王余句一為二鎮東将軍領楽浪太守一。

〈『晋書』簡文帝紀, 咸安二年六月条〉

遣レ使入レ晋朝貢。

〈『三国史記』百済本紀, 近肖古王二十七年正月条〉

さらに、この入朝の前年に百済は高句麗に対して大勝利をおさめていることも注目されてきた。三六九年以来の三年間、百済と高句麗は激しい戦闘を続け、勝利する。特に百済王だけでなく「太子」も対高句麗戦に活躍していることが留意される。

---

13 拙稿「古代日本の世界観－天下・国・都城－」(『国立歴史民俗博物館研究報告』一一九、二〇〇四年)、同「ヤマト王権の成立」(『日本史講座』一、東京大学出版会、二〇〇四年)、同「アジア史のなかでのヤマト王権」(『HUMAN』〇四、平凡社、二〇一三年)、同「倭国の成立と東アジア」前掲註(3)論文。

王与二太子帥二精兵三万一。侵二高句麗一。攻二平壌城一。麗王斯由力戦拒レ之。中二流矢一死。王引レ軍退。移二都漢山一。

〈『三国史記』百済本紀・近肖古王二十六(三七一)年冬条〉

百済王率二兵三万一来攻二平壌城一。王出師拒レ之。為二流矢一所中。是月二十三日薨。

〈『三国史記』高句麗本紀・故国原王四十一年十月条〉

ただし、こうした解釈は、あくまで神功紀の紀年、すなわち原史料となった「百済記」の王代や干支が正確に記されていたことを前提とする。これまでの検討によれば、「百済記」には本来、「王代」と「干支」が記載されていたが、神功紀では基本的に「王代」や「干支」が削除されて、年紀に必ずしもとらわれない造作が可能になったと推測した。干支的な記載は甲子(三六四)年七月以来の百済と卓淳国との交渉記事、およびそれに続く丙寅(三六六)年における百済への卓淳国と倭人の来朝と斯摩(麻)宿禰 = 職麻那那加比跪の遣使・報使の記載までがある程度確認されるのみで、従来の定説であった神功紀の編年を基本的に「百済記」に由来する干支の記載に基づくとする理解、とりわけ神功紀四十七年から五十二年条に至る展開については多くの造作が想定されており、七枝刀の記載がある神功紀五十二年条の記載のみが正しい年紀を記録していたとは考えにくい[14]。史料批判の基本からすれば、七支刀に記載された東晋年号の太和四(三六九)年をまずは尊重すべきであろう[15]。その場合には以

14 拙稿「ヤマト王権の成立」註(13)前掲論文において、百済の朝貢と高句麗戦の勝利を重視して、神功紀の紀年を尊重する見解を述べたことがあるが、訂正しておきたい。製作と渡来年代のズレとして考える余地も残るが、その場合でも正確な年代を記録したのは「百済記」のみであり、倭国側にそうした同時代の正確な記録があったとは考えにくい。

15 鈴木靖民「石上神宮七支刀銘と倭国をめぐる国際関係」(『倭国史の展開と東アジア』岩波書店、二〇一二年、初出一九八三年)は、百済王権内部に東晋との関係を有する中国系人士たちが

下の記事がまず注目される。

高句麗王斯由帥二歩騎二万一、来二屯雉壌一、分レ兵侵二奪民戸一、王遣二太子一以兵径二至雉壌一、急撃破レ之、獲二五千余級一、其虜獲分二賜将士一、

〈『三国史記』百済本紀・近肖古王二十四(三六九)年九月条〉

王以二兵二万一南伐二百済一、戦二於雉壌一、敗績、

〈『三国史記』高句麗本紀・故国原王三十九(三六九)年九月条〉

百済と高句麗の戦いは三七二年まで続くが、すでに高句麗兵を百済太子が撃破しており、銘文にも「百済王の世子」と明記しているように、本来はこの大勝利を記念して作刀した可能性も高いと考えられる。「百済記」は正しくこの年代を記していたが、『日本書紀』編者は、百済が晋へ入朝したこと、その前年に百済は高句麗に対して大勝利をおさめていることなどを考慮しつつ、「百済記」にはなかった百済の朝貢記事を記した四十七年条・五十年条・五十一年条についての三年分の記載を付加したため、本来の紀年を三年移動させたことが想定される。したがって、「百済記」としては神功紀四十九年三月条の９にみえる倭国と百済の「盟約」を前提とし、七支刀が百済から贈られた記述となる。金石文の年代を重視すれば、三六九年が本来の百済と倭国の通交開始年代かと考えられる。

存在したことにより、入朝以前に東晋年号を使用したと考える。

Ⅱ. おわりに

「大和朝廷の任那支配」の歴史的根拠として長い間扱われてきた『日本書紀』神功紀四十九年三月条の「加羅七国平定記事」は、百済三書の客観性と広開土王碑文への信頼性という根拠により支持されてきた。しかしながら、これまでの検討により、いずれの根拠も薄弱であることを研究史および基礎史料の再検討により明らかにした。

まず研究史的問題点としては、四世紀から六世紀にかけての「大和朝廷による南部朝鮮支配」すなわち「ヤマト王権による任那支配」という実証されていない「不動の事実」が、国家史に関する通説の全説明体系のカナメになり、前方後円墳の分布と王権の支配範囲を同一視し、「記紀」が語るような全国統一過程と支配権確立を想定する大きな前提となっていることを確認した。

「百済記」における百済側の主張は、「百済本記」にしばしば回顧されているように、加羅に対して影響力を有するようになった起源伝承として記録されたものである。「百済記」由来の肖古王代の史実は、甲子(三六四)年七月以来の百済と卓淳国との交渉記事(百済による卓淳国への遣使と卓淳国への職麻那那加比跪＝斯摩(麻)宿禰の遣使)と、それに続く百済への卓淳国と倭人の来朝と斯摩(麻)宿禰＝職麻那那加比跪の遣使・報使の記載であり、以後にみえる百済の久弖と倭の千熊長彦の頻繁な往来についての三年分ほどの記事は造作であったと考えられる。「百済記」としては神功紀四十九年三月条にみえる倭国と百済の「盟約」を前提とし、七支刀が百済から贈られた記述のみであった。金石文の年代を重視すれば、三六九年が本来の百済と倭国の通交開始年代と考えられる。

一方、「百済記」由来の毗有王代の史実としては四二九年に百済の将木羅斤資が倭の沙至比跪とともに、卓淳国に集結して新羅・加羅を討ったこと、四四二年、倭が沙至比跪を派遣して加羅を討ったこと、百済の木羅斤資は加羅の乞師により沙至比跪らの倭兵を討ったことなどが確認される。さらに、百済から王族の女性が倭国にやってきたこと、倭国からも使者が派遣されたことが確認された。この同盟により百済が主導し倭国も参加した加羅・新羅に対する軍事行動が、加羅に対する倭国の軍事行動の起源としてわざわざ干支三運下げた神功紀に記載されたと推測される。

以上によれば、「加羅七国平定記事」は毗有王代の史実が、増幅されて『日本書紀』編者により神功紀の伝承として記載されたものと考えられ、肖古王代の己巳(三六九)年に倭王が新羅討伐の軍を出したことは否定される。

주제발표 5

근초고왕과 칠지도

니토 아츠시 국립역사민속박물관

번역 **박 재 용** 충청남도역사문화연구원

Ⅰ. 머리말

『일본서기日本書紀』 신공기神功紀 49년 3월조에는 「인이평정비자화본因以平定比自火本 · 남가라南加羅 · 녹국㖨國 · 안라安羅 · 다라多羅 · 탁순卓淳 · 가라7국加羅七國」이라는 가라7국 평정기사가 기록되어 있다. 해당 기사는 대왕大王의 직할령이 한반도의 가야지역에 존재했다고 하는 「대화조정의 임나지배」의 역사적 근거로서 오랫동안 다루어져 왔다. 신공기 49년(249)조 본문의 해석에 대해서는 본래 『일본서기』의 외교 사료로 채용된 「백제기百濟記」 원문에 있던 기사년己巳年(369)의 기년을 249년 즉 120년 앞으로 소급시킨 것으로 보는 견해가 일찍부터 통설이 되어[1], 4세기의 사실로서 이해해 볼 수 있는 가능성이 주목받아 왔다. 이하에서는 이러한 통설적 견해의 옳고 그름에 대해서 기초적 검토를 행하겠다.

1 일찍이 津田左右吉, 1963, 「百濟に関する日本書紀の記載」, 『津田左右吉全集』 二, 岩波書店(初出 1921年); 池內宏, 1970, 『日本上大史の一研究』, 中央美術出版(初出 1947年); 末松保和, 1949, 『任那興亡史』, 吉川弘文館; 三品彰英, 2002, 『日本書紀朝鮮關係記事考証』上, 天山社(初出 1962年) 등의 지적이 있다. 게다가 山尾幸久, 1975, 「任那成立の史料について」, 『日本史研究』 154는 津田左右吉의 지적이나 「백제기(百濟記)」의 간지1운(干支一運)의 공백을 전제로, 가라 평정과 관련된 목민치의 이야기는 간지2운(干支二運)을 수정한 것이 아닌 3운(三運)을 앞당긴 것으로 보아야 한다고 한다.

1. 신공기 외교기사의 연구사와 과제

신공기 외교기사에 보이는「가라7국 평정기사」에 관한 여러 견해 가운데 가라 7국 평정기사에 한정해 보면, 쓰다 소우키치津田左右吉 · 이케우치 히로시池内宏는 부정적인 평가를 내렸다. 이에 대해 스에마쓰 야스카즈末松保和 · 미시나 아키히데三品彰英는 긍정적인 평가를 내리고 있다. 이 차이는「백제기百濟記」에 대한 평가의 차이이며,『일본서기』편자의 조작 · 윤색을 어느 정도까지 고려해야하는가에 따른 것이다. 그렇지만 쓰다 소우키치津田左右吉 · 이케우치 히로시池内宏설에서도 광개토왕비(신라 복종의 사실)에 대한 신뢰는 두터워서 왜국의 가라「보호」, 즉「임나일본부」의 존재는 어디까지나 자명한 것으로 논의되고 있다.

4세기부터 6세기에 걸친「대화조정의 남부조선지배」, 즉「야마토왕권의 임나지배」라고 하는「부동의 사실」이 국가사에 관한 통설에서 전체 설명체계의 주축이 되고 있고, 전방후원분의 분포와 왕권의 지배범위를 동일시하며,「기기記紀」에서 말하는 것처럼 전국통일 과정과 지배권 확립을 상정하는데 큰 전제가 되고 있다.[2]

이러한 논의는 백제 3서의 객관성과 광개토왕비의 신뢰성이라는 크게 두 가지의 사료를 중요한 논거로 삼고 있다. 그러나 광개토왕비문에서 백제가 주도한 구주九州세력 중심의 출병 가능성은 상정되지만, 광개토왕비에 보이는 신묘년 왜의 도해기사를 통해서「대화조정의 남부조선지배」, 즉「야마토왕권의 임나지배」라고 하는「부동의 사실」을 증명하는 것은 불가능하다고 생각한다.

2 山尾幸久, 1989,「史料と學說」(金達壽, 1986,『加耶から倭國へ』, 竹書房); 同『古代の日韓關係』, 塙書房.

2. 신공기 외교기사의 구상

왜국의 가라 「보호」, 즉 「임나일본부」의 존재를 사실로 간주해 오는데 전제가 되는 「광개토왕비문」에 대한 소박한 신뢰는 현재의 사료비판 수준에 있어서는 명백히 성립할 수 없다. 여기서는 또 하나의 근거가 된 옛 백제계 사료를 통해 『일본서기』의 조작을 받아들이기 어렵게 만든 객관성 문제에 대해 검토하고자 한다.

먼저 백제 3서의 성격에 대해서는 『삼국사기三國史記』 · 『삼국유사三國遺事』 등의 일반적 역사서와 크게 다르며, 원문에 적힌 「일본日本」이란 명칭의 사용이나 일본에 대한 영합적 기술 등을 근거로 8세기 초에 단절된 백제의 왕계마다 백제유민의 출자나 봉사의 근원을 이야기하기 위한 것으로 편찬되었을 가능성이 있음을 지적한 바 있다.[3] 종래 「백제기」를 충분한 검증 없이 백제에서 편찬된 옛 기록 · 사적으로 위치지우고, 간지를 적은 원문적인 기사로 신뢰하여 그대로 객관성을 띤 계통적인 사서로 평가한 점은 문제였다고 생각된다.

이하에서는 신공기의 대외관계기사에 대한 기초적 검토를 행하고자 한다. 「백제기」를 기본으로 작성된 신공기의 대외관계기사는 아래와 같이 구성되어 있다.

백제와 탁순국간의 통교

〈『日本書紀』 神功紀 46年 3月 乙亥朔條 (丙寅 366)〉

---

3 졸고, 2015, 「『日本書紀』 編纂史料としての百濟三書」, 『國立歷史民俗博物館研究報告』 194, 한편 「광개토왕비문」의 사료비판에 대해서는 原始 · 古代一, 2013, 「倭國の成立と東アジア」, 『岩破講座 日本歷史』 一, 岩波書店 참조.

백제와 신라의 조공을 둘러싼 다툼 - 千熊長彦을 신라에 사자로 파견

〈『日本書紀』 神功紀 47年 4月條 (丁卯 367)〉

가라 7국의 평정과 백제측에 할양

〈『日本書紀』 神功紀 49年 3月條 (己巳 369)〉

荒田別의 귀환

〈『日本書紀』 神功紀 50年 2月條 (庚午 370)〉

千熊長彦의 귀환

〈『日本書紀』 神功紀 50年 5月條〉

백제의 조공

〈『日本書紀』 神功紀 51年 3月條 (辛未 371)〉

칠지도 헌상

〈『日本書紀』 神功紀 52年 9月 丙子條 (壬申 372)〉

襲津彦에 의한 신라 정토

〈『日本書紀』 神功紀 62年條 (壬午 382)〉

신공기는 백제와 탁순국의 통교를 적은 46년조부터 백제왕의 칠지도 헌상을 기록한 52년조까지 7년 동안의 기사가 하나의 이야기로 구성되어 있으면서 백제의 왜에 대한 복속 기원을 보여주고 있다. 이에 대해 62년조는 습진언의 신라정토기사이다.

3. 신공기 49년조의 분석

신공기의 외교기사군 중에서 「기사년己巳年의 사실」이라고 하는 왜국의 가

야 7국 평정기사는 49년 3월조에 보인다.[4]

1. 以荒田別 · 鹿我別爲將軍. 則與久氏等共勒兵而度之, 至卓淳國. 將襲新羅.
2. 時或曰, 兵衆少之, 不可破新羅. 更復奉上沙白蓋盧, 請增軍士.
3. 卽命木羅斤資 · 沙沙奴跪. <是二人不知其姓人也. 但木羅斤資者百濟將也.>

   領精兵與沙白蓋盧共遣之. 俱集于卓淳, 擊新羅而破之.
4. 因以平定比自火本 · 南加羅 · 㖨國 · 安羅 · 多羅 · 卓淳 · 加羅七國.
5. 仍移兵, 西廻至古奚津, 屠南蠻忱彌多禮. 以賜百濟.
6. 於是其王肖古及王子貴須, 亦領軍來會.
7. 時比利 · 辟中 · 布彌支 · 半古四邑自然降服.
8. 是以百濟王父子及荒田別 · 木羅斤資等共會意流村. <今云州流須祇.> 相見欣感, 厚禮 送遣之.
9. 唯千熊長彥與百濟王, 至于百濟國, 登辟支山,盟之. 復登古沙山, 共居磐石上. 時百濟王盟之曰, 若敷草爲坐, 恐見火燒. 且取木爲坐, 恐爲水流. 故居磐石而盟者示長遠之不朽者也. 是以自今以後, 千秋萬歲, 無絕無窮, 常稱西蕃. 春秋朝貢.
10. 則將千熊長彥至都下, 厚加禮遇. 亦副久氏等而送之.

〈『日本書紀』 神功紀 49年 3月條〉

『일본서기』에서 해당조의 기년은 249년이지만 본래는 120년(수정 369년) 내지 180년(수정 429년) 후의 기록을 소급시킨 것으로 추정된다. 「백제기」에

4 이하의 구분은 田中俊明, 1992, 『大加耶連盟と「任那」伽耶琴だけが残った-』, 吉川弘文館의 분류에 따랐다.

는 개로왕 사망까지의 기록이 있었다고 생각되지만, 『일본서기』 본문에는 신공기와 응신기應神紀, 즉 전지(직지)왕의 사망까지밖에 채용되지 않았다. 더욱이 목라근자木羅斤資와 아들 목만치에 관한 기술은 간지가 3운=180년 소급된 것으로, 본래는 「백제기」에 있던 기술을 아래와 같이 이동시킨 것으로 생각된다.[5]

백제와 탁순국간의 통교기사

(肖古王 甲子年)(364) → 神功紀 46年(246)條 본문[6])

왜국과 백제의 통교 개시기사

(肖古王 己巳年(369) → 神功紀 49年(249)條 본문[7])

목라근자의 정토 기사

(毗有王 己巳年(429) → 神功紀 49年(249)條 본문)

목라근자의 가라 정토 기사

(毗有王 壬午年(442) → 神功紀 62年(262)條 所引「百濟記」)

목만치의 국정 담당과 아버지 목라근자의 회고 기사

(蓋鹵王 甲寅年(474) → 應神紀 25년(294)조 본문과 所引「百濟記」[8])

★ 이 사이 『일본서기(日本書紀)』는 외교기사 공백, (294 → 수정 414년)

부터 (475)까지 60년분

고구려의 공격, 백제멸망 기사

(蓋鹵王 乙卯年(475) → 雄略紀 20年(476)條 所引「百濟記」)

---

5 졸고 주3) 전게 논문

6 「百濟本記」를 원 사료로 해서 작성되었을 것으로 추정되는 『日本書紀』 欽明 2年 4月條, 同 7月條, 同 5年 11月條에는 초고왕대의 백제와 가야제국 간의 통교기사가 언급되어 있다.

7 『古事記』 応神段에는 「百濟國主照古王」이 「横刀及大鏡」을 헌상했다고 하며, 石上神宮에는 칠지도가 현존하는데 「泰和四年(369)」의 기년이 있다.

8 『三國史記』 百濟本記 蓋鹵王 21年(475)條에 목만치의 남행 기사가 있다.

「백제기」에 기록되어 있던 비유왕 · 개로왕 기사의 대부분은 신공기와 응신기에 옮겨졌기 때문에 웅략기雄略紀 본문의 백제관계 기사를 「백제기」를 바탕으로 기술하는 것이 불가능해져 다른 사료를 통해서 보충할 필요가 생기게 되었다. 「백제기」 개로왕 을묘년乙卯年(475)조의 백제멸망기사는 신공기와 응신기에 사용되지 않았으므로 예외적으로 주註로 인용되었다고 생각된다.

웅략기에 인용된 「백제기」에는 「개로왕蓋鹵王 을묘년乙卯年 동冬」이라고 왕대王代와 간지干支가 병기되어 있었고, 본래는 이러한 형식으로 기록되어 있었는데 신공기나 응신기에 인용할 때 왕대와 간지를 말소하여 실제 연대를 앞당기는 조작이 행해졌다고 생각된다.[9] 그러나 4세기 후반의 확실한 사실로는 백제와 탁순국의 통교기사 및 왜국과 백제의 통교개시 기사 이외에는 확인되지 않는다. 명확히 신공기 편찬단계에서 목라근자木羅斤資의 정토 기사가 부가되고, 「백제기」 표기와는 다른 「황전별荒田別 · 녹아별鹿我別」의 전승 등이 삽입되었기 때문에 갑자년과 기사년 이외의 기년은 그다지 중시할 수 없다. 「백제기」에는 이야기 전체의 상세한 기년이 없었는지, (편찬자가) 간지를 소거하고 신공기에 기년을 이동시켰을 가능성이 높다고 생각된다.[10] 따라서 이케우치 히로시池內宏 · 스에마쓰 야스카즈末松保和 설처럼 신공기에 배열된 갑자 · 정묘 · 기사 · 임신년이란 간지 기록을 「백제기」에서 유래한 것으로 존중하고, 갑사(364)년과 기사(369)년 사이에 백제왕과 왜왕의 교섭, 백제왕이 왜왕에게 귀복歸服하고 왜왕이 신라 정토의 군대를 파견했다는 것, 가라 7국 평정기사 등이 「백제기」에 기록되어 있었다고 판단하는 것은 불가능하다.

9 山尾幸久, 1983, 『古代王權形成史論』, 岩波書店, 205-206쪽.

10 田中俊明 주4) 전게논문, 202쪽에 의하면 『日本書紀』에 372년에 칠지도가 보내졌다는 것도 윤색(潤色)으로, 본래는 369년 제작과 동시에 보내졌다고 추정한다.

4.『백제기』 초고왕대 사실의 복원

이상의 검토 결과를 바탕으로 「백제기」에 본래 기록되어 있던 초고왕대 기사의 내용을 복원하겠다. 먼저 「백제기」를 기초로 작성된 신공기의 기록은 일본과 백제 사이의 교섭 기원을 설명하는 것에 주안점이 두어져 있지만, 계체繼体 · 흠명기欽明紀의 기초사료인 「백제본기百濟本記」에는 초고왕 시대에 가야와 교섭을 개시했다는 것이 종종 기재되어 있음에도 왜국과의 관계는 설명되고 있지 않다. 「백제기」의 백제측 주장은 「백제본기」에서 자주 회고되고 있는 것처럼 가라에 대한 영향력을 가지게 된 과정의 일관된 기원전승으로서 기록되었다고 생각된다.[11] 「백제본기」를 기초로 하여 「백제기」가 기원전승으로서 새로이 창작된 것이라고 한다면, 당시 확실히 전승되고 있던 것은 속고왕速古王=근초고왕近肖古王(346~375), 귀수왕貴首王=근구수왕近仇首王(375~384) 시기에 백제가 가야제국과 우호관계를 맺고 있었다는 것만 확인될 뿐이다. 간지 기록을 중시한다면 초고왕 갑자년(364) 7월 이래 백제와 탁순국의 교섭이 「백제기」에 존재하였고, 게다가 이에 이어 왜국에서 파견된 사자인 「직마나나가비궤職麻那那加比跪」가 보사報使로서 탁순국에서 백제로 파견된 기사가 기록되어 있었을 것으로 추측된다. 그렇지만 그 후에 기록된 신공기 47년부터 52년조에 이르는 대부분의 전개는 조작이며, 특히 47년조처럼 백제와 신라의 조공을 둘러싼 다툼은 조작의 가능성이 높고, 더욱이 중복적이면서도 내용이 없는 백제 입공기사인 50년 · 51년조를 포함한 3년분의 기록은 「백제기」에 없었던 『일본서기』 편자에 의한 조작이라고 생각된다.[12]

이상과 같이 「백제기」에서 유래한 초고왕대의 사실은 갑자년 7월 이래 백

11 백제와 탁순국의 통교개시, 백제의 장군 목라근자(木羅斤資)의 신라 · 가라정토(征討)와 사직(社稷)의 회복이 「백제기」의 주제로 되어 있다.

12 三品彰英 주1) 전게서, 110 · 111, 178쪽

제와 탁순국 간의 교섭기사(백제가 탁순국으로 사자를 파견한 것과 탁순국으로 직마나나가비궤職麻那那加比跪=사마斯摩(마麻)숙네宿禰의 견사와 이어 병인년(366)에 탁순국과 왜인의 백제 내조來朝와 사마斯摩(마麻)숙네宿禰=직마나나가비궤職麻那那加比跪의 견사·보사 기록 정도이며, 이후에 보이는 백제의 구저久弖과 왜의 천웅장언千熊長彦의 빈번한 왕래에 대한 3년 분 정도의 기사는 조작이었다고 생각된다.

또 다른 확실한 기사는 기사년(369=태화사년泰和四年) 백제왕의 칠지도橫刀 헌상기사로 추정된다. 칠지도에 대해서는 아래와 같은 사료를 통해 확인할 수 있다.

泰和四年□月十六日丙午正陽, 造百鍊鋼七支刀, 出辟百兵, 宜供供侯王, □□□□作, 先世以來, 未有此刀, 百濟王世子奇生聖音, 故爲倭王旨造, 傳示後世.

〈石上神宮七枝刀銘文〉

久氐等從千熊長彦詣之. 則獻七枝刀一口·七子鏡一面, 及種々重寶. 仍啓曰, 臣國以西有水. 源出自谷那鐵山. 其邈七日行之不及. 當飮是水, 便取是山鐵, 以永奉聖朝. 乃謂孫枕流王曰, 今我所通, 海東貴國, 是天所啓. 是以, 垂天恩, 割海西而賜我. 由是, 國基永固. 汝當善脩和好, 聚歛土物, 奉貢不絕, 雖死何恨. 自是後, 每年相續朝貢焉.

〈『日本書紀』 神功 52年 9月 丙子條〉

亦, 百濟國主照古王, 以牡馬壹疋·牝馬壹疋, 付阿知吉師以貢上(此阿知吉師者, 阿直史等之祖). 亦, 貢上橫刀及大鏡.

〈『古事記』 應神段〉

『고사기古事記』 응신단應神殿의 기록에서 조고왕내에 「횡도급내경橫刀及大鏡」을 헌상했다고 한 것은 『일본서기』의 「칠지도일구七枝刀一口·칠자경일면七子鏡

一面」과 대응한다. 『고사기』의 원사료는 「백제기」 이전부터 있던 전승인 제기帝紀 · 구사舊辭인데 서로 다른 전승이 부합하고 있다.

확인해야 할 것은 칠지도 명문의 기년 「태화사년泰和四年」이 동진 연호 태화사년(369)인가이며, 간지 2운=120년을 늦추면 신공기의 연대(임신=252 → 수정 372)와 3년 차이가 난다는 점이다.[13] 어느 쪽의 기년을 중시해야하는가에 대해서는 백제가 진晉에 입조한 시기가 함안咸安 2년(372)이라는 점이 중시되어 왔다.

百濟林邑王各師(使?)貢方物

〈『晉書』 簡文帝紀 咸安 2年 正月辛丑條〉

遣使拜百濟王余句爲鎭東大將軍領樂浪太守

〈『晉書』 簡文帝紀 咸安 2年 六月條〉

遣使入晉朝貢

〈『三國史記』 百濟本紀 近肖古王 27年 正月條〉

게다가 이 입조 전년에 백제가 고구려에게 대승리를 거둔 것도 주목되어 왔다. 369년 이래 3년 간 백제는 고구려와 격렬한 전투를 계속하여 승리한다. 특히 백제왕뿐만 아니라 태자도 대對고구려전에서 활약하고 있는 것이 주목된다.

---

13 졸고, 2009, 「古代日本の世界観-天下 · 國 · 都城-」, 『國立歷史民俗博物館研究報告』 119; 同, 2004, 「ヤマト王権の成立」, 『日本史講座』 一, 東京大學出版會; 同, 2013, 「アジア史のなかでのヤマト王権」, 『HUMAN』 4, 平凡社; 同, 「倭國の成立と東アジア」, 전게 주3) 논문

王與太子帥精兵三萬. 侵高句麗. 攻平壤城. 麗王斯由力戰拒之. 中流矢死. 王引軍退. 移都漢山.

〈『三國史記』 百濟本紀 近肖古王 26年(371) 冬條〉

百濟王率兵三萬來攻平壤城. 王出師拒之. 爲流矢所中. 是月二十三日薨.

〈『三國史記』 高句麗本紀 故國原王 41年 10月條〉

다만 이러한 해석은 어디까지나 신공기의 기년, 즉 원사료가 된 「백제기」의 왕대나 간지가 정확히 적혀 있었다는 것을 전제로 한다. 지금까지의 검토에 의하면 「백제기」에는 본래 왕대와 간지가 기록되어 있었으나 신공기에서는 기본적으로 왕대나 간지가 삭제되어 기년에 반드시 얽매이지 않는 조작이 가능해졌다고 추측했다. 간지 기록은 갑자년(364) 7월 이래 백제와 탁순국 사이의 교섭기사 및 이어 병인년(366)에 백제로 탁순국과 왜인의 내조와 사마숙녜斯摩宿禰=직마나나가비궤職麻那那加比跪의 견사 · 보사의 기록까지가 어느 정도 확인될 뿐이다. 종래의 정설이었던 신공기 편년이 기본적으로 「백제기」 유래의 간지 기록에 근거한다는 이해, 특히 신공기 47년부터 52년조에 걸친 전개에 대해서는 많은 조작이 상정되고 있어 칠지도 관련 기록이 있는 신공기 52년조의 기록만 정확한 기년을 기록하고 있다고 생각하기는 어렵다.[14] 기본적인 사료비판의 입장에서 보면 칠지도에 새겨진 동진 연호인 태화 4년(369)을 먼저 존중해야할 것이다.[15] 이 경우 이하의 기사가 먼저 주목된다.

14 졸고, 「ヤマト王権の成立」 주13) 전게논문에서 백제의 조공과 고구려전의 승리를 중시하여 신공기의 기년을 존중하는 견해를 기술한 적이 있으나 정정하고자 한다. 제작과 도래연대의 차이로 생각할 여지도 있으나, 이 경우에도 정확한 연대를 기록한 것은 「백제기」뿐이고, 왜국 측에 그러한 동시대의 정확한 기록이 있었다고 생각하기 어렵다.

15 鈴木靖民, 2012, 「石上神宮七支刀銘文と倭國をめぐる国際関係」, 『倭國史の展開と東アジア』, 岩波書店(初出 1983年)는 백제왕권 내부에 동진과 관계가 있는 중국계 인사들이 존재함에 따라 입조 이전에 동진 연호를 사용했다고 생각한다.

高句麗王斯由帥步騎二萬, 來屯雉壤, 分兵侵奪民戶, 王遣太子以兵徑至雉壤, 急擊破之, 獲五千余級, 基虜獲分賜將士.

〈『三國史記』百濟本紀 近肖古王 24年(369) 9月條〉

王以兵二萬南伐百濟, 戰於雉壤, 敗績.

〈『三國史記』高句麗本紀 故國原王 39年(369) 9月條〉

백제와 고구려의 싸움은 372년까지 계속되지만, 이미 고구려병을 백제 태자가 격파하였고, 명문에도 「백제왕의 세자」라고 명기한 것처럼 본래는 이 대승리를 기념하여 칼을 제작했을 가능성도 높다고 생각된다. 「백제기」에는 정확히 이 연대를 적고 있었으나, 『일본서기』 편자는 백제가 진에 입조한 것, 그 전년에 백제는 고구려에 대해 대승리를 거둔 것 등을 고려하면서 「백제기」에는 없었던 백제의 조공기사를 적은 47년 · 50년 · 51년조 3년분의 기록을 부가했기 때문에 본래의 기년을 3년 이동시켰다고 생각된다. 따라서 「백제기」에서는 신공기 49년 3월조의 9에 보이는 왜국과 백제의 「맹약」을 전제로 칠지도가 백제에서 보내졌다는 기술이 된다. 금석문의 연대를 중시한다면 369년이 본래 백제와 왜국의 통교개시 연대였을 것으로 여겨진다.

Ⅱ. 맺음말

「대화조정의 임나지배」의 역사적 근거로서 오랫동안 다루어져 온 『일본서기』 신공기 49년 3월조의 「가라7국 평정기사」는 백제 3서의 객관성과 광개토왕비문에 대한 신뢰성에 근거하여 지지되어 왔다. 그렇지만 지금까지의 검토에 의해 어떤 근거도 빈약하다는 것을 연구사 및 기초사료의 재검토를 통해 명확히 밝혔다.

먼저 연구사적 문제점으로서는 4세기부터 6세기에 걸친 「대화조정의 남부조선지배」, 즉 「야마토왕권의 임나지배」라는 실증되지 않은 「부동의 사실」이 국가사에 관한 통설에서 전체 설명체계의 주축이 되고 있고, 전방후원분의 분포와 왕권의 지배범위를 동일시하며, 「기기記紀」에서 말하는 것처럼 전국통일과정과 지배권 확립을 상정하는 큰 전제가 되고 있음을 확인했다.

「백제본기」에 자주 회고되고 있는 것처럼 「백제기」에서 백제측 주장은 가라에 대한 영향력을 보유하게 된 기원전승으로서 기록되었다. 「백제기」 유래의 초고왕대 사실은 갑자(364)년 7월 이래 백제와 탁순국과의 교섭기사(백제의 탁순국 사신 파견과 탁순국으로 직마나나가비궤職麻那那加比跪=사마숙네斯摩宿禰 견사와 이어 탁순국과 왜인의 백제 내조와 사마숙네斯摩宿禰=직마나나가비궤職麻那那加比跪의 견사 · 보사의 내용이다. 이후에 보이는 백제의 구저와 왜의 천웅장언千熊長彦의 빈번한 왕래에 대한 3년 분 정도의 기사는 조작이었다고 생각된다. 「백제기」에는 신공기 49년 3월조에 보이는 왜국과 백제의 「맹약」을 전제로 하여 칠지도가 백제에서 보내졌다는 기술뿐이었다. 금석문의 연대를 중시한다면 369년이 본래 백제와 왜국의 통교개시 연대였다고 생각한다.

한편, 「백제기」 유래의 비유왕대 사실로서는 429년에 백제 장군 목라근자木羅斤資가 왜의 사지비궤沙至比跪와 함께 탁순국에 집결하여 신라 · 가라를 쳤다는 것, 442년 왜가 사지비궤를 파견하여 가라를 친 것, 백제 목라근자는 가라의 걸사乞師에 의해 사지비궤 등 왜병들을 친 것 등이 확인된다. 게다가 백제로부터 왕족 여성이 왜국으로 건너 온 것, 왜국에서도 사자가 파견되었다는 것이 확인되었다. 이 동맹에 의해 백제가 주도하고 왜국도 참가한 가라 · 신라에 대한 군사행동이 가라에 대한 왜국의 군사행동의 기원으로서 고의로 간지를 180년 내린 신공기에 기록되었다고 추측된다.

이상과 같이 「가라7국 평정기사」는 비유왕대의 사실이 증폭되어 『일본서기』 편자에 의해 신공기의 전승으로서 기록된 것으로 생각되며, 초고왕대인 기사년己巳年(369)에 왜왕이 신라정토의 군대를 보냈다고 한 것은 부정된다.

지정토론문

박중환

공석구

이근우

홍정아

김주성

「근초고왕대 마한 복속에 대한 일고찰」에 대한 토론문

토론 박중환 (국립나주박물관)

널리 알려져 있듯이 백제의 마한 병합과정은 문헌사료 상에서 너무 이른 시기에 완결된 사건으로 전하고 있는 데에서 기록 그 자체에 대한 의혹을 불러일으켜 왔다. 본 발표문은 온조왕대에 병합했다는 마한 병합 기사의 의미와 함께 근초고왕대에 이루어진 마한 복속의 과정과 배경, 그리고 그 역사적 의미를 다루고 있다. 특히 문헌기록 속에 혼란스럽게 남아있는 백제의 마한 병합과정의 전개과정을 사료비판을 통하여 다루었고 그 과정을 정합적으로 정리하고자 노력했다는 점에서 백제 초기 역사 이해에 적지 않은 도움이 될 수 있을 것이다. 발표문에서 결론적으로 정리한 주요 내용은 다음과 같은 것들이다. 온조왕대 마한 병합 기사는 3세기 중후반 아산만 일대의 목지국 정벌을 기록한 것이다. 신공기神功紀 49년조 마한 정벌기사는 근초고왕대 마한 복속의 단계적 모습을 보여준 것이다. 백제가 마한을 복속할 수 있었던 요인은 농업에 유리한 지정학적 요인과 한강유역에 대한 교통로의 장악이었다. 그리고 철기의 보급과 같은 앞선 선진문물의 수용도 중요한 배경이 된다. 근초고왕대의 마한 정벌은 사실상 마한 세력의 자발적인 복속이 큰 흐름을 이룬다.

토론자로서는 이러한 발표자의 당시 상황 인식이 대체로 타당성이 높다고 생각한다. 다만 그 논의의 과정에서 충분하게 설명이 이루어지지 못한 부분과 논리적으로 보아 부자연스러운 부분 몇 가지를 지적하는 것으로 토론자의 소임에 가름하고자 한다.

첫째 백제의 마한 복속 (병합 혹은 정벌) 과정을 설명하는 데 있어서 피해갈 수 없는 기사인 신공기 49년조에 대한 근본적인 이해 방법의 문제이다. 사료 B에 나오는 정벌의 주체는 전통적인 이해대로 신공황후神功皇后가 아닌 백제왕으로 보고 있다. 하지만 백제왕, 구체적으로는 근초고왕이 주체가 된 이 정벌의 가장 중심이 되는 대상은 전북지역 등 보다 북쪽에 위치했던 것으로 보이는 비리比利, 벽중辟中, 고사古四 등의 지역이 아니라 '남만 침미다례'이다. 그럼에도 한강유역에서 출발했을 근초고왕의 백제 군대가 처음 군사적 공격을 개시한 곳은 본 발표문에서 강진과 해남으로 인식하고 있는 남해안이다. 사료 B의 본문의 주체를 백제왕으로 해석하고 그러면서도 기사의 순서를 해체하지 않고 있는 그대로 받아들이자면 근초고왕의 백제 군대는 이동경로가 매우 부자연스러워진다. 백제군은 험준한 산악지대가 그다지 많지도 않은 충청남도의 해안 지역과 전라북도의 평야지대, 전라남도의 평야지대를 통과하지 않고 해로를 통해서 한강 하구에서 출발해서 맨 처음 남해안의 해남 땅끝마을 부근으로 왔다고 설명해야 하기 때문이다. 더구나 신공기 49년조에서 '도륙屠戮'을 했더니 그 주변의 세력 즉 현재의 전라북도에 이르는 토착세력들이 스스로 항복해 들어왔다고 하는 서술로 미루어 '침미다례'라는 지역 혹은 세력은 기사가 쓰인 당시 한반도 남서부 일대에서 가장 강성한 세력이거나 그에 필적하는 세력이어야 한다. 발표문의 각주 104에서 강진 양유동 유적과 해남 신금 유적, 해남 분토 유적 등에서 발견된 주거지의 화재 흔적을 그러한 고고학적 자료의 가능성이 있는 것으로 거론하고 있지만 이들 유적은 그 규모나 문화상으로 보아 현재의 호남지역 전역을 대상으로 하는 대표성을 갖고 있지 못한다.

둘째 근초고왕대 마한 복속을 역사적 사실로 받아들인다고 해도 이러한 복속의 효과가 지속적으로 유지되었을 것인가 하는 의문이 든다. 본 발표문이 대상으로 하는 시기가 근초고왕대이기는 하지만 근초고왕대에 이루어진 정복이나 영역화의 상태가 그의 시대가 끝난 뒤에 지속되지 못했다면 그러한 복속의 의미와 가치는 역사적으로 재평가될 수밖에 없다. 그것은 이미 제기되었던 바와 같이 '영역화'로 평가되기보다는 '일회적 강습强襲'이라고 평가되어야 할 수도 있기 때문이다. 한강유역과 경기도 일대의 지역을 주 활동무대로 하고 있었던 것으로 보이는 한성기 백제의 인적, 물적 여건에 비추어 충청남도와 전라북도, 그리고 전라남도에 이르는 광역의 지역을 지속적으로 지배하는 것은 기대하기 어려운 상황일 수 있기 때문이다. 그것은 고구려에 대한 군사적 활동의 의미에 대한 평가와도 궤를 같이 할 수 있다. 근초고왕대 평양성 일대까지 군사적 진출을 했다고 해도 근초고왕 이후의 시대에 들어 예성강 일대와 그 북쪽 지역에 대한 군사적 활동이 지속적으로 이어질 수 없었다면 그에 대한 평가도 하향될 수밖에 없는 것과 마찬가지이다.

셋째 근초고왕대 백제 복속을 가능하게 했던 요인에 대한 부분이다. 발표문에서는 그 요인의 하나로 철제 무기와 농공구를 비롯한 선진문물의 조기 수용을 들었다. 타당한 시각이라고 여겨진다. 그런데 이 점에 있어서 반대로 마한 쪽에서 보면 마한사회가 가진 선진문물 수용의 지체라든가 문화에 있어서의 특수한 요소를 지적할 수도 있을 것이다. 삼국지 동이전의 내용에 전하고 있듯이 마한 사람들이 소나 말을 탈 줄을 모르고 모두 장례를 치르는 데에만 사용했다는 기록의 의미를 주목할 필요가 있다고 생각되기 때문이다. 이는 마한사회에 기마騎馬의 풍습이 없었다는 내용을 전하는 것으로 이해되고 있고 거기에는 소나 말에 대한 어떤 특별한 사회적 통념이 영향을 미치고 있었다고 생각할 수 있다. 소나 말을 실용적인 목적으로 사용하지 않고 신성의 대상으로 여겼을 가능성도 있는 것이다. 실제 마한적 전통이 남아있는 무덤 형태인 나주 반남과 영암 시종 지역의 옹관고분에서는 마구馬具가 출토되고 있지 않은데 비해서 백제의 영향이 시작되는 나주 다시면 복암리의 석실고분에서 마구가 본격적으로 나오고 있는 점도 문헌 기록의 내용을 확인해 주고 있다. 요컨대 마한 사회가 사회적 통념의 영향 등에 의해 기마문화의 수용이 늦어졌고 당연히 전쟁에 있어서도 기마전을 수행할 수 없었던 것으로 볼 수 있다. 근초고왕대 백제의 마한지역 복속의 요인을 헤아릴 때 고려해야 할 부분일 수 있지 않을까 생각되는 바 이에 대한 발표자의 고견을 듣고 싶다.

「3~4세기 백제의 북방 진출과 고구려」에 대한 토론문

토론 공석구 (한밭대학교)

발표자께서는 4세기 후반 고구려와 백제 간의 갈등이 본격화하기 이전의 정치상황을 검토하였다. 논의의 중심은 양국 사이에 개재介在해 있던 낙랑·대방군고지의 정치세력에 대한 해석이었다. 정밀하게 분석된 본 논문을 통해서 낙랑·대방군 지역을 사이에 두고 각기 성장해 나가던 고구려, 백제와의 상호관계를 좀 더 구체적으로 이해하게 되었다. 특히 평안·황해도 지역에 존재하는 고고학 관련 자료까지도 검토하여 논의를 한층 진전시켰다는 점에서 이 논문이 지니는 가치를 엿보게 된다. 본 논문을 평가하자면 기존의 연구 성과보다 한층 적극적인 해석을 통해 당시 상황에 대한 이해를 시도하고 있다는 점이다.

이 논문에서 강조하려고 했던 내용을 간단히 요약해보자.

1. 『삼국사기三國史記』에 기록된 '낙랑樂浪', '낙랑국樂浪國'또는 '대방帶方', '대방국帶方國'의 실체에 대하여 한군현漢郡縣이래 지속되어온 낙랑군樂浪郡 대방군帶方郡의 주변지역에 존재하던 부용세력으로 파악하고자 하였다. 다시 말하자면 낙랑군과 낙랑국을 별개의 세력으로 이해한 점이다. '대방帶方'의 경우에도 백제와 대방군의 경계사이에 존재하던 토착세력으로서 이해하고 있다.

2. 고구려와 백제가 4세기 초반 이후부터는 접경하였을 것으로 파악하고,

4세기 낙랑·대방군 지역에 존재하던 세력의 실체를 좀 더 적극적으로 해석하고 있다. 발표자는 4세기 초반 이래로 고구려가 2군 고지를 일관되게 영역화했을 가능성이 높다고 하였다(49쪽). 이와 같은 관점은 종래의 일반적인 견해보다 한층 적극적으로 고구려의 영향력을 강조한 것이다.

토론자는 일찍이 관련 논문을 몇 차례 제출한 바가 있어, 발표자의 견해에 공감하는 바가 적지 않다. 하지만 토론자와는 일부 견해를 달리하거나 보충 설명이 필요한 몇 가지 사항에 대한 질의를 통해 관련 내용에 대한 공동인식에 접근해 보고자 한다.

첫째로 낙랑군과 대방군 부근에 낙랑·대방국을 칭하는 정치세력이 별도로 존재한다고 이해하기에는 현재의 설명으로 충분치가 않다. 특히 낙랑·대방국의 실체를 양군兩郡의 주변지역에 존재하는, 양군에 부용된 토착세력으로 이해하고 있다. 『삼국사기』 기록을 합리적으로 해석하려는 발표자의 의도를 이해하는 부분도 있지만, 이를 전적으로 공감하기는 어렵다. 참고로 『삼국유사三國遺事』 기이편紀異篇 낙랑국을 보면 '전한시시치낙랑군前漢時始置樂浪郡'라 하여 낙랑국을 낙랑군과 동일시한 인식을 엿볼 수 있다. 사실 낙랑 · 대방은 하나의 정치체이다. 동일명칭의 정치체가 인근에 별도로 존재, 기능하는 경우를 상정하기 위해서는 좀 더 논의가 필요할 것 같다. 중국계 행정 통치조직(낙랑군·대방군)의 주변에 동일 명칭을 가진 토착 정치세력의 또 다른 사례가 있는지 검토가 필요할 것이다. 이 부분에 대한 토론자의 생각은 사서를 기록하는 입장의 차이(중국 측 기록과 한국 측 기록)에서 기인된 것으로 생각하고 있다.

둘째로 고구려와 백제가 4세기 초반 이후부터는 접경하였을 것으로 파악한 부분에 대해서는 좀 더 설명이 필요할 것 같다. 사료는 양국이 지속적으로 교류, 갈등하기 시작하는 것을 4세기 후반 이후부터로 기록하고 있다. 또한 '고구려가 4세기 초 이래로 양군 고지를 일관되게 영역화했다'고 해석하고 있다. 영역화라는 개념의 설정과 이해에 대해서는 학자에 따라서 상당한 입장과 해석이 존재할 수 있을 것이다. 발표자의 구체적인 입장 제시가 필요하다고 생각한다. 문제는 4세기 양군 고지 상황에 대한 문헌사료가 거의 존재하지 않는다는 점이다. 따라서 그들이 남긴 고고학 자료를 통해서 당시 상황을 합리적으로 추론해내야 할 것이다. 다음 표를 보자.

번호	연대	紀年銘文	國家	出土地
1	307 ~ 312	永嘉□ 季韓氏造塼	晋	황해남도 신천군 南部面書院里 (전축분)
2	316	建興四年會景□□	晋	傳 황해도 지방(전축분)
3	327	泰寧五年三月十□	東晋	황해남도 안악군 용순면 福隅里 第2号墳(전축분)
4	335	咸和十年 太歲乙未孫氏造	東晋	황해남도 신천군 신천면 社稷里 (전축분)
5	342	建武八年 西邑太守 西邑太守張君塼	後趙	황해남도 안악군 로암리(전축분)
6	343	建武九年三月三日王氏造 奉車□	後趙	傳 황해남도 신천군(전축분)
7	345	建元三年太歲 □巳八月孫氏造	東晋	황해남도 신천군 加山面 干城里 (전축분)
8	(348)	大歲在戊漁陽張撫夷塼 大歲戊在漁陽張撫夷塼 大歲在申漁陽張撫夷塼 八月八日造塼日八十石□ 張使君塼 使君帶方太守張撫夷塼		황해남도 봉산군 문정면 昭封里 제1호분(전축분)
9	350	建武十八年 太歲□	後趙	황해남도 신천군 용문면 복우리 제8호분(전축분)
10	352	永和八季二月四日 韓氏造塼	東晋	황해도 신천군 북부면(전축분)
11	353	永和九年三月十日 遼東韓玄 兎 太守領佟利造	東晋	평양시 평양역구내(전축분)
12	357	永和十三年使持節 都督諸軍事 平東將軍 護撫夷校尉 樂浪相 昌 黎玄菟帶方太守 都鄕候	東晋	황해남도 안악군(석실분)
13	386	太安二□	前秦	황해남도 신천군 북부면 토성리 (전축분)

표 1 낙랑 · 대방군 고지의 고고학자료

위 표는 4세기 양군 고지의 고고학자료(전축분, 석실분)이다. 사용된 연호, 관직 등을 통해 이들이 정치세력임을 이해할 수 있다. 특히 연호들은 모두가 중국 왕조(진 · 동진 · 후조 · 전진)의 연호에 해당된다. 따라서 이들과 중국 왕조 사이에는 각기 정치적인 관계가 성립되어 있음을 의미한다. 이와 같은 현상을 발표자의 견해와 비교해 볼 때 이들 자료를 어떻게 합리적으로 설명해야 할 것인가?

「근초고왕대의 백제와 가야」에 대한 토론문

토론 이근우 (부경대학교)

이영식 교수는 논문 「근초고왕대의 백제와 가야」에서, 『일본서기日本書紀』 신공기神功紀에 실려 있는 '가라7국평정'에 관한 기사를 근초고왕대에 백제가 가야를 정벌한 사실로 읽을 수 없다고 밝혔다. 오히려 『일본서기』의 백제 관련 기사에는 "5세기 후반 내지 6세기 대, 특히 성왕 대의 가야지역에 대한 현실적 이해관계의 관철을 위한 외교적 주장들과 외교적 주장을 위해 창작 또는 윤색되었던 기술들은 회고와 같은 형식으로 후대의 사실이 연대적으로 소급 중복 기술된 것이 적지 않다."고 하였다. 구체적으로 "「신공기」의 이른바 '가라7국평정'과 '가라국공략'에 관련된 전승에서 확인할 수 있는 역사적 사실이란 백제 근초고왕대의 충남과 선북 시역에 대한 군사 활동이었으며, 장수~임실~남원 지역 등에 실재하고 있었던 가야 세력에 대한 일시적인 군사행동이 관련되었던 것으로 추정해 볼 수 있다."고 하였다.

이러한 주장은 근초고왕대에 전라도 지역과 가야 지역에 대한 정벌이 이루어졌고, 이를 계기로 영산강 유역 등에 간접적인 지배가 시작되었다고 보는 백제사의 통설적인 인식과 크게 다른 것이다. 그렇지만 『일본서기』의 사료적인 한계, 『삼국사기三國史記』의 내용, 영산강 유역 및 김해 지역의 고고학적인 발굴성과 등을 고려하면, 이영식 교수의 주장을 적극적으로 부정하기 어렵다. 근초고왕대에 박사 고흥을 얻어서 백제가 본격적인 역사기록을 시작하였고, 태자 근구수에 관한 전승까지도 자세히 남아있음에도 불구하고, 근초고왕의 가야 정벌에 대한 내용이 단 한 줄도 남아있지 않다. 또한 만약 369년에 백제가 가야 여러 나라들이 위치한 경상남도와 탐미다례 등이 있는 전라도 일대를 정벌하였다고 한다면, 현재 남한 면적의 1/4 정도에서 군사작전을 펼친 셈이다. 가야 여러 나라들은 대부분 강과 산으로 구획되어 고립적으로 존재하며, 소백산맥이라는 장벽으로 가로막혀 있다. 웅진 천도 이후인 5세기 말부터 남원 지역으로 진출한 백제는 30년 가까운 군사활동 끝에 비로소 함안지역에 도달할 수 있었다. 한편으로는 고구려와도 전쟁이 계속되는 상황이었고, 369년 9월에는 고구려가 보기 2만을 거느리고 치양에 와서 주둔하였고, 이를 막기 위하여 태자 근구수를 보내어 불시에 공격하였다. 이런 상황에서 백제군의 주력이 가야 여러 나라와 영산강 유역의 여러 지역에서 군사활동을 펼칠 수 있었을까? 이처럼 근초고왕대의 가야 정벌설은 많은 의문을 남기고 있다. 이를 입증하기 위해서는 당시 백제 군사력의 규모나 해로를 통한 병력의 수송 능력 등을 고려하면서 신중하게 생각해야 할 부분이 적지 않다.

1. 칠지도 명문의 해석에 대하여

<앞면> 泰和 4년(372) 여름의 가운데 달 5월에 불의 힘이 가장 왕성한 16일 丙午의 날 정오에 수없이 두드려 강철의 七支刀를 만들었다. 이 칼은 모든 병기의 해를 물리칠 수 있으니 공손한 侯王에게 적합할 것이다. 오랫동안 좋은 효험이 있기 바란다.

<뒷면> 이제까지 이런 칼이 없었는데 百濟 王世子인 奇生이 성스럽고 덕이 있어 倭王 旨를 위해 만들었으니 후세에 길이 전해 보이기 바란다.

<앞면> 泰和四年五月十六日丙午正陽造百練□七支刀出辟百兵宜供供侯王永年大吉祥

<뒷면> 先世以來未有此刀百濟王世□奇生聖音(또는 晋)故爲倭王旨造傳示後世

(浜田耕策, 2005,「4世紀の日韓関係」, 第1回日韓歴史共同硏究(第1期) 第1分 科報告書.)

칠지도의 내용을 번역한 가운데, '공손한 후왕', '오랫동안 좋은 효험이 있기를 바란다', '百濟 王世子인 奇生이 성스럽고 덕이 있어'로 번역한 이유를 듣고 싶다. 특히 왕세자에게 성스럽고 덕이 있다는 표현한 것은 오히려 근초고왕보다 태자 근구수를 더 뛰어난 자질을 가진 것으로 인정하는 셈이 된다.

2. 제주도 복속에 대하여

"따라서 발표자는 백제가 영산강유역에 진출하고 제주도까지 복속시키는 것은 5세기 후반의 시기를 기다리지 않으면 안 된다고 생각한다."

백제의 마한 지역 정벌 혹은 복속 문제와 마찬가지로 제주도에 있었던 탐라의 복속이라는 문제도 백제의 성장과정에서 중요한 의미를 지니는 것이다. 이때 복속이라고 하는 것은 영산강 유역을 복속시킨 것과 같은 뜻인가? 영산강유역은 백제의 지역으로 편입되어 군현이 설치되지만, 탐라의 경우는 그렇지 않았으며, 백제의 멸망 당시에도 탐라국의 사신이 나타난다. 계체기의 기사는 탐라와 통교하였다고 하였고, 백제가 탐라를 복속시켰다고 하지 않았다.

3. 소소한 문제들

중원의 동진 – 동진의 수도는 건강建康 즉 현재의 남경南京이고, 이 지역은 강동江東은 강좌江左라고 불리면 중원中原이 아니다. 중원은 가장 넓은 의미로 쓰더라도 양자강 북쪽 지역만 지칭한다.

칠지도의 검신 – 칠지도라는 이름에 따르면 도신이라고 쓰는 편이 좋을 것 같다.

作東作南 - 乍東乍南

「백제 근초고왕대 동진과의 관계」에 대한 토론문

토론 홍정아 (서울대학교)

여호규 선생님의 발표문은 4세기 백제와 중국과의 관계를 문헌자료와 고고자료를 바탕으로 백제 중심적 시각에서 해석하던 기존의 연구방법에서 한 걸음 더 나아가 중국 내의 정세 변화에 관심을 기울였다는 점에서 의의가 있다고 할 수 있다. 특히, 백제 근초고왕이 동진東晉으로부터 책봉을 받은 372년을 중심으로 그 전후의 외교적 관계 변화뿐만 아니라 그 변화를 초래하게 된 동진 내부의 정치적 상황 변화까지 포괄적으로 고려하고 있다는 점이 주목할 만하다.

기존의 연구 성과에 따라 출토된 고고자료, 예컨대 시유도기施釉陶器, 전문도기錢文陶器 등의 존재를 통해 372년 이전에도 백제와 중국 간 교류가 있었음은 충분히 인정할 수 있다고 해도 발표문이 지적한 것처럼 백제와 동진이 직접적인 관계를 맺었느냐는 조금 더 고려해야 할 부분이 있을 듯하다. 주지하듯 당시 양자 간의 교섭루트가 연안을 따라 원거리로 이어지고 더구나 그 사이에 고구려高句麗나 5호 제국과 같은 다른 세력이 존재했음을 고려하면, 동진 대에 들어서도 서진 때와 같이 직접적인 교류가 이루어졌을 것이라고 당연시하기엔 무리가 있다.

이에 이 발표문에서는 한반도와 중국 대륙 간 연안항로에 밝고 실질적으로 활약을 할 수 있었던 존재들로 낙랑樂浪 · 대방계帶方系 유민流民의 존재에 주목하였다. 기존에도 낙랑 · 대방군 멸망 이후 백제 지역으로 남하한 많은 유민들의 존재가 백제의 대중 교섭에 중요한 역할을 했을 것으로 추정하는 견해가 있었으나, 이 글에서는 기존 견해에 더하여 전연前燕 모용외에게 귀부한 낙랑·대방계 유민의 역할에도 주목하였다. 전연이 멸망할 때까지 요동 반도 일대를 장악했던 상황이나, 해로에 밝고 원거리 항해 경험이 있는 인물을 낙랑태수에 임명했던 것들을 고려하면, 결국 이들 유민들이 백제와 중국을 연결하는 매개가 되었을 것으로 보는 것이다. 자기 땅을 잃고 집단을 이루어 움직이는 유민이란 사회 혼란의 근원이 될 수도 있으나, 그들을 잘 정착시켜서 이용한다면 그 사회를 발전시키는 동력이 될 수도 있으며, 이러한 사례가 빈출하는 것이 바로 위진남북조시대이다. 그러므로 이와 같은 유민의 존재에 대한 이해는 긍정할 만하다.

다만, 태수와 관련된 기사 이외에 교군僑郡의 설치와 운영 모습이라든가 혹은 유민들의 활약상, 그들과 백제와의 관계가 직접적으로 문헌자료에 명확하게 드러나지 않는다는 점이 한계로 지적되지 않을까 한다. 아울러 전체적인 목차에서 '낙랑·대방계 유민을 통한 요녕遼寧 지역과의 교섭'은 제목과 일맥상통하게 동진과의 관계가 조금 더 명확히 드러나도록 수정을 하는 것이 좋을 듯하다.

마지막으로 이 글에서는 372년 책봉의 주체가 된 동진 내부의 상황 변화, 특히 대외인식과 외교정책 변화에 대하여 서술하였다. 그전까지 동진정권에서는 서진 판도 외부에 존재하는 국가나 족속에게 책봉호를 수여한 적이 없었으나, 근초고왕의 책봉 사례 이후 주변국에도 책봉을 가하고 있다고 보았다. 또한 본래 동진은 보수적인 정통관에 기인하여 황실 인사를 제외한 이성異姓에게는 왕호王號를 내리지 않으려는 폐쇄적인 책봉호 수여를 하고 있었음을 지적하였다.

이와 같은 상황이 변하게 된 것은 370년 전진前秦이 전연을 멸망시키면서 화북지역을 통일시켜 나가던 추세와 관련이 있다고 보았다. 또한, 동진 내부 정세에도 변화가 있음을 지적하였다. 당시 최고 실력자였던 환온桓溫이 369년 제3차 북벌北伐에 실패하였으나 오히려 조정을 장악하여 371년 11월 황제를 폐위시키고 간문제簡文帝를 옹립하였는데, 그의 정책이 종전의 대외 인식이나 외교 정책과 달랐을 가능성을 상정하고 있다.

황제皇帝의 입장과 권신權臣의 입장이 달라졌을 가능성이나 내부 갈등이 심화됨에 따라 벌어지는 외교정세 판단의 변화 가능성은 충분하다. 세력을 확대해가던 전진의 공격은 383년 비수의 전투를 통해 막아냈으나, 이어 부상한 북위北魏의 존재로 인해 이후 계속 동진의 유일한 정통 왕조로서의 입지가 흔들리게 되면서 5세기에 들어서면 주변 여러 국에서 이른바 다중화주의多中華主義를 표방하게 되고 책봉이 빈번해지게 되는 상황 역시 충분히 이해가 가능할 듯하다.

다만, 발표문에서는 환온을 '군벌軍閥'로 표현하며 문벌귀족과 구분하여 대립적으로 이해하고 있는데, 사실 그 역시 이 시대의 대표적인 문벌 가문 인사 중 하나였고, 후에 유송劉宋을 세우는 유유劉裕와는 출신 배경이 완전히 다른 이였으므로 표현을 달리할 필요가 있을 듯하다.

「근초고왕과 칠지도」에 대한 토론문

토론 김주성 (전주교육대학교)

발표자는 3~4세기에 관련된 저서를 2권 이상 가지고 있는 전문가이다. 토론자는 아직 이 시기에 대한 공부가 부족한 사람이다. 토론자가 발표자에 비해 많이 부족한 셈이다. 세밀한 부분에 대해서는 지식이 부족하기 때문에 질문할 수가 없어 큰 범위에서 토론자의 책무를 다하고자 한다.

1. 이 논문의 제목은 '근초고왕과 칠지도'이다. 제목만으로는 근초고왕의 업적을 정리하고 그 업적의 피날레를 장식하기 위하여 칠지도를 왜국에 보냈던 것으로 그 내용이 상상되어진다. 그런데 내용은 일련의 신공기 기사에 대한 사료검토로 진행되고 있다. 제목과는 어울리지 않는다는 느낌이다.

2. 이 논문은 신공기神功紀 49년 기사년조의 기록 중의 가라7국에 대한 평정기사의 사료비판을 위한 목적으로 쓰였다. 기사년조의 기사는 한일 양국 고대사의 뜨거운 관심을 받아온 지 오래되었다. 그만큼 연구성과도 많이 쌓이고 사료를 보는 시각도 다양하게 전개되어 왔다. 발표자는 신공기 46년조에서부터 52년조까지의 기록을 하나의 이야기로 구성되어 있다고 파악하고 있다. 매우 흥미로운 견해임에는 틀림없다. 발표자가 파악하고 있는 신공기의 이야기의 주요 주제는 무엇이며, 가라7국 평정기사가 들어있는 기사년조는 그 전체 이야기 구조속에서 어떤 역할을 하고 있는지가 서술이 되고 있지 않다.

3. 토론자는 신공기神功紀의 이야기 주제를 신공神功의 위대함을 드러내주기 위함이었다고 본다. 즉, 신공의 영웅스러운 위대함을 강조하기 위하여 가라7국과 백제를 복속시켰다고 서술해주고 있다고 본다. 기사년조의 기사는 신공의 위대함을 강조해주는 클라이맥스로 파악하고 있다. 그 위대함을 완성시키기 위하여 각종의 자료를 끌어들이는데, 어떤 자료는 120년 이후의 자료를, 어떤 자료는 180년 이후의 자료를 끌어들였다는 것이다. '어떤 자료'의 원본이 『백제기百濟記』였는지, 아니면 씨족 가문의 전승이라든가 제기帝紀 · 구사舊辭 등의 다른 자료였는지를 구분해 내는 작업은 그렇게 만만한 작업은 아니라고 본다. 더 나아가 4장의 내용인 『백제기』에 본래 기록되어 있었던 근초고왕대의 기사의 내용을 복원한다는 것은 더욱 어려운 작업이 되었을 것으로 예상된다. 그런데 발표자는 의외로 간단하게 '갑자년(신공기 46년조)과 기사년(신공기 49년조) 이외의 기년은 그다지 중시할 수 없다'라고 하면서, 이를 기반으로 다시 47년조와 50년 · 51년조의 3년 분의 기록은 『백제기』에 없었던 『일본서기』 편자에 의한 조작으로 결론짓고 있다. 이 논증 과정이 토론자에게는 잘 이해되지 않는다. 보충 설명을 부탁한다. 그리고 신공기의 외교관계 기사 중 갑자년甲子年과 기사년己巳年의 기록이 『백제기』에 실려 있었다는 점을 인정한다고 해서 그것이 곧 사실이라고 할 수는 없을 것이다. 발표자는 갑자년과 기사년의 기사를 어느 정도까지 사실로 이해하는지의 여부를 명확하게 밝히지 않아 함께 보충설명을 부탁한다.

4. 칠지도의 제작 연대와 칠지도를 백제에서 헌상했는가 혹은 하사했는가의 문제는 지금까지도 많은 논의의 여지를 남기고 있다. 발표자는 369년 기사년조己巳年條에 보이는 천웅장언千熊長彦과 백제왕의 맹약을 전제로 칠지도가 왜로 헌상되었다고 하였다. 제작연도는 논의의 여지는 있지만, 최근 369년 쪽으로 상당히 무게가 쏠리고 있다. 헌상과 하사의 문

제는 민감한 문제라 최근에는 중립적인 용어로 표현하고 있는 경향이 찾아진다. 그런데 발표자는 신공기 기사년조의 맹약을 근거로 헌상으로 파악하고 있다. 그렇다면 발표자는 신공기 기사년조의 백제왕과 천웅장언 사이의 맹약을 기록대로 믿는다는 것으로 받아들여진다. 3번에서 '어느 정도까지 사실로 이해하는지의 여부'의 질문과 연결되는 물음이다.

5. 발표자는 발표문에서 『백제기』 사료를 상당히 중시하고 있는 듯 한 인상을 받는다. 그러나 발표자는『백제기』에 대한 구체적 견해를 표방하고 있지 않다. 발표자가 이해하는『백제기』의 편찬자, 편찬 경위,『일본서기』편찬에 미쳤던 영향 등에 대하여 간략하게 말씀해주시면 좋겠다.

종합토론

근초고왕과 그의 시대

좌장 노중국

토론

공석구
김주성
니토 아츠시仁藤敦史
박중환
안정준
여호규
이근우
이영식
정재윤
홍정아

좌장 노중국(계명대학교)

안녕하십니까? 근초고왕과 석촌동고분군이라는 주제의 국제학술대회 종합토론을 시작하도록 하겠습니다. 저는 이번 종합토론 사회를 맡은 계명대학교의 명예교수로 있는 노중국입니다.

(장내 박수)

자리를 보니까 싸움 좀 하라고 하는 것처럼 배치를 해놓은 것 같습니다. 토론은 창과 방패의 싸움이 되겠습니다. 저를 중심으로 해서 왼쪽에 앉으신 분들은 지금 아마 좋은 방패를 갖고서 막으려고 할 것이고 저와 같은 책상에 앉아 있는 분들은 날카로운 창을 갖고서 찌르려고 하게 될 겁니다. 열심히 찌르고 열심히 막도록 하는 싸움을 붙이는 것 그것은 제가 하겠습니다. 그리고 너무 심하면 적당한 선에서 끊는 일도 하겠고요.

앞서 다섯 분의 발표를 들었는데 다섯 분의 방패는 소개가 되었습니다. 이번에 창을 가지신 분들 볼펜 하나씩 다 들어보시지요. 이게 아쉽지만 창입니다. 저쪽에 아쉬운 것은 책이라도 한 번 드시면, 이게 방패가 되겠습니다. 한 번 들어보세요.

(장내 웃음)

방패를 가지신 분 소개를 하겠습니다. 그냥 소속하고 이름만 하겠습니다.

국립나주박물관장을 맡고 있는 박중환 선생님.

(장내 박수)

그다음에 한밭대학교의 공석구 교수님.

(장내 박수)

부경대학교의 이근우 교수님.

(장내 박수)

서울대학교 홍정아 선생님.

(장내 박수)

전주교육대학교의 김주성 교수님.

(장내 박수)

발표를 듣고 보니까 다섯 분 발표에서 정재윤 선생님, 이영식 선생님 그다음에 니토仁藤 선생님은 기본적으로 『일본서기日本書紀』 신공기神功紀를 중심으로 해서, 거기다 칠지도가 들어갔습니다만, 얘기가 되었고요. 그다음에 안정준 선생님은 백제와 고구려의 관계 그다음에 여호규 선생님은 백제와 동진東晋과의 관계를 얘기를 하면서 북조北朝 쪽하고 또 언급을 같이 115쪽에 또 얘기를 해 주셨습니다. 전체적으로 어떻게 정리할 것인가는 뒤에서 하기로 하고요. 지금 짜여진 프로그램대로 하면 개별 발표에 대해서 개별 토론이 있고 난 다음 시간을 봐가면서 전체적인 토론을 주제를 하나 내지 둘로 해서 이야기를 나누어 보도록 하겠습니다. 마지막 종합토론은 발표자, 토론자 관계없이 서로 찌르고 막는 이런 쪽으로 진행이 되도록 해보겠습니다. 다섯 분 하게 되는데, 끝나는 시간이 5시 50분으로 잡혀 있습니다. 한 시간밖에 되지 않는데요. 한 팀당 5~6분 정도가 질문하고 답이 될 수 있도록 해 주면 좋겠습니다. 질문하신 분도 지금 질문 요지가 나와 있으니까 핵심만 해서 질문해 주시고 답하시는 분들도 이미 질문을 먼저 받았기 때문에 거기에 대한 대답도 요약을 해서 대답을 해 주면 좋겠습니다.

1차적으로 정재윤 선생님이 '근초고왕대 마한 복속에 대한 일고찰'

을 발표한 것에 대해서 박중환 선생님이 토론을 해 주기 바랍니다. 첫 순서를 아주 모범적으로 해주기 바랍니다.

1. 근초고왕과 마한복속에 대한 일고찰

박중환(국립나주박물관)

방금 소개받은 국립나주박물관에서 근무하고 있는 박중환입니다. 아마 좌장 선생님께서 모범적이라고 언급을 하셨는데 이것은 아마 시간을 잘 지키라는 당부로 받아들여집니다. 저하고 정 선생님하고 5분 정도 쓰시라고 하셨는데 모범을 보이도록 하겠습니다.

백제의 초기 수도였던 서울에 시골 사람이 올라와서 서니까 좀 떨립니다. 다른 또 시골에서 오신 분도 계십니다만, 정 선생님 발표를 잘 듣고 또 발표문도 잘 읽어보았습니다. 그런데 여기 토론분에는 대체적으로 타당한 시각인 것 같다고 표현을 했습니다만, 이렇게 쓴 것은 제가 이 학술대회를 계기로 해서 정 선생님하고 인간관계가 악화되지 않기 위해서 그렇게 한 측면이 없지 않아 있습니다. 제 개인적인 생각으로는 상당히 많은 부분의 설명이 이번 발표문의 제목에 들어있는 '근초고왕'이라는 말을 '동성왕'이라는 말로 바꾸었으면 굉장히 당시의 역사상에 훨씬 더 타당하지 않을까 하는 개인적인 소견을 갖습니다. 그런 것이 있는 것 같습니다. 보면 대개 과거의 역사를 이해하는데 최종적으로 완성되어 있는 상태를 기준으로 해서 그 상태에 맞춰서 이해하려고 하는 경향들을 연구자 여러분들이 갖는 것 같습니다. 말하자면 백제가 한강 유역과 금강 유역과 영산강 유역을 완전히 정복한 웅진 시대나 사비 시대의 상황을 초기부터 완성된 상태로 이해하고자 하는 경향이 좀 있는 것 같고 이번에 발표하신 내용에서도 그런 느낌이 좀 듭니다. 그렇지만 널리 알려져 있듯이 다른 나라도 마찬가지지만 백제의 역사는 미완성 상태에서 완성 상태로 점진적으로 발전해 나아가는 단계였다고 생각이 되고요. 그런 의미에서 몇 가지만 말씀을 드리겠습니다.

아까 이영식 선생님이나 니토仁藤 선생님 발표에서도 나왔지만 『일본서기』 신공기 49년조 기사의 문제입니다. 이 문제를 기사가 정말 다른 기록이 없기 때문에 이 기록에 매달릴 수밖에 없는데 이 기록이 너무나 많은 문제를 안고 있다고 하는 것들이 이미 누누이 언급이 되어 왔습니다. 그런데 선생님께서는 이 기사의 내용을 대부분 역사적 사실로 받아들이고 주체를 바꿔서 해석하겠다고 하는 전통적인 인식의 틀에 서 계신 것 같습니다. 제가 말씀드리고 싶은 것은 주체만 바꿔서 이 기사가 합리적으로 해석될 가능성이 그렇게 높지 않다는 말씀을 드리는 것이고요. 그 중의 한 가지가 제 토론문 29페이지 아래쪽에 적어놓은 대로 이 주체를 백제로 바꿔 놨을 경우에 백제 군대의 진격로가 아주 이상하다는 것입니다. 백제의 중심이었던 서울의 한강 유역의 입장에서 봤을 때는 이상한 방향으로 군대가 움직입니다. 탁순卓淳으로 갔다가 신라 경주로 갔다가 가야를 거쳐서 남해안으로 빠져서 해남과 강진을 친다는 설명인데 더군다나 그 침미다례忱彌多禮의 위치를 해남과 강진의 남해안으로 규정해놨기 때문에 그 기사에서는 가장 중심 되는 대상으로 되어 있었던 침미다례가 지금의 해남과 강진이 되는 것인데 선생님께서 이야기해 주셨던 그쪽 지역에 있었던 유적, 강진 양유동이라든가 해남 신금, 해남 분토 유적은 전라남도나 전라북도 그 일대를 대표하는 대표적인 유적의 위상을 갖고 있지 못하다는 게 하나의 모순인 갈습니다.

두 번째 질문은 이것도 역시 여러 번 거론된 겁니다. 그때 근초고왕대의 군사적인 역량으로 보아서 영산강 유역을 당연히 정복할 수 있었을 것이다. 그렇게 점령할 수 있었을 것이라는 이야기인데 그랬을 개연성은 있지만 한성시기 백제의 역량으로 봐서 충청남도, 전라남북도 일대를 지속적으로 지배하는 것이 가능했을 것인가. 이 부분은 좀 의문이 든다는 말씀을 드리겠고요.

세 번째는 근초고왕 때 백제가 마한을 정복할 수 있었던 근거나 계기가 무엇인가에 대해서 선생님께서 이야기를 하셨습니다. 철기를 비롯한 선진문물의 수용을 주로 말씀을 많이 하셨는데 거꾸로 마한 쪽에서 봤을 때 마한에는 기마 문화라든가 말 문화가 독특하게 다른 지역과는 다른 문화적인 특성을 갖고 있었다고 하는 기록들이 있기 때문에 그 기마전을 수행할 수 없었던 마한 문화의 독특성이 마한과 백제와의 관계를 결정짓는 중요한 계기가 되지 않았을까 이런 생각을 해봤습니다. 이런 세 가지 정도에 대해서 선생님께 질문을 드리겠습니다.

좌장 노중국(계명대학교)

박중환 선생님께서 그냥 살짝 표현을 했는데 백제의 영산강 유역 지배를 정재윤 선생님께서는 근초고왕대로 보고했는데 이것을 차라리 동성왕대로 보면 좋겠다는 생각을 갖고서 질문이 된 것 같습니다. 그래서 세 가지 질문이 이미 책자로 나와 있기 때문에 더 이상 요약은 할 필요가 없이 정 선생님 첫 번째부터 해서 바로 대답을 해 주시기 바랍니다.

정재윤(공주대학교)

예. 사실 마한을 둘러싼 문제는 이 자리에서 해결될 문제는 아니라고 생각이 됩니다. 사실 그 이전에 제가 나주 지역을 1박 2일 동안 사전에 답사를 다니면서 이미 많은 이야기를 했습니다. 그 많은 밤을 새우면서도 좁혀질 수 없는 간극이 있다는 측면에서 먼저 말씀드리고요. 그럼에도 불구하고 이런 간극을 서로 좁히려는 노력이 필요하다고 봅니다. 선생님께서 주체만 바꾸고 대부분 수용을 하셨다고 하셨는데 사실은 저는 제 표현의 문제인 것 같은데 근초고왕대의 마한 정벌이 신공기에 축약이 됐지 그게 이전, 이후까지 펼쳐졌다는 것입니다. 그래서 신라정벌은 허구고 가야도 교역로 차원에서 이해해야 한다. 그러니까 근초고왕대 백제 군대나 가야나 이쪽까지 이른 것은 아니었다. 또 해남까지 이르렀다는 것도 아니고요. 근초고왕은 김제지역까지를 이르렀고 실제 도륙을 한 주체는 목라근자木羅斤資라는 백제 장수였다. 그래서 근초고왕의 친정과 목라근자의 도륙은 구별해야 한다는 측면에서 말씀을 드렸습니다. 그래서 육로가 아니라 침미다례는 해로이다. 그다음 근초고왕대 육로로는 전북지역까지 이르렀다. 그다음 단계에서 동성왕대 무진주武珍州였는데, 이때 되면 훨씬 더 지배가 강화된 형태죠. 선생님께서 근초고왕과 동성왕을 바꿔서 이야기했으면 좋겠다고 하셨는데 저는 근초고왕대에 전북에 이르는 단계와 동성왕대 무진주에 이른 단계는 또 다른 차원에서 봐야 한다. 지배 형태의 문제다. 그리고 장악력의 문제다. 이렇게 답변을 드리고자 합니다.

그다음에 두 번째, 일회성 강습이라는 것은 이기동 선생님께서 말씀을 하신 이래에 신공기神功紀 기사를 완전히 부정할 수가 없기 때문에 설사 그렇더라도 일회성 강습이라고 이야기를 합니다. 그런데 우리가 주목해야 할 것은 신공기 기사에서 남만南蠻 침미다례忱彌多禮를 도륙하였다는 기사입니다. 남만 침미다례가 도륙의 대상이 된 것은 백제에 저항했기 때문이고 그러면 왜 백제는 저항할 수밖에 없나. 바로 남만 침미다례를 해결하지 못하면 가야, 왜로 이를 수 없기 때문입니다. 그래서 백제가 남만 침미다례를 도륙을 한 거죠. 이런 도륙을 보면서 전북 일원의 여러 세력들도 백제의 위세에 눌리면서 자발적으로 복속을 한 겁니다. 이제 백제가 본보기를 보인 겁니다. 영암이나 나주 지역의 이 세력들도 언제 어느 때 백제에 침미다례처럼 도륙을 당할 수가 있습니다. 이들은 백제와의 협조 속에서 성장할 수밖에 없다는 본보기가 되는 기점이 369년이라고 말씀드리고 싶고요. 물론 마한이 그렇다고 해서 백제에 영역화 되었느냐. 이것은 저도 아닙니다. 마한이 간접지배 형태랄까 아니면 마한이 자발적으로 복속했기 때문에 토착 세력가를 인정하는 범위 내에서 지배가 이루어졌다는 겁니다. 그래서 저는 이것을 세력권까지 포함을 시켜야 한다. 그래서 저는 김영진 선생님이 이야기했던 2단계까지 마한을 근초고왕대로 보고요. 정치체는 소멸했지만 그래도 여전히 토착세력은 존속이 되었기 때문에 그 나름대로 백제와의 협조 속에서 발전할 수 있고 문화를 유지할 수 있었다고 보는 겁니다.

마지막으로 기마의 분제는 타당하다고 생각이 됩니다. 사실 철제무기, 발표시간이 없어서 그랬는데 철제무기, 마구류馬具類의 등장은 백제와의 관련성 속에서 지금 마한에 마구류가 등장하는 것으로 보고 있습니다. 용원리 지역에서 나타난 마구류 같은 것을 대표적으로 보고 있는 것이죠. 그런 면에서 백제가 마한을 정벌할 수 있는 것은 뛰어난 무기와 또 말을 활용한 전술 이런 측면에서도 마한을 정복할 수 있었다고 생각이 됩니다. 나중에 최종 논문을 낼 때는 이런 기마술은 보완을 하도록 하겠습니다.

감사합니다.

좌장 노중국(계명대학교)

세 가지 답을 했는데요. 박 선생님 나중에 시간이 없을지도 모를 거예요. 그러니까 한 번 더 물어보세요.

박중환(국립나주박물관)

네. 단계적으로 이해를 하신다는 것에 대해서는 저도 선생님의 발표문을 조금 더 헤아리겠고요. 저는 그런 생각이 듭니다. 이병도 선생님 이래로 이 해석의 틀이 이렇게 왔는데 이것을 우리가 조금 더 한 번 뒤집고, 깨고, 지금 신공기49년조 기사를 다시 한 번 탈탈 털어서 봐야 할 필요가 있지 않는가 하는 생각을 갖게 되고요. 거기에서 말하자면 일례로 그 부분에서는 군사 활동이라든가 도륙을 했다는 군사적인 행위에 대한 표현 같은 것들까지도 진위여부를 윤색이라든가 과장이 없는지 재검토 해 보자는 거지요. 그러면 49년조 기사에 대한 이해의 틀이 크게 바뀔 수 있지 않을까 하는 생각도 해 봅니다.

정재윤(공주대학교)

예. 선생님 말씀은 지당하다고 생각하고요. 제가 '도륙'이라는 표현에서 양유동 유적을 침미다례의 실례로 볼 수 있느냐 이렇게 말씀하셨는데 저 같은 경우에는 양유동 유적이 침미다례가 도륙을 당한 실체가 아니라 양유동 유적처럼 근초고왕의 남정南征 때 화재나 주거지가 손상된 것은 그런 하나의 예이다. 이게 바로 침미다례의 실체는 아니라는 것에서 접근한 것이지 바로 대입시킨 것은 아니라는 것을 말씀드리고 싶습니다.

좌장 노중국(계명대학교)

예. 발표자 답 중에서 그냥 하나 확인을 할게요. 근초고왕이 내려온 것은 전북지역까지만 내려오고 목라근자는 침미다례까지 갔고 침미다례에 가서 표현대로 하면 '도륙' 이렇게 했는데, 목라근자가 침미다례에 가서 도륙한 것하고 근초고왕이 전북까지 온 것이 완전히 별개인 것인지 아니면 같은 연속성에서 봐야 하는 것인지.

정재윤(공주대학교)

그것은 사실 제가 3단계, 4단계가 애매하거든요. 비유왕 때 벽골제碧骨堤를 축조한 것을 봤을 때 이미 근초고왕 이전에 이르렀다고 이야기를 하는데 저도 사실은 고민하고 있습니다. 근초고왕의 친정과 이 사실을 어떻게 봐야 할 것인가를 고민하고 있는데, 저는 거의 비슷한 시기에 이루어진 것이 아닌가 잠정적으로 보고 있습니다. 동성왕이 무진주武珍州에 이르면서 서남해안이 완전히 침미다례 또 탐라가 복속하지 않습니까. 이런 것처럼 근초고왕이 지금 벽지산에 이르면서 탐라처럼 서남해안도 정벌이 된 것이 아닌가 이렇게 보고 있습니다.

좌장 노중국(계명대학교)

저는 토론자는 아닌데 185쪽 토론문에 보면 49년조에 공격의 주 대상은 남난 침미다례이지 비리比利, 벽중辟中, 고사古四 지역은 아니다. 이렇게 해놓은 게 있기 때문에 그래서 토론자 대신해서 한 번 더 물어본 겁니다.

시간이 좀 남으면 더 하겠습니다. 뒤에 아마 다시 간단하기 얘기할 시간을 가져보도록 하겠습니다.

그러면 정재윤 선생님 발표에 대해서 박중환 선생님의 토론은 일단 이 정도로 정리하겠습니다.

그다음에 두 번째로 '3~4세기 백제의 북방 진출과 고구려' 를 발표한 안정준 선생님의 발표에 대해서 공석구 선생님이 토론을 해 주시겠습니다. 처음에 모범적으로 해달라고 했는데 시간을 좀 많이 했어요. 그래서 다시 한 번 기회를 공 선생님한테 드리겠습니다.

2. 3~4세기 백제의 북방 진출과 고구려

공석구(한밭대학교)

공석구입니다. 노중국 교수님께서 '창 노릇을 제대로 하라.'는 명을 주셨는데요. 안정준 선생님의 발표문을 보면 다들 느끼셨겠지만 아주 힘이 있습니다. 젊은 학자답게 아주 힘이 있고 아주 패기가 있는 글입니다. 그래서 제가 얼마나 창 역할을 할는지는 모르겠습니다만, 하여튼 열심히 한 번 해보겠습니다. 제 토론문은 189쪽부터 192쪽까지 준비가 되어 있습니다.

오늘 주제가 근초고왕 관련한 학술대회인데 오늘 안정준 선생님께서 굉장히 의미 있는 발표를 하셨어요. 고구려와 백제 사이에 끼어 있는 낙랑군, 대방군 고지에 있는 세력에 대한 여러 가지 해석이 오늘 발표문의 중심이 됩니다. 그래서 오늘 발표는 굉장히 이제까지 종래의 학계의 견해들보다 더 새로운 관점에서 해석을 하고 있는 것들이 보이고 있기 때문에 저는 구세력에 해당돼서 제 생각과 조금 다른 면도 있고 그런 측면에 대해서 질문을 드려보도록 하겠습니다.

오늘 안정준 선생님께서 발표문에 힘을 주어서 설명하려고 한 내용을 간단히 요약을 해보면 『삼국사기三國史記』 그리고 『삼국유사三國遺事』에 그런 기록이 많이 나오는데요. '낙랑', '낙랑 사람', '낙랑국' 이런 표현들이 많이 나오는데 이 실체가 무엇이냐를 이번에 새로 해석을 하셨어요. 그래서 그 결론으로는 기존에 학계에서 해석했던 것처럼 낙랑군, 대방군이 아니라 이들 세력은 별도의 세력이다. 그럼 어떤 세력이냐. 바로 낙랑군 그리고 대방군 주변에 있었던 토착세력이다. 그러니까 그 토착된 세력의 성격은 낙랑군, 대방군에 부용된 세력이라고 하는 새로운 해석을 하셨습니다. 아주 새로운 관점이라고 생각을 했고요.

또 한 가지 오늘 발표문의 특징은『삼국사기』기록을 보면 고구려하고 백제가 직접 본격적으로 서로 갈등관계에 들어서는 기록이 나오는 시기가 4세기 후반부터 나옵니다. 4세기 전반에 대한 기록은 별로 없습니다. 아주 단편적인 기록들뿐이죠. 그런데 이런 것을 좀 더 적극적으로 해석을 했습니다. 그래서 고구려와 백제가 4세기 초부터 접경을 했을 것이라고 해석을 하셨고요. 여기에서 더 나아가서 바로 낙랑군, 대방군 지역에 있었던 정치세력들을 갖다가 고구려가 영역적으로 지배했을 것이라고 하는 전향적인 해석을 하셨습니다. 그리고 이러한 오늘 발표문의 두 가지 특징에 대해서 제가 질문을 드리겠습니다.

189쪽 맨 하단 첫 번째 부분에 해당이 됩니다. 오늘 안정준 선생님의 발표를 보면 낙랑군, 대방군 주변에 낙랑군, 대방군을 자칭하는 별도의 부용세력이 존재한다. 토착세력이라는 말씀을 하셨는데 그러한 발표의 결론을 독자 입장에서 이해하기에는 오늘 발표문만으로는 조금 부족하다는 생각을 합니다. 그래서 좀 더 설명이 필요하지 않겠느냐 생각합니다. 왜냐면『삼국유사』기이편紀異篇 낙랑국조樂浪國條를 보면 그 기록 중의 하나가 전신을 낙랑군하고 관련해서 기록한 기록들이 보이고 있습니다. 그래서 왜 이런 기록들이 나타났을까를 한 번 생각해보셨으면 하고요. 또 하나 자기네들의 정체성을 낙랑왕 최리崔理의 딸, 그래서 왕이라는 것을 지칭할 정도라면 하나의 정치체입니다. 그러한 정치체가 낙랑군, 대방군 주변에 하나의 부용세력으로 존재할 수 있겠느냐고 하는 면에서는 조금 더 설명이 필요하고요. 사실 이런 얘기를 하기 위해서는 혹시 다른 사례가 있지 않는지, 중국사에서도 그렇고요. 그런 것을 한 번 방증을 들어서 이야기를 해 준다면 조금 더 설득력이 있지 않을까 하는 생각을 해서 질문을 드립니다.

그다음에 두 번째 질문은 189쪽에 있습니다만, 고구려와 백제가 4세기 초부터 접경을 하고 있을 것이라고 말씀을 하셨습니다. 그리고 나아가서 4세기 초 이래로 고구려가 양군고지, 낙랑군, 대방군 지역을 일관적으로 영역화했다고 하는 표현을 쓰셨어요. 그런데 사실은 '영역화'라고 하는 표현을 쓰셨는데 영역화라고 하는 개념이 무엇이냐. 이것은 학자에 따라서 개념 설정이 전부 다 다를 겁니다. 그래서 안정준 선생님이 생각하는 영역화라고 하는 개념을 조금 더 내비쳐 주시면 우리가 이해를 할 수 있는데, 영역화라고 하니까 서로 생각 차이가 있을 수 있어서 잘 와 닿지가 않는 측면이 있습니다. 제가 그런 말씀을 드리는 이유는 사실 문헌사료를 보면 안정준 선생님도 그렇고 여기 계신 분들도 공감하시겠지만 고구려하고 백제가 지속적으로 갈등하는 관계는 4세기 후반부터 나옵니다. 그런데 오늘 발표문은 그 갈등하기 직전의 상황을 갖다가 분석을 아주 전향적으로 하신 거라는 말씀이죠. 그렇다면 제가 제시한 191페이지의 표가 있는데 낙랑군, 대방군 지역에서 존재하는 정치세력들의 고고학적인 자료들입니다. 거기에 보면 사람 이름도 있고요. 관직도 있고요. 특히 제가 주목하는 것은 연호를 사용했습니다. 그래서 정치세력이 연호를 사용한다는 것은 굉장히 중요한 의미가 있는 겁니다. 신라와 당나라와의 관계에서도 당唐 태종太宗한테 혼나는 기록들이 있지 않습니까. 그런 것들이 있기 때문에 이러한 세력들이 결국 국가들이 중국 왕조의 연호를 사용했다는 것은 결국 안 선생님이 오늘 보신 것처럼 이들을 영역적으로 지배했다는 해석과는 충돌할 수가 있기 때문에 그래서 이러한 측면에 대해서 더 설명을 해 줘야 하지 않을까. 그러면 조금 더 오늘 발표문에 대해서 이런 설명들이 좀 더 부가돼서 잘 된다면 오늘 아주 좋은 발표를 했다고 생각합니다.

이상입니다.

좌장 노중국(계명대학교)

의욕적으로 발표를 해 주셨다고 치켜 올리면서 대방국이 별도의 존재로 성립할 근거를 확실히 내놓아야만 논리가 성립되지 않겠느냐는 얘기가 되는데 잘 안정되게 방어를 해 주시기 바랍니다.

안정준(연세대학교)

크게 두 가지 문제를 지적해 주셨는데요. 첫 번째, 대방이라고 지칭된 세력을 대방군 이외의 토착세력으로 볼 수 있느냐 하는 말씀이셨거든요. 제가 구체적으로 쓰지 않아서 혼동이 된 것 같은데 낙랑·대방군이 있던 시기에 그 당대의 주변에서 낙랑 혹은 대방이라고 지칭된『삼국사기』의 세력 명칭, 그것이 각기 자칭한 세력명이라고 보았던 것은 아니고요. 저도 낙랑, 대방 이렇게 표현된 것들은『삼국사기』의 말갈靺鞨처럼 타자에 의해서 표현된 명칭일 가능성이 높다고 보는 입장입니다. 신라본기新羅本紀, 백제본기百濟本記의 기록이 최초에 어떤 형태로 전해졌고 이것을 후대에 정리하는 과정에서 말갈, 대방, 낙랑 등의 세력명이 일괄 정리되었는지에 대해서는 물론 별도의 논의가 더 필요할 것입니다. 다만 이와 관련해서 과거 낙랑·대방군의 영역에 있었거나 혹은 그 세력권 하에 있었던 토착세력들 가운데, 그 거수가 직접 지배는 받지 않더라도 현후縣侯라든가 읍군邑君이라든가 이런 위호를 받아서 간접적으로 세력권 하에 있기도 했습니다. 또 군현의 관호를 받아들여서 불내예후不耐濊侯 같은 경우에는 공조功曹, 주부主簿, 제조諸曹 혹은 삼로三老 이런 명칭들을 자기 문화권 내에서 사용하기도 합니다. 이러한 사례들은 물론 1차적으로는 낙랑군, 대방군이라는 중국 군현의 세력권 하에 있었던 경험 때문인데, 백제나 신라 입장에서 볼 때 이처럼 중국 군현의 영향력 하에 있었거나 그 문화권 속에 있었던 세력들을, 낙랑세력, 대방세력 이런 식으로 그 토착세력들을 일괄해서 좀 넓은 범위에서 지칭했고, 이후 낙랑, 대방 같은 군현명으로 『삼국사기』에 정리된 것은 아닌가 하는 생각도 해봤거든요. 이것을 스스로 지칭했다면 그 지역에 있던, 좀 이른 시기에는 최리崔理낙랑군도 있습니다만, 그런 세력들이 전부 다 동일하게 낙랑, 대방과 같은 군현명을 자칭했겠는가 오히려 타칭 가능성이 좀 더 높지 않은가 그렇게 생각하고 있습니다. 물론 사서를 기록하는 입장에 기인했다는 선생님의 말씀은 분명히 제가 참고할 부분이 있고요. 그 부분에 대해서는 좀 더 제가 구체적으로 사료의 전사 과정에 대해서 보완을 하겠습니다.

그리고 두 번째 문제인데요. 낙랑군, 대방군 고지에서 전축분塼築墳의 명문전들에 주로 동진東晉 연호, 후조後趙 연호가 사용되고 있습니다. 여기에 대해서 선생님께서는 중국 연호를 사용했기 때문에 중국 왕조의 정치적 관계가 성립되어 있었던 것 아니냐고 말씀하셨는데 사실 그것은 재고해볼 필요가 있습니다. 이미 지적된 대로 325년에 수도 국내성에서 길림성吉林省 지방 현성縣城 와당에 보면 고구려가 동진 연호를 사용했던 흔적이 있죠. 태령太寧 4년이라고 해서 325년으로 비정이 됐는데 당시에 국제적으로 모용선비慕容鮮卑 같은 경우에도 동진 연호를 사용했던 경우가 있고요. 이 시기에 아마 동진 연호를 고구려도 사용하지 않았을까 하는 의견이 있습니다. 또 하나는 신천군信川郡 지역, 전축분이 313년 이후에도 많이 발견된 지역이죠. 이 지역의 전축분 가운데서 동진 연호를 사용한 사례가 있는데 404년 명이 하나 있습니다. 원흥 3년 명인데요. 404년 같은 경우에는 광개토왕이 영락永樂 연호를 고구려 영토 내에서 사용하고 있었죠. 이때는 고구려가 백제의 한강 이북지역까지 공략한 이후의 시기입니다. 그러면 신천군 지역이 아직까지 고구려의 영역화가 되지 않아서 동진 연호를 쓰고 있느냐. 그렇게 보기는 사실 어렵거든요. 안악

3호분의 동수冬壽 같은 경우 망명인으로서 안치가 됐지만 357년에 여전히 동진 연호를 사용하고 있습니다. 이것 역시도 고구려에 망명해서 자기 세력 기반이 없던 인물이 독립했다거나 중국 왕조와 별도의 정치적인 관계를 맺고 있었고 보기는 어려운 것이거든요. 연호의 사용 자체를 통치 여부를 판가름하는 기준으로 삼는다는 것은 어려운 측면이 있다. 또 한 가지는 황해도의 명문전에서 동진 연호 이외에도 후조後趙 연호를 사용하고 있습니다. 4세기 중반 경에 많이 나타나는데 이 경우에 사실 낙랑 · 대방군 때부터 고구려에 저항하면서 한인으로서의 정치 · 사회적 특성과 영역을 유지했던 사람들이 이민족 연호를 사용했을까. 이것은 아무래도 고구려에 후조 쪽의 이주민이 많이 이주해왔다든가 혹은 고구려와 후조가 당시에 우호적이었거든요. 이런 양국 외교 교섭의 과정에서 후조 연호가 들어온 것을 전축분 조형 집단이 수용했던 것이 아닌가 생각합니다. 이런 면에서 앞서 제가 발표문에서 언급한 대로 고구려가 이 중국계 유민들 혹은 토착계 주민들에 대한 안치된 지역 내에서의 문화적 허용이 있었고, 이로 인해 중국 연호 사용이라든가 전축분과 같은 중국 고분 형태가 나온 것이 아닌가. 다시 말해서 고구려 침공 과정에서의 타협과 귀순의 결과 이들이 그대로 안치되 2군 고지에 중국 문화 양상이 나타났다. 4세기 중반 이후에 주로 나타나는 중국계 망명인들의 경우에도 당연히 고구려 영향권 하에 있었다고 봐야 하지 않나 생각합니다.

좌장 노중국(계명대학교)

혹시 질문 더 하기 전에 아까 요청한 질문 중 하나인 영역화의 개념을 좀 해달라고 했는데 간단하게 해 주세요. 길게 설명하지 말고요. "영역화는 이런 거다."

안정준(연세대학교)

영역화라는 것은 사실 영역화 개념보다 고구려 영역 내에서 다양하게 자기 문화를, 자기 종족적인 정체성 그리고 자기의 어떤 사회적 구성에 보전하고 있었던 여러 정치세력들이 있습니다. 말갈靺鞨 같은 경우도 마찬가지고요. 최근에 발견된 이타인李他仁 묘지명에서 책주도독柵州都督 예하에 12주 고려와 37부 말갈이 분할되고 있었다는 내용도 있거든요. 37부는 말갈 원래 부족 사회 구성을 유지한 상태를 얘기할 겁니다. 그것은 고구려 영역 내에서도 이렇게 이민족들이 또는 다른 문화권에 있는 사람들이 기존 사회적·문화적 양상을 유지하면서 존재할 수 있다. 그것이 영역화 개념과 모순된 것은 아니라고 생각합니다.

좌장 노중국(계명대학교)

참, 개념 문제가, '영역이다' 이랬을 때 하고 '영역화' 이렇게 하니까 이게 좀 진짜 헷갈리게 만들었는데 지금 그냥 하나 확인할 것은 안정준 선생님은 그럼 '4세기 초에 낙랑군, 대방군은 고구려의 영역이다. 영역 안에 있는 여러 세력들이 있을 수 있다.'이렇게 보는 겁니까?

안정준(연세대학교)

일단은 영역이고요. 영역 내에서 '세력'이라고 말하면 조금 문제가 있고 고구려에 의해서 사회적 구성 형태를 유지하고 그런 문화적 형태를 허용 받고 장기간 거주했던 주민 집단이라고 말씀드리겠습니다.

공석구(한밭대학교)

그래서 조금 더 제 생각을 풀어보자면 사실 『삼국사기』 기록, 『삼국유사』 기록하고 중국 기록하고는 조금 다르거든요. 그래서 중국 25사에서 나오는 기록과 『삼국사기』 기록을 분리해서 봐야 해요. 왜냐면 중국과는 서로 입장이 다른 거거든요. 그럼 『삼국사기』, 『삼국유사』에 나오는 최리崔理라든지 땅 보고하라든지 이런 이야기는 이쪽 입장에서 쓴 것이라는 말이죠. 그럼 이쪽 입장에서는 어떻게 봤을까. 걔네들은 '낙랑군이 내 땅이다. 우리 영역이다.'라고 해서 생각했겠지만 이쪽 입장에서는 '우리는 그쪽의 지배를 안 받았다.'고 볼 수도 있는 거거든요, 이 땅에 살던 사람들은. 그러다 보니까 낙랑군, 낙랑태수 이렇게 엄격하게 중국에서 썼겠지만 이쪽에서는 충분히 그럼 낙랑왕도 사실 용인될 수 있는 표현이거든요. 그래서 그런 표현이 『삼국유사』 낙랑국樂浪國 쪽에 보이기 때문에 저도 그런 생각을 가지고 있어서 그런 질문을 했고요. 또 한 가지 분명히 『삼국사기』 사료에는 4세기 후반부터 고구려와 백제가 갈등하는 게 나옵니다. 그 전에는 징검다리 식으로 하나씩 나오는 거죠. 그런데 거기에 나오는 고고학 자료들은 이렇게 사실 연호를 썼다는 것은 굉장히 큰 의미가 있는 것입니다. 달력과도 관련이 되는 거거든요. 그렇기 때문에 그 연호들이 굉장히 중국에서는 정치세력의 변화, 진晉, 동진東晉, 후조後趙, 전진前秦 이런 것들이 그대로 들어온다는 말이죠. 이런 것들은 이쪽에 있는 세력들이 무언가 중국하고 계속 관계를 가지면서 그쪽 변화에 민감하면서 결국 그런 상황을 표현해 주고 있기 때문에 이것을 아까 선생님이 "영역화다.", "영역이다."라고 하니까 그런 것들이 조금 쉽게 이해가 잘 안 되는 측면이 있는 것이어서 그래서 오늘 답변하신 그런 측면은 조금 더 제가 질문하는 내용들과 보완해서 설명해 주시면 이해가 쉽게 될 것 같습니다.

안정준(연세대학교)

예. 보완하겠습니다.

좌장 노중국(계명대학교)

예. 그것은 답보다는 앞으로 마지막 쓸 때 같이 고려를 해서 써주시고요. 거꾸로 공 선생님, 여기 표에 보면 386년까지 연호들이 나오는데 그러면 이때까지 낙랑·대방군 지역은 고구려의 땅이냐 아니냐. 아까 영역화를 물었기 때문에 어떻게 봐야 합니까? 그것만 확인하고. 안 선생님은 그냥 "영역이다." 이렇게 했는데 공 선생님은 독자적인 연호를 쓰고 있으니까 이것은 고구려가 아니라고 보시는지요?

공석구(한밭대학교)

선생님께서는 명찰론이라고 말씀을 하셨는데 일반인들한테 얘기할 때는, 학생들한테 강의할 때는 "고구려 땅이다." 이야기를 할 수 있습니다. 그러나 학문적으로 봤을 때는 이러한 고고학 자료들이 있기 때문에 이제 이 자료들이 무엇을 의미하느냐 하는 것은 더 따져봐야 한다는 생각은 가지고 있습니다.

좌장 노중국(계명대학교)

예. '앞으로 계속 따져야 하겠다.' 그런 정도로 하겠습니다. 그리고 안정준 선생님, 논문 봤을 때 제일 처음 얘기를 쓰게 된 동기가 대방군이면 대방태수라고 나와야 하는데 대방왕이라고 하는 것, 이 '왕'에 상당히 초점을 맞춰서 이게 낙랑·대방이 아닌 별도의 어떤 세력이 아니겠느냐 이런 쪽으로 정리하신 것 같은데, 그것은 논문 보완할 시기에 했으면 좋겠다는 생각을 했습니다.

예. 그다음 세 번째로 '근초고왕대의 백제와 가야'를 발표한 이영식 선생님의 발표에 대해서 이근우 선생님 토론을 해 주시면 고맙겠습니다.

3. 근초고왕대 백제와 가야

이근우(부경대학교)

예. 이근우라고 합니다. 사실 이 자리가 근초고왕의 위업을 밝히고 또 4세기 백제의 화려한 역사를 곁들어내야 하는 자리인데 지방에서 온 저희들로서는 서울공화국의 논리에 찬동할 수 없다. 그래서 나주에서 오신 박중환 선생님도 "이게 왜 백제 땅이라고 하느냐." 그리고 이영식 선생님께서도 "가야하고 백제가 무슨 관계인데?" 이렇게 말씀을 하셨습니다. 그래서 사실은 잔칫집에 재 뿌리러 온 것 같은 느낌이 들어서 죄송합니다만 자세한 이야기는 다른 기회가 있을 것이라고 생각이 되고 방금 사회자님께서 간단하게 하라고 하셨기 때문에 제 질문 적힌 것 중에 말씀드리겠습니다.

하나 제기한 질문은 칠지도 명문에 관한 문제입니다만, 194쪽에 칠지도 명문이 하나 있고요. 또 니토仁藤 선생님께서 제시하신 161쪽에 보시면 또 하나의 칠지도 명문이 하나 있는데 이게 내용이 조금 다릅니다. 그래서 '공공후왕供供侯王'이라고 하는 부분을 '공손한 후왕'이라고 했다든지 아니면 백제 왕세자, 이때 근구수왕이 되는 분입니다만 그분이 성스럽고 덕이 있다는 이렇게 해석을 하셨는데 그 근거를 묻고 싶고요.

그리고 또 하나는 제주도 복속이라는 표현을 쓰셨는데 물론 나주 지역이나 광주 지역도 독립을 해야 하지만 저는 제주도도 독립을 해야 한다고 하는 입장에서 사실 제주도라고 하는 곳이 백제의 영역으로 편입된 적이 사실 없습니다. 『삼국사기』 지리지地理志 같은 것을 봐도 제주도는 독립된 지역으로 남아 있고 또 백제가 멸망했을 때까지도 탐라국의 사신이 백제국의 사신과 함께 당나라로 들어간 기억이 있어서 과연 제주도라고 하는 게 백제에 복속되었다는 것은 어떤 의미인지 그 두 가지를 묻고 싶습니다.

그래서 사실은 워낙 우리는 정말 '대백제'라는 표현도 쓰고 그리고 또 서울부터 시작해서 공주, 부여 이런 넓은 지역을 장악하고 있던 백제라고 하는 것에 끌려서 우리가 가지고 있던 고대 단계에서의 다양성, 지역적인 다양성도 그렇고 문화적인 다양성 이런 것들을 너무 무시하고 있는 게 아닌가라는 관점에서 제주도 문제를 제기했고 그리고 칠지도 문제는 니토仁藤 선생님께서 다시 또 다룰 문제이기는 하지만 새로운 해석이라고 하는 게 나오는 중인 것 같아서 그 부분을 확인해 보고 싶습니다.

이상입니다.

이영식(인제대학교)

질문서의 앞에 긴 게 있는데 그것은 안 읽어주십니까? 그것을 읽어주시면 제가 좀 좋을 것 같은데, 고맙습니다.

그냥 물으신 것만 대답을 하겠습니다. 대신 우리가 아까 제일 처음에 말씀드렸듯이 백제사에 있어서 근초고왕의 역사적인 위상은 기존의 평가대로 좋지만 그게 선입관으로 뒤집어 씌어져서 그렇지 않은 기술도 그렇게 마구잡이로 해석해서는 곤란하다는 말씀을 제일 처음에 드렸습니다. 대신 근초고왕의 걸출한 영주다운 모습은 다른 설명으로도 충분히 높일 수 있다는 생각을 오늘 말씀드린 겁니다. 그러니까 고구려하고 싸울 때 배후세력의 확보를 얼마나 적극적으로, 더군다나 선진 기술을 선보이면서 또 그와 같은 주문을 집어넣으면서 왜왕을 포섭해서 19년 뒤에는 적어도 신묘년辛卯年 기사에 이르는 것과 마찬가지로 같이 군사동맹으로 나아가게 했다는 전략 같은 것도 충분히 기이하고 위대한 걸출한 영주로서 근초고왕의 모습을 부각시킬 수 있다는 게 저의 생각이었습니다. 지금 말씀하신 칠지도의 저는 성덕聖德이라고 읽어서 왕세자를 '성스럽고 덕이 있어서' 이렇게 해석을 했습니다. 니토仁藤 선생의 고문은 전통적인 것인데 덕이 아니고 '음音' 자를 써서 '성음聖音' 이렇게 했지요. 또 다른 판독으로는 '성진聖晉'도 있습니다. 그런데 문장이 성음聖音이나 성진聖晉으로 해서는 도저히 이상합니다. 그래서 저는 '성스러운 덕이 있어서'라고 한 것이고 덕德이든지 음音이든지 진晉이든지 그것은 도저히 우리가 판독을 가지고 시비할 수 있는 상태가 못 됩니다. 거의 자의적이고요. 그래서 오히려 문장의 흐름에 좋은 쪽을 택하는 게 좋다는 생각이었습니다. 저는 그런 생각을 안 했는데 이근우 선생님이 마침 말씀하시니까 저도 촉발 받은 게 뭔가 하면 주는 사람은 백제 왕세자, 받는 사람은 왜왕이라고 하는 것은 아무리 판독이 달리도 한일 양국 간에 바뀔 수 없는, 지금까지는 진실입니다. 그러면 니토仁藤 선생님은 이것을 대등관계라고 얘기했지만 분명히 주는 주체는 백제 왕세자로 되어 있고 받는 주체는 왜왕으로 되어 있죠. 그러면 이 구문상의 equal을 이루는 것은 백제 왕세자와 왜왕입니다. 그러기 위해서 지금 이것은 왜왕한테 주는 것이고 그다음에 왜왕이 어떻게 받아들일까에 대한 문제이지 백제 왕실 내에 아버지를 능가하는 표현을 쓸 수 있느냐. 그런 것은 아닌 것 같습니다. 오히려 백제의 왕세자와 받는 왜왕을 균등히 놓기 위해서는 오히려 왕세자를 더 높일 필요가 있지 않았겠느냐. 그래서 '성스러운 덕이 있어서' 이런 표현을 쓸 수 있었다고 생각했습니다. 이것은 전혀 생각한 것은 아닌데 이근우 선생님이 지적을 해 주셔서 조금 더 생각하게 됐습니다.

제주도 복속은 아까 정재윤 선생님이 복속의 정의를 해 주셨고 또 영역이 무엇이냐를 해 주셨는데 문득 그냥 쓴 것 같기는 한데 기본적인 생각은 박중환 선생님이 말씀하신 '동성왕 때로 하면 좋겠다.'는 생각을 가지고 있었습니다. 그래서 제가 전라남도라든지 탐라 쪽의 상황을 잘 몰라서 이 문제에 대해서 제가 공부해온 바탕으로 얘기를 한다면 적어도 남쪽에 대한 보다 본격적으로 진짜 세금을 걷어들일 수 있는 영역화의 진전으로 나아가는 것은 역시 『일본서기』에서 보면 현종顯宗 3년 시세조是歲條부터 시작한다고 봅니다. 서력으로 487년입니다. 그다음에 계체기繼體紀에 들어가서 510년 그다음에 다사多沙에 도달하는 게 계체 23년의 서력으로 봐서 529년입니다. 그러니까 백제가 475년에 웅진으로 천도를 한 다음에 487년에 금강 상류부터 시작해서 다시 섬진강 중류·하류로 내려오는 과정은 『일본서기』의 기술이 상당히 일관성이 있습니다. 그래서 이것은 역사로 봐도 좋다는 생각을 하고요. 또 아까 신공기에서는 다사성多沙城으로 되어 있고 계체기에는 다사진多沙津으로 되어 있어서 529년입니다. 529년에 하동에 도착한 다음에 다시 섬진강을 건너서 『일본서기』에는 하한으로 표기된 아마도 지금 진주 지역쯤 되지 않나 싶은데 거기에 백제군이 군사를 진주進駐시킵니다. 그래서 저는 제가 있는 바닥에서 그런 정도이고요. 그래서 아마 동성왕 때에 광주에 와서 탐라국주가 오니까 동성왕이 기뻐했다. 이런 기록을 굉장히 중시하고요. 사실은 탐라국주가 문주왕 때 아마 항복을 할 때 벼슬을 좌평佐平을 가지고 있었습니다. 그래서 좌평이라는 백제의 관직을 가지고 있어서 그것은 시기는 조금 다르지만 복속으로 표현할 수 있지 않나 이런 생각을 했던 겁니다. 제가 탐라에 대해서는 사실 잘 모르는데 이런 얘기를 한 것은 근초고왕대의 가야에 대한 영향력을 짐작하는 게 중요하지 제주도가 백제에 복속이 됐느냐 안 됐느냐는 사실 저한테 중요한 문제는 아니었습니다. 그래서 전체적인 흐름으로 보면 제가 전라남도라든지 이런 지역에 진출한 과정을 제가 공부하는 바닥에서 보면 이렇다고 말씀드린 겁니다.

좌장 노중국(계명대학교)

아마 두 번째 문제는 제가 이해하기를 복속이라고 했을 때 결국 아까 영역화 이런 것하고 개념의 문제도 같이 들어가 있는 게 아니냐. 이런 생각을 했습니다. 그냥 질문하고 답을 하는 과정에서 영산강 유역 문제도 조금 언급한 것 같은데, 하나 확인하고 싶은 것은 신공기 49년조에는 이른바 근초고왕대에 영산강 유역으로 백제가 지역을 차지했다는 이 내용은 신빙할 수가 없다. 이렇게 이해하고 있는지 그것만 확인하겠습니다. 'Yes'냐 'No'냐 그것만 하면 됩니다.

이영식(인제대학교)

우선 'No'이고요. 그리고 저는 83쪽부터 비리比利 · 벽중辟中 · 포미지布彌支 · 반고半古 이 4읍에 대한 지명 비정을 충남하고 전북 쪽으로 하고 있는 설을 따른다고 발표도 했고 발표문에서는 아주 긴 내용을 가지고 하고 있습니다.

좌장 노중국(계명대학교)

예. 그럼 이영식 선생님 발표에 대해서 개별 토론은 이 정도로 정리하겠습니다.

그다음에 여호규 선생님의 '백제 근초고왕대 동진과의 관계'에 대해서 홍정아 선생님이 토론을 해 주시겠습니다.

4. 백제 근초고왕대 동진과의 관계

홍정아(서울대학교)

제가 받은 글은 근초고왕대 동진과의 관계였는데요. 저는 사실 한국사 전공이 아니라 동진·남조사 전공이기 때문에 저한테 토론을 맡기신 것 같습니다. 제가 사실 백제와의 관계사는 전공이 아니기 때문에 주로 동진의 내부 사정과 관련한 부분을 중심으로 되게 재미있게 읽었습니다. 여호규 선생님의 발표문이 앞에 발표하신 다른 선생님들과 조금 차이가 있는 것이 동진으로부터 백제 근초고왕이 책봉을 받은 372년을 중심으로 해서 그 전후 외교관계의 변화와 동진 내부의 정치적 상황 변화를 포괄해서 다루고 계신데요. 이 발표문에서 재밌게 읽었던 부분이 한반도와 중국 대륙 간의 연안항로에 밝고 실질적으로 활약할 수 있었던 존재들로 낙랑·대방계의 유민들의 존재에 주목하고 계신 거고요. 그리고 이들의 움직임이 전연前燕 쪽으로 갔는지 백제 쪽으로 갔는지에 대해서는 시기적인 차이가 있기는 하지만 결국 이들이 백제와 중국을 연결하는 매개가 되었을 것으로 설명하고 계십니다. 사실 이 부분이 동진·남조사 연구에 있어서 굉장히 중요하게 주목을 받는 부분이에요. 유민의 존재와 그들이 세운 교군僑郡이 어떤 식으로 변해 가는가 하는 것이 현재 한국에서도 그렇고 중국에서도 주목하고 있는 부분이어서 이런 한국사와 관련된 것들을 잘 살펴보면 서로 방증자료 사용이 될 수 있지 않을까 싶기는 합니다. 다만, 문제가 항상 자료의 부족, 사료의 부족이라고 하는 부분이 있는데요. 태수와 관련된 기사 이외에 교군의 설치와 운영의 모습이라든가 혹은 유민들의 실질적인 활약상, 그들과 백제와의 관계가 직접적으로 문헌 자료에 명확하게 드러나지 않는 것 같습니다. 이런 부분을 조금 더 고려하셔야 할 것 같고요.

그리고 전체적으로 봤을 때 제목은 동진만 얘기하고 계신데 낙랑·대방계 유민을 통한 요녕 지역과의 교섭 파트는 사실은 동진과의 관계라기보다는 백제 지역과 요녕 지역과의 관계를 주로 다루고 계셔서 이런 부분에 있어서는 조금 수정을 해서 동진 쪽에 포인트를 맞춰주시거나 아니면 제목을 조금 더 확대하시면 읽는 사람이 잘 이해를 할 수 있지 않을까 하는 생각이 들었습니다.

그다음에 두 번째 사안에는 동진 내부의 상황 변화에 대한 이야기인데요. 원래 보수적인 전통 중화관을 가지고 있었던 동진 정권에서 이성에게 왕후를 내리지 않으려고 하는 폐쇄적인 책봉호 수여에 관한 부분이 있었는데 370년에 전진前秦이 전연前燕을 멸망시키면서 화북을 통일시켜 나가는 추세와도 관계가 있고 또 동진 내부 정세에 있어서도 환온桓溫이라고 하는 실력자가 등장을 하면서 조정을 장악해서 황제를 폐위시키고 새로운 황제를 옹립하기까지 이르는데 이러한 변화의 과정이 근초고왕의 책봉과도 연결이 되었을 것이라고 보고 계십니다. 그런데 황제의 입장하고 권신으로서의 환온의 입장이 달라져서 정책이 변화했을 가능성, 혹은 북방 화북 지역이 원래 분립이 되어 있던 것이 하나의 세력으로 통일되어 갈 때 동진에서의 판세가 변했을 가능성에 대해서는 충분히 긍정할 수 있을 것 같습니다. 그 이후에도 사실 이런 것들은 쭉 나타나는데요. 다만 말씀드리고 싶은 것은 환온의 성격을 신분적인 차원에서 일류 귀족하고는 다른 군벌 혹은 군인 무장 세력으로 규정하시고 그 사람이 뭔가 세력을 더 장악했기 때문에 이런 변화가 나타났을 것이라고 서술하시는 것 같은데, 사실 환 씨라고 하는 가문 역시 동진 문벌가 중의 대표적인 가문입니다. 환온 자신의 선세가 물론 명확하게 밝혀지지는 않지만 아버지 대에 이르면 이미 낭야 왕씨瑯邪 土氏라든가 영천 이씨潁川 陳氏 라든가 진군 사씨陳郡 謝氏 등등 이 시기의 대표적인 문벌가

문들하고 교류를 하는 집단 중에 속해 있고 그리고 당시 실권자만이 갈 수 있었던 중요한 포스트가 양주자사洋州刺史 혹은 형주자사荊州刺史 이런 직위인데 이런 직위들을 쭉 역임하고 있습니다. 그런 부분을 조금 더 고려해 주시면 좋을 것 같고요.

또 하나는 이 환온과 관련해서 369년에 제3차 북벌에 실패를 했는데도 오히려 조정을 장악해서 권력자가 됐다고 하는 부분을 서술을 하고 계시는데 사실 이것은 동진 내에 있었던 북벌의 성격 변화를 고려하시면 더 좋을 것 같습니다. 원래 317년에 동진이라고 하는 정권이 성립했을 때 바로 조적이라고 하는 장수가 등장해서 북벌을 준비하고 북벌에 대해서 굉장히 크게 국가적으로 지원하는 장면들을 볼 수가 있는데요. 이게 30년~40년 지난 다음에 나타나는 북벌은 북중국을 통일해서 하나의 큰 동진이라고 하는 세계를 만들겠다고 하는 의미보다는 오히려 권력자가 권력을 장악하기 위해서 북벌이라고 하는 명목을 내세워서 추구하는 경우가 굉장히 많습니다. 이런 것이 성공을 하게 되면 명망이 높아지고 그 집안의 위세가 높아져서 조금 더 위의 포스트로 올라가고, 올라가고 이렇게 되는 거거든요. 그래서 환온의 경우에 이미 1, 2차 북벌을 통해서 성망이 극에 달해 있는 상황이었기 때문에 이 당시 3차 북벌의 실패 같은 경우에는 자신이 책임을 지지 않고 주변에 있던 다른 장수에게 돌리게 되면서 오히려 위치는 더 공고했고요. 실제로 환온 사후에 후계자들 같은 경우에도 계속 중요한 포스트를 담당을 하면서 집안이 4대 정도가 쭉 이어지거든요. 그래서 유유劉裕하고 비교를 하셨는데 유송劉宋의 유유가 황제가 될 수 있었을 때는 실질적으로 북벌에 성공한 것이 굉장히 이름이 없고 한미한 가문이었던 사람을 한 번에 올려준 경우라고 한다면 환온의 경우에는 신분적인 차원에서 조금 구분을 하셔야 하지 않을까 하는 생각을 해봤습니다.

이상입니다.

좌장 노중국(계명대학교)

예. 질문보다는 상당히 이런 것을 고려하면서 해줬으면 좋겠다는 쪽으로 이해가 됐는데요. 여 선생님, 혹시 거기에 대해서 간략하게 얘기를 해 주세요.

여호규(한국외국어대학교)

예. 제일 처음 낙랑·대방 유민들, 특히 전연前燕으로 가서 교군僑郡이 설치되는, 그래서 교군이 설치되고 그 이후에 낙랑태수에 임명되는 인물들은 여기저기에 흩어져 있는 사료들을 통해서 확인할 수 있습니다. 그런데 구체적인 운영 양상은 파악할 수 없어서 본문에 기술한 정도까지만 작업을 했는데요. 하여튼 전연 관련 자료들을 조금 더 꼼꼼하게 검토해서 보완할 수 있도록 하고요.

3장의 목차는 저도 조금 뭐라고 할까 고민을 많이 했습니다. 역시 홍 선생님께서 정확하게 보셨는데요. 그래서 지금 생각은 대체로 그냥 요녕 지역을 통한 동진과의 간접 교섭 그 정도로 할까 생각하고 있습니다. 조금 더 보완을 하도록 노력하겠습니다.

그다음에 사실 이쪽 동진 문벌 정치사 이런 부분을 제가 잘 몰라서 몇몇 책들을 읽고 정리를 했는데 역시 문제점이 드러나는 것 같습니다. 다만, 제가 여기서 환온桓溫을 굳이 군벌로 표현했던 것은 환온이 주로 형주荊州 지역을 근거지로 해서 그쪽에 군사적 기반을 갖고 서서히 중앙으로 진출해 들어가는 과정들이 확인이 되고요. 그래서 일단 이렇게 표현을 했는데 그것은 하여튼 조금 더 중국사 쪽의 연구 성과들을 검토를 해서 적절하게 그 부분을 표현하도록 하겠습니다.

그다음에 홍 선생님 말씀하신 것처럼 사실은 환온의 3차 북벌은 상당히 의도적이었다고 얘기들을 많이 하고 있는 것 같습니다. 그래서 일단 실패를 하면서 오히려 정적들을 제거하고 금강으로 들어가는 입구에 있는 서주徐州나 예주豫州지역에 있는 관군들을 여태까지 완전히 장악을 못했는데 오히려 역으로 이제 이 관군들을 장악하고 그래서 이제 금강으로 들어가서 황제까지 자기가 옹립하는 과정을 겪었다고 하는데요. 그 부분을 제가 기술하면서 북벌 실패 부분하고 권력 장악 부분을 대비시키면서 기술을 해서 조금 매끄럽지 못했는데 홍 선생님의 지적을 잘 받아들여서 하여튼 북벌의 성격 변화도 간략하게 정리하면서 이 부분은 재정리하겠습니다.

감사합니다.

좌장 노중국(계명대학교)

예. 시간도 이래서 다음으로 넘어가겠습니다.

마지막 '근초고왕과 칠지도'를 발표하신 논문에 대해서 김주성 선생님이 질문을 해 주시기 바랍니다.

5. 근초고왕과 칠지도

김주성(전주교육대학교)

예. 니토仁藤 선생님의 발표 잘 들었습니다. 제목이 '근초고왕과 칠지도'인데, 신공기 기사에 대한 사료 검토로 진행이 되어 있어서 제목하고는 상상이 되지 않는다는 느낌입니다. 그리고 신공기 46년도에서부터 52년조까지의 기록을 하나의 이야기로 파악하고 계신데 참 흥미롭습니다. 그런데 문제는 신공기 이야기의 주제가 어떤 것이고 또 그 기사년조己巳年條는 어떤 역할을 하고 있는지에 대한 언급이 없어서 궁금합니다.

다음 세 번째로서 현실적으로 신공기의 기사년조에는 여러 가지 자료들이 서로 혼합되어 있고 또 한편으로서는 연대기까지 혼합되어 있는 것이라고 합니다. 그런데 여기에서 근초고왕대의 기사 내용은 그것도 백제기百濟記에 들어가 있는 근초고왕대의 기사를 복원한다고 하면 상당히 어려운 작업이 되리라고 예상이 됩니다. 그러함에도 불구하고 이것을 간단하게 갑자년甲子年과 기사년己巳年 이외의 기사는 중시할 수 없다고 하면서 47년조, 51년조의 3년분의 기록은 『일본서기』 편자에 의한 조작으로 결론을 짓고 있습니다. 아마 이것은 제가 질문한 것 또는 아까 이영식 선생님 발표 도중에 이 부분을 굉장히 중요시한다고 되어 있기 때문에 서로 어긋나고 있습니다. 그래서 아마 두 분이 재밌는 토론과 대답이 될 수도 있다고 생각이 됩니다.

그다음에 칠지도에 대한 문제는 대등한 입장이라고 표현을 하셨습니다마는, 그러나 신공기 기사년조의 백제왕과 천웅장언千熊長彦 사이의 맹약을 기준으로 해서 헌상으로 보고 있는 점에 대해서는 한번 그 맹약 성격을 어떻게 이해하고 계시는지 부탁드리겠습니다.

그리고 마지막 질문을 아무래도 시간이 많이 걸리실 것이라고 생각이 돼서 그 점은 생략하도록 하겠습니다.

이상입니다.

좌장 노중국(계명대학교)

예. 고맙습니다. 총 다섯 개인데요. 아마 1번도 대답할 필요는 없을 것 같고요. 다섯 번째는 다음 기회로 미뤄져야 할 것 같고요. 2, 3, 4에 대해서 간단하게 대답 좀 해달라고 해주시기 바랍니다.

니토 아츠시(국립역사민속박물관)

질문 감사합니다. 전체적으로는 「백제기」를 기초로 하면서 백제와 왜국의 교섭 개시 이야기를 『일본서기』 편찬자가 내용을 조작했다고 개인적으로 생각하고 있습니다. 기본적으로 그래서 가야7국 평정기사는 이후에 나오는 임나일본부任那日本府와 관련된 기원, 전승으로서 위치를 둘 수 있다고 생각이 듭니다. 그 때문에 그러기 위해서 120년뿐만 아니라 180년 기사를 소급시켜서 구성했다고 생각합니다. 구체적으로 말씀드리면 429년에 백제 장군 목라근자木羅斤資가 왜의 사지비궤沙至比跪와 함께 탁순국卓淳國에 집결해서 신라라든지 가야를 공격했다는 기사를 바탕으로 많이 확대 기술한 것은 아닐까 하고 생각하고 있습니다. 먼저 간지가 쓰여 있는 기사와 간지가 없는 기사를 어떻게 이해해야 하는 것이 포인트라고 생각합니다. 왜 3년분의 기사를 연장시켰을까. 거기에 포함했을까 하는 것에 대한 것은 아마도 「백제기」같은 것은 백제 중심이었는데 이것을 왜국 기사 중심으로 전체적인 구성을 바꾸고 한반도 제국이 왜국에 조공해오는 내용으로, 즉 왜국 중심적으로 기술하는 과정에서 이렇게 3년간을 연장시켰다고 생각합니다. 예를 들어서 47년조 같은 경우는 신라를 적대시한 기사가 들어가거든요. 이런 것들이 추가적으로 신공기에 들어간 것은 아닐까 생각하고 있습니다. 반대로 간지가 쓰여 있는 기록을 보시면 46년도에 보면 갑자년甲子年 기록이 나옵니다. 여기에 나오는 갑자년이라는 것 자체가 바로 「백제기」에 원래부터 있었던 간지가 아닐까 생각해봅니다. 그리고 칠지도가 백제로부터 온 간자가 아마도 기록되어 있었을 것이라고 생각됩니다. 저는 기본적으로 헌상이냐 하사냐는 것이 문제가 되겠지만 지금 일본 학계에서는 대등설이 주류를 이루고 있고요. 그런데 저는 기본적으로 대상이 백제의 태자와 왜왕이기 때문에 백제가 상대적으로 우위에 있었다고 생각하고 있습니다. 그렇게 본다면 다시 백제가 상대적으로 우위의 관계에 있으면서 왜국과 관계를 맺으려고 했던 것은 아닐까 생각해봅니다. 이와 관련돼서 조금 말씀드리면 당시 백제라든지 고구려, 왜국 모두 각각 자기중심의 기록을 남기려고 했다는 것입니다. 그렇게 된다면 그런 기록들은 100% 사실이 아니라는 문제점이 남습니다. 그래서 신공기에서 왜국의 주장 그리고 「백제기」에서 백제 망명인들이 한 백제인의 주장 그리고 광개토왕비에 나오는 고구려인들의 주장 그런 것들을 현재 시점으로부터 보면 조금은 나누어서 상대적 입장에서 해석할 필요가 있다고 생각합니다.

이상으로 마치겠습니다.

좌장 노중국(계명대학교)

예. 질문을 한 번 더 드릴 수 있는 기회를 줄까도 생각을 했는데 방금 메모가 들어와서 6시에 행사가 있다고 하네요. 정리를 해야겠습니다. 사실 다섯 분이 발표한 종합토론에서 토론시간을 한 시간 조금 더 넘게 가지다 보니까 개별 토론밖에 되지 못한 아쉬움이 있습니다. 그런데 그런 아쉬움은 아쉬움대로 남겨둬야 할 것 같네요. 오늘하고 내일까지 열리는 근초고왕과 석촌동고분군에서 오늘 1부는 근초고왕대가 문헌으로 봤을 때 어떤 시기냐. 그래서 하나는 대외관계 문제를 얘기했고 하나는 이른바 근초고왕대의 영역 확장 과정, 그중에서도 제일 핵심이 신공기 49년을 통해 본 영역 확장 문제에 대해서 기사 자체를 신빙하기 어렵다는 견해도 나왔고 또 그것을 통해서 어느 정도 영산강 유역까지 내려갈 수 있는 것도 볼 수 있지 않느냐는 얘기도 나왔습니다. 이 문제는 내일 고고학 자료를 가지고서 하는 것과 연계가 될 것 같습니다. 사실 4세기 중반 경의 석촌동고분, 예를 들어 3호분 같이 한 변이 40~50m인지는 모르겠습니다만,

이러한 대규모의 무덤을 쓸 수 있는 근초고왕대의 모습을 우리가 어떻게 이해할 것이냐 하는 것은 오늘 문헌에서 얘기됐던 이 문제하고도 서로 연관해서 볼 수 있지 않을까 합니다. 그런 문제들은 내일 얘기가 됐으면 좋겠다는 바람을 합니다. 내일 사회를 맡은 양기석 선생님한테 부탁을 드리면서 아쉽지만 근초고왕과 석촌동고분군의 첫날 발표와 종합토론은 이것으로 마치도록 하겠습니다. 감사합니다.

(장내 박수)

제2부

석촌동고분군과 근초고왕

근초고왕과 석촌동고분군

The King Geunchogo and Baekje Royal Tombs In Seoul

주제발표 1

석촌동고분군 발굴의 최신 성과

정 치 영 · 최 진 석 한성백제박물관

Ⅰ. 개요

Ⅱ. 조사내용

Ⅲ. 조사 성과

Ⅰ. 개요

1. 석촌동고분군의 고고학적 조사 연혁

석촌동고분군은 서울 송파구 석촌동 248 일원(가락로 7길 21)에 위치하며, '백제 초기 적석총'이라는 명칭으로 사적 243호로 지정되어 있다. 현재 총 면적은 49,999㎡(약 1만 5천평)의 장방형 대지에 유적공원이 조성되어 있다.

1911년 실시된 석촌리 일대에 대한 지표조사를 토대로 1912년 고분 분포도가 작성되었으며, 1916~1917년에는 정밀한 분포조사와 일부 고분에 대한 실측 및 발굴조사가 이루어졌다. 이를 토대로 1919~1920년간에 제작된 고분 분포도에는 석촌동, 가락동, 방이동 일대에 약 296기 이상의 고분이 표시되어 있다.[1]

석촌동고분군에 대한 본격적인 발굴조사는 1974년부터 잠실 일대의 개발을 계기로 개시되었다. 1974년에는 석촌동 3 · 4호분, 1975년에는 가락동 3~6분과 방이동 1호분, 1976년에는 석촌동 파괴분과 5호분 및 방이동 4 · 5 · 6호분이 조사되었다. 조사 결과 석촌동고분군 내 적석총과 즙석봉토분의 구조를 파악하게 되었다. 특히 제4호분의 제3단 상부에 매장주체부로 추정되는 석실 구조가 확인된 점이 주목된다.

1 李炳鎬, 2011,「日帝强占期 百濟 故地에 대한 古蹟調査事業」,『韓國古代史硏究』61, 124-125쪽.

1983년과 1984년에는 3호분의 규모를 확인하기 위한 조사가 이루어졌다. 또한 1984년 3월 고분의 복원안 마련을 위한 4호분 내부 조사가 실시되었고, 5호분의 규모 파악을 위한 트렌치 조사가 진행되었다. 1986년에는 지하차도 설치로 인해 3호분 동쪽 고분군이 조사되었다. 1987년에는 대학연합 발굴이 진행되어 석촌동 1호분 지구는 서울대학교, 1호분과 2호분 사이는 경희대학교, 2호분 주변은 숭실대학교 팀이 담당하였다.

현재 고분공원 내에는 발굴조사가 실시된 적석총 5기, 즙석봉토분葺石封土墳 1기, 토광묘 2기 등 총 8기가 복원되어 있다. 그 현황은 다음과 같다.

고 분	구분	제원 (m)			비고
		높이 (현지표)	너비 (동서)	길이 (남북)	
1호분	적석총	남분-1.1 북분-1	남분-9.6 북분-9.9	남분-9.8 북분-8.9	연접분
2호분	적석총	3.5	16.4	16.5	
3호분	적석총	4.8	50.8	48.4	금제 영락 출토
4호분	적석총	2.62	17.2	17.2	금동 이식 출토
5호분	즙석봉토분	3	17(직경)		
A호	적석총		16	16	內圓外方墳 내원 직경 11.4m
2호 토광묘	토광묘	0.21	0.76	2.23	
3호 토광묘	토광묘	0.18	0.84	2.30	

표 1 석촌동고분군 복원 현황

2. 2015-2016 시 · 발굴조사 경과

2015년 5월 석촌동 1호분 북편 약 50m 지점에 직경 50cm의 지하 동공洞空이 발생하였다. 이 현상의 원인을 규명하기 위해 송파구의 의뢰로 동공 주변 100㎡ 면적에 대한 시굴조사(2015. 5. 26 ~ 6. 10.)가 시행되었다. 조사 결과 동

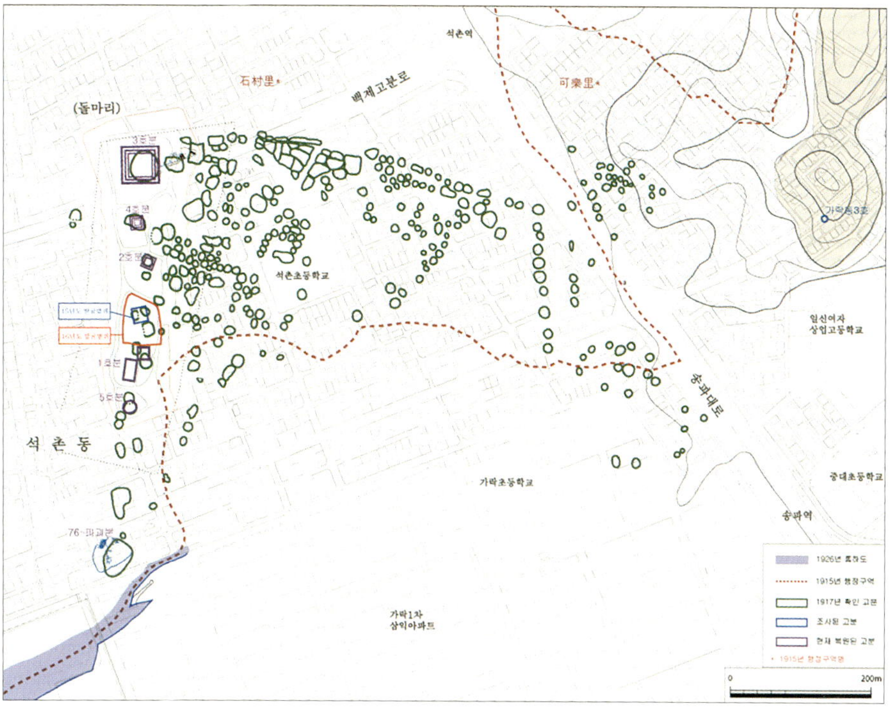

도면 1 석촌동 일원 고분의 분포 및 2015 발굴조사 구역의 위치
(서울대학교박물관, 2013, 『석촌동고분군 I』, 삽도 14 전재 · 수정)

공은 현대의 목조 지하구조물 축조를 위해 굴착한 수혈의 함몰로 인해 발생한 것이며 지반은 안정된 것으로 규명되었다. 이와 더불어 3기의 석축열 및 이에 둘러싸인 저석부, 성토부 및 상면에 소성한 자갈 부석층이 확인되었는데, 동공의 벽에서 파악한 이 구조물의 단면과 출토유물을 통해 백제 적석총의 일부로 추정하게 되었다. 이를 계기로 유구의 범위와 성격을 규명하기 위해 10월 28일부터 조사 면적을 400㎡로 확장하여 정밀발굴조사를 실시하였다.

시 · 발굴 조사 결과 석축 14열, 점토성토부 6개소, 유물 집중부 1개소의 유구와 함께 금동 세환 이식 1점, 토기 20점, 와당 2점을 포함한 1,300여 점의 기와가 확인되었다. 유적의 면모를 파악하기 위해서 조사 대상면적의 추가 확장이 필요하다는 자문단의 의견과 관계 당국의 허가에 따라 2016년 3월 21일부터 6월 현재까지 면적 3,100㎡ 범위에 대한 조사가 진행되고 있다.

3. 유적의 현황

발굴조사 구역은 석촌동 고분 공원 내 1호분과 2호분의 사이에 위치하

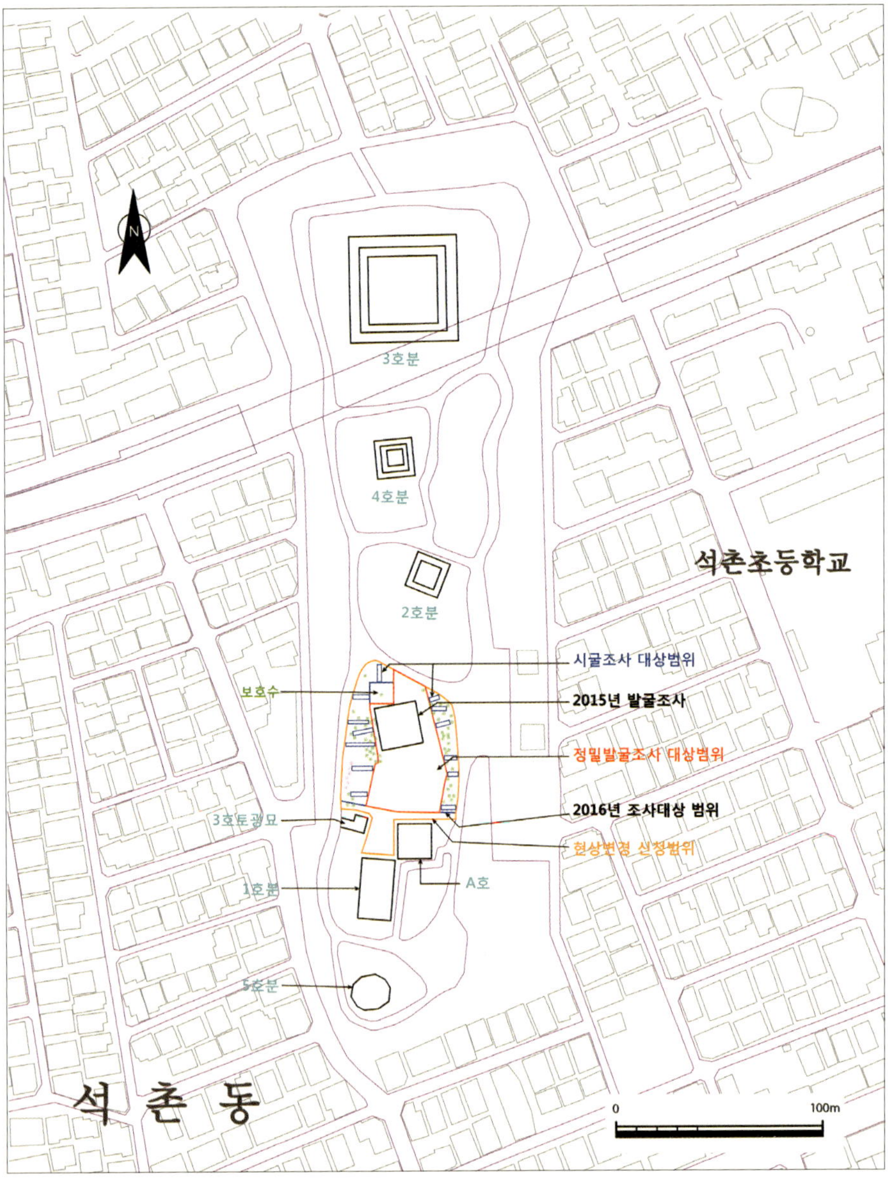

도면 2 석촌동고분군 발굴조사구역 위치도

사진 1 석촌동고분군 전경 (항공사진)

고 있다. 1917년에 작성된 분포도를 최근의 지형도에 중첩시킨 도면과 비교한 결과 조사지역 내에 4기의 고분이 분포하였던 것으로 파악된다〈도면 1〉. 1970~80년대의 유구 배치도와 대조하면 이번 조사 범위 내에서도 트렌치 조사가 이루어졌던 것을 알 수 있다〈도면 3〉.

조사 구역의 동 · 북 · 서 삼면은 고분 탐방로에 둘러싸여 있고, 남쪽에는 A호 적석총과 1호분, 3호 토광묘가 재현되어 있다. 따라서 제한된 범위 내에서 정밀발굴조사를 통해 유구의 분포범위를 파악하는 방식으로 조사를 진행하되, 조사 범위 내 동쪽과 서쪽은 인공 조림 구간이어서 일단 유구의 존재 여부를 파악하기 위해 시굴조사를 실시하였다.

조사 구역에는 근현대 건물지가 구축되어 유지되다가 1970~80년대 공원 조성시 철거된 후 외부에서 반입한 토사로 복토 후 평탄화되었다. 복토층은 5~80㎝의 두께를 보이고 있으며, 그 하부에는 현대 건축물의 철거 잔해인 시멘트 폐기물, 생활 폐기물, 부식토와 자갈 등이 뒤섞인 매몰토가 쌓여 있다. 매몰토 하부에서 적석층이 노출되고 있다. 적석층은 토사가 거의 없이 중대형의 할석으로만 구성되어 있고 석재 사이의 공극으로 약간의 부식토가 유입된 상태인데, 일정한 방향성을 보이는 석렬과 같은 높이로 퇴적되어 있어 그 형성의 인위성 여부를 신중히 파악해야 하는 상황이다. 다만, 대체로 상면의 무질서한 적석층 하부에서 정연한 석렬이나 적갈색의 성토면이 드러나고 있어 인위적인 구조물일 가능성이 크다. 다만 상당 부분 붕괴 후 재퇴적되거나 비교적 근래에 인공적으로 평탄화된 부분도 있다고 판단된다.

폐기물이 석재 사이에 삽입되거나 성토부 상면에 눌려 감입된 곳도 있어 건물 철거와 평탄화 및 정지 과정에서 상당 부분 교란된 양상을 보이고 있다. 적석층에는 대소 할석과 함께 중소형의 강돌도 다량 섞여 있었고, 남-북 및 동-서 방향의 정연한 석축열도 확인되었다.

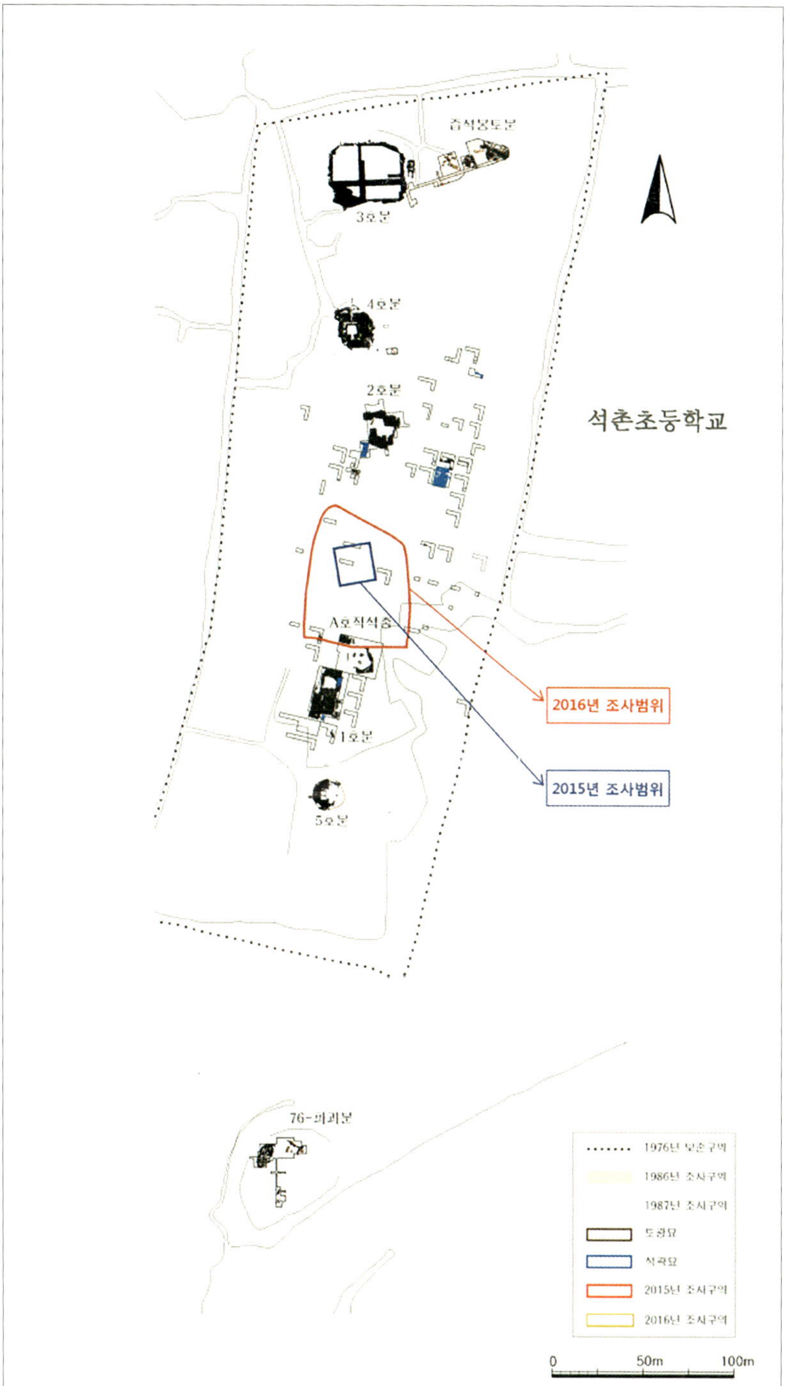

도면 3 석촌동고분군 발굴현황 (서울대학교박물관, 2013, 『석촌동고분군 I』, 삽도 10 수정)

사진 2 석촌동고분군 2015 시굴조사 전경

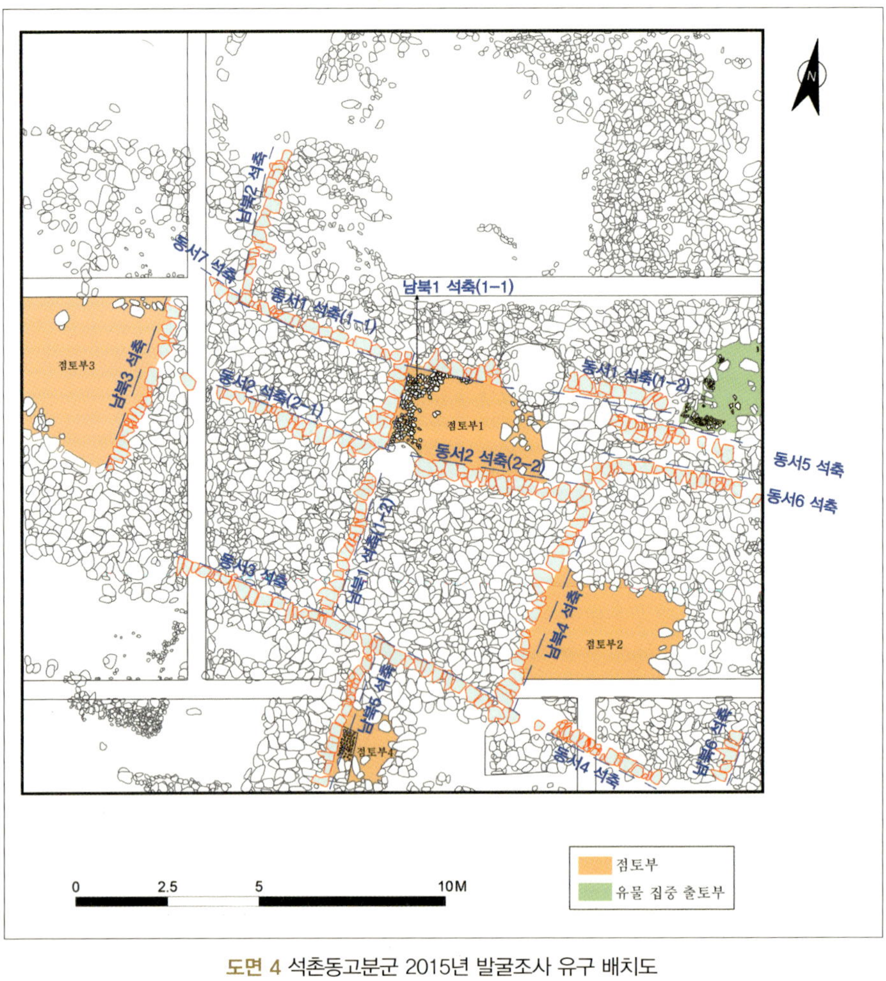

도면 4 석촌동고분군 2015년 발굴조사 유구 배치도

사진 3 조사구역 동벽 단면 토층 (서에서)

사진 4 조사구역 동남측 북벽 단면 토층 (동에서)

Ⅱ. 조사내용

1. 적석총

1) 구조와 축조 방법

2015년도에는 조사 범위 내에서 석렬 14기와 점토성토부 6개소, 그리고 다수의 기와와 토기가 집중된 유구 1개소가 확인되었다. 석렬은 8기의 동-서 방향 석렬과 6기의 남-북방향 석렬로 구성되어 있는데, 동-서방향의 석렬에 남-북방향의 석렬을 잇대어 축조한 양상이 대세를 이루었다. 점토부는 석축과 같은 고도에서 노출된 성토면을 지칭한 것으로, 적석부로 둘러싸인 양상을 보이며 방형 또는 말각방형의 평면 형태를 보이고 있다.

2016년도 조사에서는 기왕에 확인된 석렬이 연장되고 있는 상황과 함께 11기의 석렬, 점토부 4개소가 추가로 확인되었다.

대체적으로 남-북 방향의 석렬과 동-서 방향의 석렬이 유기적으로 조합되어 방형의 단위를 이루고 있으며, 이러한 단위 구조는 일정한 방향성을 가지고 서로 연접되어 있다. 이와 같은 방형 단위는 점토부를 둘러싸고 있는 양상인데, 점토부는 말각방형, 또는 말각장방형으로 파악되고 있다. 석렬과 점토부 사이는 중 · 대형 할석으로 채워져 있는데, 다소 무질서한 양상을 띠기도 하나 비교적 정연하게 쌓은 양상이 확인되고 있다.

점토부의 성격을 확언하기에는 아직 이르지만 현재까지의 조사 상황을 종

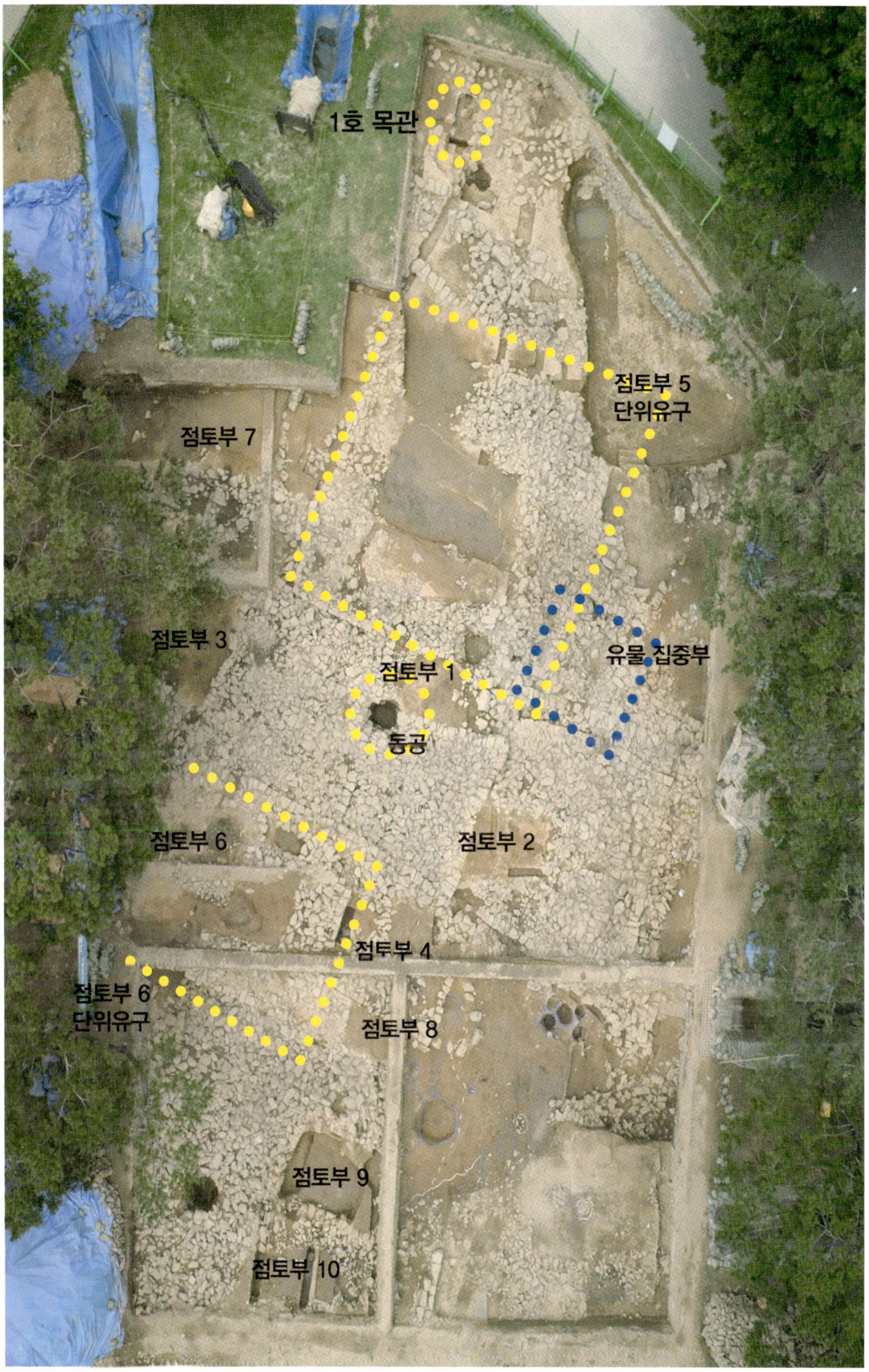

사진 5 조사구역 전경 및 주요 유구

합하면 두 가지 가능성을 염두에 둘 수 있다. 첫째는 연접된 단위 유구의 석축 사이에 보강 공법의 일환으로 충전되었을 가능성이다. 점토부 1이 이 점에 매우 유력하다. 둘째는 현재 조사 중인 적석총 각 단위 유구의 중심부일 가능성이다. 대부분의 점토부가 이에 해당한다. 현재까지 점토부에서 매장주체부가 확인되지 않았지만 가능성은 열려있다. 기왕에 발굴조사된 1호분 남분과 북분의 연접을 위한 점토 충전부, 4호분의 구조로 거론되고 있는 점토실심체가 이 두 가지 가능성에 대한 이해의 전례前例로 참고할 자료이다.

시굴조사시 확인된 동공洞空 단면에서는 석축과 점토부의 축조 양상이 잘 확인된다. 석축의 기저부는 생토인 황갈색 사질 점토 위에 점성이 높은 흑갈색 점토로 기초성토를 한 후 판석형 할석으로 지대석을 놓고 그 위에 장방체의 할석을 쌓아 축조하였다. 석축 전면에는 점토 블록을 쌓아 성토하되 석축과 동시에 구축한 것으로 판단된다. 이와 같은 성토 방식은 점토부 2 단위 유구의 남쪽에서도 확인되었다.

사진 6 점토부 1 단면의 적석 및 성토 양상

사진 7 점토부 2 단면의 적석 및 성토 양상

2) 점토부 중심의 단위 구조

점토부와 적석부의 단위가 뚜렷이 확인된 점토부 5 단위와 점토부 6 단위를 중심으로 현재까지 파악된 유구의 축조 방법 및 구조를 살펴보면 다음과 같다.

(1) 점토부 5 단위 유구

점토부 5 단위 유구는 조사 범위의 북쪽에 위치하고 있다. 점토부의 평면은 한 변의 길이가 약 6m인 말각방형을 이루고 있으며 외곽에 석축을 한 적석부에 둘러싸여 있다. 동-서 방향으로 축조된 남쪽 외곽 석렬의 길이는 13m로, 동서 양끝에서 북쪽으로 회절한다.

점토부 북쪽의 단면 토층에서 점토부 5를 둘러싼 석축 및 적석부가 성토 대지 위에 구축된 것을 확인하였다. 점토부 5는 중심부의 점토를 성토하면서 주변의 적석을 동시에 시행한 것으로 판단된다. 적석부 하부의 성토부는 황갈색, 암갈색, 적색 점토를 가공하여 성토하였다. 점토부 5의 서쪽 외곽 기단은 적석과 동시에 축조하면서 서로 맞물리게하여 견고함을 꾀하였다.

점토부 5의 하부에서는 점토를 블록 형태로 가공하여 성토한 상황이 파악되었는데, 이는 상부 토층의 판상板狀 성토법과 다른 것이어서 상하의 성토법이 차이를 보인다. 점토부 5 단위 유구의 서쪽에 위치한 점토부 7 단위 유구에서도 유사한 상황을 보이고 있다. 점토부 7의 상부 토층에서는 점토를 얇게 펼쳐 성토한 양상을 볼 수 있는데, 동쪽 석축의 기저부에서는 점토 블럭을 활용한 공법을 볼 수 있다.

한편, 점토부 5의 북동쪽 적석부 모서리 하부에서는 이 단위 유구의 기초 성토법의 단서가 파악되고 있다. 즉 회갈색 점토(고토양) 상부의 황갈색 점토층에서 직경 10㎝ 내외의 조밀한 말목흔이 있으며, 그 상부에 점토 및 사질 점토의 판상 성토흔이 확인된다. 이와 같은 성토층 위에 직식부가 형성되어 있다.

(2) 점토부 6 단위 유구

조사구역 중앙의 남서쪽에서 확인된 단위 유구이다. 북 · 동 · 남 3면의 외곽 석축이 뚜렷이 확인되었으며 서쪽은 정밀발굴조사 범위 외곽으로 이어지고 있다. 점토부 동쪽 적석부는 외곽 석축과 점토부 사이에 비교적 정연하게 축조된 양상이다. 동쪽 외곽 석축 전면에 성토된 점토부 4의 일부분을 절개하여 조사한 결과 석축은 5단까지 잔존하며 판상의 할석을 세로로 눕혀 쌓은 구조를 확인하였다. 최하단의 기저에는 성토층 위에 소형의 자갈을 깐 부석층이 확인되었다.

남쪽 외곽 석렬 전면에는 중 · 대형 할석이 빼곡하게 채워져 있는데, 적석총의 원래 구조와 관련 있는 것인지, 후대에 발생한 현상인지 조사 중이다. 다만 석축 전면前面 일부의 석재를 제거하고 확인한 결과 석축은 3단까지 잔존하나 2단 상부는 다소 밀려난 상태를 보였다. 석축의 기저부는 적갈색 점토이며, 그 위에 자갈을 깔아 부석층을 형성한 후 석축하였다.

점토부 상부는 교란이 심한 상태인데, 교란 구덩이 단면에서 점토부 하부에 적석구조물이 있거나, 기저부에서 자갈다짐층이 확인되기도 하여 성격을 파악중이다.

3) 유물 집중부

점토부 5의 동쪽 외곽 석축의 남쪽 위치하며 적석무지 하부에서 다량의 기와와 토기가 출토되어 잠정 '유물 집중부'로 칭하였다.

점토부 5 단위 유구의 남쪽 외곽 석렬 남변에 잇대어 동쪽으로 축조된 석축이 이 유구의 남변이 되며, 점토부 5의 동쪽 외곽 석렬 남반을 서변으로 하여 장방형의 석곽형태를 띤 유구이다.

현재까지 약 20㎡ 범위에서 1,500점 이상의 기와 파편과 50여 점 이상의 토기가 출토되고 있다. 꺾쇠와 관정도 10여 점 출토되었다. 토기는 파편 상태로 노출되었으나 정리 과정에서 병형 토기, 단경소호, 무개고배 등 완전한

사진 8 점토부 5 단위 유구 전경 (위가 남쪽)

사진 9 점토부 5 서쪽 외곽 석렬 및 성토 양상

사진 10 점토부 5 서쪽 외곽 석렬 주변 점토블럭

사진 11 점토부 5 서쪽 외곽 적석부 하부 성토 양상

사진 12 점토부 5 북서편 단면 성토 양상 1

사진 13 점토부 5 북서편 단면 성토 양상 2

사진 14 점토부 6 단위 유구 전경

사진 15 점토부 6 남쪽 외곽 석렬 축조 양상

사진 16 점토부 6 동쪽 외곽 석렬 축조 양상

사진 17 동쪽 외곽 석렬 기저부 자갈 부석층

기형이 복원되는 개체가 다수를 이루었다. 4점의 무개고배는 배신과 대각이 분리되어 있는 점이 특이하다. 기와는 평기와가 대다수이며 와당 편 3점도 출토되었다.

출토유물의 양상으로 볼 때 의례 관련 시설일 가능성과 함께, 매장부일 가능성을 열어두고 있다. 건축물의 존재도 염두에 둘 수 있다. 조사 범위 확장

사진 18 점토부 5 단위 유구 남동편 유물 집중부 전경

사진 19 유물 집중부 근경 (동에서)

사진 20 유물 집중부 토기 출토 상태

사진 21 유물 집중부 와당 출토상태

및 조사의 진전에 따라 그 성격도 밝혀질 것으로 생각된다.

2. 목관묘

조사 구역 북쪽에서 1호 목관묘가 확인되었다. 주변에 구조와 성격이 명확하지 않는 석재 산포유구와의 중복으로 인해 묘광은 북벽과 서벽 일부에서만 확인되어 전체적인 형태와 규모는 아직 파악되지 않았다. 장축은 남-북 방향인데, 묘광의 15㎝ 하부에서 목관의 서쪽 장벽 흔적이 확인되었다. 동벽은 주변의 석재 선포유구와 중복되어 확인되지 않는다. 목관 흔적은 유기물 부식질이 섞인 암갈색 점도 띠의 형태로 남아 있으며 폭은 10-12㎝이다. 목관흔 내에는 꺽쇠 5개가 23~25㎝ 간격으로 박혀 있다. 묘광 북쪽에는 판석형

사진 22 1호 목관묘 근경

사진 23 1호 목관묘 토기 및 꺽쇠 출토 상태

할석 1매가 있고 그 위에서 고배와 심발형 토기가 출토되었다. 목관흔은 이 석재와 맞닿아 있으며 꺽쇠 1매도 석재 위에서 확인되었다. 토기 2점은 석재 위에 정치되어 있으므로 조영 당시의 무덤 구조 및 매장 방식과 직접적으로 관련된 석재로 추정된다. 목관의 바닥면을 확인하기 위해 조사 중인데, 현재 40㎝ 깊이의 토층 단면에서도 확인되고 있다.

목관묘의 남쪽에는 동-서 방향의 석렬 1기가 있는데 파괴가 심하여 일부만 남아 있다. 주변의 석재산포 유구는 이 석렬의 북쪽에 분포하므로 연관된 시설로 추정하고 있다. 1호 목관묘가 이 시설 내의 매장부 중 하나일 가능성이 열려 있다.

3. 출토 유물

유물은 조사 구역 전반에 걸쳐 출토되었으나 유물 집중부 출토품이 대다수이다. 유물 집중부에서 꺽쇠와 철정 10여 점이 출토되었으며, 귀금속류는 점토부 2 단위 유구의 남쪽 외곽 석렬 파괴면에서 출토된 세환이식 1점이 있다. 구리봉에 금판을 말아 입힌 동지금장銅地金裝 세환이식細鐶耳飾이다.

현재까지 무개고배 4점, 병형 토기 1점, 광구장경호 1점, 단경소호 2점이 완형에 가깝게 복원되었으며, 이외에 유개고배, 장란형 토기, 원저단경호, 광

사진 24 세환이식 출토 상태

사진 25 세환이식

견호, 직구단경호 등의 기종이 파악되었다. 중국 자기 호 저부편도 출토되었다. 무개고배는 모두 배신과 대각이 분리된 상태로 출토되어 의도적인 훼기 행위가 있었던 것으로 추정된다.

기와는 와당과 평기와 파편 2,000여 점이 출토되었다. 경도, 태토, 색조 등 여러 측면에서 다양한 양상을 보이고 있다. 수키와는 내면에 포흔이 있고 외면은 물손질로 타날문을 지운 것이 대부분이나 일부 남긴 것도 있다. 암키와는 격자문이 대다수이고 이중횡선부가 평행선문인 예는 소수이며, 사격자문도 몇 점 보인다. 내면에는 포흔이 있는 것이 대부분이지만, 물손질로 타날문을 지운 것과 본래 포흔이 없었을 것으로 추정되는 개체도 소수 존재한다. 와당은 문양면과 수연부 파편 등 3점이 출토되었다. 문양은 백제 한성기 기와 중 처음으로 확인된 것으로서 전문계열의 한 부류로 판단된다. 시굴조사 당시 확인된 파편과 동범품으로 보인다.

사진 26 유물 집중부 출토 와당

사진 27 유물 집중부 출토 토기 일괄

사진 28 유물 집중부 출토 기와 일괄

Ⅲ. 조사성과

1. 2015-2016년 진행 중인 석촌동고분군 발굴조사에서 확인된 유구는 석촌동 1호분과 2호분 사이에 존재하였던 적석총의 일부로서, 일제강점기의 분포도에 표기된 고분과 중첩되는 위치에서 확인되었다.

2. 현재까지 석축열 25기, 점토부 10개소, 유물 집중부 1개소 등 적석총 관련 유구와 목관묘 1기가 확인되었다.
   석렬은 동-서 방향 석렬과 남-북 방향 석렬이 조합되어 방형의 단위를 이루고 있으며, 그 중심에는 점토부가 있다. 중앙의 점토부를 외곽의 석축이 방형으로 감싸고 그 사이를 적석한 구조로서, 점토부의 평면형태는 말각방형을 띤다. 이러한 형태는 기왕에 1호분 북분, A호 적석총 등에서 확인된 내원외방형 구조의 실상으로 판단된다.

3. 조사 구역 내에서 확인된 적석총은 성토대지를 조성한 후 석축과 적석을 가한 구조로 파악되고 있다. 성토방법은 구지표를 삭토하고 생토면에 말목을 촘촘히 박아 지정한 후 그 상부에 점토를 얇게 가공하여 성토한 양상이 일부 지점에서 확인되고 있다. 비교적 하부에서는 점토 블록, 상부에서는 점토를 얇게 가공하여 피복하듯 성토한 양상이 파악된다.

4. 점토부를 중심으로 외곽에 방형의 석축을 구축하고 그 사이를 적석한 구조는 적석총의 기본단위를 이루는 것으로 판단된다. 이러한 단위 유구가 단독으로 존재하지 않고 상호 연접되어 있으며, 그 사이를 보강하는 방법으로서 점토를 충전하거나 적석한 것이 현재까지 파악된 유구의 구조이다. 성토면에 자갈을 부석하고 석축한 기법도 확인되었다.

5. 적석총의 매장주체부는 밝혀지지 않았으나 점토부 상부나 측변에서 확인될 가능성을 배제하기 어렵다. 1호 목관묘는 적석총과 재래 묘제와의 상관관계를 밝혀 줄 주요 단서가 될 것이다.

6. 적석총 상부에 와즙 건물이 있었을 가능성은 이미 지적되어 왔지만, 조사 범위 내에서 단위 면적당 기와 출토량은 이미 풍납토성을 능가하고 있다. 백제 한성기 기와 사용 양상의 한 단면을 밝히는데 매우 의미가 있는 자료가 될 것이다. 특히 와당은 한성기 자료로는 처음 확인되는 문양으로서, 인근 4호분 출토품과 차이를 보이고 있어 백제 고분 제의시설의 면모를 파악할 수 있는 단서가 될 것으로 기대된다.

7. 출토유물은 기왕에 확인된 석촌동 적석총의 양상과 상통한다. 이번 조사를 통해 백제 적석총의 구조와 성격이 상당부분 밝혀질 수 있을 것으로 기대된다.

주제발표 2

서울 석촌동고분군의 구성과 변천

- 1~5호분의 쟁점을 중심으로 -

임 영 진 전남대학교

Ⅰ. 머리말

Ⅱ. 서울 석촌동 1~5호분의 쟁점 검토

Ⅲ. 서울 석촌동고분군의 구성과 변천

Ⅳ. 맺음말

Ⅰ. 머리말

서울 석촌동고분군이 백제 고분으로 추정되면서 학계에 소개되기 시작한 것은 100여 년 전의 일이었지만 공식적인 학술조사가 이루어지고 보고서가 발표된 것은 70여년이 지난 후의 일이었다. 그나마도 개발 위주의 정책으로 인하여 극히 제한적인 조사가 이루어졌을 뿐만 아니라 대부분의 보고서들이 짧은 계약 기간에 맞추어 시급히 작성된 것이있다.

석촌동고분군을 비롯한 서울 강남지역의 백제 유적들은 부족한 문헌사료의 한계를 뛰어 넘을 수 있는 새로운 발판을 마련해 줄 것이라는 기대 속에서 고고학 연구자뿐만 아니라 문헌 연구자에게도 많은 관심을 불러 일으켰지만 우리의 현실은 이를 충족시키기 어려운 점이 많았다[1]. 그나마도 1987년 이후에는 서울 강남지역 백제 고분들이 더 이상 조사되지 못하다가 작년부터 재개되었고, 그동안 알려지지 못하였던 유물들이 보고되기도 하였다[2]. 본 발표자는 1980년대에 석촌동고분군 발굴조사에 참여한 경험을 바탕으로 몇

1 연구사에 대해서는 다음 글 참조.
강인구, 1989,「한강유역 백제고분의 재검토」,『한국고고학보』22, 한국고고학회.
임영진, 1995,「백제 한성시대 고분 연구」, 서울대학교 박사학위논문.
조가영, 2012,「석촌동고분군 조성 연구」, 서울대학교 석사학위논문.

2 서울대학교박물관,『석촌동고분군』Ⅰ(2013), Ⅱ(2014), Ⅲ(2015).

가지 견해를 낸 바 있고, 최근에는 석촌동고분군의 다양한 묘제를 바탕으로 백제 건국과 관련된 주민 문제에 대해서도 논해 본 바 있다.

서울 석촌동고분군은 그 중요성에 비추어 앞으로도 많은 논의가 필요할 것이지만 그동안 발표되었던 여러 논의 가운데에는 현장 상황을 충분히 인식하지 못한데 기인하는 것도 적지 않아 보인다. 이는 석촌동고분군이 가지고 있는 보다 중요한 문제에 접근하는 것을 어렵게 만드는 요인이 되고 있다.

본 발표에서는 가장 논란이 많았던 석촌동 1~5호분을 대상으로 그동안 제기 되었던 쟁점들을 중심으로 검토해 보고자 한다. 명백한 고고학적 사실에 대해서는 오해가 해소되고, 향후 보다 중요한 문제에 연구 역량이 집중될 수 있게 되기를 바란다.

그림 1 석촌동 1호분 전경 (남에서)

Ⅱ. 서울 석촌동 1~5호분의 쟁점 검토[3]

1. 석촌동 1호분

석촌동 1호분은 민가에 묻혀 있었다. 1987년 민가를 철거하고 이루어진 조사를 통해 제1단만 남았음이 확인되었는데 2기의 적석총積石塚이 연접되어 있음이 밝혀졌다. 정비복원을 위한 제한된 조사였기 때문에 전면 발굴이 불가능한 상황이었지만 축조 순서에 있어 북분이 선先이고 남분이 후後라는 점은 부인할 수 없는 고고학적 사실로서 확인된 바 있다.

세부 구조에 있어 북분은 내부가 흙으로 채워진 백제식 적석총이고 남분은 할석으로 이루어진 전형적인 고구려식 적석총으로 차이가 있다는 사실도 알 수 있었다. 백제식 적석총인 북분은 석축 안쪽 할석 사이의 좁은 공간까지 흙이 채워져 있는 점에서 제1단 석축이 축조되면서 동시에 흙이 채워져 나갔다는 것도 분명하게 확인된 고고학적 사실이다.

매장주체부는 북분에서는 확인되지 못하였고, 남분에서는 1기의 주곽과 3기의 부곽이 보고되었다. 북분에서는 제1단보다 높은 위치에 있다가 파괴되었거나 아직 발굴되지 않은 제1단 내부에 남아있을 가능성이 있다. 남분에서

3 여러 견해들이 제기되어 왔지만 비교적 종합적인 견해들이 제기되었던 각주 1)을 중심으로 검토해 보도록 하겠다.

는 중앙 1곳과 북편 3곳에서 잔자갈이 깔린 공간들이 확인되었는데 이는 주변의 할석 바닥과 확연히 구분되었기 때문에 중앙 1곳이 주곽, 북편 3곳이 부곽으로 보고되었는데 세부적인 검토가 필요하다.

남분과 상통하는 고구려 적석총의 매장주체부는 일반적으로 석곽石槨, 석광石壙, 광실壙室, 석실石室 등으로 구분되어 왔다. 석곽石槨이 분명한 것은 대부분 소규모 부장품용이다. 석광石壙은 목관木棺이나 목곽木槨을 안치한 다음 이를 돌로 덮어 고분을 완성한 후 목관이나 목곽이 부식된 상태에서 발굴된 유구를 칭한다[4]. 하지만 이것은 구조물이 아니라 구조물을 포장한 것에 불과하기 때문에 매장주체부 전체를 반영하는 정확한 용어라고하기 어렵다. 광실壙室은 횡혈식 출입시설이나 이실耳室을 갖추고 있으면서 천정부가 확인되지 않은 것을 칭한다. 집안 천추총은 광실壙室을 가진 것으로 보고되었지만 천정부가 후대에 파괴되었을 가능성이 있고[5], 우산 540호분에서도 연도와 이실이 남아있는 하단부만 조사되었는데 천정부가 이미 파괴된 것으로 보며[6], 우산묘구 3319호분은 전塼으로 축조된 하단부만 확인되어 광실로 보고되었는데 원래 궁륭천정을 가지고 있었던 것으로 추정되고 있다[7]. 이와 같은 사례들을 보면 광실은 원래 천정부가 있었다고 보는 것이 타당할 것이므로 석실(우산묘구 3319호분은 전실塼室)로 부르는 것이 옳을 것이다. 한편 태왕릉의 석실에서는 석당石堂이 있었던 것으로 밝혀졌는데, 석당은 그 구조상 목당木堂에서 발전되었을 가능성이 있기 때문에 다른 석실이나 전실塼室 가운데에는 목당을 가졌던 것도 있었을 가능성을 배제하기 어려울 것이다.

이처럼 고구려 적석총의 석광石壙은 그 실체가 불분명하고 광실壙室은 석실石室에 해당하는 것으로 볼 수 있다. 매장주체부를 목관, 목곽, 석실로 구분하

4 孫仁杰, 1993,「高句麗串墓的考察與研究」,『高句麗研究文集』, 延邊大學出版社.
5 王春燕 · 孫仁杰, 2011,「集安高句麗千秋墓墓室形制新論」,『北方文物』2011-3, 北方文物雜志社.
6 吉林省文物考古研究所, 2009,「集安禹山540號墓淸理報告」,『北方文物』2009-1, 北方文物雜志社.
7 吉林省文物考古研究所 · 集安市博物館, 2004,『集安高句麗王陵』, 文物出版社.

는 것은 이를 감안한 대안이라 하겠는데[8], 목관과 목곽으로 칭하는 경우에는 발굴을 통해 확인된 석재 잔존 유구는 물론 존재 가능성이 있는 목당木堂을 반영하기 어려운 점이 생긴다. 이와 같은 문제들을 포괄하기 위해서는 목관석광木棺石壙, 목곽석광木槨石壙, 목당석실木堂石室, 석당석실石堂石室, 목관석실木棺石室 등으로 구분하는 것이 좋을 것으로 생각된다. 목관석광은 목관묘을 안치한 다음 돌을 쌓은 것으로서 석광으로 보고된 것 가운데 규모가 작은 것이 여기에 해당할 것이다. 목곽석광은 목곽을 안치하고 돌을 쌓은 것으로서 석광으로 보고된 것 가운데 규모가 큰 것이 여기에 해당할 것이다. 목당석실은 출입시설을 갖춘 목당을 안치하고 목당의 출입시설과 연결되는 연도나 묘도를 부가한 석실을 축조한 것으로서 광실로 보고된 것이 여기에 해당할 것이다. 석실은 석광과 같은 단계에서 발전하였던 것으로 추정되므로 목당광실과 목당석실로 구분해 볼 수도 있겠지만 모두 출입시설을 갖춘다는 점에서 목당석실로 포괄해도 무방할 것으로 생각된다. 석당석실은 정연한 횡혈식 석실 내부에 석당을 안치한 것으로서 태왕릉을 들 수 있다. 목관석실은 횡혈식 석실 내부에 목관묘를 안치한 것으로서 시기적으로 가장 늦은 것이다. 서울 석촌동 1호분 남분에서 보고된 석곽들은 모두 정연하게 축조된 석곽이었을 가능성보다는 바닥에 잔자갈을 깐 다음 시신을 담은 목곽과 부장품을 담은 목관묘들을 각각 안치하고 돌로 덮었을 것으로 추정되므로 각각 목곽석광과 목관석광에 해당하는 것으로 볼 수 있을 것이다.

석촌동 1호분 주변에서는 다른 석축열과 할석 퇴적부가 확인되었지만 확장 조사가 불가능하여 전모가 확인되지 못하였다. 그 가운데에는 근세에 1호분에 민가를 축조할 때 평탄면을 조성하기 위해 제1단만 남기고 삭평시키면서 제1단 주변으로도 평탄면을 넓히기 위해 만든 축대와 같은 시설도 있었던

8 김용성, 2005, 「고구려적석총의 墳制와 墓制에 대한 새로운 인식」, 『동북아역사논총』 3, 동북아역사재단.

것으로 생각되는데 향후 추가 조사를 통해 전모를 밝혀야 할 것이다.

석촌동 1호분은 북분과 남분으로 구성된 연접분이라는 점에서 그 주인공을 부부로 보고 있지만 구조가 서로 다른 북분과 남분이 연접되었다는 점에 대해 논란이 된 바 있다. 앞에서 언급하였듯이 이 문제는 고고학적 사실의 문제가 아니라 왜 그렇게 축조하였는지에 대한 해석의 문제이므로 뒤에서 논의하도록 하겠다. 북분 제1단 석축 위에서 조사되어 석곽묘로 보고된 유구에 대해서도 논란이 있었지만 매장유구임이 분명하기 때문에 오히려 어떤 이유에서 북분 1단 석축 위에 후대의 무덤이 축조되었는지에 대한 구체적인 해석이 필요할 것이며 이에 대해서도 뒤에서 다루도록 하겠다.

2. 석촌동 2호분

석촌동 2호분은 민가 사이에 돌과 흙이 뒤섞인 채 남아 있었다. 주변 민가 철거 후 이루어진 정비복원을 위한 시굴조사를 통해 규모와 일부 구조가 확인되었다. 규모는 동서 17.4m, 남북 16.2m이고, 부분적으로 남아있는 높이 1m 내외의 제1단 석축을 통해 3단으로 구성된 고분이었을 것으로 추정되었다.

제1단 석축의 외면은 수직으로 정연하게 쌓으면서 군데군데 지탱석을 두었지만 석축의 내면은 아래가 넓고 위가 좁게 축조되어 올라갔다. 석축 안쪽 좁은 공간까지 흙으로 채워져 있는데 이는 할석으로 제1단 테두리를 축조하고 그 내부는 흙을 채웠다는 것을 의미한다. 기존의 분구묘墳丘墓 외곽에 석축을 부가한 것으로 보는 견해도 있지만[9] 석축 안쪽 할석 사이의 좁은 공간까지

9 강인구, 1989,「한강유역 백제고분의 재검토」,『한국고고학보』 22, 한국고고학회.
조가영, 2012,「백제 한성 도읍기 한강유역의 고분 구조 검토」,『백제 고분의 새로운 인식』, 호서고고학회 · 호남고고학회 합동학술대회.

그림 2 석촌동 2호분 전경 (동북에서)

그림 3 석촌동 2호분 목관

중심부와 구분되지 않은 흙이 채워져 있다는 점을 감안하지 않은 견해이다.

석촌동 2호분도 1호분과 마찬가지로 전모를 파악하는 작업은 불가능하였지만 서북쪽 분구를 절개하여 성토 단면을 노출시키는 과정에서 중심에서 약간 벗어난 지점에서 1기의 목관묘 흔적이 확인되었다. 동북-서남 장축으로 길이 2.5m, 너비 0.6m, 깊이 0.1m 내외 규모의 얕은 토광인데 중앙은 분구 토압으로 내만되어 있다. 토광은 목관묘 전체를 담기 위한 것이 아니라 목관묘을 안치할 자리만 얕게 파낸 것이기 때문에 목관묘 상부가 대부분 토광 바깥쪽에 위치함으로써 분구 토압으로 인하여 내만할 수밖에 없었던 것이다. 절개된 서북쪽 분구 단면 하단에서는 이 목관묘을 덮었던 분구의 토층이 선명하게 확인되었다. 이는 석촌동 2호분이 축조되면서 작은 분구를 가진 기존의 목관묘를 포괄하였음을 말해준다. 2호분 절개부 바닥은 천석이 전면적으로 깔린 상태로 노출되었는데 상기 목관묘의 분구 범위에는 천석이 보이지 않는다. 이 역시 2호분을 축조하면서 기존 목관분구묘木棺墳丘墓를 포함시켰기 때문에 기존 분구묘 범위에는 천석을 깔 수 없었던 사정을 말해줄 것이다. 분구 중심부는 대부분 보존되어 있으므로 향후 소사가 이루어진다면 다른 매장주체부가 확인될 가능성이 높을 것이다.

3. 석촌동 3호분

석촌동 3호분은 10여 호의 민가들이 자리 잡은 상황에서 제한적인 조사가 이루어지다가 1984년 민가가 철거되고 정비복원을 위한 조사가 이루어짐으로써 개략적인 규모와 구조, 석곽이 확인된 바 있다. 1986년에는 동쪽 고분군의 조사 과정에서 동서 50.8m, 남북 48.4m의 규모가 최종 확인되었다.

석촌동 3호분은 높이 0.9m, 너비 4.7m의 단을 축조해 올라 나갔는데 3단까지만 확인되었다. 매장주체부는 확인되지 않았지만 1984년의 부분적인 조사 시 서남쪽으로 약간 치우친 곳에서 바닥을 제3단 중간에 갖고 있는 길이 2m, 폭 1.5m, 깊이 0.8m 크기의 석곽이 확인되어 부곽으로 추정되었다. 그러나 구조가 정연하지 못하고 출토 유물도 없기 때문에 다음과 같은 점을 고려해 재검토해 볼 필요가 있다.

고구려 적석총에서는 부장품용 석곽은 시신 매장부와 일자형日字形을 이루거나 명자형明字形을 이루는 것이 일반적이기 때문에 석촌동 3호분에서 확인된 석곽이 부곽이라면 시신 매장부는 이 석곽과 일자형을 이루거나 명자형을 이루는 한편 현재 남아있는 제3단 중간이나 그보다 아래인 제2단 윗면을 바닥으로 하였을 것이다. 그러나 지금까지의 조사에 따르면 그렇게 보기는 어렵다. 중앙에 위치하였을 매장주체부와는 위치와 장축 방향이 맞지 않고,

그림 4 석촌동 3호분 전경 (남에서)

그림 5 석촌동 3호분 보고 석곽

규모가 작을 뿐만 아니라 형태가 정연하지 않은 점 등을 감안해 본다면 근세에 3호분에 자리 잡았던 민가에서 저장시설 같은 것으로 만들었던 것일 가능성이 높다.

그러므로 석촌동 3호분의 매장주체부는 원점에서 재검토해 볼 필요가 있다. 매장주체부의 종류는 차치하고 그 위치 문제에 있어서는 3호분이 몇 개의 단으로 구성되어 있었는지를 먼저 파악할 필요가 있다. 제3단 상부가 삭평된 상황에서 단언하기는 어렵지만 제1~3단에서 확인된 단의 높이와 너비를 감안하면 전체 단수는 5단 정도였다고 할 수 있을 것 같다. 매장주체부의 규모는 그 종류에 따라 다르겠지만 상부 단들이 파괴된 상황에서 주변에서 확인된 부재 가운데 석실과 관련된 판석재들이 확인되지 않는다는 점에서 정연한 석실의 존재를 상정하기는 어렵다고 생각된다. 따라서 목곽이나 목당을 안치하였을 가능성이 높을 것이며, 2개 이내의 단에 걸쳐 중앙부에 위치하였을 것으로 보는 것이 합리적일 것이다. 그렇다면 5개의 단 가운데 제2~3단 혹은 제3~4단에 걸쳐 있었다고 볼 수 있을 것이다.

석곽이 확인되었던 1984년의 조사에서는 제3단 중앙부분에 대한 조사를 충분히 실시하기 어려웠기 때문에 그와 관련된 실마리를 찾아 볼 수 없었던 것으로 보인다. 단언하기는 어렵지만 7단으로 이루어진 장군총의 석실이 제4~6단 사이에 위치하는 점을 감안하면 3호분에서는 제3~4단에 위치하였을 가능성이 높다고 볼 수 있을 것 같다. 아마도 목곽을 안치한 다음 적석하면서 단을 추가한 목곽석광木槨石壙이었거나 목당을 안치한 다음 할석조 구조물을 축조한 목당석광에 가까운 것이었을 가능성이 있을 것으로 생각된다. 어느 경우라도 제3단 중앙 상면에 단서가 남아있을 가능성이 높을 것이므로 제3단 상면을 면밀하게 조사해 볼 필요가 있을 것이다.

4. 석촌동 4호분

석촌동 4호분은 분구 전체가 흙으로 덮여 밭으로 경작되고 있었기 때문에 봉토분으로 알려져 왔다. 1974년 정비를 위한 발굴조사를 통해 구체적인 내용이 밝혀지면서 기단식 적석총인 외관과는 달리 내부가 점토로 채워졌다는 점에서 고구려의 적석총이 현지에서 변화된 것으로 인식되었고 백제식 적석총이라는 명칭을 갖게 되었다. 1984년에는 문화재관리국의 요청에 따라 석촌동 5호분과 함께 복원을 위한 재조사가 이루어졌는데 1974년에 조사된 내용과는 규모와 축조 방법에 있어 일부 다른 사실들이 밝혀졌다. 그러나 여전히 논란이 계속되기 때문에 각각의 조사 내용을 소개하고 그 차이가 가진 문제를 언급하도록 하겠다.

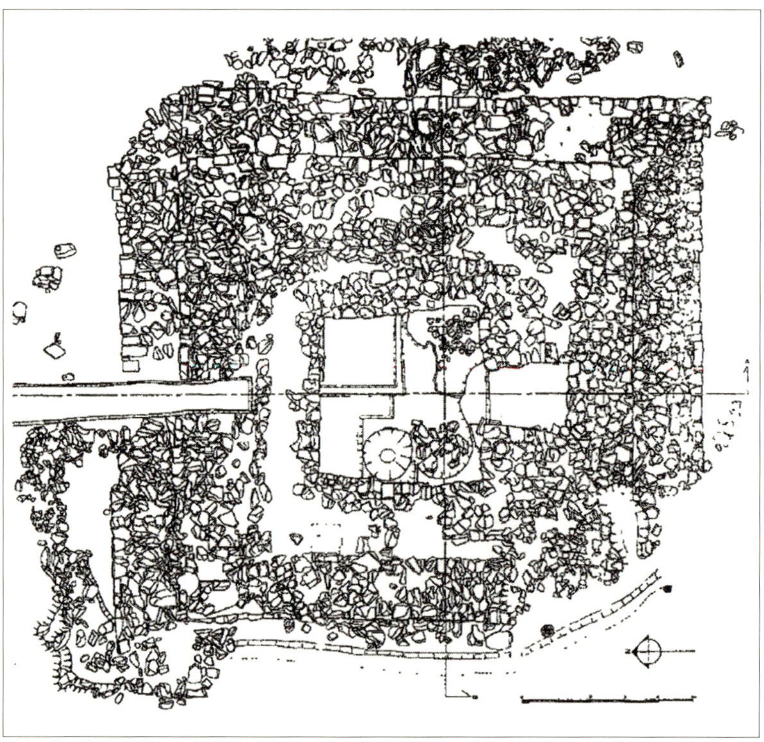

그림 6 석촌동 4호분 평면도

1974년의 조사를 통해 보고되었던 내용은 다음과 같이 요약된다[10].

① 정방형으로 묘역을 조성하고 잔자갈을 깔았는데 그 범위는 한 변의 길이가 30m에 달한다.

② 묘역 안에는 길이 13.2m, 너비 1.8m, 높이 2.24m 규모의 방주형 석벽을 축조하여 제3단으로 하고 그 내부는 점토를 다져 충전하였다.

③ 제3단 바깥으로는 제2단과 제1단을 설치하였는데 제2단은 한 변의 길이가 17.2m이고, 제1단은 대부분 파괴되었지만 한 변의 길이가 24m로서 전체적으로 3단의 계단식 적석총을 이루었다.

④ 각 단은 파괴가 심해 높이가 정확하지는 않지만 바닥에서 제3단 정부까지의 높이는 2.24m, 제2단의 높이는 1.24m, 제1단의 높이는 0.62m이며 기단 사이의 간격은 1.8~2.1m이다.

⑤ 제3단 정상부 바닥 중앙에는 동서 4.6m, 남북 4.8m 규모의 석실 윤곽과 길이 2.3m, 너비 1.9m 내외 규모의 연도 윤곽을 형식적으로 조성하였다.

⑥ 형식적으로 조성한 석실의 바닥에서는 하부의 성토층을 파서 남반과 북반에 두개의 묘광을 조성하였다.

⑦ 제3단 정상부에는 다시 적석하고 작은 판석을 지붕처럼 덮은 다음 그 위에 다시 자갈과 점토를 섞어 봉분처럼 조성하였다.

⑧ 고분 내부에서 출토된 유물은 없고 적석총을 덮고 있었던 흙속에서 와편과 토기편 약간이 출토되었을 뿐인데 와편은 정상부의 봉토 위에 한 겹 깔았던 것일 가능성도 있다.

⑨ 축조 시기는 형식적이기는 하지만 석실 윤곽을 표현한 것으로 보아 4세기 아니면 5세기 전반기경에 해당하며 고구려 적석총에서 시작하여 한강유역에서 지역적 변화를 일으킨 것이라고 본다.

10 서울대학교박물관 · 서울대학교 고고학과, 1975, 『석촌동적석총 발굴조사보고』, 서울대학교박물관.

1984년에 이루어진 재조사를 통해 밝혀진 내용을 요약하면 다음과 같다[11].

① 먼저 고분 중심부에 한 변의 길이 9.2m, 높이 1.47m 규모의 사각기둥 형태를 띤 성토부를 조성하였다(기존 분구묘 자락을 삭평하여 방형 석축을 부가할 수 있도록 준비한 것으로 추정됨).
② 중심 성토부에 붙여 길이 13.2m, 너비 2m, 높이 1.47m 규모의 방형 담장 형태의 석축을 둘렀다(제2단).
③ 그 바깥에 길이 17.2m, 너비 2m, 높이 0.52m 규모의 석축을 쌓으면서(제1단) 안쪽의 제2단 석축에 비스듬히 기대는 장대석을 각 변에 6개 정도씩 설치함으로써 제2단 석축을 지탱할 수 있도록 하였다.
④ 제2단 석축 상면 끝부분에서 2m 안쪽으로 들어온 내부 성토부 위에 한 변 9.2m, 너비 2.5m 내외, 높이 0.45m 내외 규모의 석축을 쌓고(제3단) 그 내부는 성토하였다.
⑤ 제3단 석축 상면을 덮는 분구를 0.7m 높이로 만들었다.
⑥ 각 단의 높이는 각각 달라서 외형상 제1단은 0.52m, 제2단은 0.95m, 제3단은 0.45m이고 제3단을 덮은 마지막 봉토는 0.7m이므로 전체 높이는 2.62m인 셈이다.

1974년의 조사 내용과 1984년의 재조사 내용 가운데 중요한 차이점은 석촌동 4호분은 3단 적석총이지만 한 변의 길이가 24m인 것이 아니라 17.2m이고, 석축 내부를 점토로 채운 것이 아니라 내부 성토부가 먼저였고 거기에 석축이 부가되었다는 점인데 이는 기존 분구묘를 개축하기 위한 것으로서

11 1984년의 복원을 위한 재조사는 서울대학교 박물관에 의해 이루어졌으며 김원용 관장의 책임 아래 권학수(박물관 조교) 선생과 필자(고고미술사학과 조교)가 실무진으로 참여하였으며 조사 결과는 원고지에 작성되어 문화재관리국에 제출되었다.

그림 7 석촌동 4호분 석축 내부 (1984년)

백제식 적석총의 발생 배경을 이해하는 관건이 된다. 향후 내부에 대한 추가 조사가 이루어진다면 아직 조사되지 않은 성토부의 중간이나 바닥 쪽에서 매장주체부가 확인될 가능성을 배제하기 어려울 것이다.

1984년의 재조사에서 확인되었던 또 한 가지 중요한 사실은 석촌동 4호분의 정상부에서는 횡혈식 석실의 윤곽을 찾아보기 어려웠다는 점이다. 1974년의 조사에서는 제3단 정상부 바닥 중앙에 동서 4.6m, 남북 4.8m 규모의 석실 윤곽과 길이 2.3m, 너비 1.9m 내외 규모의 연도 윤곽을 형식적으로 조성하였던 것으로 이해하였는데 석실 윤곽이라고 본 것은 대단히 불규칙한 것으로서 이미 파괴된 제3단 석축 하부의 내곽선에 해당하고 연도 길이로 보고되었던 2.3m는 제3단 석축의 폭에 해당할 뿐이다[12]. 석촌동 4호분에서 횡혈식 석실의 윤곽이 확인되었다는 1974년의 조사 내용을 전제로 하여 백제 한

12 임영진, 2007,「백제식 적석총의 발생 배경과 의미」,『한국상고사학보』 57, 한국상고사학회.

성시대 중심지역에서 횡혈식 석실이 사용되기 시작하였을 것이라고 보는 견해는 그 근거를 잃게 된다.

5. 석촌동 5호분

석촌동 5호분은 1976년 석촌동 파괴분과 함께 조사된 이후[13] 1984년 복원을 위해 4호분과 함께 재조사가 이루어졌다. 동서 17m, 남북 15m 내외의 타원형에 가까운 평면을 가졌으며 높이는 지대가 높은 남단은 2.2m이고 지대가 낮은 북단은 3.6m이다. 내부는 조사되지 않아 자세한 구조를 알 수 없지만 분구는 중심 방향으로 성토되었고 천석 위주의 즙석이 부가된 다음

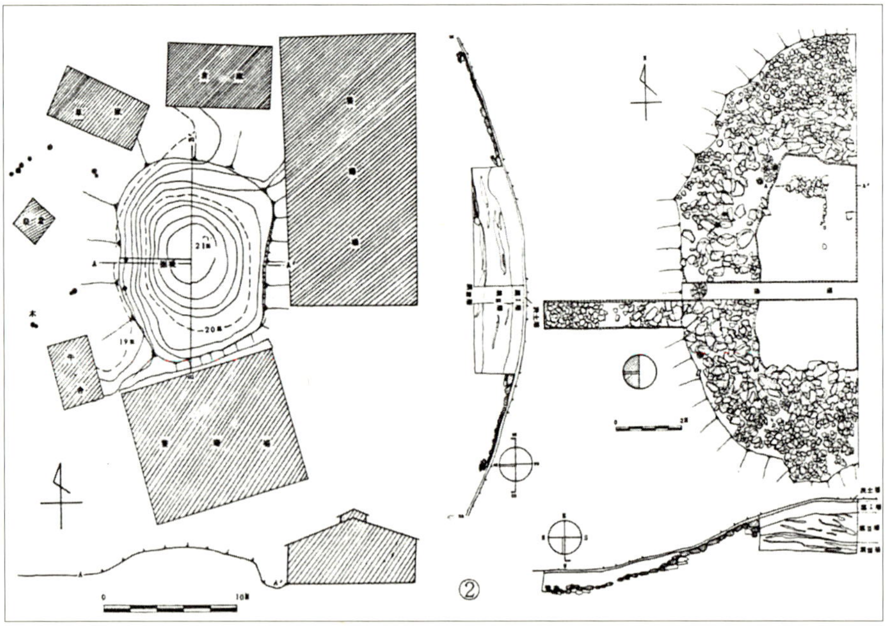

그림 8 석촌동 5호분 실측도

13 임효재, 1976,「석촌동 백제 초기고분의 성격」,『고고미술』129 · 130, 한국미술사학회.

그림 9 석촌리 제1, 2, 3 적석총 (좌로부터, 남에서)

10~20cm 정도의 흙을 덮었다고 보고되었다[14]. 가락동 2호분, 석촌동 파괴분, 석촌동 3호분 동쪽 즙석분구묘와 상통하는 구조를 가졌을 것으로 추정된다.

그러나 즙석 상부에 흙을 덮었다는 점에 대해서는 검토의 여지가 있을 것 같다. 즙석의 기능이 우수 등에 의한 분구 유실을 방지하는 것이라면 굳이 즙석 위에 흙을 덮을 필요가 있을 것인지 의문이 남는 것이다. 즙석 상태로 축조가 완료된다면 원래의 기능인 분구 유실 방지뿐만 아니라 외관상으로도 장엄 효과를 낼 수 있기 때문이다. 즙석이 할석보다는 천석 위주로 이루어졌다는 점에서도 더욱 그러한 생각이 든다. 즙석 상태로 완성된 이후 자연적으로 토사가 퇴적되어 마치 인공적으로 성토한 것으로 인식되었을 가능성이 높을 것이라고 추정된다. 그러므로 석촌동 5호분은 현재 덮여있는 토사와 잔디를 걷어내고 즙석이 노출되도록 하는 것이 원상에 충실한 복원이 될 것이다.

14 석촌동 4호분 조사 결과와 함께 문화재관리국에 제출된 원고 내용을 정리한 것이다.

Ⅲ. 서울 석촌동고분군의 구성과 변천

서울 석촌동고분군은 백제 건국 과정과 관련된 중요한 역사정보를 담고 있는 귀중한 유적이다. 그러나 발굴조사를 통해 확인되었던 고고학적 사실에 대한 해석상의 차이가 적지 않고 고고학적 사실에 대한 오해에서 제기된 의견들도 없지 않다. 앞 장에서 석촌동고분군 가운데 가장 중요하다고 인정되는 5기의 고분에 대해 그동안 논란이 되었던 조사 내용을 재검토해 보았다. 최근 석촌동 주능선에 위치한 '오봉산' 고분 외에 주변의 가지능선과 능선 사면에 300기에 육박하는 고분들이 분포하고 있었음이 확인되었는데 비록 대부분이 파괴된 상태에서 뒤늦게 확인된 분포도이지만 그 가운데 석촌동 파괴분과 가락동 1 · 2호분 등이 발굴 조사된 바 있고 가장 중요한 '오봉산' 지역이 아직 남아있는 상황을 감안하면 지금까지 조사된 내용도 전반적인 상황을 파악하는데 크게 부족하지는 않을 것으로 생각된다. 석촌동고분군은 그 구성에 대해 여러 가지 논의가 이루어진 바 있지만 대단히 다양한 구조를 가진 고분들이 공존한다는 점이 큰 특징이고 이는 백제 건국과정이 대단히 복잡하였음을 반영하는 것으로 해석되는데 필자가 이해하고 있는 내용을 정리하면 다음과 같다[15].

15 필자의 기존 글(2012,「백제, 누가 세웠나 -고고학적 측면」,『백제, 누가 언제 세웠나』('백제사

서울을 중심으로 한 한강 중하류지역은 신석기시대에 이어 청동기시대의 비파형동검문화 단계까지 지속적으로 발전해 나갔던 고고학적 증거들이 적지 않다. 그러나 세형동검문화 단계 이후부터는 상당한 규모의 세력권을 형성하였던 것으로 보기 어렵다. 북으로 한군현 세력, 동으로 영서말갈 세력, 남으로 마한 세력 사이에서 완충지대 역할을 하면서 별다른 발전의 계기를 마련하지 못하였던 것으로 추정된다.

기원전후경부터는 중도문화가 확산되는데 그 계통 문제에 대해서는 여러 견해가 있지만 중도 발굴조사 보고서에서 동북지방 관련설이 거론된 이후, 연해주 일대 주민의 이주와 관련된다는 견해도 나온 바 있다[16]. 또한 중국 길림성 동남부와 흑룡강성 일대에 분포하고 있는 단결문화에 무산 호곡동, 회령 오도, 나진 초도 등 두만강유역의 초기철기문화와 동일하게 凸자형, 呂자형 주거지와 온돌시설 등이 있다는 점과 분포 범위로 미루어 옥저와 관련된다는 견해도 있다[17]. 중도문화 세력은 기원전후경 한강을 통해 서울 강남지역을 비롯한 경기지역으로 파급되어 나갔지만 크게 확산되었다고 보기 어렵다.

서울 석촌동 구릉지대에는 2세기 중후엽 경부터 토광묘가 나타나는데 토기·칠기 등의 부장품으로 미루어 서북한의 토광묘 세력과 관련된 것으로 보인다. 시기적으로 한군현의 통제력이 약해진 상황에서 파급되기 시작하였을 가능성이 높으며 이는 아산만권과 마찬가지이지만 석촌동 일대가 규모에 있어 더 작았던 것으로 추정된다.

3세기초 경부터는 구조에 있어서나 규모에 있어 토광묘와 상당한 차이를

의 쟁점' 집중토론학술회의), 한성백제박물관을 요약 · 보충하였다.

16 강인욱, 2007, 「두만강유역 청동기시대 문화의 변천 과정에 대하여」, 『한국상고사학보』 62, 한국상고사학회.

17 홍형우, 2006, 「연해주 초기철기시대의 타날문토기와 그 기원」, 『강원고고학회 추계학술대회 발표요지』, 강원고고학회.
김재윤, 2007, 「단결-끄로우노브까문화의 기원」, 『국가 형성에 대한 고고학적 접근』(제31회 한국고고학전국대회), 한국고고학회.

가진 분구묘가 축조되기 시작하였다. 가락동 1·2호분으로 대표되는 이 새로운 묘제는 지상매장과 다장 등을 특징으로 하는 점에서 그 기원에 대해 많은 논의가 이루어진 바 있다. 중국 양자강유역의 토돈묘土墩墓와 관련되었을 것이라는 견해가 제시된 바 있는데[18] 석촌동 '87-1호 위석분구묘는 매장주체부의 바닥을 잔자갈로 깔아 석상石床을 조성한 것으로서[19] 강소江蘇 단도丹徒 연돈산烟墩山 2호돈號墩 등 중국 토돈묘의 특징과 상통한다[20]. 가락동 2호분에서는 4기의 매장주체부가 각각 독립된 소분구를 가지고 있다가 마지막에 하나의 분구로 통합되었을 가능성을 보여주고 있는데[21] 몇 개의 소형 토돈묘를 통합하여 거대한 단일 토돈묘로 만들거나[22] 추가장이 이루어지면서 분구가 높아지고 넓어지기도 하는 중국 토돈묘와 상통하는 것이다[23]. 최근 인천과 김포 등 한강 하류지역에서 조사 예가 급증하고 있는 분구묘들은 토착적인 기반을 찾아보기 어려운 상태에서 나타나고 있으며 이형 토기, 금공예품 등의 출토 유물 역시 이질적인 것이다[24] . 특히 인천 운북동 유적을 비롯한 한강 하류권의 유적들 가운데에는 기원전 1세기경부터 낙랑군이 아닌 지역에 출자를 둔 한인漢人 관련 유적이 있으며 몇몇 유적에서 출토되고 있는 백색 토기는 중국 산동지역에서 제작된 것일 가능성이 높다고 보는 견해와[25] 경기지역 분구묘에서 출토되는 낙랑계 유물은 백색 옹 위주인데 이는 심발과 단경호 세트가 중심을 이루는 중부지역 낙랑토기 출토유적과 구별된다는 견해는[26]

18 강인구, 1984,『삼국시대 분구묘 연구』, 영남대학교출판부.
19 김원용 · 임효재 · 임영진, 1989,『서울 석촌동 1 · 2호분』, 서울대학교박물관.
20 黃曉芬, 2003,『漢墓的考古學研究』, 岳麓書社.
21 윤세영, 1974,「가락동 백제고분 1 · 2호분 발굴조사약보」,『고고학』3, 서울 · 경기고고학회.
22 刘建国, 1989,「论土墩墓分期」,『东南文化』1989-4 · 5, 南京博物院.
23 黃曉芬, 2003,『漢墓的考古學研究』, 岳麓書社.
24 김기옥, 2014,「경기지역 마한 분구묘의 구조와 출토유물」,『한국고고학의 신지평』(제38회 한국고고학대회 발표요지).
25 정인성, 2012,「한강 하류역의 한식계 토기」,『중부지역 원삼국시대 외래계 유물과 낙랑』(제9회 매산기념강좌), 숭실대학교박물관.
26 이나경, 2013,「중부지역 출토 낙랑계토기 연구」, 서울대학교 석사학위논문.

그림 10 석촌동 3호분 동쪽고분군 1호 토광묘

그림 11 석촌동 3호분 동쪽고분군 즙석분구묘

분구묘의 기원 문제와도 관련되어 있다. 한국 분구묘의 출현 시기와 배경에 대해서는 논란이 남아 있지만 서울 석촌동의 분구묘들은 서해안지역에서 한강을 거슬러 올라온 세력에 의해 축조되었을 가능성이 높다. 한강이 내려다 보이는 석촌동과 가락동 구릉지대를 중심으로 축조되기 시작하여 구릉 사면으로 이어져 나간 것으로 보이는데 분포도에서 확인된 300여기의 고분 가운데 분구묘가 몇 기에 달하는지는 알기 어렵지만 이미 밝혀진 즙석분구묘나 백제식 적석총으로 미루어 그 세력 규모는 상당하였던 것으로 판단된다.

서울 석촌동 일대에서 분구묘가 성행하는 과정에서 고구려식 적석총이 축조되기 시작하였다. 현재 남아있는 자료만을 가지고 본다면 2세기 후반 경으로 추정되는 연천 삼곶리 적석총으로 미루어 고구려계 주민들의 1차 연천지역 남하 이후, 3세기 중엽경의 2차 서울지역 남하와 관련되었을 것으로 추정된다. 이들의 1차 남하는 고구려의 천도, 왕권교체나 왕권확립, 영역확대 등과 같은 고구려 내부의 정치적 변화와 관련되었을 것이다.

『삼국사기三國史記』에 따르면 유리왕 22년에 환인에서 집안으로 천도하였다고 하는바 이에 따른 세력 재편, 특히 집안과 인근 세력의 재편은 피할 수가 없었을 것이다. 『삼국지』 동이전 고구려조에 따르면 연노부(소노부)에서 계루부로 왕권이 교체되었다고 하는바 왕권이 바뀌는 판도 변화 과정에서 소외된 세력이 남하하였을 가능성도 높을 것이다. 고구려 5부 가운데 관노부를 남부로 보는 견해를 취한다면[27] 관노부 세력이 남하하였을 가능성이 높다고 볼 수도 있을 것이다[28]. 이들은 이미 고대국가 체제를 경험하였기 때문에 남하 후 바로 새로운 국가를 세울 수 있는 정치적인 능력을 가졌다고 할 수 있겠지만 사회, 경제적 취약점을 감수하면서 일시적이나마 임진강유역에 머물

27 李殿福, 1986, 「兩漢時代的高句麗及其物質文化」, 『遼海文物學刊』 1986-1, 辽宁省博物馆 · 辽宁省文物考古研究所.

28 임영진, 2003, 「적석총으로 본 백제건국집단의 남하과정」, 『선사와 고대』 19, 한국고대학회.

었던 이유는 서울 한강유역에 분구묘를 쓰는 상당한 세력이 자리 잡고 있었기 때문이었을 것이다.

이들의 2차 남하는 임진강유역에서 고대국가를 세울 수 있는 충분한 기반을 확보하기 어려운 상황 속에서 새로운 계기가 마련되었기 때문일 것이다. 구체적인 계기에 대해서는 고고학적으로 알기 어렵지만 3세기 중엽경 영서말갈과 군현의 연합공격에 밀린 것이라고 보는 견해[29], 유주자사 관구검이 고구려를 공격하고 낙랑, 대방태수가 옥저와 동예를 치는 틈을 타 대방군 기리영을 공격한 정시연간의 사건을 계기로 고이왕대에 천도하였다고 보는 견해[30] 등이 참고 된다.

서울 석촌동에서는 고구려에서는 찾아볼 수 없는 백제식 적석총이 보이는데 그 출현 시기와 배경, 주인공 등에 대해 논란이 있지만 다장과 지상매장이라는 핵심적인 특징을 통해 기존의 분구묘가 변화, 발전한 것으로 본다. 특히 석촌동 4호분은 기존의 분구묘를 후대에 개축한 것으로 볼 수밖에 없으므로 그 주인공은 원래 분구묘에 매장되었다가 새로운 지위를 누리게 된 후손이 새로운 사회 인식 속에서 개축한 것이거나 피장자 사후에 생전의 공로가 인정되어 적석총 형태로 개축되었을 가능성이 높다고 본다. 이는 단순하지 않은 백제 건국 과정의 일면을 반영하는 것일 것이다. 『삼국사기』에 따르면 개로왕대에 고분을 수리하였던 기사가 나오는데 석촌동 4호분과 같이 기존 분구묘를 개축하였던 사례는 이와 무관하다고 하기 어려울 것 같다.

적석총에 앞서 시작된 분구묘는 나중에 시작된 적석총과 공존하면서도 상당한 규모로 축조가 이어지는 한편 기존 분구묘가 적석총으로 개축되기도 하는 등 그 세력 규모가 상당하였음을 알 수 있는데 이는 즙석이 부가된 예를 통해서도 짐작해 볼 수 있다. 분구묘 즙석의 기원에 대해 태왕릉과 장군

29 문안식, 1995, 「백제 연맹왕국 형성기의 대중국 군현관계 연구」, 동국대학교 석사학위논문.
30 이현혜, 1997, 「3세기 마한과 백제국」, 『백제의 중앙과 지방』, 충남대학교 백제연구소.

총에서 볼 수 있는 적석총 정상부의 기와에서 착안한 것으로 보거나[31] 이미 축조되어 있는 토축묘에 고구려 적석총 형식이 가미된 것으로 보는 견해는[32] 분구묘가 적석총보다 먼저 시작되었지만 적석총 축조 이후 그 영향을 받았다고 보는 것인 만큼 그 주인공이 적석총을 쓰는 최고지배세력에 미치지 못하지만 그에 버금가는 지위를 누렸음을 말해 줄 것이다.

그러므로 적석총 세력의 서울 한강유역 남하는 일방적인 점령에 의한 것이 아니라 기존 세력과의 연합에 따른 것이며 이를 통해 본격적인 고대국가로서의 새로운 백제 건국이 가능하였을 것으로 생각된다. 서로 다른 계통의 고분이 결합된 석촌동 1호분이 최고 지배세력 부부의 무덤이라면 혼인을 통한 두 세력의 연계를 말해주는 고고학적 증거가 될 수 있을 것이며[33] 백제 한성시대에 내신좌평에 임명된 사람들은 모두 왕족이거나 왕실과 혼인관계를 맺고 있는 사람들로 보는 견해와[34] 상통한다고 할 수 있을 것이다.

분구묘로 대표되는 선주민 세력과 고구려식 적석총으로 대표되는 고구려계 이주민 세력이 연합을 통해 백제를 건국하였을 것이라는 고고학적 견해는 비류와 온조로 표현되는 두 세력이 낙랑과 말갈의 위협 속에서 공동 방어의 목적 아래 연맹을 형성하였을 것으로 보는 견해와도 상통한다[35]. 이 두 지배세력을 부여씨와 해씨[36], 온조-초고계와 비류-고이계[37], 부여씨와 우씨[38] 등으로 표현하면서 교체를 반복하여 나갔다고 보거나, 고이계와 초고계를 동

31 김원용, 1975, 「백제건국지로서의 한강하류지역」, 『백제문화』 7 · 8, 공주대학교 백제문화연구소, 31~38쪽.

32 강인구, 1989, 「한강유역 백제고분의 재검토」, 『한국고고학보』 22, 한국고고학회, 51쪽.

33 임영진, 1995, 「백제 한성시대 고분 연구」, 서울대학교 박사학위논문.

34 이기백, 1959, 「백제 왕위 계승고」, 『역사학보』 11, 역사학회, 9쪽.

35 노중국, 1988, 『백제 정치사 연구』, 일조각.

36 노중국, 1983, 「解氏와 扶餘氏의 왕실교체와 초기백제의 성장」, 『김철준박사회갑기념사학논총』, 지식산업사.

37 천관우, 1989, 「삼한고」, 『고조선사 · 삼한사연구』, 일조각.

38 강종원, 1998, 『4세기 백제 정치사 연구』, 충남대학교 박사학위논문.

그림 12 석촌동 3호분 전경

시에 존재했던 전혀 다른 집단으로 보는 것이다[39].

고고학적으로 확인된 고구려식 적석총과 즙석분구묘·백제식 적석총의 관계를 감안해 보면 두 왕계는 어느 한쪽이 압도적인 우세를 차지하고 있었다기보다는 적석총계가 우위를 차지하는 경쟁관계에 있었다고 보는 것이 타당할 것이다. 석촌동 1호분 북분 제1단 석축 위에서 조사되어 석곽묘로 보고된 유구는 백제 최고지배세력에 해당하는 1호분 주인공 세력의 불안정성을 말해주는 것으로 생각된다. 최고지배세력의 무덤에 걸쳐 하위계층의 무덤이 축조되었던 것은 세력 교체에 따른 결과물로서 경쟁관계에 있었던 기존 세력의 무덤이 어떻게 인식되고 관리되었는지를 말해주는 사례가 아닌가 생각되는 것이다. 백제 초기 왕계 가운데 온조 직계는 사반왕에서 단절되는데 사

39 김기섭, 1996,「백제 한성시대 통치체제 연구」,『고대 동아세아와 삼한·삼국의 교섭』, 복천박물관.

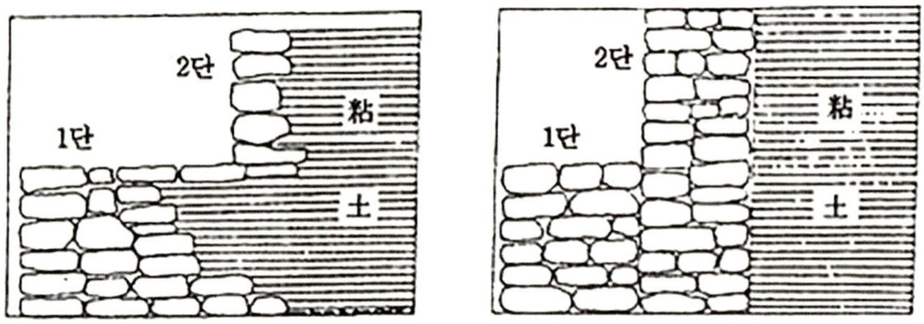

그림 13 백제식 적석총의 축조 순서의 차이

반왕이 폐위되었다는『삼국사기』(권29 연표) 기록으로 보아 두 왕통 사이에 충돌이 있었다고 보는 견해도[40] 참고가 될 수 있을 것이다.

석촌동고분 가운데 그 주인공이 비정된 것은 3호분이 유일하다. 1984년 조사를 통해 개략적인 규모와 구조가 파악되고 주변에서나마 금영락金瓔珞, 옥연석, 석추, 청자반구병青瓷盤口瓶 등이 출토되었는데 청자반구병을 4세기 후엽 경으로 보고 근초고왕의 무덤으로 비정된 바 있다[41]. 그러나 이 청자반구병을 영초永初 2년(421)명을 가진 남경南京 사가산司家山 6호묘 출토품과 유사하기 때문에 5C초로 내려 보아야 한다는 견해를[42] 수용한다면 석촌동 3호분을 근초고왕의 무덤으로 비정하는 근거로 제시하기 어렵게 된다. 그러나 이 반구병은 석촌동 3호분 N1 시굴갱 서측 장대석에서 동편으로 4.5m 가량 떨어진 역석부 위에서 출토된 것으로서[43] 이 역석부는 3호분 북쪽 기단 바깥쪽에 해당하는 만큼 이 반구병을 이 고분의 축조와 직결되는 것이라고 보기는 어렵고, 후행하는 것으로 보는 것이 타당할 것이므로 근초고왕설을 부정하

40 신형식, 2003,「백제 초기사회의 성격」,『선사와 고대』19, 한국고대학회, 28쪽.

41 김원용 · 이희준, 1987,「서울 석촌동 3호분의 연대」,『두계이병도박사구순기념한국사학논총』, 지식산업사.

42 李暉達, 2005,「중국과 백제 출토 육조청자의 비교검토」, 전남대학교 석사학위논문.

43 석촌동유적발굴조사단, 1984,『석촌동3호분(적석총) 복원을 위한 발굴보고서』, 서울대학교박물관, 23쪽.

는 근거가 되는 것은 아닐 것이다[44].

한편 서울 석촌동고분군이 백제 도읍지의 대표적인 고분군임에도 불구하고 그처럼 다양한 묘제가 존재할 수 있는지 의문이라거나 매장시설이나 유물 등 묘제로서 입증할 수 있는 자료가 전혀 없음에도 불구하고 고구려 적석총과 대비될 수 있다고 보는 것은 선입관일 뿐이라는 견해가 제기된 바 있다[45]. 이에 대해서는 지금까지의 언급으로 대신하도록 하겠다. 다만 석촌동의 적석총을 공주 송산리고분군의 방형 적석시설과 상통하는 상장례 시설로 보는 점

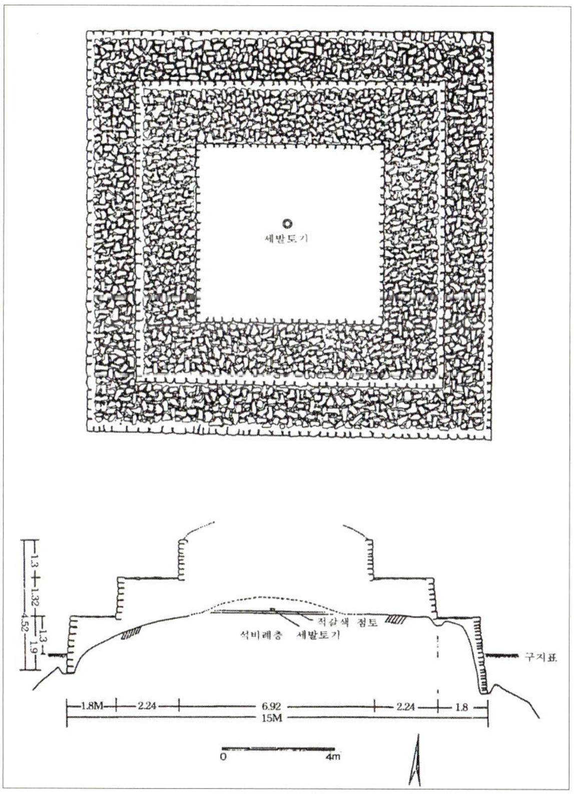

그림 14 송산리 D지구 적석유구

44 임영진, 2012, 「중국 육조자기의 백제 도입 배경」, 『한국고고학보』 83, 한국고고학회.
45 이남석, 2013, 「백제 적석총의 재인식 –석촌동 백제 고분군의 묘제 검토」, 『선사와 고대』 39, 한국고대학회.

에 있어서는 오히려 후자의 성격에 대해 약간의 견해를 밝히도록 하겠다.

공주 송산리 적석유구는 구릉 경사면에 수평으로 조성한 기단에 2~3단의 석축이 부가된 것으로 보이는데 그 내부는 자연 구릉에 해당한다. 백제 웅진 시대 최고지배세력 고분군의 맨 위쪽에 위치하고 그 아래쪽에 석실분이 축조되어 있다는 점에서 서울지역 백제 적석총의 전통을 이은 백제 개로왕의 허묘 혹은 가묘로 보기도 한다. 하지만 출토된 삼족토기를 통해 6세기 1/4분기 전후경에 축조된 것으로 추정되기 때문에 475년에 사망한 개로왕의 허묘가 되기 어렵다. 여기서 자세히 논하기 어려우므로 생략하지만 구조에 있어서도 적석총이 되기 어렵다. 공주 송산리 적석유구는 중국 남경南京 종산유적鍾山遺蹟과 상통하는 계단戒壇이거나 특수 석탑石塔에 해당할 가능성이 높다고 본다. 백제가 공주 송산리고분군에 무령왕릉이나 6호분과 같은 중국 남조南朝 전실분을 도입하는 과정에서 함께 도입하였던 것으로 추정된다. 공주 송산리 적석유구는 송산리고분군 주인공들의 극락왕생을 기원하는 능사陵寺의 일부를 구성하는 것으로서 부여 능산리 고분군 능사의 시원이 되었을 가능

그림 15 남경 종산유적 복원도

성이 있을 것이다. 『삼국유사三國遺事』 선덕여왕조를 보면 신라에 계단이 있었음을 알 수 있는데 시기적으로 불교 수용이 신라보다 빨랐던 백제 웅진시대에 이와 같은 계단이 존재하였을 가능성은 높을 것이다[46].

46 임영진, 2013, 「공주 송산리 D지구 적석유구의 성격」, 『백제문화』 48, 공주대학교 백제연구소.

Ⅳ. 맺음말

백제 한성시대 고분이 어디에, 얼마나 분포하고 있었는지에 대해서는 정확하게 알 수 없지만 석촌동과 가락동의 구릉지대에서 확인된 고분은 300기 내외이다. 당시 조사자의 육안 관찰에 의해 파악된 것이므로 미처 확인되지 못하였던 고분도 없지는 않을 것이다.

그러나 지금까지 발굴조사를 통해 확인된 고분들은 손가락으로 꼽을 수 있는 정도에 불과하기 때문에 이를 통해 당시의 사정을 밝혀내는 일은 참으로 지난한 일이라 아니할 수 없을 것이다. 그나마 다행인 것은 당시 현지에서 '오봉산'이라 칭하였던 큰 규모의 고분들은 대부분 남아있는 것으로 추정되는 점이지만 그동안 그 구조를 비롯하여 축조연대, 피장자의 출자, 사회 성격 등 여러 가지 면에서 적지 않은 논란이 이어져 왔다.

본 발표문은 석촌동고분군 발굴조사에 동참하였던 조사원의 일원으로서 그와 같은 논란을 최소화하는데 일조하고 싶은 기대 속에서 작성된 것이다. 석촌동고분군 전체를 다루는 것은 너무 무리한 일이라고 생각되어 가장 논란이 많았던 1~5호분을 중심으로 발굴현장에서 파악한 기본적인 사실들을 최대한 정리하고자 하였고 약간의 역사적 해석을 부가해 보았다. 분명한 고고학적 사실에 대한 논란은 지양하고 확인된 고고학적 사실들에 대한 구체적인 해석들이 풍성하게 이루어지기를 기대한다.

주제발표 3

서울 석촌동고분군과 중국 길림성 집안 고구려 왕릉

강 현 숙 동국대학교

Ⅰ. 머리말

Ⅱ. 고구려 고총과 국내성 시기의 왕릉

Ⅲ. 고구려와 비교해 본 석촌동 적석총

Ⅳ. 맺음말

Ⅰ. 머리말

고대 사회에서 무덤은 매장행위의 결과로, 무덤의 축조에는 해당 사회의 여러 요소가 복합적으로 작용하였다. 무덤에 소용된 비용이라는 측면에서 볼 때, 무덤의 규모와 복잡한 구조 그리고 부장품의 양과 질은 무덤 축조에 소용된 비용과 비례한다. 환언하자면, 커다란 규모와 다종다양한 부장품이 부장된 고총에는 피장자의 사회 · 경제적 위상이 반영되었을 것이며, 고총 중에는 왕릉이 포함되어 있을 것이다. 따라서 왕릉은 왕의 무덤이자 기념물로 왕권의 상징물이면서 한 국가의 표상이었다. 때문에 왕릉의 축조와 지속적인 관리, 보호는 왕권과 국가체제가 안정적으로 유지되고 있음을 보여주는 반증이기도 하다.

삼국의 왕도에 제한적으로 분포하는 고총들은 각 나라들이 경쟁적으로 크고 높은 무덤을 축조하였고, 국가의 성쇠와 명을 함께 하였음을 보여준다. 그러나 정작, 왕릉임이 확실한 고총은 백제의 무령왕릉과 고구려의 태왕릉 두 예 뿐으로, 왕릉에 대한 정보는 구체적이지 못하다. 다만, 우월하고도 배타적인 입지, 높고 거대한 분구와 다종다양한 부장품 특히 위세품의 집중 등을 갖춘 삼국의 고총은 대개 봉토분구를 갖고 있어서 나라마다 가시적인 차별성은 드러나지 않는다. 그러한 점에서 볼 때 중국 길림성 집안의 고구려 국내시기 고총과 서울 석촌동의 한성시기 백제 고총은 주목할 만하다. 석촌동 적석총과 고구려 적석총의 가시적 유사성은 백제 건국의 주체세력이 부여족 계통의 고구려 유민이며, 백제 지배층 사이에서는 고구려와 동일 계통이라는 인식이 있었다는 기록과 결부되어 백제의 고구려 출자를 실증하는 자료로 보기도 하였다.

이 글에서 고구려 국내시기의 왕릉과 석촌동고분군을 살피려는 것은 백제의 고구려 출자를 증명하는데 목적을 둔 것은 아니다. 석촌동고분군과 풍납토성과 몽촌토성으로 대표되는 백제 한성의 경관이 중국 길림성 집안시의 국내성과 환도산성 그리고 통구 고분군으로 구성된 고구려 국내성 시기의 경관과 유사하여서, 국내성 시기 집안의 왕릉비정 초대형 적석총을 통하여 한성시기 백제의 왕릉을 이해하는데 도움을 얻는데 글의 목적이 있다.

Ⅱ. 고구려 고총과 국내성 시기의 왕릉

1. 고구려 고총과 전개과정

고구려 고분을 대표하는 고총은 분구를 돌로 쌓은 적석총과 흙으로 쌓은 봉토분이 있다. 적석총은 지상에 돌을 깔고 주검을 안치한 후 돌을 돌리고 덮어 매장을 마감한 무덤이다. 압록강 본류의 중하류역과 지류역을 중심으로 한 제한된 분포범위를 갖고 있는 적석총은 중국 동북 여타 지역의 지하매장부를 가진 수혈 토광묘계 무덤과는 무덤 축조 과정이나 축조 재료가 달라서 압록강 일대 주민들의 특징적인 묘제이며, 고구려 건국의 기층이 되는 묘제라고 할 수 있다. 반면, 봉토분은 확대된 고구려 전 영역에서 확인되어서 적석총에 이은 묘제로 매장주체부는 횡혈식 구조의 석실이 다수이지만, 황해도와 평양 일대의 일부 지역에서는 드물지만 벽돌로 쌓거나 벽돌과 돌을 이용하여 축조하기도 하였다. 따라서 적석총은 원고구려 묘제이며, 봉토분은 새로이 받아들인 묘제라고 할 수 있다. 봉토분과 함께 새로이 축조된 무덤으로는 묘실 내부에 그림을 그려 장식한 벽화분도 있다.

고구려 고분은 적석총에서 봉토분으로 전개되어 갔다. 적석총의 축조 기술과 돌 가공 기술은 시간의 흐름에 따라 높고 큰 분구의 축조를 가능하게 하여, 분구 형태는 무기단, 기단, 계단상으로 발전하였고, 각각의 분형은 사회 내 위계 분화를 보여준다. 이어 횡혈식 구조가 수용되면서 봉토분구와 묘실벽화 등의 요소가 새로이 등장하게 되었다. 이러한 신 요소의 등장은 지역과 시간에 따라 여러 요소들이 절충 · 통합되는 등 복잡한 양상을 띠지만, 변화의 방향은 주민 통합의 구심점이었던 오랜 전통의 적석총은 차츰 줄어들고, 봉토분이 확산되는 방향으로 진행되었고, 그러한 변화의 획기가 4, 5세기대이다. 따라서 4, 5세기대를 기준으로 고구려 고분의 전개과정은 세 단계로 나누어 볼 수 있다〈표 1〉.

첫 단계는 적석총이 중심이 되는 시기로, 기원전 2세기경부터 3세기대까지의 기간이다. 이 기간의 적석총은 무기단식으로, 무기단식 적석총 중에는 높고 큰 무덤을 만들기 위해 계장식으로 축조하였다. 계장식 축조방법은 분구의 평면적 확대와 함께 수직적 확대를 도모한 것으로 분구의 평면 형태를 미리 정하고 축조하는 방식과는 축조 기획단계에서 차이가 있다. 계장식 축조로, 한 변 길이 15m를 상회하는 커다란 무덤의 축조가 가능하게 되었다. 이처럼 계장식 축조로 분구의 고대화를 지향하면서 입지 조건과 존재양태에서도 변화가 일어났다. 구릉의 정상부에서 차츰 평지로 내려오면서, 여러 기가 모여 있다가 차츰 독립적으로 자리하기 시작하였다. 특히 2세기경이 되면 초대형의 적석총이 집안 통구분지에 집중되기 시작하여 집안 일대가 실질적인 고구려 왕도였음을 시사한다.

둘째 단계는 3세기 후반 경부터 5세기대까지의 긴 기간에 해당된다. 이 기간 중에 가장 먼저 일어난 변화는 횡혈식 장법의 수용으로, 3세기 후반 경에 적석총에서 먼저 수용되어 횡혈식 석실이 등장하기까지 목실에서 목개석실로의 과정을 거쳤다. 목실은 목관 두 기 이상이 합장될 수 있는 보다 큰 규모이다. 목개석실구조는 돌로 벽을 쌓았으나 천장까지 잘 완비된 석실을 축조할 만한 기술이 축적되지 못한 무덤이다. 이후 석실축조기술이 완비됨에 따라서 연도와 현실로 이루어진 완벽한 석실이 축조된다. 석실의 축조와 함께 4세기 중엽경이 되면 봉토분구와 묘실벽화가 본격적으로 수용된다. 봉토분은 낙랑·대방고지에서는 이미 보편적인 분구였으므로, 낙랑·대방고지가 고구려 영역으로 편입에 따라 봉토분구의 수용은 자연스럽게 이루어졌을 것이다. 묘실벽화는 봉토분구와 함께 수용되었을 것으로 추정되나, 그 과정은 획일적이지 않아서 전실계단적석총(우산하 3319호분)이나 봉토석실벽화분(만보정 1368호분, 안악 3호분), 전석혼축봉토분(영화 9년명 동리묘나 평양역전이실분) 등이 병존하였고, 4세기 후엽에서 5세기대에 걸치면서 적석분구, 횡혈식 구조, 묘실벽화가 선택적으로 수용됨에 따라 지역마다 여러 양상을 띠게 되었다. 집안 일대의 중심 묘제는 집안 일대의 석실적석총이지만, 묘실벽화가 수용되기도 하며, 석실봉토분이 중심 묘제인 평양과 서북한 일대에서는 적석과 봉토분구가 결합된 석실기단봉토분 그리고 여기에 선택적으로 묘실벽화가 채용되기도 한다. 두 칸 구조와 생활풍속 제재를 특징으로 하는 4세기대 벽화분은 차츰 간단한 구조와 생활풍속제재가 줄어들면서 천장의 하늘 세계를 구성하였던 사신이 현실 생활을 표현한 벽면의 제재로 등장하며, 차츰 사신의 벽면의 중심 제재로 자리하며, 집안을 중심으로 한 지역에서는 왕王자나 연꽃무늬, 귀갑문, 원문 등의 단독 문양을 연속 배치하는 장식 도안이 벽화분이 축조되기도 하였다. 이처럼, 4, 5세기대에 일어나는 고분의 변화는 분구와 매장주체부에서 함께 일어났으며, 변화는 적석총과 석실봉토분 사이의 차이가 줄어드는 방향으로 이루어져, 묘제에서 보이는 다양성이 줄어들고 정형성을 갖추어가는 과정이라고 할 수 있다.

셋째 단계는 집안과 압록강 중하류역의 일부 지역을 제외하고는 석실봉토분이 고구려 묘제의 중심이 된다. 분구에서 보이는 가시적 구별은 물론, 복잡한 석실구조도 모두 단칸 구조로 변화함으로써 매장주체부에서의 차이가 없어진 것이다. 실질적으로 적석총이 주묘제였던 원고구려 지역과 확대된 고구려 영역 간의 묘제에서의 차별이 사라진 것이다. 묘제에서의 제일성이 확립된 것이다.

		1단계	2단계						3단계	
		3C	4C 전	중	후	5C	전	후	6C	668
분구	형식	계장식 무기단식 기단식 계단	계단———		전면 가공 몰딩 계단———			기단봉토—	봉토———	
	규모	40m 내외	60m 내외	———			———	30m 내외	———	
매장부		석광(목관,곽)	목실, 목개석실		목관,가형석곽,석실		목관, 석실			
제대		———	———							
배장묘							장군총			
능원			———						추정	
묘실벽화									사신———	

표 1 고구려 고분의 전개과정

2. 국내지역의 왕릉비정 초대형적석총

사서에는 기원전 37년에 졸본에 나라를 세우고, 기원후 3년(유리왕 22년)에 국내 위나암으로 천도하고, 427년에 평양으로 천도한 것으로 전하지만, 국내천도 시기에 대해서는 여러 의견이 제기되었다. 삼국사기 기록을 신뢰하는 보수적 입장에서 유리왕 22년에 천도한 것으로 보자면 국내성 시기는 기원후 4년에서부터 427년까지의 긴 기간이며, 귀장을 하지 않았다면 유리왕릉부터 국내지역에 있어야 하며, 동명왕만이 졸본지역에서 장사를 지낸 것이 된다.

동명왕릉으로는 환인 망강루望江樓 적석총이 비정된 바 있다. 망강루 적석총은 계장식으로 축조한 무기단석광적석총 6기가 구릉의 정상부에서부터 아래로 내려오면서 열상 배치되었다. 적석총이 자리한 구릉을 일찍부터 주민들이 용강, 동강, 용산, 용두산이라고 불렀고, 이 구릉에 위치하는 7기의 고분 중 4호분이 왕릉이며, 왕릉을 중앙에 두고 양쪽에 3기씩(1, 2, 3호와 5, 6, 7호) 배총이 자리한 것으로 해석하였다[1]. 4호 적석총에서는 금제 보요 귀걸이와 유리제 이전이 공반되었고, 같은 부장 양상은 6호 적석총에서도 확인된다[2]. 망강루 적석총을 동명왕릉으로 볼 적극적인 증거는 확보되지 않았지만, 금제 보요 귀걸이의 위세품적 성격을 고려해 볼 때 망강루 적석총 4호분이나 6호분은 1세기 전반 경 최고 유력자의 무덤이라고 할 수 있다[3].

국내시기의 왕릉으로 비정할 만한 초대형 적석총의 전개는 치석기술과 분구 축조기술과 매장주체부 구조를 기준으로 볼 때 몇 단계로 나누어 볼 수 있다〈그림 1〉.

그림 1 국내지역의 왕릉 비정 초대형 적석총의 변천 단계

---

1 張福有 · 孫仁杰 · 遲勇, 2006, 「高句麗王陵通考」, 18쪽.
장복유의 2006 글에서는 4호 적석총에서 금제 귀걸이가 출토되었다는 점은 설명하지 않았으며, 기존의 보고 내용과 달리 7기의 적석총이 있었고, 그중 7호 적석총은 파괴가 심하여 기록하지 않았다고 한다. 그러나 현지답사에서 7호 묘의 흔적은 확인할 수 없었다.

2 李新全, 2008, 『高句麗早期遺存及其起源研究』, 吉林大大學院博士學位論文.

3 강현숙, 2014, 「집안 고구려비에 대한 고고학적 추론」, 『고구려발해연구』 50, 고구려발해학회.

첫 단계는 수혈식 석광적석총이 중심이 되는 시기로, 이 시기의 초대형 적석총은 규모나 입지조건에서 월등한 지위를 갖고 있는 계장식 적석총으로, 마선구 2378호분, 마선구 626호분, 산성하 전창 36호분, 칠성산 871호분 등이 이 시기에 해당된다. 모두 한 변의 최소 길이가 30m를 상회하는 월등한 규모이며, 중국 측 보고에 따르면 제대 등의 시설을 갖추고 있다[4]. 중국에서는 마선구 2378호분을 1세기 전후의 왕릉으로, 마선구 626호분을 대무신왕릉으로, 칠성산 871호분을 태조대왕릉으로, 산성하 전창 36호분을 신대왕으로 보기도 하지만, 안정적인 편년안에 따른 왕릉 비정안이라고 하기 어렵다. 다만, 칠성산 871호분은 금동제 영락, 장식판과 철제 갑옷 편으로 미루어 3세기 후엽으로 비정되므로, 이로부터 역산해보면 늦어도 2세기경에는 국내지역에 초대형 계장식 적석총이 조영되었을 것이다. 그러나 계장식 적석총은 규모에서 월등한 차이를 보일 뿐 가시적으로 드러나는 분형에서 뚜렷한 차별이 있었던 것은 아니다. 고대국가에서 왕의 권위와 왕릉의 관계를 고려한다면 규모나 입지에서의 우월성과 배타성, 수적 희소성을 갖추어야 하는데, 월등한 규모와 입지의 우월성은 인정되지만 분형에서의 정형성은 물론 초대형분을 정점으로 한 고분 간의 위계 분화도 드러나지 않는다. 때문에 수혈식 묘제기의 왕릉급 초대형 적석총을 통해서 중앙집권화된 권력을 가진 강력한 왕의 모습을 그리기가 쉽지 않다. 이 점이 바로 4 · 5세기의 왕릉과 구별되는 점이기도 하다.

둘째 단계는 4~5세기대로, 횡혈식 묘제가 수용·정착되는 시기이기도 하다. 중국에서는 임강총, 우산하 2110호분, 칠성산 211호분, 서대총, 우산하 992호분, 마선구 2100호분, 천추총, 태왕릉, 장군총 등을 보고하면서 이 무덤들을 왕릉으로 비정한 바 있지만, 왕릉이 가지는 배타적 우월성을 고려한다면, 계단상의 외형과 관 · 곽 · 실 3중 구조의 단독 매장주체부, 그리고 배장묘陪

4 吉林省文物考古研究所 · 集安市博物館, 2004, 『集安高句麗王陵』, 科學出版社.

葬墓나 능원 시설을 갖춘 임강총, 서대총, 우산하 992호분, 천추총, 태왕릉, 장군총 등 6기를 왕릉 후보군으로 상정할 수 있다. 매장주체부는 목실 또는 석실구조이다. 임강총이나 서대총에서는 적석부에서 관못과 꺾쇠 또는 장막걸이쇠 등이 적석부에서 출토되어서 동실합장이 가능한 횡혈식 구조를 가진 목실로 추정되며, 천추총과 태왕릉, 장군총은 석실구조이다. 천추총과 태왕릉은 관, 곽, 실의 3중 구조이고 장군총은 관과 실의 2중 구조이다. 태왕릉은 석실 안에 가형 석곽이 놓이고, 왕과 왕비는 목관에 매납된 채 가형 석곽에 안치되었다. 반면 장군총은 석실 내에 관대 2기가 동서 방향으로 놓인 2중 구조이지만, 한 변 길이 5.4m로 대형분 석실의 한 변 길이가 3m 내외인 점을 감안해 볼 때 이례적으로 큰 규모이다. 장군총의 분구규모의 축소와 매장부 구조의 간단화는 무덤 축조에 드는 비용의 축소라는 점에서는 서로 연관을 갖고 있으며, 이는 경제적인 매장이라는 점에서 횡혈식 장법의 효율성과도 일맥상통한다. 분구는 축조기술과 축재에 따른 변화를 고려해볼 때 세 단계의 변화가 관찰된다. 첫 단계는 임강총, 우산하 2100호분, 칠성산 211호분으로, 계단식 축조이기는 하지만 가공되지 않았거나 일부 가공된 돌로 축조해서 계단상의 분형이 어느 정도 유지되었는지는 가늠하기 어렵다. 둘째 단계는 서대총, 우산하 992호분, 마선구 2100호부으로, 가공하거나 부분 가공된 석재로 계단식으로 축조해 어느 정도 계단상의 외형을 갖추었으나, 분구가 잘 남아있지는 못하다. 매장주체부가 천장까지 잘 완비된 석실이 아니라 광실구조이어서 광실구조의 보존 상태에 2차 영향을 받은 것으로 보인다. 셋째 단계는 천추총, 태왕릉, 장군총이다. 잘 다듬은 장대석으로 방형의 윤곽을 만들고 그 내부에 할석이나 냇돌을 채운 후 아래에서부터 쌓아 올려 계단상 분형을 만들었다. 계단석은 상부 압력으로부터 계단석이 튀어나가는 것을 방지하기 위해 상부 돌과 만나는 곳에 몰딩 처리를 했으며, 계단 하단석 주위를 돌아가며 버팀석을 세웠다. 분구 규모는 60~70m 내외를 유지한다. 다만, 장군총은 한 변의 길이가 30여m로 줄어들어서 평면적이 1/4로 축소되었고 높이와 층단의 수도 줄어들어 전체적으로 선행의 왕릉급 적석총에 비해 분구가 현격하게 축소되었지만, 축조 재료나 축조 기술, 구조 등에서는 오히려 보다 발전된 모습을 보여준다.

3. 국내성 시기의 능원제

왕릉으로 비정되는 국내성 시기의 초대형 적석총은 입지조건과 규모는 물론, 제대와 배장묘, 능각(묘상건축) 등의 시설을 갖고 있다. 이러한 시설들은 대개 무덤 주위에서 확인된 담장 내에서 자리하여서 중국과는 다른 고구려식의 능원제를 상정해 볼 수 있다.

능원은 우월한 입지의 배타적 점유를 확인시켜주는 구조물로, 무덤 주위에서 확인되는 담장시설이나 문지 등으로 확인된다. 능원의 규모는 한 변 길이 100m에서 260m를 상회할 것이다. 독립적으로 일정한 묘역을 갖고 조망이 좋은 곳에 자리한 초대형 적석총들은 한 변 길이 30m를 상회하며, 큰 것은 70m 내외이고, 한 변 길이 30m 정도인 마선구 2100호분과 장군총의 능원은 한 변 길이 100m 내외이며, 한 변 길이 60m를 상회하는 경우 능원은 한 변 길이 140m를 넘는 커다란 규모의 능원을 갖고 있었음을 짐작할 수 있다.

능원 내의 제대로 추정되는 장방형의 석대石臺시설은 커다란 돌로 둘레를 쌓은 후 내부에 냇돌이나 할석을 채워 만든 것으로 중국에서는 제단으로 보고하였다. 이 시설의 길이는 무덤의 한 변 길이와 비슷하며, 폭은 50~80㎝ 사이로 전체적으로 세장하며, 높이는 1m 미만이다. 우산하 2110호와 우산하 992호분에서는 무덤의 동, 서 양측에 자리하지만, 대개는 무덤의 동쪽이나 북쪽 중 어느 한 곳에 위치한다. 칠성산 211호분의 경우 동서방향을 장축으로 한 세장방형의 석대시설 내부에 담으로 구획되어 있어서 보고자는 배장묘나 제사 용도의 시설일 가능성을 제기하기도 하였다. 실제 장군총의 제단은 2호 배장묘와 불과 30cm 정도의 간격을 두고 거의 인접해 있으며, 일제 강점기 보고에 의하면 장군총의 배총이 4-5기 있다고 하는 점으로 미루어 제단으로 추정되는 시설 가운데에는 배장묘도 포함되었을 개연성을 배제할 수는 없다. 더욱이 적석총의 분구 축조 기술이 발전하고 있음에 비해 제단은 시간에 따라 완비되어 가는 모습이 관찰되지 않는 문제도 있어서 현재 확보된 자료만으로는 석대시설의 성격은 확실히 알 수 없다. 그러나 왕릉으로 비정된 초대형 적석총에서 가장 많이 확인되는 시설물이므로, 그 성격에 대해서는 추후 정밀한 관찰과 분석이 요구되는 부분이다.

배장묘陪葬墓는 주 무덤에 딸린 별개의 독립된 무덤으로 삼국시대의 순장과는 구별되며, 중국의 배장묘와도 차이가 있다. 배장묘는 집안 지역의 마선구 626호분[5]과 칠성산 871호분, 태왕릉, 장군총 등 적석총에서 보고되었고, 칠성산 211호, 우산하 992호분의 제단으로 보고 된 구조물이 배장묘일 가능성이 있다고 보고되었지만, 현재 배장묘임이 확실한 예는 장군총이다. 장군총의 배장묘는 일제하 조사에서 4, 5기가 있었다고 하나[6] 대부분이 파괴되고, 현재는 두 기가 잔존한다. 1호 배장묘는 장군총의 동북 모서리에서 43m 되는 곳에 위치하는 횡구식 석실의 계단적석총階段積石塚이며, 돌 가공이나 축조 방식은 장군총과 같다. 2호 배장묘는 장군총의 동북쪽으로 32m 거리에 있고, 1호 배장묘에서 서북쪽 35m 거리에 위치하며, 계단과 계단보호석 일부가 확인되어서 장군총이나 1호 배장묘와 같은 구조로 추정된다[7]. 그런데, 태왕릉의 배장묘는 2000년도 조사 시 알려진 것으로, 태왕릉의 남북 측에서

5 마선구 626호분의 서면 북측으로 치우쳐 2m 높이의 원구식 무기단 적석총을 배장묘(陪葬墓)로 보고하였으나, 통구 고분군의 실측조사보고서에서는 배장묘는 보고되지 않았고, 같은 형식의 무덤에서 배장묘로 보고된 예와 차이를 보여 배장묘가 있었다고 단정하기 어렵다.

6 池內宏, 1938,『通溝』.

7 무덤으로부터 30m 거리에서 능원의 담장이 확인되었나고 하고, 1호와 2호 배장묘와 장군총까지의 거리가 43m, 32m 인 점으로 미루어 볼 때 1호와 2호 배장묘는 능원 밖에 자리하게 되어서 태왕릉과는 차이가 있다.

3m 정도 떨어진 곳에서 확인되었으며, 현재는 남아있지 않다. 보고서에서는 고인돌과 같은 구조로 보았으나, 판상석으로 축조한 횡구식 석곽으로, 바닥에서 동물 뼈와 기와, 벽돌 편과 금식金飾이 출토되었다고 하며, 태왕릉과 동시에 축조한 것으로 보았다. 매장주체부가 별도의 시설 없이 지상에 바로 자리하였다는 점에서 분구 중에 매장주체부가 있는 태왕릉 구조와는 다르며, 장군총의 배장묘와도 다른 양상이다. 더욱이 태왕릉과 배장묘의 동시 축조도 고고학적으로 검증하기 어렵다는 문제가 있다.

능원 외에도 왕릉을 지키기 위한 능사는 평양의 정릉사 터에서 확인되었으나, 국내성 시기에서는 확실하지 않다. 전 동명왕릉의 앞쪽에 위치하는 절터에서 '능사陵寺', '정릉定陵' 명 기와와 절터 내 우물에서 출토된 '정定'명 토기편으로 보아 이 정릉사는 전 동명 왕릉과 배후의 진파리 고분군을 지키는 능사였던 것으로 보인다. 그러나 능사일 가능성을 제시한 칠성산 871호분의 서북방향으로 22km 떨어진 곳에서 기와와 용석 등이 출토된 건축 유구는 능사로 볼 근거가 희박하며, 다른 무덤들에서도 능사로 추정되는 건물지는 보고된 바 없다.

이외에 왕릉의 구조적 특징으로 들 수 있는 것은 분구 위의 구조물이다. 적석분구의 흘러내린 돌더미에서 암·수키와가 다량 출토되었고, 그중에는 막새와 벽돌도 포함되기도 하여서 분구 위의 목조 가옥이 왕릉 판단의 기준이 되기도 하였다. 그러나 목관이나 목곽, 목실이 분구 위에 구조물을 받칠 만큼 힘을 갖고 있지 못하기 때문에 분구 위의 가옥형 구조물은 상정할 수 없다. 다만, 완비된 석실을 매장부로 한 천추총, 태왕릉, 장군총 등의 경우 능각을 상정해 볼 수는 있다.

천추총과 태왕릉, 장군총은 왕릉으로 비정된 적석총 중에서 천장까지 돌로 잘 쌓아 올린 석실을 갖고 있으며, 적석분구의 최상면이 어느 정도 수평면을 유지하여서 그 위에 구조물이 축조될 만한 공간을 갖고 있다. 더욱이 무덤 축조 전에 돌로 기초시설을 해서 상부로부터의 압력에 버틸 수 있도록 기술적으로 고려하였다. 분구 기저부 주위의 산수석이나 배수시설이 처마에서 떨어지는 낙수의 배수를 고려한 시설물이었을 것이므로, 분구 위의 능각을 상정할 수 있다. 장군총을 통하여 능각의 모습을 추정하자면, 장군총의 최상층인 7층 계단석에는 둘레를 돌아가면서 직경 10㎝, 깊이 15㎝ 정도의 작은 원공이 40~60㎝의 일정한 간격으로 배열되어 있고, 이를 출토된 철제 연결쇠와 결부시켜 볼 때 난간시설이 있었을 것으로 추정되며, 난간 내에는 목조 가옥형의 능각이 있었을 것이다〈그림 2〉.

능각을 갖고 있지 않더라도 분구에서 출토되는 기와의 양이 상당한 점과 우산하 3319호분에서 출토된 기와와 같은 권운문 문자와당 중에 "일위중랑급부인조개묘와우작민사천日爲中郎及夫人造盖墓瓦又作民四千"명[8] 무덤 위를 기와로 덮었을 것이다. 적석총이 분구 중에 매장주체부가 자리하는 무덤임을 감안해 볼 때 기와로 분구를 덮음으로써 무덤 안으로 비가 스며드는 것을 방지

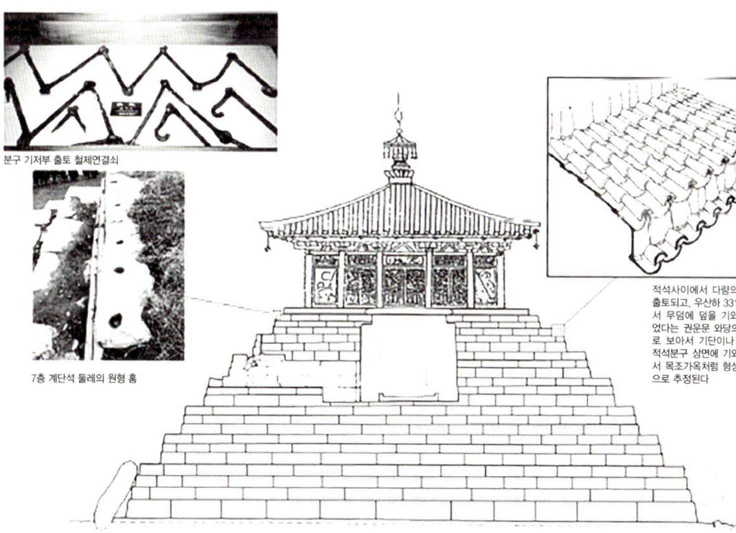

그림 2 장군총의 가상 복원도(강현숙, 2013, 『고구려고분연구』, 73쪽 그림2-6)

8 吉林省文物考古研究所 · 集安市博物館, 2005, 「洞溝古墓群禹山墓區JYM3319號墓發掘報告」, 『東北史地』, 2005-6.

하였을 것이다. 기와나 와당을 어떠한 형태로 덮었는지는 현재로서는 복원할 수 없지만, 기와와 와당을 덮은 방식이나 적석분구의 모습은 왕릉을 다른 적석총과 구별해주는 가시적 상징이 되었을 것이다.

Ⅲ. 고구려와 비교해 본 석촌동 적석총

1. 석촌동 적석총의 구조와 성격

현재 한강이남 일대에는 풍납토성과 몽촌토성 그리고 석촌동, 가락동, 방이동 일원에 백제고분들이 분포하고 있다. 석촌동에서는 즙석봉토분과 계단식적석총 그리고 석실봉토분이, 석촌동 동남쪽에 위치한 가락동에서는 즙석봉토분과 석실봉토분이 그리고 여기서 동편으로 떨어진 방이동에서는 석실봉토분이 보고되었다[9]. 고분 분포도 조사에 의하면 가락동과 방이동이 고분군은 인접하고, 대형분은 가락동이나 방이동 고분군보다 석촌동고분군에 집중된 것으로 파악되었다[10].

세인이 석촌동고분군에 대한 관심은 한성시기 백제 왕릉에서 출발하였으며, 그 배경은 현존 고구려와 같은 분형의 적석총이 석촌동고분군에 제한적으로 분포하기 때문일 것이다. 그러나 석촌동 적석총의 잔존 상태만으로는 한성시기 백제 왕릉을 설명하기에는 개별 고분의 구체적인 성격에 대한 정보가 없거나 매우 제한적이다. 이미 개발이 완료된 강남일대의 상황을 고려

9 석촌동고분군은 사적 234호로, <석촌동 백제 초기 적석총>으로 지정되었다가 2011년 <서울 석촌동고분군>으로 명칭이 변경되었다.

10 조가영, 2012, 「석촌동고분군의 축조 양상 검토 -고분 분포를 중심으로-」, 『韓國上古史學報』 75, 한국상고사학회.

해 보면 앞으로 백제 왕릉에 대한 고고학적 정보가 추가될 가능성은 그리 높아 보이지 않는다. 다만, 유구의 보존 상황이 누적된 시간에 비례한다고 가정할 때 비교적 큰 분구가 유지된 적석총은 당시에도 월등한 고총이었을 것이며, 한성시기 대형고분의 주 분포지가 석촌동고분군이라는 견해를(조가영, 2012) 결부시켜 보면, 석촌동고분군에 왕릉급 무덤이 있었다고 유추하는 데에는 별 문제가 없을 것이다.

이러한 전제에서 볼 때 석촌동고분군은 풍납토성, 몽촌토성과 함께 한성시기 백제 도성의 경관을 구성하는 주요 요소라고 할 수 있다. 일제강점기에서는 이 일대에 토총甲塚과 석총乙塚 두 형식의 무덤이 혼재하고, 분구 평면형이 방형인 점에서 고구려 고분과 유사하다고 판단하여 문헌 기록의 백제의 출자를 보여주는 자료로 인식하였다[11]. 당시 조사에서도 석총의 내부구조는 분명하지 않았으며, 토총은 여러 양상을 보인 것으로 해석하였다. 석실을 매장주체부로 한 토총(석실봉토분)은 가락동의 구릉이 주 분포이며, 석실이 없는 토총은 매장주체부와 분구의 시설 등을 기준으로 세 가지로 세분하였다. 첫째는 평지에 묘광을 파고 목곽을 안치한 것, 둘째는 지하식 목관을 갖고 봉토 표면에 돌을 덮은 것, 셋째는 봉토 표면에 돌을 덮고, 목관 주위에 할석을 돌린 것이다. 이를 다시 살펴보면 첫째는 수혈식의 목관묘를 포함한 토광묘이거나 목관을 매장주체부로 한 분구묘일 것이다. 둘째와 셋째는 즙석봉토분(즙석분구묘)으로 매장주체부가 목관인 것이 둘째이며, 석곽인 것이 셋째일 가능성이 있다.

이후 1974년 잠실지구 개발사업의 일환으로 석촌동의 고분들이 조사되었고, 1984년 유적의 복원, 정비사업의 일환으로 발굴조사가 이루어져 석촌동에는 적석총과 봉토분 외에도 주변에서 토광묘와 즙석봉토묘, 석곽묘, 옹관묘 등 여러 형식의 무덤이 분포하고 있음이 확인되었으며, 여러 형태의 묘제

11 梅原末治, 1947, 『朝鮮古代の墓制』, 座右宝刊行会.

중에 고구려와 관련 지울 수 있는 것이 적석총이다. 적석총이 무덤이었는지에 대한 근본적인 문제 제기도 있었으나[12] 후술하겠지만, 적석총임을 부정할 이유는 없다.

석촌동고분군에서 발굴 조사된 적석총은 4기로 모두 방형 평면을 갖고 있다는 점에서 공통된다〈그림 3〉. 석촌동 1호분은 남북으로 두 기가 연결된 연접분으로, 북분은 선축이고 남분이 후축된 것으로 보고 있다. 북분은 내부가 점토이며 무덤의 주매장주체부는 확실하지 않으며, 남분은 돌로 내부를 채웠으며, 매장주체부는 석곽으로 파악하였으나, 네 모서리를 잘 짜 맞춘 석곽인지 여부는 확실하지 않으며, 목관에 돌을 돌린 구조일 가능성도 배제할 수

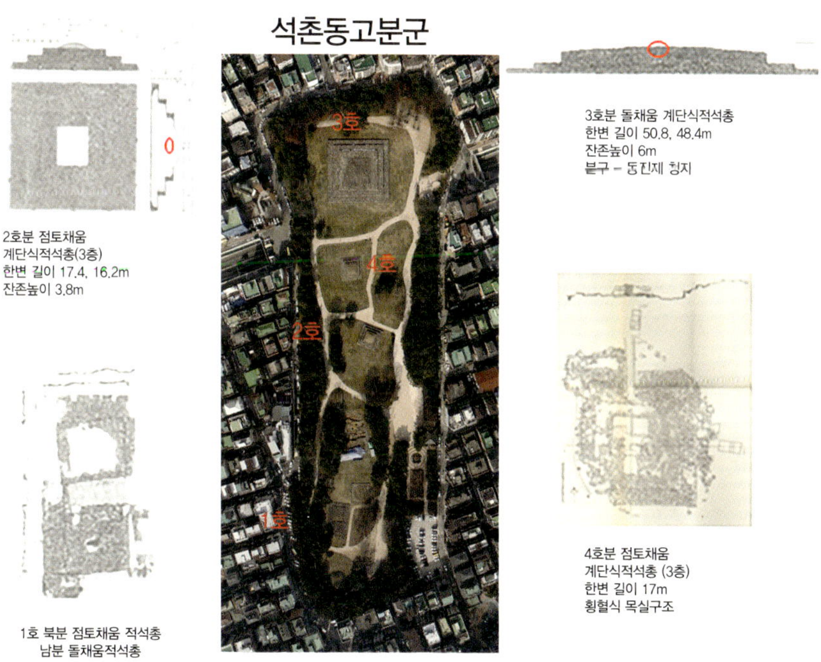

그림 3 석촌동고분군의 적석총

12 이남석, 2013, 「백제 적석총의 재인식」, 『선사와 고대』 39, 한국고대학회.

없다. 석촌동 2호분은 3단의 계단적석총階段積石塚으로, 계단 내부는 점토로 채워졌으며, 매장주체부는 확실하지 않다. 분구는 한 변 길이 17.4, 16.2m이고, 잔존 높이는 3.8m이다. 석촌동 3호분은 석촌동고분군 가운데 가장 큰 3단의 계단적석총으로, 한 변 길이 50.8m(동서), 48.4m(남북)이며, 추정 높이는 6m이다. 주매장주체부는 확실하지 않고, 중심에서 남서쪽으로 벗어나 3단의 중간쯤에 위치한 부곽으로 추정되는 석곽만 확인되었다. 적석부 정리 과정에서 중국 동진제 청자 편이 출토되어서 무덤의 연대를 4세기 후반 경으로 비정하게 되었다. 규모와 청자 편의 연대를 근거로 석촌동 3호분은 근초고왕릉으로 비정하기도 하였다[13]. 석촌동 4호분은 한때는 봉토분으로 파악되었지만, 할석을 이용하여 축조한 계단적석총임이 밝혀졌고, 한 변 길이 17m 정도의 3층 계단이 확인되었다. 그러나 계단 내부는 점토로 채워졌으며, 방형 현실, 중앙 연도 평면의 석실일 가능성도 제시된 바 있으나, 석실의 잔존 구조는 확인되지 않았으며, 내부 점토의 노출된 상태로 미루어 목실 구조로 추정된다. 이외에도 석촌동 3호분 동쪽 고분군은 토광묘와 옹관묘, 토광 내부에 돌을 채운 무덤과 옹관이 안치된 석곽 등으로 이루어진 즙석봉토분으로 보고 있으며[14], 현재 조사 중인 2호분과 A호 적석총 사이에서 내부를 점토로 채운 적석총이 조사 중이어서, 석촌동고분군 내에는 보다 많은 고분들이 있었을 가능성이 있다.

이처럼 석촌동 적석총은 방형 평면을 기본으로 하며, 매장주체부는 지상의 분구 중에 있는 분묘 일체형이라는 점에서 공통된 특징을 갖고 있으나, 주 매장주체부에 대한 정보는 제한적이다. 매장주체부에 대한 정보가 확실하지 않다는 점은 누대에 걸친 분구묘에서는 자연스러운 현상이다. 더욱이 고구려 계단적석총階段積石塚에 비추어 보면, 3층 계단일 경우 매장주체부는

13 김원룡 · 이희준, 1987, 「서울 석촌동 3호분의 연대」, 『斗溪李丙燾博士九旬紀念韓國史論叢』.
14 서울대학교박물관, 2013, 『석촌동고분군』 I .

2단에서 자리하며, 7층 계단적석총인 장군총의 매장주체부는 5층에 자리한다. 따라서 분구의 상부가 파괴되면 매장주체부는 확인할 수 없다. 때문에 매장주체부가 없다는 이유로 또는 확실하지 않다는 이유로 무덤임을 부정할 수는 없다. 석촌동 2호분은 기단만이 남아있지만 원래는 석촌동 3호분이나 4호분을 고려해 보면 계단적석총이었을 가능성이 있으며, 상층계단은 이미 파괴되었을 것이다. 분구가 파괴되어 기단만 남아있는 석촌동 2호분에서 매장주체부가 잔존하지 않는 것은 분묘 일체형의 분구묘에서는 지극히 자연스럽다. 한편, 석촌동 4호분은 횡혈식 장법을 의도한 목실이었을 것이다. 왕릉으로 비정된 바 있는 고구려의 초대형 적석총 가운데 3세기 후반에서 4세기 전반 경 사이에 조성된 임강총, 우산하 2110호분, 칠성산 211호분, 서대총, 우산하 992호분이나 마선구 2100호분은 중국에서는 광실로 보고하였으나, 광실로 보고된 무덤의 경우 관못과 꺽쇠 또는 장막걸이쇠가 분구의 함몰부에서 확인되어서, 목관과 목실의 2중 구조였음을 알 수 있다. 점토로 내부를 채운 석촌동 3호분도 비슷한 목질 장구였을 것으로 추정된다. 요는 매장주체부가 확실하지 않다는 점이 석촌동 적석총의 분묘로서의 성격을 부정할 이유가 될 수 없다고 생각한다.

석촌동 적석총의 분구는 내부 채움 재료에 따라 돌로 채운 것과 흙으로 채운 것 두 가지가 있다. 할석만으로 채운 것은 석촌동 1호분 남분과 3호분이 이에 해당된다. 3호분은 정지작업을 한 후 40~50㎝ 정도 점토를 깔아 정지작업을 한 후 지대석이 놓인 외곽에만 20㎝ 두께로 냇돌을 깔고, 그 위에 장대석을 한 줄 배열하고, 석렬 내부는 납작한 할석으로 채웠다. 기초 시설 위에 1단을 쌓았는데, 기초 석렬에서 안으로 10~15㎝ 들어가서 돌을 쌓고, 마찬가지 방식으로 내축하여 2, 3단을 쌓았다. 부곽으로 추정되는 석곽의 바닥을 감안해서 원래는 5층 정도의 계단적석총이었을 것으로 보았고, 1단 주위를 돌아가면서 버팀석이 세워졌다. 이러한 축조 방식은 고구려 계단적석총의 축조방법과 같으며, 천추총이나 태왕릉, 장군총 등은 치석된 돌로 무덤을 축조하였으며, 무덤 축조에 앞서서 바닥에 돌을 깔아 정지작업을 한 후 기단으로 조성하였다. 가공된 커다란 장대석을 돌려서 기단을 만들고 그 내부에도 석렬로 구획하여 돌을 채워 넣었다. 초대형 적석총의 기단 내부의 구획 석렬은 봉토분의 분할 성토하는 것과 같은 이치로, 기단을 마련한 후 같은 방식으로 내축하여 2단, 3단의 층단이 형성된 것이다. 그러한 점에서 볼 때 석촌동 3호분의 축조 방식은 고구려의 계단적석총 축조 방식과 같다. 단지, 무덤 축조에 사용된 석재의 성질에 따라서 가시적으로 드러난 분형은 세부적인 차이가 있을 수 있다[15].

다른 하나는 점토로 중심을 채우고 외연을 할석으로 쌓은 것으로, 석촌동 2호분과 4호분, 1호분 북분이 있다. 2호분은 지면을 정지한 후 돌로 석축을 쌓고, 석축 내부 공간에는 작은 할석을 한 겹 깔은 후 그 위로 점토나 사질토를 10~30㎝ 두께로 차곡차곡 쌓아 올렸다. 보고서 상으로는 점토를 쌓은 후 외곽에 석축을 쌓았는지 아니며 석축을 쌓은 후 점토를 채웠는지 여부는 확실하지 않다. 다만, 석축으로 외곽을 정한 후 내부에 점토를 채웠다면 축조 방식은 돌로 채운 석촌동 3호분과 같은 방식으로 고구려의 계단적석총 축조 방식과 같다고 할 수 있다. 그러나 그렇지 않다면 석축 이전에 점토가 있는 경우로, 점토가 석축보다 먼저 이루어졌다면 봉토 분구에 돌을 덧댄 것으로 볼 수 있다. 석촌동 2호분 분구의 서북 모서리에서 목관이 출토되었다는 것으로 미루어 지상에 목관이 놓이고, 그 위에 봉토를 씌운 무덤으로[16] 볼 여지가 있기 때문이다. 기존에 석촌동 3호분 동쪽 고분군으로 소개되었던 고분들도 원래는 대형 즙석봉토분으로 밝혀졌다[17]. 즉 여러 기의 매장부를 가진 분

15 현재 한성백제박물관에서 발굴조사 중인 석촌동 2호분의 남쪽에 위치한 적석총(積石塚)에서 평기와와 막새가 출토되었다고 한다. 이러한 고고학적 정황은 고구려 왕릉비정 초대형 적석총의 분구에서 다량의 기와와 막새가 출토되는 것을 고려해 볼 때 가시적으로 드러나는 분형은 서로 비슷했던 것으로 추정해 볼 수 있다.

16 김원용 · 임효재 · 임영진, 1989,『석촌동1-2호분』, 서울대학교박물관.

17 조가영, 2012, 앞 논문.

묘 일체형의 대형 봉토분 위에 돌을 덧씌운 것으로 볼 수 있다. 분구에 돌을 계단상으로 덧씌운 것은 집단묘의 거대화를 의도했던 것으로 상정된다. 이러한 점을 염두에 두자면, 돌로 계단상 분구를 축조할만한 기술이 축적되지 않은 상태라면, 점토로 분구를 쌓은 후 돌로 계단상으로 축조했을 것이다. 점토로 내부를 채운 적석총은 즙석봉토분과 돌로 채운 적석총의 분구 축조 기술의 과도기 양상이라고 할 수 있다. 따라서, 석촌동 3호분은 분묘 일체형의 봉토분구 위에 돌로 계단상을 덧쌓아 계단상 분형을 완성하였을 것으로 볼 여지가 있다.

결론적으로 석촌동 적석총은 무덤이며, 분구와 매장주체부를 함께 고려하자면, 석촌동 적석총은 두 가지 방식으로 축조되었다. 하나는 선행의 즙석봉토분에 돌을 덧대어서 계단상 적석총을 축조한 것으로, 이 경우 분구의 규모가 크다고 하여도 모두 1인의 단독 무덤이라고 단정 지을 수는 없다. 다른 하나는 기단이나 계단의 내부 채움이 점토와 돌이라는 점에서 차이가 있지만, 계단의 축조 방식이나 분구 버팀석을 놓은 것은 고구려 계단식적석총과 같다고 할 수 있다. 이 경우 주 매장주체부가 하나인 것과 여러 개일 개연성이 있는데, 석촌동 4호분의 경우 무덤은 주매장주체부는 하나이지만, 석촌동 2호분과 3호분의 경우 잔존 분형만으로는 매장주체부에 대한 추론이 불가능하다.

아울러 고구려 적석총의 예에 비추어 석촌동 적석총의 조영 시기를 가늠해 볼 수 있다. 고구려에서 분구를 계단상으로 축조하는 것은 3세기 말경에 나타나기 시작하였고, 4세기 중엽 이후가 되면 가공된 돌로 축조하여 계단상 분형이 잘 유지되는 한편, 4세기 말이 되면 치석된 돌로 축조하는 동시에 1층 계단을 돌아가면서 분구 버팀석이 등장한다. 따라서 고구려 계단식적석총의 축조방식을 염두에 두고 석촌동 적석총의 축조 순서를 보자면 석촌동 적석총은 선행의 즙석봉토분에 계단상 분형이 더해진 것, 점토를 채운 계단적석총, 돌을 채운 계단적석총 순으로 축조되었을 것으로 상정해 볼 수 있다.

조영의 상한시기는 4세기대 이전으로 소급시키기는 어려우며, 버팀석을 돌린 계단상적석총의 조성은 4세기 후엽 이전으로 올라가지는 않았을 것이다.

2. 석촌동 적석총의 왕릉 요소

고대 왕권 국가임을 가시적으로 드러내는 것은 거대한 규모와 다종, 다양한 부장품이 매납된 고총이며, 그중에서 배타적 우월성을 지닌 무덤이 왕릉일 것이다. 적석총은 지하에 매장주체부를 가진 신라나 가야의 고총과는 달리 지상의 분구에 매장주체부가 자리한 분묘일체형 무덤이어서, 분구와 매장주체부가 자연적, 인위적 변형에 노출되어 있다. 때문에 적석총으로부터 얻을 수 있는 고고학적 정보는 제한적일 수밖에 없으며, 수 기 만이 잔존하고 있는 석촌동의 적석총은 더더욱 그러하다. 상당히 파괴된 상황에서의 접근이라 한계가 있지만, 고구려 국내성 시기의 왕릉비정 적석총의 예에 비추어 보면 석촌동고분군이 풍납토성, 몽촌토성과 어우러져 백제 한성시기 왕도의 경관을 구성했음은 유추할 수 있다.

고구려의 왕도는 일찍부터 평지성과 비상시의 산성 그리고 고분군이 왕도의 경관을 구성하였다. 졸본시기의 오녀산성과 평지성 그리고 주변의 고력묘자 고분군이 그러하고, 국내시기의 국내성과 환도산성, 통구 고분군이 그러하다. 평양성시기의 안학궁과 대성산성 그리고 대성산성 동편으로 호남리, 토포리 일대의 고분군과 대동강 너머의 진파리 고분군도 마찬가지이다. 특히 국내지역은 국내성을 중심으로 동, 서 양방향으로 5㎞ 거리에 자리한 임강총과 서대총 그리고 평지나 평탄화된 구릉 말단에 위치한 초대형 적석총과 석실봉토분 또는 석실벽화봉토분 등의 대형분은 국내성 시기 왕도의 중요한 구성요소였다. 도성의 확대에 따라 5세기 전반이 되면 대형분의 분포지는 동쪽으로 더욱 확대되어서 장군총은 7.5㎞ 거리에 분포하며, 동시에 동쪽으로 하해방이나 장천 등지로 대형분들이 새로 조성되기 시작한다. 따라서 국내성과 왕릉비정 초대형 적석총 사이 공간이 도성의 가용공간이었으며, 지방에서 도성으로 들어올 때 왕릉으로 비정되는 거대한 초대형 적석총은 왕권의 상징이면서 도성의 기념물이 되었을 것이다.

고구려의 도성과 고분군의 분포 정황은 백제 한성 시기에서도 관찰된다. 평지의 풍납토성과 구릉을 연결한 몽촌토성은 한성시기 백제 도성의 중심이다. 여기에서 10여㎞ 떨어져 자리한 석촌동고분군은 한성시기 왕도를 구성하는 중요한 요소였을 것이며, 풍납토성에서 석촌동고분군에 이르는 범위가

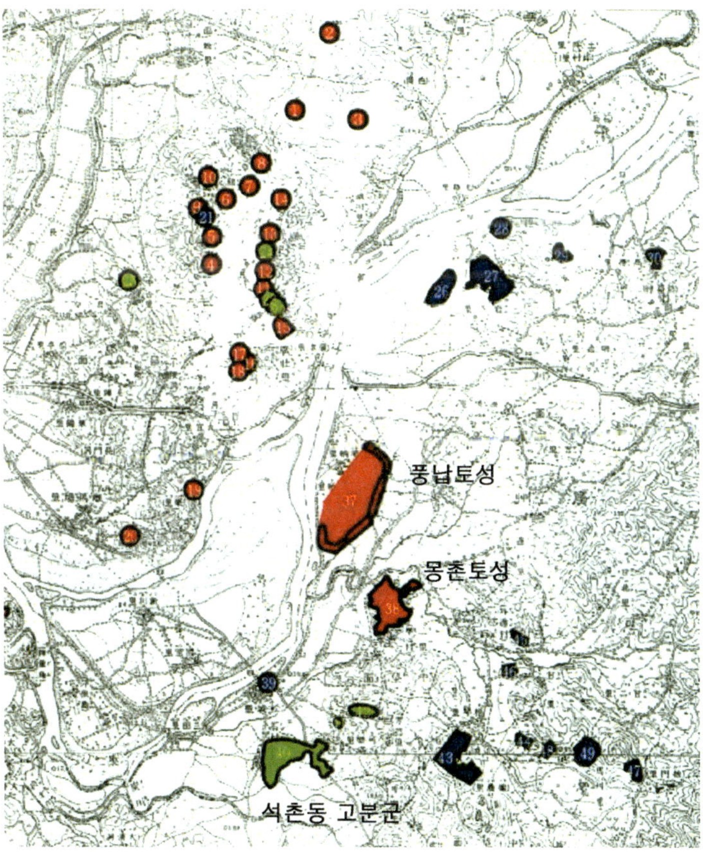

그림 4 백제 한성기 도성과 석촌동고분군
(한성백제박물관, 2015, 석촌동고분발굴조사자문위원회의자료집)

당시 도성으로서 한성의 가용공간이었을 것이다〈그림4〉. 다만, 고구려 국내성시기 왕릉이 독립적이며 분산적으로 분포하는 것과는 달리 백제는 왕릉급 무덤들이 일정한 묘역을 형성하고 있으므로, 고분군을 통하여 왕도로서 한성의 공간 범위를 온전히 추정할 수 없다. 그러나 고분의 분포 정황으로 미루어 적석총이 중심이 되는 석촌동고분군이 백제 한성시기 능역이었을 개연성은 높다고 하겠다.

고구려 예와 비교하지 않아도 공주 공산성과 송산리고분군이나 부여 사비도성과 능산리 고분군의 관계를 고려해 보면, 백제 한성기 도성임에 별 이견이 없는 풍납토성이나 몽촌토성과 이 일대의 고총이 밀집 분포된 석촌동고분군도 도성과 왕릉의 관계일 것이다. 다만, 국내성시기 고구려 왕릉은 앞서 살핀 바와 같이 능원을 갖고 있고, 능원 내에는 제대로 보고된 석대시설이 있으며 배장묘를 거느리기도 하였다. 고구려에서 관찰되는 이러한 요소는 중국과는 다르며 백제의 석촌동 고분에서도 확인되지 않는다. 능원과 제반 시설들은 비단 석촌동고분군뿐 아니라 능역임에 별 이견이 없는 공주 송산리나 부여 능산리 고분에서도 마찬가지이다. 따라서 고구려와는 다른 백제식의 능제가 있었을 가능성이 크므로 백제식의 능제를 복원하는 것은 향후 과제이기도 하다.

Ⅳ. 맺음말

서울 석촌동고분군으로부터 우리가 얻을 수 있는 고고학적 정보는 매우 제한적이며, 앞으로 정보가 늘어날 가능성도 없어 보인다. 더욱이 일제강점기 조사에서도 적석총積石塚의 내부 구조는 잘 알 수 없다고 하였듯이 무덤에서 가장 중요한 요소인 매장주체부에 대한 정보는 없다고 할 수 있다. 석촌동 적석총의 성격에 대해서 이견이 있는 것도 그 등장과 배경에 대한 설명이 쉽지 않기 때문이다.

그러나 석촌동의 계단적석총은 점토 채움과 돌 채움 적석총으로 나누어 볼 수 있고, 점토 채움 적석총은 석촌동 1호분이나 2호분의 예에 비추어 보면 즙석봉토분에서 변한 것으로 볼 여지가 있다. 따라서 한성시기 초대형분은 즙석봉토분에서 돌 채움 계단적석총으로 변하였을 것이며, 양자의 과도기 무덤이 점토 채움 계단적석총일 것이다.

석촌동에서 계단적석총의 축조는 한성시기 백제 중앙과 지방에 조성된 다양한 묘제 중에서 계단적석총이 최상위 무덤으로 가시화되었다는 점에서 의미를 가진다. 그리고 그 시기는 분구 버팀석을 가진 고구려 계단적석총의 예에 비추어 4세기 후반 이전으로 소급시키기는 어렵다. 따라서 4세기 말의 어느 시점에 계단상 적석총이 석촌동고분군의 최상위 무덤으로서 등장하였고, 계단적석총이 남북 방향을 주축으로 열상 배치된 석촌동고분군은 한성시기

능역으로서 풍납토성과 몽촌토성과 함께 어우러져 한성시기 왕도의 경관을 만들었을 것이다.

결국, 서울 석촌동 일원의 대형분들 특히 고구려 적석총에 비견할 만한 거대한 계단적석총은 백제가 경쟁관계에 있던 고구려에 대해 백제 왕권의 정통성과 왕권의 강력함을 대내외적으로 과시하려는 의도가 표출된 결과일 것이다. 본 발표에서 도출한 추론은 불완전하고 제한적인 고분 자료에 의한 해결해야 될 문제 많은 가설에 불과하다. 다행히도 석촌동고분군 내에서 예상치 못했던 적석총을 한성백제박물관에서 발굴하고 있어서 향후 새로운 자료가 한성시기 백제 왕릉에 대한 여러 문제들이 해결해주기를 기대한다.

■ 참고문헌

강현숙, 2005, 「서울지역 적석총에 대하여」, 『향토서울』 67, 서울특별시 시사편찬위원회.

______, 2006, 「중국 길림성 집안지역 고구려 왕릉의 구조에 대하여」, 『한국고대사연구』 41, 한국고대사학회.

______, 2009, 「고구려 왕릉 복원시고 - 천추총, 태왕릉, 장군총을 중심으로」, 『고구려왕릉연구』, 동북아역사재단.

______, 2013, 『고구려 고분연구』, 진인진.

______, 2014, 「집안 고구려비에 대한 고고학적 추론」, 『고구려발해연구』 50, 고구려발해학회.

權五榮, 1986, 「初期百濟의 성장과정에 관한 일고찰」, 『한국사론』 15, 서울대학교.

김원룡 · 이희준, 1987, 「서울 석촌동 3호분의 연대」, 『斗溪李丙燾博士九旬紀念韓國史論叢』.

朴淳發, 1994, 「漢城百濟 成立期 諸墓制의 編年檢討」, 『先史와 古代』 6, 한국고대학회.

______, 2001, 「한강유역 고분의 변천과 백제 국가형성」, 『漢城百濟의 誕生』.

서울대학교박물관, 1983, 『石村洞 3號墳(積石塚)發掘調查報告書』.

______________, 1984, 『石村洞 3號墳(積石塚) 復原을 위한 發掘 報告書』.

______________, 1986, 『石村洞 3號墳東쪽古墳群整理調查報告書』.

______________, 1989, 『石村洞 1 · 2號墳』.

______________, 2013, 『석촌동고분군 I』.

서울特別市 · 石村洞發掘調查團, 1987, 『石村洞古墳 發掘調查報告書』.

심재연, 2010, 「한성백제기 한강 중 · 상류 지역의 적석총에 대한 연구」, 『서울학연구』 39, 서울시립대학교 서울학연구소.

이남석, 2013, 「백제 적석총의 재인식」, 『선사와 고대』 39, 한국고대학회.

李炳鎬, 2011, 「日帝强占期 百濟 故地에 대한 古蹟調查事業」, 『한국고대사연구』 61, 한

국고대사학회.

임영진, 1993, 「百濟初期 漢城時代 古墳에 관한 硏究」, 『韓國考古學報』 30, 한국고고학회.

______, 1994, 「서울 百濟初期古墳에 보이는 墓制의 複合性」, 『百濟硏究』 24, 공주대학교 백제연구소.

______, 2005, 「백제한성기묘제의 다양성과 그 의미」, 『고고학』 4-1, 서울 · 경기고고학회.

______, 2007, 「百濟式積石塚의 發生 背景과 意味」, 『韓國上古史學報』 57, 한국고대사학회.

任孝宰, 1976, 「石村洞 百濟 初期古墳의 性格」, 『美術史學硏究』 129 · 130, 한국미술사학회.

조가영, 2012, 「석촌동고분군의 축조 양상 검토 -고분 분포를 중심으로-」, 『韓國上古史學報』 75, 한국상고사학회.

池內宏, 1938, 『通溝』.

梅原末治, 1947, 『朝鮮古代の墓制』.

吉林省文物考古硏究所 · 集安市博物館, 2005, 『集安高句麗王陵』, 文物出版社.

주제발표 4

东晋历史文化博物馆的东晋研究

许 长 生 中国 东晋历史文化博物馆

Ⅰ. 东晋历史文化博物馆概述

Ⅱ. 馆藏重点文物介绍

Ⅲ. 江宁地区近年发掘的两晋及南朝刘宋墓葬

Ⅳ. 几点认识

Ⅰ. 东晋历史文化博物馆概述

太元七年(公元383年)七月，历史上著名的"淝水之战"爆发，担任吏部尚书的谢安坐镇江宁东山，运筹帷幄，在东山上的别墅里成功指挥了这场战争，藉于此，南京市在江宁建立了东晋历史文化博物馆。

东晋历史文化博物馆与南京市江宁区博物馆为"一址双馆"的布局，是国内首座较系统展示东晋历史文化的专题博物馆。展览主题为《东晋风流》，主要展出人面纹瓦当，兽面纹瓦当，王建之等墓志铭拓片，金铛，蓝色玻璃器残件，青瓷器鸡首壶等文物，每件器物都具有典型的时代特征，透露出东晋特有的文化气息。用东晋人文石刻浮雕，再现了东晋的魏晋风度[1]，借助"新亭雅集"瓷板画和《兰亭序》，《洛神赋》，《女史箴图》金箔漆画展现了东晋书画艺术的尚韵至上[2]。

东晋时期在历史上是一个思想解放，文化发展，活跃的时期，在文学创作上是一个缤纷灿烂的时代[3]，特别是在书画艺术上更是具有承前启后的重要意义。东晋历史文化博物馆非常注重对学术的研究，收集，展示工作，在2011年

1 南京市江宁区文化广电局等：《风流东晋》，文物出版社，2011年。
2 张学锋、傅江：《东晋文化》，南京出版社，2005年。
3 南京市江宁区文化广电局等：《风流东晋》，文物出版社，2011年。

9月28日开馆之际，特邀请了北京大学，南京大学，韩国仁济大学，韩国忠南大学等国内外院校专家学者20余人，召开了“东晋历史文化学术研讨会”。同时东晋历史文化博物馆利用自身资源，举办了《东晋逸韵——江宁历代最美碑刻名家书法临书展》，《兰亭的故事》，《兰亭如此亲近》等展览活动。

Ⅱ. 馆藏重点文物介绍

1. 出土文物

据统计，目前在江宁地区发现的东晋时期古墓葬数量并不多(已发表的有12座)，出土文物主要以陶瓷器为主，但个别墓葬也出土了玻璃器，墓志等珍贵文物。

蓝色玻璃器(图一)。东山街道上坊社区南京众彩农副产品批发市场东晋墓出

图一 蓝色玻璃器

土。该玻璃器发现于甬道与墓室之间，出土时已破碎严重，厚约0.1-0.6厘米，玻璃内还含有细小的气泡。经过仔细辨识，基本可以确认这件玻璃器原应为一件玻璃杯，直口，平沿，口沿下有一圈磨花凹椭圆形纹饰。根据王志高教授统计，目前中国发现玻璃器的东晋墓葬共有14处(含此例)，这些墓的墓主不是东晋帝王就是世家大族成员，而发现这种蓝色玻璃器的更少，一共只有3处，其中一处为南京北郊东晋墓，墓主可能为东晋穆帝司马聃，一处为南京郭家山温氏家族墓M13，墓主为温氏家族成员温峤之，还有一处即为此例。由此可见此玻璃器的珍贵和墓主身份的非同寻常。[4] 该玻璃器样本经法国国家科学研究院检测，其主要成分为二氧化硅，氧化钠，氧化钙，属于外来的钠钙玻璃系统，其中钾，镁的含量较少，属于典型的罗马玻璃。

“乙”，“天”字款滑石猪(图二)。东山街道上坊社区石马冲谢家山出土。滑石质。两件器身圆浑，器形近同，猪身瘦长，嘴部圆形上翘，均作卧匐装，四

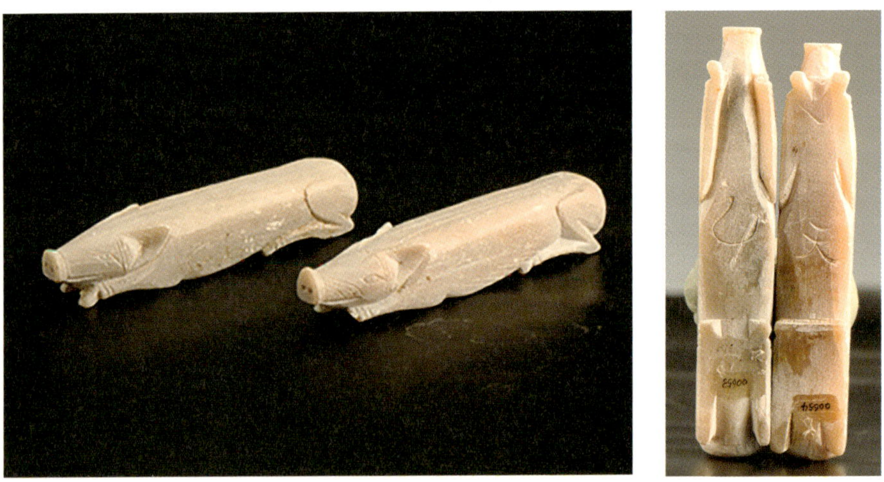

图二 “乙”，“天”字款滑石猪

4 王志高：《六朝出土玻璃容器漫谈—兼论朝鲜半岛三国时代玻璃容器的来源》,《南京博物院集刊》, 第12辑, 文物出版社, 2011年：又收录于王志高 ：《六朝建康城发掘与研究》, 第421-435页, 江苏人民出版社, 2015年。

肢前伸，其耳，眼，嘴，尾等刻划清晰，底面较平，器底中间分别阴刻“乙”，“天”字样。此物也出自石马冲谢家山东晋墓，为荀氏家族墓中随葬品。

青瓷虎子(图三)。湖熟街道杨柳湖社区后杨柳村花园山出土。瓷质，灰白胎，青灰釉。半球形腹，腹顶部饰三组弦纹，流口前伸上翘，口沿下饰弦纹。顶部有弓形提手，后端贴附短尾。口部，提梁有褐色点彩装饰。该器所用的褐色点彩为釉下点彩，是先在器物上加点状褐彩，或用褐彩组成各种简单的图案，然后罩釉烧制而成。这种点彩在东晋一朝的流行，与东晋初年中原世族百姓南渡，整个社会习俗以及审美习惯的变迁不无关系，其简洁朴素的装饰符合东晋时期社会崇本尚无的时尚。[5]

图三 青瓷虎子

青瓷龙柄鸡首壶(图四)。东山街道上坊社区南京众彩农副产品批发市场工地出土。瓷质，灰白胎，青灰釉，施釉不及底，局部剥落。浅盘口，溜肩，鼓腹，下腹内收，平底略内凹。肩部饰弦纹一周，并贴有对称的桥型系及鸡首，龙首柄。鸡冠高耸，凸目，圆喙，颈较长，嘴与器腹相通。柄上部龙首衔盘口。

图四 青瓷龙柄鸡首壶

5 王志高 · 贾维勇 :《南京发现的孙吴釉下彩瓷器及其相关问题》,《文物》, 2005年第5期。

石砚(图五)。东山街道上坊社区南京众彩农副产品批发市场工地出土。石质。素面，砚体轻薄，中部长方形，两端略呈三角形，平底。砚面中部有一长方形浅池，一侧连一小长方形砚池。这种石砚也称为石黛砚，属于六朝时期世家大族墓葬中常见的随葬品，如南京郭家山温氏家族墓M13中也见有同样的随葬品，另外在湖北鄂城东吴墓中还发现有与之造型相同的漆砚，砚座为漆器，在漆砚座中镶嵌长方形的薄石板。[6]

图五 石砚

2. 征集文物

东晋历史文化博物馆作为展示东晋历史文化的博物馆，在开馆之际，向社会征集了一批具有时代特征，并较为珍贵的文物来反映东晋文化，主要以金器，瓷器为主。

双凤双鱼纹金饰件(图六)。金质。三角形，背衬金箔片。中部主纹为对凤，其下为双鱼衔胜，鱼眼镶以绿松石，两侧饰水珠纹，其中两滴水珠中尚存镶嵌的绿松石。所有主辅纹上均满焊细密的金粟粒。

东晋凤纹金饰件(图七)。金质。顶部起尖，两肩圆耸，上宽下窄，佛龛状，中部主体为对凤纹，其上饰卷云纹，周边焊满细密的金粟粒，背衬金箔片。此

6 鄂城县博物馆 :《湖北鄂城四座吴墓发掘报告》,《考古》, 1982年第3期。

物应为金珰。金珰是汉代以来高级官员特用的冠前饰物，珰饰于冠前，以黄金为之，故名，是一种等级的徽识，如《晋书 · 舆服志》中记载 ：“加金珰，附蝉为饰，插以貂毛，黄金为杆，侍中插左，常侍插右”。晋代侍中，常侍佩冠，前加金珰，附蝉形纹饰，又加貂尾，合称貂蝉，以貂尾左右区分。如南京郭家山温氏家族墓M12，墓主温式之生前为散骑常侍，墓中就发现有一件蝉纹金珰。[7] 金珰通用者为山形，根据考古发现，除蝉纹之外，金珰也可有另外的装饰图纹，而且不仅男性，女性也可以使用，如在南京仙鹤观高氏家族墓地M6为女性墓，其中就发现有蝉纹金珰。[8] 这件凤纹金饰件即为典型的金珰，根据三个角的穿孔情况可以推测其原应为冠饰。

图六 双凤双鱼纹金饰件

图七 东晋凤纹金饰件

7 南京市博物馆 :《南京市郭家山东晋温氏家族墓》,《考古》, 2008年第6期。
8 南京市博物馆 :《江苏南京仙鹤观东晋墓》,《文物》, 2001年第3期。

图八 黑釉四系盘口罐

黑釉四系盘口罐(图八)。瓷质。通体施黑釉，釉层厚润，口沿脱落较重。盘口，束颈，深鼓腹，平底。肩部有对称的双复竖系。瓷器为德清窑产品，德清窑是位于浙江德清县的古窑口，始于商周，盛于两晋，以烧制黑釉瓷器闻名，德清窑的大型黑釉器施釉较佳，釉层厚，施釉均匀，釉面光洁，此物即为典型代表。该罐也是目前已发现的德清窑器物中，器形最大，保存最完好的一件。

图九 青瓷羊形烛台

青瓷羊形烛台(图九)。瓷质，灰白胎，青灰釉。羊作卧伏状，用浅刻的手法表现样的五官，羊角绕耳前卷，下颌有须，长颈。器身呈茧状，束腰，短尾。腹部两侧浅刻羽翼，头顶有一圆形插孔。

兽面纹瓦当(图十)。泥质灰陶。当面饰兽面纹。兽面双眼倒竖，三角形鼻梁，长方形口，上端不封闭，张口露齿及舌。口下及周围满饰胡须与鬃毛。东晋时期的瓦当纹饰主要有两类：人面纹，莲花纹和兽面纹。其中兽面纹瓦当出现于东吴时期，东晋时期的兽面纹瓦当未凸线条勾勒出图案，东晋早中期兽面为标准的虎面形，有上阔下窄的虎面轮廓线，有明显的双耳，大口獠牙，东晋晚期的虎面则逐渐简化，虎面轮廓也不连贯直至消失，线条开始变得飘逸。[9]

图十 兽面纹瓦当

9 贺云翱：《六朝瓦当——研究回顾及对若干问题的探讨》，《东南文化》，2011年第2期。

Ⅲ. 江宁地区近年发掘的两晋及南朝刘宋墓葬

相比与六朝其他时期，江宁地区历年来发现的东晋时期的墓葬不多，目前发现的墓葬分布于今江宁东至淳化，上坊，西至江宁街道，南至陶吴，北至岔路口一带。此外，我馆还有一些尚未公开发表的资料，其中有以下3处墓地对于研究东晋时期的历史文化有重要价值，时代分别为西晋晚期，东晋，刘宋早期。

1. 江宁上坊石马冲荀籍墓

位于东山街道上坊社区石马冲村谢家山，墓内出土青瓷砚，青瓷钵，铜三足炉，铜弩机，滑石猪，金戒指等20余件文物，墓中出土的一件墓志尤为重要。

出土墓志为砖质(图十一)，残存约三分之一，残长23，残宽22.3，厚6.1厘米，志文内容为“祖……父蕤建……晋散骑侍郎……县西乡高阳里荀……年岁在乙酉十一月……以十一年九月□日……里青山……”。据志文，并查阅文献可知墓主为荀籍，生于官至散骑侍郎，大长秋，为颍川荀氏族人，祖籍颍川县西乡高阳里人。其祖父为荀崧，至右光禄大夫，开府仪同三司，录尚书事，兼领秘书监，父为荀蕤，官至建威将军，吴国内史。颍川荀氏为魏晋南北朝时期的世家大族，自东汉至南朝，历代都不乏公卿重臣。荀籍墓志的发现表明这里应是荀氏家族的一处家族墓地，对于研究东晋南渡士族有重要意义。[10]

图十一 出土墓志为砖质

荀籍墓中提到葬地名为青山，"青山"疑即今青龙山，荀籍墓所在的谢家山即为青龙山西南部的一座小山包。陆游《南唐书·后主本纪》中有"后主尝猎于青山"的记载，《景定建康志》卷十七中提及青龙山时有"南唐后主尝校猎于此"的说法，可见在南宋时，青龙山也被称为青山，而这个地名可能在六朝时就已经有了。

2. 江宁谷里郑家村晋墓

位于江宁区谷里街道周村社区郑家村南的和尚山，这里共发掘10座墓，主要为六朝墓。其中M6为一座长方形单室券顶砖墓，外有排水沟，方向为200°，墓室内长3.66，宽1.12，高1.4米，墓室东南角有一个砖砌的方形祭台(图

10 周维林：《东晋荀籍墓志》，刊于周维林、许长生主编《江宁出土历代墓志考释》，南京出版社，2011年。

图十二 江宁谷里郑家村M6

十二)。墓内共出土文物20件，其中青瓷器有盏，鸡首壶，四系罐等，铜器有鐎斗，洗，铜镜，铜耳挖等，银器有钗，指环等。这座墓结构简单，是两晋晋时期小型墓葬的流行形制，根据该墓形制和出土器物判断该墓时代应为西晋晚期至东晋初，墓主应为一名女性。

墓中出土的4件鸡首壶最值得重视。这4件鸡首壶造型，大小相同，均为圆唇，浅盘口，束颈，鼓腹，下腹内收，平底略内凹。肩部饰一周联珠纹和网格纹装饰带，其间对称贴附双竖系，鸡首，鸡尾，鸡首与腹部不相通。瓷质，灰白胎，表面施青釉，釉不及底，口径4.1，底径4，高7.5，腹径8厘米(图十三)。这种鸡首壶流行于西晋晚期至东晋初年，类似的西晋墓中所见如南京下关张王庙M1：4[11]，东晋初的如南京栖霞区甘家巷M5所出鸡首壶[12]，南京象坊村东晋墓所出鸡首壶(太兴二年)[13]，南京富贵山六朝墓地M4中所出的A型鸡首壶[14]，这些鸡首壶体型不大，一般高度只有10厘米左右，最大者如富贵山M4:62高16.6厘米，周村所出4件为尺寸最小的，这类鸡首壶实用意义不大，应为专门烧制的随葬品。以往的墓葬中发现这类鸡首壶数量不多，一般一个墓中只有1件或2件。这次则在一个墓中发现4个，且鸡首壶的

11 南京市博物馆：《南京张王庙晋墓发掘简报》,《南京文物考古新发现》, 江苏人民出版社, 2006年。
12 南京博物院等：《南京栖霞山甘家巷六朝墓群》,《考古》, 1976年05期。
13 江苏省文物管理委员会：《南京象坊村发现东晋墓和唐墓》,《考古》, 1966年第5期。
14 南京市博物馆等：《江苏南京市富贵山六朝墓地发掘简报》,《考古》, 1998年第8期。

图十三 江宁谷里郑家村M6出土鸡首壶

图十四 祭台处的鸡首壶

出土时位置明确，两件位于墓室的东北角和西北角，另两件分别位于祭台的西侧和北侧(图十四)，这种位置关系明显具有特殊的含义，为研究鸡首壶的用途提供了新的材料。

关于鸡首壶的用途，1972年在南京化纤厂东晋墓中曾出土一件刻有铭文"罂主姓黄名齐之"的鸡首壶，据此一些学者推测鸡首壶出现之初，应名为"罂"，罂是古代对大腹小口的酒器的称呼，刘伶的《酒德颂》中就写到“先生于是方捧罂承槽，衔杯漱醪”，描述了双手捧罂在酒槽下接酒的情景。此外，也有学者认为鸡首壶是一种茶具，如李蔚然先生在《南京六朝墓葬的发现与研究》中就持此观点。但该墓中所出这种小鸡首壶显然不是当酒器用的，而应当是有镇墓的含义，东晋郭璞《玄中记》中曾提到“东南有桃都山，山上有大树，名曰桃都，枝相去三千里。上有天鸡，日初出，光照此木，天鸡则鸣，群鸡皆随之鸣。”墓中放置的鸡首壶可能就代表了当时人们信仰中的天鸡，具有镇邪厌胜的含义。

3. 江宁淳化咸墅刘宋早期墓

位于江宁区淳化街道双岗社区咸墅村，共发掘5座墓葬，分别编号为M1-M5，其中M1，M5出土有地券，时代明确。

M1为一平面呈凸字形的单室砖墓，方向为263°，该墓由排水沟，墓道，甬道，墓室等部分组成(图十五)。墓道长2.6米，宽2.0至2.42米。甬道分前后两段，前段内长1.65米，后段内长1.24米，前后两段甬道之间为墓门，两侧石门柱，石门槛尚存。墓室内长5.44米，宽2.2-2.3米，残高0.64米，两侧壁略外弧。墓室后部铺设砖砌棺床，棺床宽度同墓室棺床之前有一个长方形石祭台，祭台后下方设一长方形的阴井，与排水沟相通。这种形制为东晋晚期至南朝早期的典型风格，甬道内设石门则表明墓主身份属于贵族阶层，类似的例子也见于南京隐龙山南朝墓M1，M2和M3[15]。

M1共出土各类遗物32件，青瓷器如盘口壶，盏，陶器如陶凭几，陶车轮，陶仓，陶灶，陶灯，陶耳杯，陶俑，铜器如铜泡钉等，尤其值得注意的是出

15　南京市博物馆等 : 《南京隐龙山南朝墓》, 《文物》, 2002年第7期。

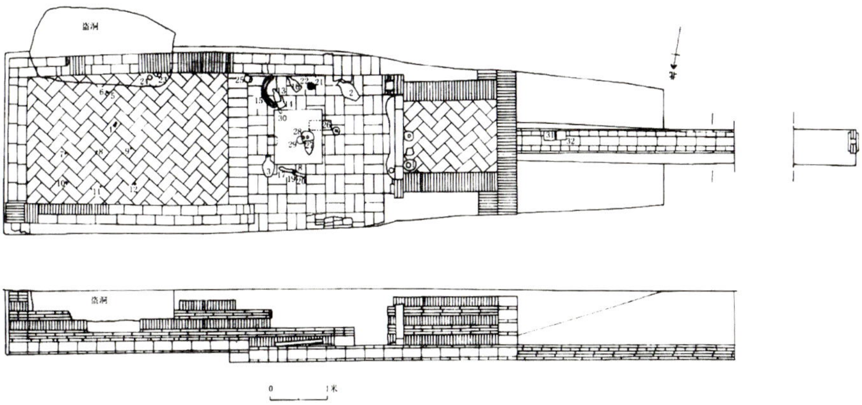

图十五 淳化街道咸墅刘宋墓M1

土的两件地券。这两件地券分别位于墓内祭台下和墓外排水沟中，两件大小接近，墓内所出者为39×16×3厘米，墓外所出者为39×16.5×3厘米，券文均为竖行刻写，有线栏，但文字内容略有差异，根据文字内容，位于墓内的为买地券，墓外的为卖地券。据券文可知该墓墓主为罗健及其妻日夕，罗健堂籍贯为棠邑郡高山县都乡治下里，生前曾为兰陵太守，钊阳县开国男，死于刘宋元嘉二十二年(公元445年)，时年八十岁。

M5形制，大小与M1基本相同，由于被盗扰严重，墓内仅发现一件陶碗，在墓外排水沟中发现卖地券一件，长39，宽25，厚2.3厘米(图十六)。根据券文可知墓内原来也应有一件买地券，但因盗扰现已不存。该墓墓主名为罗道训，生前袭爵钊阳县开国男，做过南广平太守，龙骧将军，左卫殿中将军，官至征北参军，死于元嘉三十年(公元453年)。

根据券文中罗健与罗道训的爵位及生卒年月，罗道训当为罗健之子。券文中所记的罗家虽不及王谢家族那样显赫，但也属六朝时期的世家大族。关于罗氏家族的记载的可补史书之缺，对于研究东晋至南朝时期世家大族的历史具有重要意义。

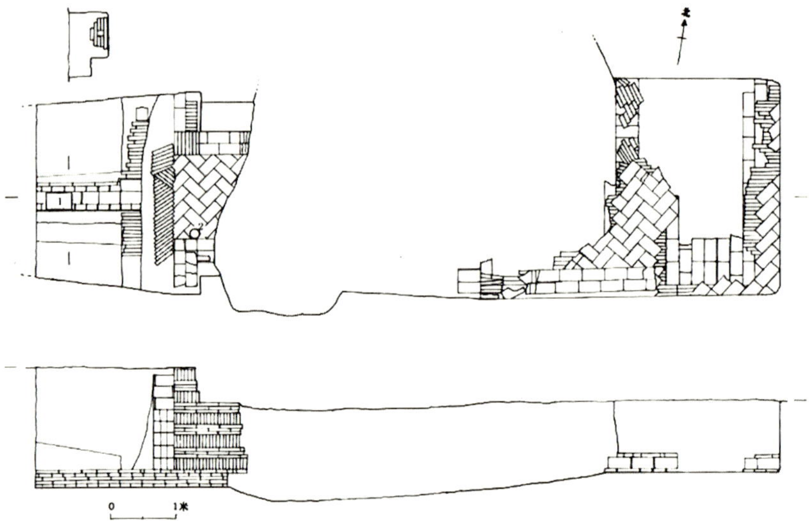

图十六 淳化街道咸墅刘宋墓M5

4. 几点认识

1. 与南京市区相比，在江宁地区发现的东晋时期家族墓葬并不多，等级也略逊，疑为当时对葬地与建康城的远近有关。如“鸡笼山之阳”，“幕府山之阳”，“钟山之阳”这三个地带属于东晋时期帝陵与世家大族聚葬之地，且与东晋建康宫城的直线距离不超过10公里。再如距离稍远的有司家山谢氏家族墓，仙鹤山高氏家族和李氏墓，距离建康宫城仅12公里。而江宁地区的重要山脉如青龙山，牛首山，将军山与建康城的距离均较远，可能导致世家大族未将其首选葬地。如在青龙山西麓发现的颍川荀氏，江左毛氏，棠邑罗氏等家族墓葬中等级最高的荀氏家族比之王氏，谢氏，颜氏顶级世家等略逊，也可能与荀氏家族南迁至建康较晚有一定得关系，而毛氏，罗氏比之荀氏家族则又有不如，葬地选在此处也在情理之中；
2. 目前，从在江宁地区已发现的东晋墓葬来看，位于建康城东面的青龙山山脉是东晋时期江宁一处重要的家族聚葬之地。如位于上坊石马冲荀藉家族墓，上坊李家山东晋墓，上坊桃园毛氏墓，上坊下坊村东晋墓，淳化咸墅罗氏家族墓，麒麟高盖村东晋墓等分布在青龙山山脉一线。

주제발표 4

동진역사문화박물관의 동진 연구

허 장 생 동진역사문화박물관

번역 박 준 형 한성백제박물관

Ⅰ. 동진역사문화박물관 개관

Ⅱ. 박물관 소장 중요 유물 소개

Ⅲ. 강녕지역에서 최근 발굴된 양진 및 남조 유송(劉宋) 무덤

Ⅰ. 동진역사문화박물관 개관

태원太元 7년七年(383년) 7월, 역사적으로 유명한 "비수대전淝水大戰"이 촉발하였다. 이부상서吏部尚書 관직에 있던 사안謝安은 강녕江寧 동산東山 위에 있는 별장에서 전략적인 막후 지휘를 통해 전쟁을 이끌었다. 이러한 역사적 배경을 토대로 남경시南京市는 강녕에 동진역사문화박물관을 건립하였다.

동진역사문화박물관과 남경시 강녕구 박물관은 "한 지역 내 두 곳의 전문 박물관" 특징으로 함께 배치되어 중국 최초의 동진시기 역사 문화를 전문적이며 체계적인 전시를 이루어 낸 동진 역사문화 전문 박물관이다. 전시의 주요 주제는 《東晉風流》이며, 주로 인면문와당人面紋瓦當, 수면문와당獸面紋瓦當, 왕건지王建之 등의 묘지명 탁본, 금솥金鐺, 남색 유리기 파편, 청자계수호靑瓷鷄首壺 등의 유물을 전시하였다. 각각의 기물은 모두 전형적인 시대적 특징을 갖추고 있으며, 동진 특유의 문화 정취를 드러내고 있다. 동진의 인문석각부조人文石刻浮彫를 이용하여 동진의 풍모를 재현하였으며[1] "신정아집新亭雅集"이라는 자기瓷器 판화와 《난정서蘭亭序》, 《낙신부洛神賦》, 《여사잠도女史箴圖》 등의 금박 칠화漆畫를 빌어 동진 최고 수준의 서화 예술의 아름다움을 드러내었

1 남경시 강녕구 문화방송국 등, 2011, 『풍류동진』, 문물출판사.

다.[2]

동진시기는 역사적으로 사상이 자유롭고, 문화가 발전하며 비약하던 시기로, 풍성한 문학창작이 이루어진 시기였다.[3] 특히 서화 예술에 있어 더욱 전통을 계승하고 발전시켰다는 것에 의의가 있다. 동진역사문화박물관은 학술연구, 유물 및 자료 수집, 전시 작업 등을 중점 사업으로 선정하여, 2011년 9월 28일 개관을 할 즈음, 특히 북경대학교, 남경대학교, 한국의 인제대학교와 충남대학교 등의 국내외 대학 전문가와 학자 20여 명을 초청하여 "동진 역사문화 학술 토론회"를 개최하였다. 뿐만 아니라 동진역사문화박물관은 자체 자원을 활용하여 《동진 일운逸韻 – 강녕 역대 최고 비각碑刻 명인의 서법임서書法臨書 전시》, 《난정蘭亭의 고사故事》, 《친근한 난정蘭亭》등의 흥미로운 주제가 있는 전시회를 개최하였다.

2 장학봉 · 전강, 2005, 『동진문화』, 남경출판사.
3 남경시 강녕구 문화방송국 등, 2011, 『풍류동진』, 문물출판사.

Ⅱ. 박물관 소장 중요 유물 소개

1. 출토 유물

통계에 의하면, 현재 강녕지역에서 발견된 동진시기 고분의 수는 많지 않다(발표된 것은 12기). 출토 유물은 주로 도자기 위주이나, 일부 고분에서 유리기, 묘지墓誌 등의 진귀한 유물도 출토되었다.

1) 남색 유리기

그림 1 남색 유리기

동산東山 거리의 상방上坊 단지 남경중채南京衆彩 농산물 도매시장 부근 지역에 위치한 동진시기 고분에서 출토되었다. 이 유리기는 고분의 묘도와 묘실墓室사이에서 발견되었다. 발견 당시 심하게 훼손된 상태였으며, 두께 0.1~0.6cm 정도이고 유리 안에 작고 가는 기포가 있다. 좀 더 자세한 판별을 거친 결과, 이 유리기는 원래 하나의 유리잔이었음을 확인하였다. 구연부가 직립하고, 구순이 평평하며 구연부 아래에 오목하게 꽃문양을 넣은 타원형 장식이 있다. 왕지고王志高 교수의 통계에 따르면, 현재 중국에서 유리기가 발견된 동진시대 고분은 모두 14곳이다. 이러한 고분의 주인들은 동진시대 제왕들이 아니고, 명문대가의 구성원들이었으며, 이 남색의 유리기가 발견된 곳은 단지 3곳뿐이다. 그 중 한 곳은 남경의 북쪽 외곽의 동진시기 고분으로, 묘주墓主는 동진 목제穆帝 사마담司馬聃으로 추정된다. 다른 한 곳은 남경 곽가산郭家山의 온씨溫氏 가족묘의 M13으로, 묘주는 온씨 가족의 구성원인 온숭지溫嵩芝이다. 또 한 곳도 이에 속한다. 이를 통해 알 수 있듯이, 이 유리기의 진귀함과 묘주의 신분은 일반적이지 않다.[4] 유리기의 샘플은 프랑스 국가 과학연구원의 검측으로 주요 성분은 이산화규소, 산화나트륨, 산화칼슘으로 외부에서 전해져 온 소다석회 유리 계통이다. 특히 칼륨과 마그네슘 함량이 적은 전형적인 로마 유리로 분류되어진다.

2) "乙", "天"자 銘 활석 돼지

동산東山 거리의 상방上坊 단지 석마충石馬沖 사가산謝家山에서 출토되었고, 활석滑石 재질이다. 기물의 몸통은 둥글고, 형태가 서로 비슷하다. 돼지의 몸은 가늘고 길며, 주둥이 부위는 둥글며 위로 올라가 있다. 엎드려 포복하고

4 왕지고, 2011, 「육조 출토 유리용기 만평-조선반도 삼국시대 유리용기의 기원에 대해 겸논하며」, 『남경박물원논문집』 제12집, 문물출판사; 왕지고, 2015, 『육조 건강성 발굴과 연구』, 강소인민출판사, 421~435쪽.

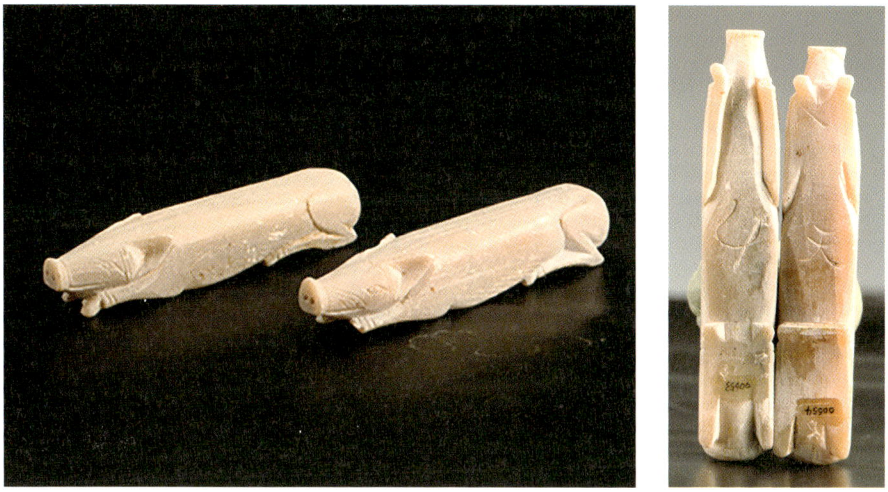

그림 2 "乙", "天"자 銘 활석 돼지

있는 형상으로, 네 다리는 모두 앞으로 뻗어 있다. 귀, 눈, 입술, 꼬리 등은 또렷이 각획刻劃하였고, 바닥면은 비교적 평평하다. 기물의 바닥면 가운데에 "을乙", "전天"글자를 각각 음각하였다. 이 유물 역시 석마충石馬沖 사가산謝家山 동진시대 무덤에서 출토되었고, 순씨荀氏 가족묘의 부장품이다.

3) 청자 호자(青瓷 虎子)

호숙湖熟 거리의 양류호 단지 후원인 양류촌 화원산에서 출토되었다. 자기 재질이며 태토는 회백색이며, 유색은 청회색이다. 복부는 반구형이고, 복부 상단부에 세 줄의 줄무늬를 장식하였다. 호자의 주둥이 앞은 위를 향해 들려 있으며, 구연 아래에 줄무늬를 장식하였다. 꼭대기에는 활 모양의 손잡

그림 3 청자 호자

이가 있고, 뒷부분에 짧은 꼬리를 붙였다. 구연과 손잡이에는 갈색 점채點彩 장식이 있다. 기물에 사용된 갈색 점채는 유하釉下 점채로, 먼저 기물 위에 점 모양의 갈채를 하거나 갈채로 구성된 각종 간단한 도안을 구성한 후 유약을 덮어 소성하여 만든다. 이러한 점채는 동진시기에 유행했던 것으로, 동진 초기 중원中原의 세족世族들과 백성이 남하하면서 사회 관습과 심미관의 변화와 깊은 관계가 있다. 그 간결하고 소박한 장식은 동진시기의 기본에 충실하고 화려한 장식을 피하였던 미학 정신과 부합한다.[5]

4) 청자 용병계수호(青瓷 龍柄鷄首壺)

그림 4 청자 용병계수호

동산東山 거리의 상방上坊 단지 남경중채 농산물 도매시장 부근 고분에서 출토되었다. 자기 재질로 태토는 회백색, 유색은 청회색이며, 저부는 시유하지 않았고, 일부가 박락되었다. 구연은 낮은 반구盤口 형태이고 어깨가 (아래로) 떨어지며 복부는 둥글고 그 아래는 안으로 내만한다. 저부는 평평하고 안으로 약간 오목하다. 어깨는 줄무늬 한 줄을 장식하였고, 대칭되는 다리 모양의 손잡이와 닭 머리, 용머리 손잡이를 붙였다. 닭 벼슬은 높이 솟아있고, 눈은 튀어나왔으며 부리는 둥글고 목은 비교적 길다. 입술과 기물의 복부는 서로 통해 있다. 손잡이 윗부분에는 용머리가 반구를 물고 있다.

5 왕지고 · 고유용, 2005년 제5기, 「남경 발견 손오유하채자기와 그와 관련된 문제」, 『문물』, 문물편찬위원회.

5) 석연(石硯)

그림 5 석연

동산東山 거리의 상방上坊 단지 남경南京 중채衆彩 농산물 도매시장 부근 고분에서 출토되었다. (시유하지 않은) 소면素面으로 벼루 몸체는 가볍고 얇다. 가운데는 장방형이고, 양쪽 끝은 약간 삼각형을 하고 있으며, 저부가 평평하다. 벼루면 가운데에 기다란 방형의 연지硯池가 있고, 한쪽에 자그마한 방형의 연지가 연결되어 있다. 이러한 돌벼루는 '석대연石黛硯'이라고도 불리며, 육조시기 권문세가 고분에서 흔히 볼 수 있는 수장품 중의 하나이다. 남경 곽가산郭家山 온씨溫氏 가족묘 M13에서 같은 형태의 부장품이 출토되었다. 이 밖에 호북湖北 악성鄂城 동오東吳 시기 고분에서 조형이 비슷한 칠기 벼루가 출토되었다. 연좌硯座(벼루받침)는 칠기이고, 그 가운데에 장방형의 얇은 석판을 끼워 넣었다[6].

6 악성현박물관, 1982년 제3기, 「호북 악성 사좌오묘 발굴보고」, 『고고』, 중국사회과학원 고고연구소.

2. 수집유물

동진역사문화박물관은 동진의 역사문화를 전시하는 박물관이다. 개관할 무렵, 사회로부터 시대적 특징과 동진문화를 반영하고 있는 진귀한 유물을 다량 수집하였다. 주로 금기金器와 자기瓷器 위주이다.

6) 쌍봉쌍어문(雙鳳雙魚紋) 금제 장식

그림 6 쌍봉쌍어문 금제 장식

재질은 금이다. 삼각형이고 뒷면에 금박 장식을 덧대었다. 중간 부분의 주무늬는 봉황 한 쌍을 대칭 구조로 장식하고 한 쌍의 물고기를 그 아래에 장식하였다. 물고기의 눈은 녹송석綠松石으로 상감하였고, 양측은 물방울무늬(수주문水珠紋)를 장식하였다. 그중에서 두 개의 물방울무늬 장식에 상감된 녹송석이 남아 있다. 모든 주요 무늬와 보조 무늬 위에는 세밀하게 황금 알갱이를 용접하여 장식하였다.

7) 동진 봉문(東晉 鳳紋) 금제 장식

그림 7 동진 봉문 금제 장식

황금 재질이며, 꼭대기는 뾰족하고 양 어깨는 둥글게 솟아 있다. 위가 넓고 아래는 좁다. 불감佛龕 모양으로 중심부에 봉황 한 쌍을 대칭으로 장식하였다. 그 위에 권운문卷雲紋을 장식하였고, 주변을 황금 알갱이로 세밀하게 용접하여 장식하고, 안쪽에 금박을 덧대었다. 이 기물은 금 관식金瑺[7]으로, 한대漢代 부터 고위 관료가 사용한 모자 앞에 부착하던 장식물로서, 일종의 계급 표식물이다. 예로 『진서晉書』 여복지輿服志에 "금 관식을 달아, 매미(모양)를 붙여 장식하였고, 담비 털을 끼웠으며, 황금으로 손잡이를 장식하였다. 시중은 왼쪽에 끼웠으며, 상시는 오른쪽에 끼웠다."[8]라는 기록이 있다. 진대 시

7 관식(冠飾)은 금으로 만들어 금당(金瑺)이라고도 한다.

8 『晉書 · 輿服志』 卷 二十五 : "加金瑺, 附蟬爲飾, 揷以貂毛, 黃金爲杆, 侍中揷左, 常侍揷右"

중侍中과 상시常侍는 모자를 착용하였고, 앞에 금 관식冠飾을 달았는데 매미모양으로 장식하기도 하였고, 담비 꼬리를 달기도 하였다. 이를 합쳐 '초선貂蟬'이라고 불렀고, 담비 꼬리로 좌우를 구분하였다. 남경 곽가산의 온씨 가족묘 M12를 예로 볼 때, 묘주 온식지溫式之는 생전에 '산기상시散騎常侍' 관직을 역임하였는데, 그의 묘장에서 매미무늬의 금 관식冠飾이 발견되었다.[9] 금 관식은 보통 산 모양으로 고고 발굴에 따르면, 매미무늬 이외에 금 관식 역시 다른 장식 도안이 발견되었다. 또한 남성뿐만 아니라, 여성 역시 사용할 수 있었다. 남경의 선학관仙鶴觀 고씨高氏 가족묘 M6은 묘주가 여성인데, 묘에서 매미모양의 금 관식冠飾이 발견되었다.[10] 이 봉황무늬 금장식은 전형적인 금 관식으로 세 개의 모서리에 구멍을 뚫은 정황을 보아, 관식임을 추측할 수 있다.

8) 흑유 사이 반구호(黑釉 四耳 盤口罐)

자기 재질이다. 기물 전체에 흑유를 시유하였고, 유층釉層은 두껍고 윤이 나며, 구연부의 유약 탈락 현상이 심하다. 구연부는 접시모양盤口形이고, 목이 가늘고 길며, 복부는 불룩하고 둥글며, 바닥은 평평하다. 견부肩部에 대칭되는 위치에 각각 두 쌍의 세로 방향의 손잡이가 있다. 자기는 덕청요德淸窯 제품으로, 덕청요는 절강성 덕청현德淸縣에 위치하고 있는 옛 가마이다. 상주商周 시기에 시작하여 양

그림 8 흑유 사이 반구호

9 남경시박물관, 2008년 제6기, 「남경시 곽가산 동진 온씨가족묘」, 『고고』, 중국사회과학원 고고연구소.

10 남경시박물관, 2001년 제3기, 「강소 남경 선학관 동진묘」, 『문물』, 문물편찬위원회.

진兩晋시기에 흥성하였으며, 흑유자기를 소성한 것으로 유명하다. 덕청요의 대형 흑유기물들은 시유 상태가 비교적 양호하다. 유층은 두껍고, 고르게 시유하였으며, 유면釉面은 깨끗하고 빛이 난다. 이 기물이 전형적인 대표 유물이라 할 수 있다. 이 항아리는 현재까지 발견된 덕청요 기물 중에서 기형이 가장 크고, 보존상태가 가장 양호한 것 중의 하나이다.

9) 청자 양형(青瓷 羊形) 촛대

그림 9 청자 양형 촛대

자기 재질이다. 태토는 회백색, 유색은 청회색이다. 양은 앉아 엎드려 있는 형상으로, 선을 그리 듯이 조각하는 천각淺刻기법으로 양의 오관五官을 선명히 표현하였다. 양의 뿔은 귀 앞까지 말려 있고, 아래턱에는 수염이 있고, 목은 길다. 기물의 몸체는 누에고치 모양을 하고 있고, 허리는 잘록하며 꼬리는 짧다. 복부 양쪽에는 천각기법으로 날개를 조각하였고, 머리 꼭대기에는 원형의 초를 꽂을 수 있는 구멍이 있다.

10) 수면문 와당(獸面紋 瓦當)

진흙 재질의 회도灰陶이다. 앞면에는 수면문獸面紋을 장식했다. 동물 얼굴의 두 눈은 곤두세워졌고, 콧날은 삼각형이며, 입은 장방형으로 위 끝은 막아놓지 않아 벌린 입으로 치아와 혀가 노출되어 있다. 입의 아래 그리고 그 주위에 가득 수염과 갈기를 장식하였다. 동진시기의 와당 문양은 주로 두 종류가 있는데, 인면문人面紋, 연화문蓮花紋 그리고 수면문이다. 그중 수면문 와당은 동오東吳 시기에 출현하였고, 동진시기의 수면문 와당은 볼록한 선으로 도안

그림 10 수면문 와당

의 윤곽을 그리지 않았다. 동진 초중기의 동물 얼굴은 표준적인 호랑이 얼굴로, 위는 넓고 아래는 좁은 호랑이 얼굴 윤곽선이 있으며, 뚜렷이 두 귀가 있다. 입은 크고 송곳니가 있다. 동진 말기의 호랑이 얼굴은 점차 간략화 되었고 호랑이 얼굴 윤곽 역시 일관되게 전해지지 않았고 결국 자취를 감추었다. 후일 그 표현은 윤곽선을 우아하게 그리는 것으로 변화되었다.[11]

11 하운고, 2011년 제2기, 「육조와당-연구회고와 몇가지 문제에 대한 검토」, 『동남문화』.

Ⅲ. 강녕지역에서 최근 발굴된 양진 및 남조 유송(劉宋) 무덤

육조의 다른 시기와 비교해 볼 때 강녕지역에서 발견한 역대 동진시기의 고분은 그리 많지 않다. 현재 발견된 고분은 주로 지금의 강녕 동쪽의 순화淳化, 상방上坊, 서쪽으로는 강녕 거리, 남쪽으로는 도오陶吳, 북쪽으로는 차로구岔路口 일대에 분포하고 있다. 이 밖에 본 박물관에는 아직 발표하지 않은 일부 자료가 있다. 아래 3곳의 고분은 동진시기 역사 문화 연구에 있어 매우 중요한 가치를 지닌 자료이다. 시기적으로는 서진 말기, 동진, 유송 초기로 나누어진다.

1. 강녕 상방 석마충 순적묘(江寧 上坊 石馬沖 荀籍墓)

동산東山 거리의 상방上坊 단지 석마충石馬沖마을 사가산謝家山에 위치한다. 고분에서 청자 벼루硯와 발鉢, 청동 삼족로三足爐와 쇠뇌틀弩機, 활석滑石 돼지, 금반지 등 20여 점이 유물이 출토되었다. 특히 무덤에서 출토된 묘지墓誌가 매우 중요하다.

그림 11 강녕 상방 석마충 순적묘 출토 묘지문

출토된 묘지墓誌는 벽돌 재질이다 〈그림 11〉. 약 1/3이 남아 있고, 잔존 길이는 23㎝, 두께는 6.1㎝이다. 묘지문墓誌文의 내용은 "祖……父蕤建……晋散騎侍郎……縣西鄕高陽里荀……年歲在乙酉十一月……以十一年九月□日……里靑山……"이다. 묘지문과 문헌을 조사하면 알 수 있듯이 묘주墓主는 순씨 가문荀籍의 사람이다. 생전에 산기시랑散騎侍郎, 대장추大長秋 관직을 지냈으며 영천潁川 순씨荀氏 가문 일가이다. 본적은 영천현潁川縣 서향西鄕 고양리高陽里이다. 그의 조부는 순숭荀崧으로, 우광록대부右光祿大夫, 개부의동삼사開府儀同三司, 녹상서사錄尙書事 관직을 지냈으며, 비서감秘書監을 겸임하였다. 아버지 순유荀蕤는 건위장군建威將軍, 오국내사吳國內史 관직을 지냈다. 영천 순씨는 위진 남북조 시기의 명문대가로, 동한부터 남조까지 대대로 고관高官과 중신重臣을 상당수 배출한 가문이었다. 순씨 본적의 묘지墓誌 발견은 이곳이 순씨 가문 가족 묘장임을 알 수 있다. 뿐만 아니라, 동진시기 남하한 귀족세력에 대한 연구에 있어 매우 중요한 의의가 있다.[12]

순씨 집안 고분에서 언급한 장지葬地의 이름은 청산靑山이다. "청산"은 지금의 청룡산靑龍山이라 생각되며, 고분이 있는 사가산謝家山은 청룡산의 서남쪽에 있는 작은 언덕이다. 육유陸游의 『남당서南唐書』 후주본기後主本紀에 "後主嘗獵於靑山"이라는 기록이 있다. 또한 『경정건강지景定建康志』 권17에 청룡산에서 늘 "南唐後主嘗校獵於此"라고 하는 말이 있는 것으로 보아, 남송 때 역시

12 주유림, 『동진 순적묘지』, 주유림 발간; 허장생 주편, 2011, 『강녕 출토 역대 묘지 고증해석』, 남경출판사.

청룡산이 청산으로 불렸음을 알 수 있다. 청산 지명은 이미 육조시기부터 있었을 것으로 보인다.

2. 강녕 곡리 정가촌 진묘(江寧 谷里 鄭家村 晋墓)

강녕구江寧區 곡리谷里 거리의 주촌周村 단지 정가촌鄭家村 남쪽의 화상산和尚山에 위치하고 있다. 이곳에서 모두 10기의 고분이 발굴되었고, 주로 육조시대의 고분이다. 그중에서 M6은 아치형 천정의 장방형 단실 전실묘로, 바깥에 배수구가 있으며 방향은 200° 이다. 묘실 내의 길이는 3.66m, 너비 1.12m, 높이 1.4m이며, 묘실의 동남쪽 모서리에 벽돌로 쌓은 방형의 제단이 있다. 고분에서 모두 20점의 유물이 출토되었는데, 그 중에서 잔盞, 계수호鷄首壺, 사이호四系罐 등 청자가 있으며, 초두鐎斗, 세洗, 동경銅鏡, 귀이개耳挖등 청동기가 있다. 또한 비녀釵, 반지指環 등 은기銀器도 출토되었다. 고분의 구조는 비교적 간단하며, 이는 양진 시기 유행하던 소형 고분의 전형적인 양식이다. 고분의 형태와 출토 기물을 근거로 볼 때, 고분 축조 시기는 서진 말기 혹은 동진 초기에 해당하며, 묘주는 여성일 가능성이 높다.

그림 12 강녕 곡리 정가촌 M16

고분에서 출토된 4점의 계수호鷄首壺가 가장 주목할 만하다. 이 4점의 계수호는 조형과 크기가 같으며, 구순이 모두 둥근 형태이며 반구盤口가 낮다. 목이 가늘고 길며, 복부가 불룩하게 둥근 형태이며 하복부는 안으로 내만하고 바닥은 평평하며 안으로 약간 오목하다. 어깨에 연주문聯珠紋과 망격문網格紋 문양대를 장식하였고, 그 사이에 대칭 형태로 한 쌍의 세로 방향의 손잡이와 닭 머리와 꼬리를 붙였다. 닭 머리와 복부는 서로 통해 있다. 자기 재질이며, 태토는 회백색이고 표면에 청유靑釉를 시유하였으며, 저부는 시유하지 않았다. 구경 4.1㎝, 저경 4.0㎝, 높이 7.5㎝, 동체경 8㎝이다.

그림 13 강녕 곡리 정가촌 M6 출토 계수호

이러한 계수호는 서진 말기에서 동진 초기에 유행하였으며, 이와 유사한 형태가 서진시기 고분인 남경의 하관下關 장왕묘張王廟 M1:4[13]에서 출토되었다. 또한 동진 초기 고분인 남경 서하구栖霞區 감가항甘家巷 M5에서 출토된 계수호[14]와 남경 상방촌象坊村 동진시대 고분에서 출토된 리/계수호 (태흥太興 3년)[15], 그리고 남경 부귀산富貴山 육조시대 고분 M4:62에서 출토된 A형의 계

13 남경시박물관, 2006,「남경 장왕묘진묘 발굴간보」,『남경문물고고신발견』, 강소인민출판사.

14 남경박물원 등, 1976년 제5기,「남경 서하산 감가항 육조묘군」,『고고』, 중국사회과학원 고고연구소.

15 강소성문물관리위원회, 1966년 제5기,「남경 상방촌 발견 동진묘와 당묘」,『고고』, 중국사회과학원 고고연구소.

그림 14 제단 위의 계수호

수호[16]는 크기기 그지 않고, 일반석으로 높이가 10㎝ 내외로 가장 큰 것이 부귀산 M4:62로, 높이 16.6㎝이다. 주촌周村에서 출토된 4점이 크기가 가장 작다. 이런 계수호들은 실용성이 크지 않은 전문적인 부장용품이다. 과거 고분에서 발견한 이러한 계수호의 수량이 많지 않고, 일반적으로 고분마다 한 점 또는 두 점 정도 출토되었다. 그러나 이 곳 고분에서는 4개의 계수호가 발견되었고, 계수호의 출토 당시 위치가 명확하다. 두 점은 묘실의 동북쪽 모서리와 서북쪽 모서리에 있었고, 다른 두 점은 각각 제단의 서쪽과 북쪽에 있었다. 이러한 위치 관계는 분명히 특수한 의미를 지니고 있으며, 계수호의 용도에 관한 연구에 새로운 자료로써 중요한 의미가 있다.

1972년 남경 화학섬유공장에 있는 동진시기 고분에서 "앵주성황명제지罌

16 남경시박물관 등, 1998년 제8기, 「강소 남경시 부귀산 육조묘지 발굴 간보」, 『고고』, 중국사회과학원 고고연구소.

主姓黃名齊之"라는 명문이 새겨진 계수호가 출토되었다. 이를 근거로 일부 학자들은 계수호가 출현 초기, "앵罌"이라 하였다고 추측하였다. 앵罌은 고대古代의 배가 크고 구연이 작은 주기酒器의 명칭이다. 유령劉伶의 『주덕송酒德頌』에 "先生於是方捧罌承槽, 銜杯漱醪"라고 언급하고 있는데, 두 손으로 앵을 들어 술통 아래에서 술을 접대하는 광경을 묘사하고 있다. 이 밖에 일부 학자들은 계수호가 일종의 다구茶具라고 주장한다. 이위연李慰然 선생은 『남경육조묘장적발견여연구南京六朝墓葬的發見與研究』에서 이를 구체적으로 설명 및 주장하였다. 그러나 이 고분에서 출토된 작은 계수호는 분명히 주기酒器가 아니고, 진묘鎭墓의 의미가 더 깊다고 보인다. 동진의 곽박郭璞은 『현중기玄中紀』에서 이미 "東南有桃都山, 山上有大樹, 名曰桃都, 枝相去三千里。上有天鷄, 日初出, 光照此木, 天鷄則鳴, 群鷄皆隨之鳴"라고 언급하였다. 무덤에 놓여 있던 계수호는 아마도 당시 사람들의 신앙 속 '천계天鷄'를 대표하는 것으로, 벽사辟邪적 성격의 의미라고 보인다.

3. 강녕 순화 함서 유송조기묘(江寧 淳化 咸墅 劉宋早期墓)

강녕구江寧區 순화淳化 거리 쌍강雙崗 단지의 함서촌咸墅村에 위치하고 있다. 모두 5기의 고분을 발굴, M1-M5로 편제하였다. 그중 M1, M5에서 지권地券이 출토되어 시대를 명확히 알 수 있다.

M1은 평면상으로 '凸'자 모양의 단실 전실묘로, 방향은 263° 이다. 이 무덤은 배수구, 묘도墓道, 복도甬道, 묘실墓室 등으로 구성되어 있다. 묘도의 길이는 2.6m, 너비 2.0-2.42m이다. 복도는 앞과 뒤 두 부분으로 나뉘며, 복도 앞면의 길이는 1.65m이고 뒷면 길이는 1.24m이며, 복도 앞뒷면 사이에 묘문墓門이 있다. 양쪽에 돌문 기둥石門柱, 돌문 지방石門檻이 있다. 묘실 내 길이는 5.44m, 너비 2.2-2.3m, 잔존 높이 0.64m이고, 양측의 벽은 약간 밖으로 둥글다. 묘실

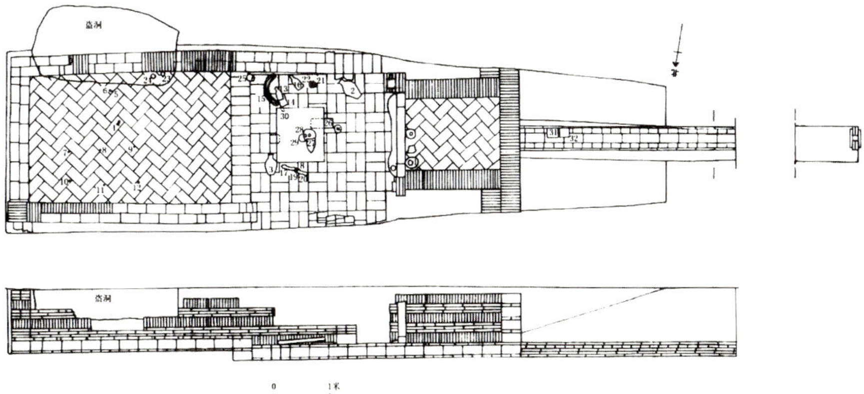

그림 15 순화 가도 함서 유송묘 M1

후부에 벽돌로 쌓은 관대棺床를 배치하였고, 관대의 너비는 묘실의 관대 앞에 있는 장방형의 석제 제단과 동일하다. 제단의 후부 아래에 장방형의 우물陰井을 설치하였으며, 배수구와 서로 연결되어 있다. 이러한 구조는 동진말기에서 남조 초기의 전형적인 고분 양식이다. 묘도 안쪽에 설치된 석문은 묘주의 신분이 귀족 계층임을 알 수 있다. 이와 유사한 사례는 남경南京 음룡산陰龍山 남조묘南朝墓 M1, M2 그리고 M3에서 찾아 볼 수 있다.[17] M1에서는 모두 32점의 각종 유물이 출토되었다. 반구호盤口壺, 잔盞 등의 청자류, 빙기憑幾, 바퀴車輪, 창고倉, 부엌竈, 등燈, 이배耳杯, 도용陶俑 등의 도기류, 포정泡釘과 같은 청동기 등이 있다. 특히 주목해야 할 것은 두 점의 지권地券이 출토된 사실이다. 이 두 지권은 각각 고분 내부의 제단 아래와 고분 밖 배수구에 위치하였다. 이 두 점은 크기가 서로 비슷하며, 고분 안에서 출토된 것은 39×16×3㎝이고, 고분 밖에서 출토된 것은 39×16.5×3㎝이다. 지권문地券文은 모두 세로 방향으로 조각하여 썼으며, 선을 그은 칸線欄이 있었다. 그러나 문자의 내용은 약간 차이가 있다. 문자의 내용에 따르면, 고분 내 지권은 구입용이고, 고

17 남경시박물관 등, 2002년 제7기, 「남경 은룡산 남조묘」, 『문물』, 문물편찬위원회.

분 밖 지권은 판매용이다. 지권의 문장을 보아 알 수 있듯이 이 무덤의 묘주는 나건羅健과 그 아내 일석日夕이다. 나건은 당읍군棠邑郡 고산현高山縣 도향都鄉 치하리治下里에서 출생하였다. 생전에 난릉태수蘭陵太守였고 소양현釗陽縣의 개국공신이었다. 유송劉宋 시기 원가元嘉 22년(445년)에 사망하였고 향년 80세였다.

M5의 형태와 크기는 M1과 기본적으로 동일하다. 도굴로 인한 훼손이 심한 상태였으며, 고분 내에서 도기 완碗 한 점이 발견되었다. 고분 밖 배수구 안에서는 판매용 지권地券 한 점이 발견되었는데, 길이 39cm, 너비 25cm, 두께 2.3cm이다. 지권문地券文 내용을 통해 고분 내에 구입용 지권이 존재하였으나, 도굴 및 훼손으로 인해 소실되었음을 알 수 있다. 고분 묘주는 나도훈羅道訓으로, 생전에 소양현釗陽縣의 개국공신 작위爵位를 물려받았고, 남광평태수南廣平太守, 용양장군龍驤將軍, 좌위전중장군左衛殿中將軍을 역임하였으며, 정북참군征北參軍 관직까지 올랐다. 원가元嘉 30년(453년)에 사망하였다.

지권 속 문장의 나건과 나도훈의 작위 및 생졸生卒 일자를 살펴보면 나도

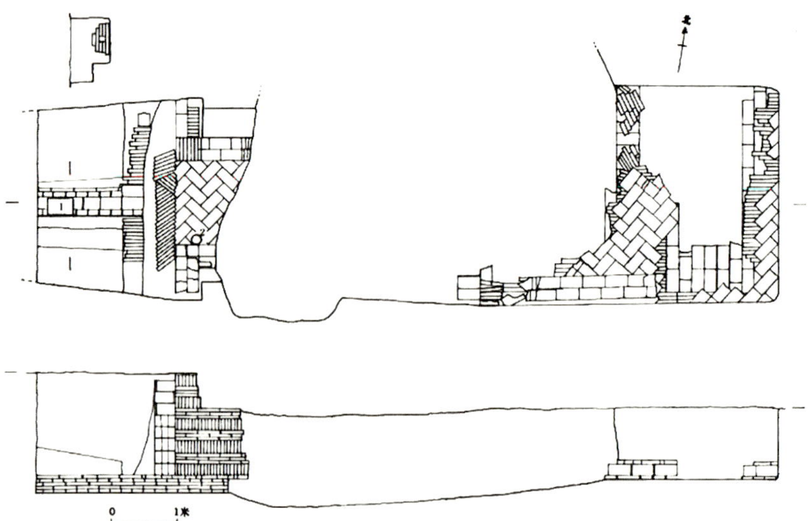

그림 16 순화 가도 함서 유송묘 M5

훈은 나건의 아들이다. 지권의 문장에 기록된 나씨 가문은 왕사王謝 가문만큼 혁혁한 공을 세운 가문은 아니었지만 육조 시기의 명문대가이었음을 알 수 있다. 고분 발굴을 통해 나씨 가문의 부족한 역사 기록을 보충할 수 있을 뿐만 아니라, 동진시기부터 남조시기에 걸쳐 명문대가의 역사를 연구함에 있어 중요한 자료 제공에 중요한 의의를 지닌다고 볼 수 있다.

4. 몇 가지 인식

1) 남경시南京市 지역과 비교해, 강녕지역에서 발견된 동진시기 가족 묘장은 그리 많지 않으며, 계급 역시 높지 않은 것으로 볼 때 당시 묘지 선택과 건강성建康城과의 근접 거리가 밀접한 관계가 있다고 생각된다. 예로 "계롱산지양鷄籠山之陽", "막부산지양幕府山之陽", "종산지양鐘山之陽" 지대는 동진시기 제왕의 능陵과 명문대가들이 장지葬地로 선택되었던 곳으로 동진의 건강성과 직선거리가 10km 이내이다. 이보다 거리가 있는 곳은 사가산司家山의 사씨謝氏의 가족묘, 선학산仙鶴山의 고씨高氏 가족묘 및 이씨李氏 묘가 있는데, 건강성과 12km 거리 정도이다. 그리고 강녕지역의 중요한 산맥인 청룡산靑龍山, 우수산牛首山, 장군산將軍山과 같은 산은 건강성과 거리가 비교적 멀다. 명문대가들이 거리상의 이유로 장지로 우선 선택하지 않은 것으로 보인다. 청룡산 서쪽 산록에서 발견된 영천潁川 순씨荀氏, 강좌江左 모씨毛氏, 당읍棠邑 나씨羅氏 등의 가족묘 중에서 계급이 가장 높은 순씨荀氏 가문은 왕씨王氏, 사씨謝氏, 안씨顔氏 등과 같은 최고 수준의 명문가에는 미치지 못한다. 순씨 가문이 남하하여 건강지역에 정착한 시기가 비교적 늦은 것도 영향이 있었을 것으로 보인다. 모씨와 나씨는 순씨 가문과 비교해 더욱 당시 계급이 상당히 못 미쳤다. 이들 가문이 장지를 이곳에 선택한 것 역시 당시 세가들의 계급과 관계

가 있는 것으로 보인다.

2) 현재 강녕지역에서 발견된 동진시기 고분을 살펴볼 때, 건강성建康城 동쪽에 있는 청룡산 산맥은 동진시기 강녕 지역의 중요한 가족 집단 묘장 장지였다. 상방 석마충石馬沖에 있는 순적荀籍의 가족 묘장, 상방 이가산李家山의 동진 묘, 상방 도원桃園의 모씨 묘, 상방 하방촌下坊村의 동진 묘, 순화淳化 함서咸墅의 나씨 가족 묘장, 기린麒麟 고개촌高蓋村의 동진 묘 등은 청룡산 산맥에 분포하고 있다.

주제발표 5

汉城时代百济与中国东晋，南朝交流二题

王 志 高 · 虞 金 永 中国南京师范大学

Ⅰ. 近肖古王时代的东亚国际形势及百济经略辽西的真相

Ⅱ. 百济引进南朝“腰弩”考

根据国都的不同，韩国学术界一般将百济历史划分为汉城时代(前18年-475年)，熊津时代(475-538年)，泗沘时代(538-660年)。这一划分方法，亦为中国学者普遍接受[1]。但实际上，汉城为百济近肖古王二十六年(东晋咸安元年，371年)所都，此前的国都河南慰礼城(包含慰礼城)并不能完全确定就在日后之汉城，故笔者曾主张汉城时代的百济始于近肖古王二十六年，终于迁都熊津的盖卤王二十一年(刘宋元徽三年，475年)，前后凡105年[2]。本文继续采用这一分期，以讨论相关问题。关于汉城时代百济与东晋，南朝的交流，中国学术界已经取得不少成果，但多属就史籍记载发表的宏观性质的论述。笔者拟在分析近肖古王时代东亚国际形势的基础上，初步探讨百济经略辽西的可能性与真相，并就前人关注较少的刘宋元嘉二十七年(450年)百济从南朝引进“腰弩”这一具体问题展开深入考证。希望本文的研究能够得到韩国学界的教正，并推动相关领域的研究进程。

1 参见于春英：《百济与南北朝朝贡关系研究》，《东北史地》，2010年第6期。限于篇幅，其他研究论文不一一列举。

2 王志高：《试论韩国首尔风纳土城的三个问题》，《边疆考古研究》第17辑，科学出版社，2015年；又收录于王志高：《六朝建康城发掘与研究》，第377-394页，江苏人民出版社，2015年。

Ⅰ. 近肖古王时代的东亚国际形势及百济经略辽西的真相

近肖古王是百济历史上的第十三世国王，第十一世比流王次子，中国方面文献称为“余句”，汉城百济的开创者。他所在位的30年(346-375年)，被誉为百济历史上的全盛时代。据《三国史记》卷二十四《百济本纪第二》之记载，近肖古王“体貌奇伟，有远识”。他所取得的成就主要表现在以下四个方面：

1. 371年冬，他与王太子率精兵三万，夺取劲敌高句丽所占的乐浪故地平壤城，射杀高句丽故国原王，实现了百济领土的最大扩张；
2. 同年，他“移都汉山”，将国都从慰礼城迁至汉城，奠定了此后百济百余年发展的基石，对百济历史进程产生了深远的影响。这座汉城，应该就是今日首尔汉江南岸发现的风纳土城[3]；
3. 迁都之后的次年(咸安二年，372年)正月，他首次遣使东晋朝贡，并于当年六月获东晋简文帝册封为镇东将军，领乐浪太守[4]。此可视为东晋政权对百济从高句丽手中夺占乐浪郡地的认可，标志着百济正式登上以中国大陆东晋王朝为中心的东亚国际政治大舞台；

3 王志高：《试论韩国首尔风纳土城的三个问题》，《边疆考古研究》第17辑，科学出版社，2015年；又收录于王志高：《六朝建康城发掘与研究》，第377-394页，江苏人民出版社，2015年。

4 《晋书》卷九《简文帝纪》：“(咸安)二年春正月辛丑，百济，林邑王各遣使贡方物……六月，遣使拜百济王余句为镇东将军，领乐浪太守。”第221，223页，中华书局，1974年。

4. 百济开国以来，“未有以文字记事”，至近肖古王时代始得博士高兴修国史《书记》，是为百济以汉字记载国史之始。

近肖古王以上不朽功绩的取得，固然主要是他及其领导的百济军民开拓奋斗的结果，更与当时错综复杂的东亚国际形势相关。

我们先看朝鲜半岛内部。此前，百济与东邻新罗为领土之争连年交战。至比流王三十四年(东晋咸康三年，337年)二月，新罗主动遣使百济交聘通好。近肖古王二十一年(东晋太和元年，366年)三月，百济亦“遣使聘新罗”。二十三年三月，再次遣使新罗，并送良马二匹。百济由此实现了与新罗的和解，以结盟形式共同抗御高句丽的南侵。

自东汉末年以来，百济与其故地所在的带方郡[5]一直维系着密切的姻亲关系。带方郡乃东汉建安年间(196-220年)割据辽东的公孙氏势力所置[6]。据《北史》卷九十四《百济传》记载，汉辽东太守公孙度曾以女为百济王之妻，百济“遂为东夷强国”。又据《三国史纪》卷二十四《百济本纪第二》记载，百济责稽王(286-292年在位)曾娶带方王女宝果为夫人，其即位之当年，高句丽南伐带方。带方请救于百济，责稽王称：“带方，我‘舅甥之国’，不可不副其请。”遂出师救之。《三国史纪》卷十七《高句丽本纪第五》载，美川王十五年(西晋建兴二年，314年)九月，高句丽再次南伐带方。这是带方最后一次见载于《三国史纪》。大约此后不久，就是在这种亲善关系中，百济逐渐蚕食吞并了带方。

百济的北界先后有乐浪，高句丽，皆为其世敌。汾西王七年(西晋永安元年，304年)二月，百济曾“潜师袭取乐浪西县”。但至十月，汾西王就为乐浪太守所

5 《册府元龟》卷九百五十九《外臣部 · 土风第一》记：“百济国在带方故地”。第11285页，中华书局，1960年；《北史》卷九十四《百济传》亦记：百济“始立国于带方故地”。第3118页，中华书局，1974年。

6 《资治通鉴》卷七十四《魏纪六·明帝景初二年(238年)》注云：“陈寿曰：建安中(196-220年)，公孙度分屯有以南荒地为带方郡，倭，韩诸国羁属焉。”第2337页，中华书局，1956年；《晋书》卷十四《地理志上》亦称带方郡为公孙度置。第427页；然《三国志》卷三十《东夷传》则云：“建安中，公孙康分屯有以南荒地为带方郡……是后倭，韩遂属带方。”第851页，中华书局，1982年。

派刺客杀死。其后，乐浪屡遭高句丽攻击。美川王十四年(西晋建兴元年，313年)十月，高句丽南侵乐浪郡，“虏获男女二千余口”[7]。一般认为，乐浪郡建置此后被撤除，于是高句丽与百济开始长达数十年的对乐浪故地的争夺。不过，咸康八年(342年)，前燕慕容皝大军分南北两路攻打高句丽，烧其宫室，毁其国都丸都城而还。高句丽实力由此大伤，故在与百济近肖古王的交战中，先在369年九月败绩于雉壤，乃至两年后的371年十月，为抵抗近肖古王对平壤城的进攻，高句丽故国原王中流矢丧命。

再看近肖古王时代中国大陆的形势。其时，大陆北方正当十六国时期。永和五年(349年)，后赵石虎死后诸子相争，互相残杀。旋汉人冉闵建魏，与后赵余部对抗，开启了胡汉两族之间的大规模仇杀，中原大乱。不久，起于辽西的前燕消灭冉魏，控制黄河下游地区。前秦起于西陲，占有关中，形成与前燕东西对峙的局面[8]。咸安二年(372年)二月，前秦“苻坚伐(前燕)慕容桓于辽东，灭之”[9]。而南方则是正朔所在的东晋王朝，时为权臣桓温主政。他企图趁机收复北方失地，遂于永和十年(354年)，十二年及太和四年(369年)先后三次发动大规模北伐，但均以失败告终。

咸安二年(372年)正月，近肖古王首次遣使东晋的朝贡之行，正是在百济大败高句丽，东晋桓温北伐枋头失利，及前秦即将统一中原这一大背景之下发生的。当年六月，东晋就遣使回访，并“拜百济王余句为镇东将军，领乐浪太守”。次年春二月，百济又“遣使入晋朝贡”，应该是对东晋拜官的答谢。与此形成鲜明对比的是，之前的咸康二年(336年)，建元元年(343年)，高句丽曾两次遣使东晋朝贡，却均无晋使回访，亦未获拜任何官职。有学者注意到其中的不同寻常，认为其时前秦灭前燕，有一统天下之志，而“东晋无论从实力上

7 《三国史记》卷十七《高句丽本纪第五》，第140页，日本学习院东洋文化研究所刊，1964年。

8 参见何兹全主编：《中国通史》第五卷《三国中古时代 · 两晋南北朝时期》，第212-213页，上海人民出版社，1995年。

9 《晋书》卷九《简文帝纪》，第222页。

看，还是从天下认同上看，形势都岌岌可危，百济的朝贡无疑是对东晋的支持……也有利于维系东晋朝廷的体面”[10]。这个分析颇为中肯。可以说，正是近肖古王审时度势，把握时机，才使百济迅速成为东晋南朝天下秩序中的重要一员，并一度成为四世纪中后期朝鲜半岛诸方势力中的强者。

在这一过程中，笔者颇疑百济境内熟悉大陆形势发展的汉人集团曾经发挥了重要影响。《北史》卷九十四《百济传》即载，百济境内“杂有新罗，高丽，倭等，亦有中国人”。此“中国人”当主要包括来自带方，乐浪两郡故地的汉人遗民，或以前者为主。前述近肖古王时代为百济始修《书记》的博士高兴，《三国史纪》称：“‘高兴’未尝显于他书，不知其何许人也？”现在看来，这个博士高兴也可能是乐浪，带方故地的汉人遗民。

不仅百济境内活跃着带方，乐浪遗民后代的汉人集团，而且中国东北的辽西地区亦曾见有大量百济人的身影。《晋书》卷一百九《慕容皝载记》载，前燕都城龙城聚居着慕容皝多年掠徙来的高句丽，百济，宇文氏等族人，其总数近十万户。记室参军封裕谏言：“句丽，百济及宇文，段部之人，皆兵势所徙，非如中国慕义而至，咸有思归之心。今户垂十万，狭凑都城，恐方将为国家深害，宜分其兄弟宗属，徙于西境诸城，抚之以恩，检之以法，使不得散在居人，知国之虚实。”从封裕同时上表的其他建议多为慕容皝采纳看，集中安置百济等族人于前燕“西境诸城”的这一举措亦当施行。这些百济人的来源，《晋书》没有明确说明。笔者认为，一种可能是前燕从朝鲜半岛百济国征兵所得。前燕直接从朝鲜半岛征兵虽未见于史籍记载，但其后不久谋乱的前秦部将苻洛曾“分遣使者征兵于鲜卑，乌丸，高句丽，百济及薛罗，休忍等诸国”，则明确记载于史书[11]，故这种可能性也不能完全排除；另外一种可能是，此百济人

10 李磊：《百济的天下意识与东晋南朝的天下秩序》，《华东师范大学学报(哲学社会科学版)》2014年第2期。

11 《晋书》卷一百十三《苻坚载记上》，第2902页。

或即前燕在累年的攻伐中从辽东掳获的夫余人。史载永和二年(346年)，前燕慕容皝曾"遣其世子儁与恪率骑万七千东袭夫余，克之，虏其王及部众五万余口以还"[12]。如所周知，百济王族源出夫余，因之，时人将俘掠的夫余部众称为百济人，则于情理可通。种种线索看，后一种可能性似乎更大。

需要重点讨论的是，前燕安置百济族人的"西境诸城"，与《宋书》记载的百济经略辽西所治"晋平郡晋平县"的关联性问题。其卷九十七《百济国传》云："百济国，本与高骊俱在辽东之东千余里，其后高骊略有辽东，百济略有辽西。百济所治，谓之晋平郡晋平县。"关于"百济略有辽西"，学术界争议颇大，迄无定论[13]。然仅就《宋书》同卷所录的百济其他史实的可信性看，笔者认为这一记载不会是空穴来风，不可轻易否定。检索可知，与此相近之内容还见载于《梁书》："其国本与句骊在辽东之东，晋世句骊既略有辽东，百济亦据有辽西，晋平二郡地矣，自置百济郡。"[14]又见载于《南史》："其国本与句丽俱在辽东之东千余里，晋世句丽既略有辽东，百济亦据有辽西，晋平二郡地矣，自置百济郡。"[15]两书补记此事在"晋世"。而如前所述，百济与大陆的正式通交始于近肖古王二十七年，即东晋咸安二年(372年)。这不能不使人推想，"晋世"百济的经略辽西很可能始于堪称盛世的近肖古王时代所为。据前文所载，咸安二年(372年)二月，前秦灭前燕慕容桓于辽东。大约就在此前后，为前燕安置于其西境之城的百济族众，摆脱了前燕的控制，获得了自治。而其时近肖古王刚刚取得对高句丽的空前胜利，有条件与远在辽西的同族开展交涉并获其拥戴。这大概就是百济经略辽西的真相。这一行动应该随后便获得东晋朝廷的认可，故百济所治之城称为"晋平郡晋平县"。这或许正是咸安二年(372年)六月，东晋在近肖古王首

12 《晋书》卷一百九《慕容皝载记》，第2826页。

13 详见金宪淑：《"百济略有辽西"记事初探》，《延边大学学报(社会科学版)》2000年第3期；刘子敏：《驳<"百济略有辽西"记事初探>》，《延边大学学报(社会科学版)》2001年第1期。

14 《梁书》卷五十四《诸夷传·百济》，第804页，中华书局，1973年。

15 《南史》卷七十九《夷貊传下·百济传》，第1972页，中华书局，1975年。

次遣使朝贡后的数月内就迅速回访，并拜其为镇东将军，领乐浪太守的主要原因。经略辽西，这是近肖古王的又一千秋功绩。由于灭亡前燕之后的前秦对辽西的统治并不稳固，不久其地重新陷入混乱之中，因此百济治下的“晋平郡晋平县”可能存在了相当长的一段时间。大约因刘宋代晋后曾“改晋安郡为晋平郡”[16]，故如前引《梁书》《南史》所载，辽西之“晋平郡”或在刘宋时期改称“百济郡”了[17]。此“百济郡”又很可能与此后的“魏伐百济”相关。这个问题比较复杂，与本文主题关系不大，容不再展开讨论[18]。

总之，始于近肖古王时代的百济经略辽西，文献中虽然没有明确记载，但透露有一些蛛丝马迹。这个问题，值得学界进一步关注。希望本文的这一推论，今后能够在辽西地区获取考古学上的关键证据。

16 《宋书》卷八《明帝纪》，第163页，中华书局，1974年。

17 《梁书》《南史》所记“百济亦据有辽西，晋平二郡地”，当系对《宋书》“百济略有辽西。百济所治，谓之晋平郡晋平县”记载的误解。

18 可详参韩昇：《“魏伐百济”与南北朝时期东亚国际关系》，《历史研究》1995年第3期。

Ⅱ. 百济引进南朝“腰弩”考

近肖古王离世后，他所开创的百济与东晋的交好关系，为此后两国所维护。综合《三国史记》，《晋书》，《宋书》之记载，太元九年(枕流王元年，384年)七月，百济遣使入晋朝贡。九月，有胡僧摩罗难陁由东晋至百济，百济王迎至宫内礼敬，此为百济佛教之始。太元十一年(386年)四月，东晋以百济王世子余晖为使持节，都督，镇东将军，百济王。腆支王二年(东晋义熙二年，406年)二月，百济遣使入晋朝贡。腆支王十二年(东晋义熙十二年，416年)，东晋安帝遣使册命腆支王(中国方面文献称余映或扶余腆)为使持节，都督百济诸军事，镇东将军，百济王。[19]此外，近仇首王五年(东晋太元四年，379年)三月，百济曾“遣使朝晋，其使海上遇恶风不达而还”。

到了刘宋，两国间的交往更加频繁。《宋书》卷三《武帝纪下》及卷九十七《夷蛮传 · 百济》明确记载，永初元年(420年)七月，宋武帝刘裕即位后，诏书使持节，督百济诸军事，镇东将军，百济王余映进号为镇东大将军，持节，都督，王如故。景平二年(424年)，元嘉七年(430年)，元嘉二十七年(450年)，大明元年(457年)，大明二年(458年)，泰始七年(471年)，百济先后遣使建康

19 《三国史记》卷二十五《百济本纪第三》，第193页。《宋书》卷九十七《夷蛮传 · 百济》记载与之相同，但未言是东晋遣使。第2393页。

贡献。特别是元嘉二年(425年)，宋文帝遣使闾丘恩子，丁敬子等至百济“宣旨慰劳”之后，百济更是“每岁遣使奉表，献方物”。《三国史记》卷二十五《百济本纪第三》，卷二十六《百济本纪第四》就补充了毗有王三年(元嘉六年，429年)秋和毗有王十四年(元嘉十年，440年)冬十月的两次遣使朝贡。此外，文周王二年(元徽四年，476年)三月，百济曾遣使朝宋，但因“高句丽塞路不达而还”。此时，因国都汉城为高句丽攻陷，百济已迁都熊津。而差不多3年后，刘宋亦为萧齐所禅代。要之，刘宋与汉城百济的通交历史不仅贯穿于其王朝的始终，而且两国使节友好往来的频率甚至超过了此后的齐，梁，陈三代。

在两国的以上交往中，以宋文帝元嘉一朝最为突出。百济不仅连年派遣使节来宋，而且文化交流的内容也颇为丰富。值得注意的是，据《宋书》卷九十七《夷蛮传 · 百济》载：元嘉二十七年(450年)，百济王余毗除遣使上书贡献方物外，还“私假台使冯野夫西河太守，表求《易林》，《式占》，腰弩，太祖(宋文帝)并与之。”[20]又，《周书》卷四十九《异域传上 · 百济》云：百济“用宋《元嘉历》，以建寅月为岁首”。按：《元嘉历》为刘宋天文学家何承天创制，元嘉二十二年(445年)正式使用，至梁天监八年(509年)废止，改行祖冲之《大明历》，在南朝共使用了65年。宋《元嘉历》颇疑也是元嘉二十七年(450年)随《易林》，《式占》等典籍一起传入百济。

需要分析的是，元嘉二十七年(450年)从南朝引进百济的“腰弩”究竟是一种什么样的杀伤性先进兵器？为什么要引进？引进百济后可能会派上什么用场？这些问题牵涉到当时百济与高句丽的军事斗争，以及百济与南朝的特殊关系等复杂背景，很值得深入探讨。

根据杨泓先生研究，自汉代以来，作为战争中的主要远射兵器，弩比弓更加重要(图一)。一般的弩仍以人的臂力张发，射程较短，杀伤力有限，而射程远，杀伤力更大的强弩，由于本身体积，重量庞大，则须运用全身的力量，

20 完全相同之内容，亦见载于《南史》卷七十九《夷貊传下 · 百济》，第1972页。

或用足蹬，或用腰引，甚至安装绞车[21]。其中以臂力张弦之弩称“臂张弩”，用脚踏张之弩称“蹶张弩”，而用腰力引张之弩即“腰弩”，或称“腰引弩”(图二)。使用腰引弩时，射手自腰部以绳钩弦张弓。山东嘉祥东汉武氏祠画像石中就有腰引弩图像，其射手腰间悬挂钩，并有自右侧弓弭向腰间引出的绳线，可为其形象说明。腰引弩强劲有力，有学者估算，其射程可达400米左右[22]。西晋初年，武威太守马隆曾以“腰引弩三十六钧，弓四钧，立标简试”，招募勇

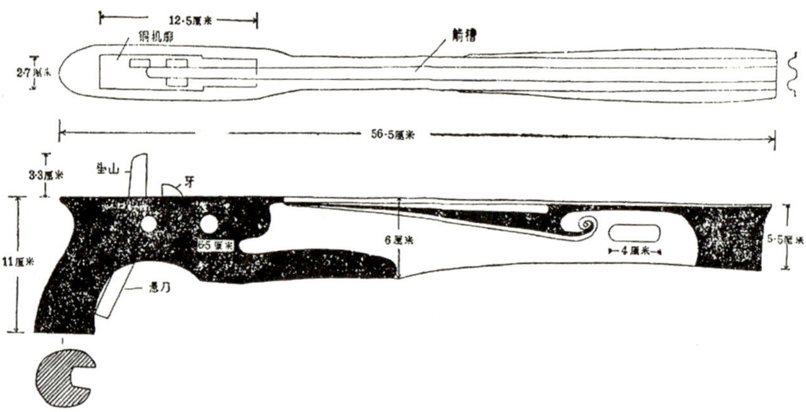

图一 江苏盱眙东阳西汉墓出土漆弩

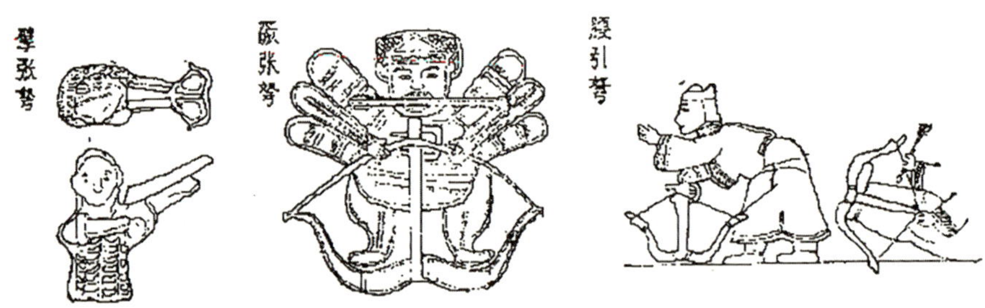

图二 汉代画像材料中的臂张弩，蹶张弩及腰引弩

21 杨泓：《中国古兵器论丛》，文物出版社，1985年，第209，210，215页。
22 参见孙机：《汉代物质文化资料图说》，文物出版社，1990年，第143页。

士三千五百人，以平复河西凉州羌戎之乱[23]。按：三十斤为一钧，四钧为石，则三十六钧折九石，合1080斤，约合今272.1公斤。居延汉简简文记录有当时军中装备的各种弩，出现数量较多的有三石，五石，六石弩，此外也见有四石，七石和八石者，而以六石弩最多[24]。显然，马隆"简试"所用的三十六钧腰引弩比普通之弩的强度要大不少。这种腰引弩在使用时，因用力大，对腰部会有较大损伤。《南史》记齐宗室萧敏任新安太守，好射雉，后竟因"张弩损腰而卒"[25]，或即与此相关。

元嘉二十七年(百济毗有王二十四年，450年)，汉城百济向南朝刘宋上表引进"腰弩"，则与当时百济面临的困境相关。如所周知，自四世纪起，高句丽发展的重点已由辽东转向朝鲜半岛北部的原乐浪故地，从而与全力向北扩张的百济展开激烈争夺。据《三国史记》记载，在近肖古王之后的近仇首王时代(375-384年在位)，两国在战争中互有胜负。但自辰斯王八年(东晋太元十七年，392年)起，百济已逐渐拜于下风，在连年的战争中不仅伤亡惨重，而且汉水以北诸部落也大多沦陷于高句丽。乃至阿莘王六年(东晋隆安元年，397年)，百济竟以太子腆支为质，以结好于倭国。至毗有王(427-455年在位，即刘宋元嘉四年至孝建二年)即位后，他继续与倭国交好，又主动与新罗请和，更频繁遣使刘宋朝贡，以多方寻求对高句丽战争不利之对策。从刘宋引进腰弩，可以视为毗有王摆脱百济困境的举措之一。

另一方面，自东晋以来，大陆南方官军确有能力制造威力巨大的强弩。《宋书》卷一《武帝纪》载，义熙六年(410年)，东晋大将刘裕在建康城西石头城抗击卢循。卢循乃"遣十余舰来拔石头栅，公(刘裕)命神弩射之，发辄摧陷，循乃止不复攻栅。"又云，其后晋军继续讨伐卢循，"(刘裕)军中多万钧神弩，所至

23 《晋书》卷五十七《马隆传》，第1555页。
24 参见杨泓：《中国古兵器论丛》，第220页。
25 《南史》卷四十一《齐宗室传》，第1050页。

莫不摧陷”。此中“万钧”虽系夸张之词，但可说明东晋末年军中配弩威力强大。百济毗有王从刘宋引进的“腰弩”，无疑就是属于这种威力巨大的强弩。

现在的问题是，根据文献记载，在一般情况下，由南朝向域外国家输出特殊典籍，军器并不为当时的制度所允许。如北魏孝文帝曾向南齐提出借书的请求，但“朝议欲不与”，后“事竟不行。”[26]永明六年(488年)，出身羌人的宕昌王梁弥承遣使南齐“求军仪及伎杂书，诏报曰：‘知须军仪等九种，并非所爱。但军器种甚多，致之未易。内伎不堪涉远。秘阁图书，例不外出。《五经集注》，《论语》，今特敕赐王各一部。’”[27]亦仅特赐常见的经书，而拒绝输出军器与伎杂书。又如出身鲜卑的河南王吐谷浑拾寅“子易度侯好星文，尝求星书，朝议不给”[28]。这虽然都是萧齐的事，但刘宋的制度规定应该相去不远。令人困惑的是，元嘉二十七年(450年)，百济毗有王向刘宋表求的《易林》，《式占》亦为占卜类“伎杂书”，而腰弩更属于当时比较敏感的先进“军器”，但宋文帝却爽快地答应了百济的请求。中国学者普遍认为，这是因为百济在东晋，南朝的天下秩序中占有特殊地位，故而受到南朝非同寻常的优待。“百济与东晋南朝之间，应该已经超越单纯政治，经济利益的交往层面，而深入到文化共同体，乃至情感共同体之上”[29]。

南朝时期，腰弩虽然主要用于战场上，但也出现在梁代侍直左右的禁卫兵中。《隋书·礼仪志七》即载，梁武帝的侍卫中，“又有左右夹毂，蜀客，楯剑，格兽羽林，八从游荡，十二不从游荡，直从细射，廉察，刀戟，腰弩，大弩等队，凡四十九队，亦分直诸门上下。行则量为仪卫”[30]。这一制度，很可能源自西晋的大驾卤簿。《晋书·舆服志》云：中朝大驾卤簿“自豹尾车后而卤簿尽矣。

26 《南齐书》卷四十七《王融传》，第818-820页，中华书局，1972年。
27 《南齐书》卷五十九《宕昌传》，第1032-1033页。
28 《南齐书》卷五十九《河南传》，第1026页。
29 关于这个问题，李磊讨论甚详，可参见其著《百济的天下意识与东晋南朝的天下秩序》，《华东师范大学学报(哲学社会科学版)》2014年第2期。
30 《隋书》卷十二《礼仪志七》，第279-280页，中华书局，1973年。

但以神弩二十张夹道，至后部鼓吹，其五张神弩置一将，左右各二将”[31]。不过，这里称为“神弩”。尽管如此，考虑到当时的形势，毗有王引进的腰弩不太可能仅仅用于仪卫及王宫守御，而应该主要用于对高句丽的战争。笔者注意到，《三国史记》记载中的毗有王之世，竟然未见百济与高句丽之间的战争，这与此前及之后两国的频繁摩擦大不相同。这一耐人寻味现象，不能不让人怀疑与百济从刘宋引进腰弩，进而对高句丽产生强大军事威慑有关。

前文已析，一般普通之弩以六石多见，西晋马隆使用的腰引弩则为九石，其强度是前者的1.5倍，可知是一种大弩。但由于梁武帝分直诸门及仪卫的弩队中既有腰弩，又有大弩，故腰弩还不是当时最大的一种，而应该是一类比普通小型弩威力大，射程远，但又比大型弩使用便捷的次大型弩。1960年，文物部门曾在南京通济门外发现多座南朝晚期砖井，并征集到附近出土的南朝铜弩机5件[32]。其结构与一般铜弩机差别不大，但尺寸要比南京地区东晋墓中出土的同类器大不少，如其郭长达29厘米[33](图三)，而王闽之墓出土者郭长14.6厘米(图四)，王建之墓出土者郭长16厘米(图五)，高崧家族墓6号墓出土者郭长12.5厘米。有研究者认为，通济门外出土的这种巨弩，“只有安装在床子上，靠用绞车等办法才能张开”，故“应是后来唐宋时流行的多弓床弩的前身”[34]。其实，这几件南朝大型铜弩机可能与发生在附近东府城的战争有关，其悬刀下端一侧有圆形穿孔，或用于系绳，不同于一般小型铜弩机，故更有可能是本文讨论的腰弩。

特别令人感兴趣的还有，1925年8月首尔大洪水之后，汉江南岸风纳土城遗址西南曾坍塌暴露出一件大陶瓮，瓮内发现有来自中国大陆的铜鐎斗，铜

31 《晋书》卷二十五《舆服志》，第760页。

32 李蔚然：《南京通济门外发现南朝墓》，《考古》1961年第4期。该文推测这里发现的圆形和圆腰形砖构建筑是南朝墓葬。笔者早年已指出其误，认为是当时常见的砖井。参见罗宗真，王志高：《六朝文物》，南京出版社，2004年，第354页。又，该文误记征集的铜弩机达584件，实为5件。

33 图见南京市博物馆编：《六朝文物》，文物出版社，2004年，第380页。

34 杨泓：《中国古兵器论丛》，第230页。

弩机，铜镜，心叶形金铜带具等重要文物[35]。可惜其中的铜弩机后来不见了踪影，无法获知其具体形制。尽管如此，由于瓮内同时出土的两件铜鐎斗已被推定为5世纪后期的南朝刘宋之物[36]，且笔者考证认为，该城址迄今所见包括钱纹陶器在内的大型施釉陶瓮，亦以5世纪中后的刘宋数量最多[37]，故笔者一直怀疑，这件失踪的铜弩机或许就是元嘉二十七年(450年)百济毗有王从刘宋引进的众多腰弩之一，希望今后可以发现更加确凿的证据。

虽然毗有王如愿从刘宋引进了可能是当时东亚世界最先进的杀伤性兵器

图三 南京通济门外出土的南朝大型铜弩机

35 [日]轻部慈恩：《百济美术》，第157页，东京，1927年。[韩]权五荣：《百济最初的王城-风纳土城之调查》，《东南文化》2011年第2期；[韩]朴淳发：《百济都城的考古发现与研究》，《南京晓庄学院学报》2012年第4期。

36 [韩]朴淳发：《鐎斗考》，《东亚考古论坛》创刊号，韩国(财)忠清文化财研究院，2005年。

37 王志高：《试论韩国首尔风纳土城的三个问题》，《边疆考古研究》第17辑，科学出版社，2015年；又收录于王志高：《六朝建康城发掘与研究》，第377-394页，江苏人民出版社，2015年。

图四 东晋王闽之墓出土的铜弩机

图五 东晋王建之墓出土的铜弩机

之一的腰弩，但最终却未能改变汉城百济崩溃的悲剧。仅仅25年后的盖卤王二十一年(刘宋元徽三年，475年)九月，在高句丽长寿王三万大军的围攻中，百济王都汉城“城破王死”。次月，盖卤王之子文周王移都熊津，百济汉城时代就这样结束了[38]。在汉城百济历史上，盖卤王不是一位明君。他在高句丽大军压境，国家处于危急边缘的严峻时刻，仍听信高句丽募遣的间谍僧道琳谗言，“尽发国人，烝土筑城，即于其内，作宫楼阁台榭”，以致仓庾虚竭，民困兵弱。他不熟悉当时复杂的东亚国际形势，在472年首次遣使北魏之际，就近乎荒唐地上表乞求北魏出师讨伐高句丽，从而在历史上留下笑柄[39]。1925年风纳土城遗址发现的可能来自刘宋的铜弩机，或许曾在抵抗高句丽攻伐汉城的战斗中发挥过一定作用，但却不能改写战争的结局。影响国运的关键因素是人，而不仅仅在于引进先进武器，这个道理古今皆然。

（附记：本文关于汉城时代百济与中国东晋南朝交流的两个问题的讨论，是基于中文文献，并主要参考中国学者相关成果获得的。因为文字的障碍，韩国方面的资料及相关论著，仅参阅了少数已译为中文的成果，故难免材料会有遗漏，并与韩国方面已有观点发生重叠。愿藉此机会，认真听取与会韩国同道师友的意见，以修改完善本文。最后感谢将本文译介给韩国学界的译者。）

38 《三国史记》卷十八《高句丽本纪六》，卷二十五《百济本纪三》，卷二十六《百济本纪四》，第147，196，198页。

39 这一事件的经过详见《三国史记》卷二十五《百济本纪第三》，第194-195页。又见《魏书》卷一百《百济传》，《北史》卷九十四《百济传》。

주제발표 5

한성시기 백제와 중국 동진 · 남조 교류에 관한 두 가지 문제

王 志 高 · 虞 金 永 남경사범대학

번역 송 동 림 한성백제박물관

Ⅰ. 근초고왕 시기의 동아시아 국제 형세 및 백제의 요서(遼西) 경략(經略)

Ⅱ. 백제가 도입한 남조 "요노(腰弩)"에 대한 고찰

왕도(수도)의 변화에 따라 한국 학계는 일반적으로 백제 역사를 한성시기(기원전 18년-475년) · 웅진시기 (475년-538년) · 사비시기 (538년-660년)로 나눈다. 이러한 분류 방법을 중국학자들 역시 보편적으로 받아들이고 있다.[1] 하지만 사실상 한성은 백제 근초고왕 26년(東晋 咸安 元年, 371년)에 수도가 되었으며, 그 전의 수도인 하남 위례성(위례성을 포함)은 이후 한성이라고 완전히 확정할 수 없다. 따라서 필자는 한성시기의 백제는 근초고왕 26년에 시작되어 개로왕 21년 웅진 천도(유송劉宋 원휘元徽 3년, 475년)까지의 105년이라고 생각한다.[2]

본 논고에서는 이러한 분기分期를 계속해서 채택하고 이와 관련된 문제에 대해 토론하고자 한다. 한성시대 백제와 동진·남조의 교류에 대해서는 중국 학계에서 이미 적지 않은 성과를 얻었으나, 대부분이 문헌 기록을 통한 거시적인 관점의 논술이다. 필자는 근초고왕 시기의 동아시아 국제 형세의 분석을 기초로 하여, 백제가 요서지방을 다스린 가능성과 진실에 대한 기초적인

1 참고, 우춘영, 2010년 제6기, 「백제와 남북조 조공 관계 연구」, 『동북사지』, 길림성사회과학원. 지면 관계상 그 외의 연구 논고는 생략하겠다.

2 왕지고, 2015, 「한국 서울 풍납토성의 세가지 문제에 대한 시론」, 『변강고고연구』 제17집, 과학출판사; 왕지고, 2015, 『육조 건강성 발굴과 연구』, 377~394쪽, 강소인민출판사.

연구를 하였다. 또한 이전 학자들의 주목도가 비교적 낮았던 유송劉宋 원가元嘉 27년(450년) 백제가 남조로부터 도입한 "요노腰弩"에 대한 문제를 구체적으로 심도 있게 고증하고자 한다. 본 연구가 한국학계의 지도를 받아 이와 관련된 영역의 연구가 진전되기를 희망한다.

Ⅰ. 근초고왕 시기의 동아시아 국제 형세 및 백제의 요서(遼西) 경략(經略)

근초고왕은 백제의 13대 왕이며, 제11대 비류왕의 차남이다. 중국 문헌에서는 “여구余句”라고 불리며, 한성 백제의 창시자이다. 근초고왕이 재위한 30년(346-375년)은 백제 역사의 전성기로 불린다. 『삼국사기』 24권 백제본기 제2의 기록에 의하면, 근초고왕은 “풍모가 웅장하며, 멀리 보는 견식이 있다.” 근초고왕의 주요 업적은 아래의 4가지 방면으로 표현된다.

1. 371년 겨울, 근초고왕과 왕태자가 정병精兵 3만 명을 이끌고 고구려가 점령하고 있던 낙랑 고지故地인 평양성을 빼앗었으며, 고국원왕을 사살하였고, 백제 역사의 최대 영토 확장을 실현하였다.
2. 같은 해, “한산으로 도읍을 옮겼다移都汉山.” 도읍을 위례성에서 한성으로 천도하였으며, 이후 백제의 100여 년 발전의 기석을 다지면서, 백제 역사 발전 과정에 깊은 영향을 끼쳤다. 이 한성은 오늘날 서울 한강 남안에서 발견된 풍납토성일 것이다.[3]
3. 천도 다음 해(함안 2년, 372년) 정월正月, 근초고왕은 처음으로 사절을

3 왕지고, 2015, 「한국 서울 풍납토성의 세가지 문제에 대한 시론」, 『변강고고연구』 제17집, 과학출판사; 왕지고, 2015, 『육조 건강성 발굴과 연구』, 377~394쪽, 강소인민출판사.

파견하여 동진에 조공하였다. 같은 해 6월 동진 간문제簡文帝는 진동장군으로 책봉하고, 낙랑태수로 임명하였다.[4] 이는 동진 정권이 백제가 고구려로부터 탈취한 낙랑군樂浪郡 지역을 인정한 것으로 보이며, 또한 백제가 정식으로 중국 동진 왕조 중심의 동아시아 국제 정치 무대에 등장한 것을 의미한다.

4. 백제는 건국 이래, 문자로 된 역사 기술이 없었다. 근초고왕 때 이르러 박사 고흥이 국사『서기』를 기술하기 시작하였다. 이는 백제가 한자로 국사를 기록한 시작이라고 할 수 있다.

근초고왕은 이상의 불멸의 업적을 세웠는데, 물론 근초고왕과 그가 이끈 백제 백성이 노력한 결과이다. 또한 당시의 복잡하게 얽혀있던 동아시아 국제형세와 관련이 있다.

먼저 한반도 내부의 상황을 살펴보자. 백제와 동쪽에 인접한 신라는 영토 분쟁으로 매년 교전이 있었다. 비류왕 34년(동진 함강 3년, 337년) 2월, 신라가 자발적으로 사절을 파견하여 백제와 우호관계를 맺었다. 근초고왕 21년(동진 태화 원년, 366년) 3월, 백제 역시 사신을 보내어 신라를 초빙하였다. 23년 3월, 다시 사절을 신라에 파견하였으며, 좋은 말 2필을 보냈다. 백제는 이로써 신라와의 화의를 실현하였으며, 동맹의 형식으로 공동으로 고구려의 남침에 대항하였다.

동한 말년 이래로 백제와 대방군帶方郡은[5] 밀접한 인척관계를 유지하였다. 대방군은 동한 건안建安 연간(196-220년)에 요동지역을 할거한 공손씨가 지

4 『晋书』卷九 简文帝纪: "(咸安)二年春正月辛丑, 百濟, 林邑王各遣使贡方物……六月, 遣使拜百濟王余句为镇东将军, 领乐浪太守." 1974, 중화서국, 221 · 223쪽.

5 『册府元龟』卷九百五十九 外臣部 · 土风第一에 쓰여있기를: "백제국은 대방 고지에 있다.(百濟国在带方故地.)" 1960, 중화서국, 11285쪽; 『북사』 권94 백제전 또한 쓰여있기를: 백제 "처음에 대방 고지에 나라를 세웠다."(百濟 "始立国于带方故地.") 1974, 중화서국, 3118쪽.

배하였다.[6]『북사』94권 백제전의 기록에 의하면, 한·요동태수 공손도는 딸을 백제왕의 처로 보냈으며, 백제는 "동이강국이 되었다."『삼국사기』24권 백제본기 제2기록에 의하면, 백제 책계왕(재위 286-292년)은 대방왕녀 보과寶果를 부인으로 삼았으며, 재위하던 해에 고구려는 대방을 남벌하였다. 대방은 백제에 구원을 요청하였으며, 책계왕이 이르길 "대방은 나의 처가이므로, 그 요청을 거절할 수 없다." 바로 출병하여 구하였다.『삼국사기』17권 고구려본기 제5에 따르면, 미천왕 15년(서진 건흥 2년, 314년) 9월, 고구려는 다시 대방을 공격하였다. 이것이 대방의 마지막『삼국사기』기록이다. 이후 오래지 않아 이러한 친선관계에서 백제는 점차 대방을 합병한 것으로 보인다.

백제의 북쪽에는 차례로 낙랑, 고구려가 있었는데 모두 천적이었다. 분서왕 7년(서진 영안 원년, 304년) 2월, 백제는 낙랑 서현을 기습 공격하여 차지하였다. 그러나 같은 해 10월, 분서왕은 낙랑태수가 보낸 자객에 의해 죽게 된다. 그 후 낙랑은 여러 차례 고구려의 공격을 당한다. 미천왕 14년(서진 건흥 원년, 313년) 10월, 고구려는 낙랑군을 침략하였고, 남녀 2천여 명을 포로로 잡았다.[7] 일반적으로 이 후 낙랑군이 철수하면서 고구려와 백제는 수십 년간의 낙랑 고지 쟁탈을 위한 싸움이 시작되었다. 하지만, 함강 8년(342년), 전연前燕 모용황의 대군이 남북의 두 갈래의 길로 고구려를 공격하였으며, 궁실을 태우고 수도인 환도성을 멸하고 귀환하였다. 고구려는 이로 인해 큰 손실을 입었으며, 백제 근초고왕과의 교전 중에 369년 9월 치양雉壤에서 대패

6 『资治通鉴』卷七十四 魏纪六 · 明帝景初二年(238年) 주석에 쓰여있기를 "진수왈: 건안중(196~220년), 공손도는 둔유 이남의 황무지를 나눠 대방군으로 삼았는데, 왜, 한 모든 국가는 이곳에 속박된다.(陈寿日 : 建安中(196-220年), 公孙度分屯有以南荒地为带方郡, 倭, 韩诸国羁属焉。)" 1956, 중화서국, 337쪽;『晋书』卷十四 地理志上 역시 대방군을 공손도가 세운 것으로 여겼다. 427쪽; 그러나『三国志』卷三十 东夷传말하기를: "건안중, 공손강은 둔유 이남의 황무지를 나눠 대방군으로 삼았다……후에 왜, 한이 결국 대방에 속히게 된다.(建安中, 公孙康分屯有以南荒地为带方郡……是后倭, 韩遂属带方。)" 1982, 중화서국, 851쪽.

7 『三国史记』卷十七 高句丽本纪 第五, 1964, 일본학습원동양문화연구소 간행물, 140쪽.

大敗하였다. 2년 후인 371년 10월까지 근초고왕의 평양성 공격에 저항하다가 고국원왕이 목숨을 잃었다.

다시 근초고왕 시기 중국대륙의 형세를 살펴보자. 이 시기에 대륙의 북방 지역은 16국 시기였다. 영화 5년(349년), 후조의 석호가 사망하고 자식들 간에 서로 싸우고 잔혹하게 죽였다. 한족인 염민冉閔이 위나라를 건국하고 후조後趙의 여부에 대항하여 호胡·한漢 두 민족 간의 대규모 전쟁이 시작되면서 중원 지역은 크게 혼란하였다. 요서 지방에서 일어난 전연이 염위冉魏를 멸망시키고 황화 하류지역을 차지하였다. 전진前秦은 서쪽 변경에서 시작하여 관중지방을 차지하였으며, 전연과 동서東西로 대치하는 국면이 되었다.[8] 함안 2년(372년) 2월, 전진의 부견이 전연의 모용환을 요동에서 토벌하여 멸망시켰다.[9] 이에 비해 남방 지역은 동진 왕조가 새로운 역법을 반포하였으며, 권신 환온이 정권을 장악하고 있었다. 그는 북방 영토를 수복할 기회를 노리고 있었다. 영화 10년(354년), 12년 그리고 태화 4년(369년) 3차례의 대규모 북벌을 진행하였으나, 실패로 끝났다.

함안 2년(372년) 정월正月, 근초고왕은 처음으로 사절을 파견하여 동진에 조공하였다. 이 시기는 백제가 고구려를 크게 물리치고, 동진의 환온이 북벌에 실패하고, 전진이 중원 지역을 통일하였던 시기에 같이 이루어졌다. 같은 해 6월 동진은 사신을 백제에 파견하여 답방하였다. 또한 백제왕 여구에게 진동장군 관직을 수여하고 낙랑태수로 임명하였다. 다음 해 2월 백제는 다시 사절을 파견하여 진에 조공하였는데, 이는 동진의 관직 임명에 대한 감사를 표한 것일 것이다. 이와 선명하게 대비되는 것은 이전의 함강 2년(336년)과 건원 원년(343년)에 고구려가 두 차례 사절을 파견하여 동진에 조공하였

8 하자전 주편, 1995, 『中国通史』 第五卷 三国中古时代 · 两晋南北朝时期, 212~213쪽, 상해인민출판사.

9 『晋书』 卷九 简文帝纪, 222쪽.

으나, 동진으로부터 답방을 받지 못했다. 또한 어떠한 관직도 얻지 못하였다. 일부 학자는 그중에서 특이한 점을 발견하였다. 이 시기는 전진이 전연을 멸망시키고, 천하통일의 뜻을 이루어가는 시기로써 오히려 동진이 여러 가지 상황 상 형세가 매우 불리하였다. 이때 백제의 조공은 동진에 대한 지지이자, 동진 조정의 체면을 세워주었던 것으로 해석하였다.[10] 이러한 분석은 매우 적절하다고 판단된다. 이처럼 근초고왕은 시세를 잘 살피고 기회를 포착하여, 백제가 빠르게 동진·남조 주도의 국제 정세 질서에서 중요한 일부분이 될 수 있도록 하였다. 또한 4세기 중후반 무렵 한반도의 여러 세력 중에 강자가 되었다.

이러한 과정에서 필자는 백제 내부에 중국 대륙의 정치적 판도를 잘 아는 한인漢人 집단이 중요한 영향을 발휘하였을 것이라고 생각한다. 『북사』 94권 백제전에 의하면, 백제국에는 신라 · 고구려 · 왜인 등이 섞여 있는데 중국인도 있다. 여기의 "중국인"은 주로 대방·낙랑 두 군의 옛 지역의 한인유민을 포함하고 있을 것이다. 앞에서 서술한 근초고왕 시기에 『서기』를 쓴 백제박사 고흥을 『삼국사기』에서는 '고흥'이 다른 책에서 보이지 않으니 어디 사람인지 알 수가 없다고 칭하지만, 지금 보니 박사 고흥 또한 낙랑이나 대방의 옛 지역의 한인유민일 가능성이 있다.

백제 내에서 활약한 대방·낙랑 유민의 후예인 한인漢人 집단뿐만 아니라, 중국 동북의 요서지역 또한 다수의 백제인의 영향이 있었다. 『진서』 109권 모용황재기에 기재하길, 전연前燕의 도성인 용성龍城에는 모용황이 여러 해에 걸쳐 약탈한 고구려·백제·우문씨 등의 사람이 거주하였으며, 그 숫자는 10만 호에 달했다. 기실참군記室參軍 봉유封裕가 간언하길, 고구려 · 백제 · 우문 · 단부의 사람은 모두 군세를 따라 이동한 것으로 중국을 사모하는 뜻이 없으며

10 이뢰, 2014년 제2기, 「백제의 천하인식과 동진 남조의 천하질서」, 『화동사범대학학보 (철학사회과학판)』.

고향으로 돌아가고 싶어 하는 마음이 있다. 현재 10만 가구에 가까운 숫자로, 도성에 위협이 될 것이며, 나라에 깊은 피해가 될 것이 두렵다. 형제 가족에서 분배하고, 서쪽 국경의 여러 성에 이주하도록 하여 은혜로써 돌보며 법으로써 제약해야 한다. 거주민을 분산되게 해서는 안되며, 나라의 허실을 알게 될까 두렵다.[11] 봉유가 같은 시기에 올린 다른 건의는 대부분 모용황에게 채택된 것으로 보아, 백제 등의 사람은 전연 "서쪽 국경의 여러 성西境诸城"에 집중적으로 정착하게 한 이 조치 역시 실행했을 거라 생각한다. 이러한 백제인의 출처는『진서』에는 명확한 설명이 없다. 필자는 전연이 한반도 백제국에서 징병하여 얻었을 가능성이 있다고 생각한다. 전연이 한반도에서 직접 징병한 것은 문헌 기재에는 보이지 않지만, 그 후에 오래되지 않아 전쟁을 계획하던 전진前秦의 부장 부락苻洛이 "사신을 보내어 선비 · 오환 · 고구려 · 백제 · 신라薛罗 · 휴인休忍 등 여러 나라에서 징병하였다." 는 사실이 사서에 명확히 기록되어 있다.[12] 따라서 백제인의 징병 가능성 또한 완전히 배제할 수 없다. 또 다른 하나는 이 백제인은 아마도 전연이 여러 해에 걸쳐 공격하여 요동에서 포획한 부여인일 것이다. 문헌에서 기록하길 영화 2년(346년) 전연 모용황은 "세자인 준儁과 각恪을 파견하여 1만 7천여 명의 기병을 이끌고 부여를 기습하였으며, 승리하여 왕과 부족 5만여 구를 포로로 생포하여 귀환하였다."[13]로 기록되어 있다. 알려진 것처럼 백제 왕족은 부여에서 왔으며, 이 때문에 당시 사람들은 포로가 된 부여인 무리를 백제인이라고 불렀을 가능성이 있다. 여러 가지 단서로 보면 후자의 가능성이 더 커 보인다.

중점적으로 토론해야 할 것은 전연이 백제인을 배치한 "서쪽 국경의 여러

11 记室参军封裕谏言 : "句丽, 百濟及宇文, 段部之人, 皆兵势所徙, 非如中国慕义而至, 咸有思归心。今户垂十万, 狭凑都城, 恐方将为国家深害, 宜分其兄弟宗属, 徙于西境诸城, 抚之以恩, 检之以法, 使不得散在居人, 知国之虚实"。

12 『晋书』卷一百十三 苻坚载记上, 2902쪽.

13 『晋书』卷一百九 慕容皝载记, 2826쪽.

성”과 『송서』에서 기재한 백제가 다스린 요서遼西를 경략經略하여 다스린 “진평군晉平郡 진평현晉平縣”과 관련된 문제이다. 97권 백제국전百濟國傳에서 말하길, 백제국은 고구려高骊에게 요동의 동쪽 천 여리를 모두 차지하도록 하여서, 고구려가 요동을 백제가 요서를 다스렸다. 백제가 다스린 지역을 진평군 진평현이라고 하였다.[14] “백제가 요서를 다스렸다百濟略有辽西”에 대해서는 학계에서 이견이 매우 크며, 아직까지 정론이 없다.[15] 그러나 『송서』 같은 권에 기록된 백제의 다른 사실의 신빙성으로 보아 필자가 생각하기에 이 기록은 전혀 근거가 없는 것은 아닐 것이며, 쉽게 부정해서는 안된다. 이와 유사한 내용이 『양서』에서도 보이는데, “그 나라는 원래 고구려의 요동의 동쪽이며, 고구려가 요동을 다스렸고 백제가 요서와 진평 두 군지郡地를 차지하였고, 백제군을 설치하였다.”[16] 『남사』에서 기록하길, “그 나라는 원래 고구려와 요동의 동쪽 천 여리에 있으며, 고구려는 요동을 다스렸다. 백제는 요서와 진평 두 군지를 차지하였고, 백제군을 설치하였다.”[17] 두 문헌은 이 일이 “신세晋世”에 있었다고 주기하였다. 앞서 언급했듯이, 백제와 대륙의 정식 교류는 근초고왕 27년인데, 이는 동진 함안 2년(372년)이다. 이것은 추측하여 보면, “진세”에 백제가 요서지방 다스린 것은 태평성세(흥성한) 시기라고 할 수 있는 근초고왕 시기에 시작된 것일 가능성이 크다. 앞 문헌의 기록에 의하면, 함안 2년(372년) 전진이 전연의 모용환을 요동에서 멸하였다. 대략적으로 이 전후에 전연을 위해 그 서쪽 국경의 성에 백제 사람들을 안치하여, 전연의 통제에서 벗어나 스스로 통치하도록 하였다. 이때 근초고왕이 막 고

14 권97 백제국전: “百濟国, 本与高骊俱在辽东之东千余里, 其后高骊略有辽东, 百濟略有辽西. 百濟所治, 谓之晋平郡晋平县”

15 상세한 내용 참고, 김헌숙, 2000년 제3기, 「“백제가 요서를 다스렸다” 기사초탐」, 『연변대학학보(사회과학판)』; 류자민, 2001년 제1기, 「반박 <“백제가 요서를 다스렸다” 기사초탐>」, 『연변대학학보 (사회과학판)』.

16 『梁书』 卷五十四 诸夷传 · 百济, 1973, 중화서국, 804쪽.

17 『南史』 卷七十九 夷貊传下 · 百济传, 1975, 중화서국, 1972쪽.

구려와의 전례 없는 승리를 하여 멀리 요서의 동족과의 교섭을 전개하여 추대를 받을 조건이 되었다. 이것이 대략적인 백제가 요서를 다스린 진실이다. 이러한 행동은 뒤이어 동진 조정의 인가를 얻었을 것이며, 그리하여 백제가 다스리는 성을 "진평군 진평현"이라고 불렀다. 이것은 아마도 함안 2년(372년) 6월이었을 것이며, 동진이 근초고왕에게 처음으로 조공을 받은 후 몇 개월 내에 신속히 답방을 하였고, 진동장군과 낙랑태수에 임명한 주요 원인이었다. 요서를 다스린 것 또한 근초고왕의 위대한 공적이다. 전연을 멸망시킨 후의 전진은 요서에 대한 통치 또한 불안정하였으며, 오래지 않아 그 지역은 다시 혼란 속으로 빠져들었다. 그리하여 백제 통치하의 "진평군 진평현"은 상당히 긴 시간 동안 존재하였을 가능성이 있다. 대략 유송劉宋이 진晉을 대체한 후 "진안군을 진평군으로 바꾸었다."[18] 『양서梁書』, 『남사南史』 기록에 따르면 요서의 "진평군"을 유송시기에 "백제군"으로 바뀌었을 가능성이 크다. 이 "백제군" 또한 이후에 "위가 백제를 토벌하였다魏伐百濟"의 백제일 가능성이 크다. 이 문제는 비교적 복잡하며, 본고의 주제와 연관성이 크지 않으므로 더 이상 토론하지 않겠다.[19]

종합해 보면, 근초고왕 시기에 백제는 요서를 지배하기 시작하였으며, 문헌에서는 비록 명확히 기재하지 않았지만, 몇몇의 단서를 통하여 드러나고 있다. 이 문제는 학계에서 한층 더 주목할 필요가 있으며, 본 논고의 추론이 향후 요서지역에서 고고학적인 중요한 증거를 얻을 수 있길 희망한다.

18 『宋书』 卷八 明帝纪, 1974, 중화서국, 163쪽.

19 자세한 내용 참고, 한승, 1995년 제3기, 「"위나라 백제 공격"과 남북조시기 동아시아 국제 관계」, 『역사연구』.

Ⅱ. 백제가 도입한 남조 "요노(腰弩)"에 대한 고찰

근초고왕이 세상을 떠난 후, 백제와 동진의 우호관계는 계속 유지되었다. 『삼국사기』, 『진서』, 『송서』의 기록을 종합하면 태원 9년(침류왕 원년, 384년) 7월, 백제는 동진에 사절을 파견하여 조공하였다. 9월, 호승胡僧 마라난타가 동진에서 백제로 건너갔으며 백제왕은 맞이하여 궁궐에서 경례敬禮하였으며, 이로써 백세 불교가 시작되었다. 태원 11년(386년) 4월, 동진은 백제 왕세자 여휘余晖를 사지절使持节, 도독, 진동장군, 백제왕으로 임명하였다. 진지왕 2년(동진 의희 2년, 406년), 백제는 사절을 파견하여 진에 조공하였다. 전지왕 12년(동진 의희 12년, 416년), 동진의 안제는 사절을 보내어 전지왕(중국 문헌에서는 여영余映 혹은 부여전扶余腆이라고 부른다)을 사지절, 도독, 백제제군사, 진동장군, 백제왕에 책명하였다.[20] 이 밖에 근수구왕 5년(동진 태원 4년, 379년) 3월, 백제는 "사자를 보내어 진에 입조하려 하였으나, 해상에서 악풍을 만나 도착하지 못하고 돌아왔다."

유송劉宋 시대에 이르러서는 양국의 교류는 더욱 빈번해졌다. 『송서宋書』 3권 무제기하武帝紀下와 97권 이만전夷蠻傳 · 백제百濟에 명확한 기록이 있다. 영

20 『三国史记』卷二十五 百济本纪 第三, 193쪽과 『宋书』卷九十七 夷蛮传 · 百济 기록이 서로 일치하나, 동진이 사신을 보낸 것은 언급되지 않았다. 2393쪽.

초 원년(420년) 7월, 송무제宋武帝 유유劉裕가 즉위 후에 조서를 내려 사지절, 독백제제군사, 진동장군, 백제왕인 여영余映의 관직을 진동대장군, 지절, 도독, 왕여고王如故 관직으로 올렸다. 경평 2년(424년), 원가 7년(430년), 원가 27년(450년), 대명 원년(457년), 대명 2년(458년), 태시 7년(471년), 백제는 건강建康에 사절을 파견하여 조공하였다. 특히 원가 2년(425년), 송 문제는 여구은자閭丘恩子와 정경자丁敬子 등을 백제에 사절로 보냈다. "고생을 위로하는 황제의 명을 전달하였다宣旨慰劳." 그 후에 백제는 더욱더 "매년 사자를 보내어 표를 올리고 특산품을 보냈다"『삼국사기』 25권 백제본기 제3과 26권 백제본기 제4에는 비유왕 3년(원가 6년, 429년) 가을과 비류왕 14년 (원가 10년, 440년) 겨울 10월의 두 차례의 조공을 보낸 것을 보충하였다. 이 외에도 문주왕 2년 (원휘 4년, 476년) 3월, 백제는 사절을 보내 입송하였으나, "고구려가 길을 막아 도착하지 못하고 귀국하였다." 이 시기 수도 한성이 고구려의 공격으로 인해 함락되었고 백제는 웅진으로 천도하였다. 약 3년 후, 유송 역시 소제蕭齐에 의해 선양되었다. 요약하면, 유송과 한성백제의 교류 역사는 왕조의 시작과 끝까지 일관되었을 뿐만 아니라, 두 나라 사절의 우호적인 왕래 빈도는 그 후의 제·양·진 3대를 훨씬 초과하였다.

이상의 두 나라 간의 교류는 송宋 문제文帝 원가년元嘉年에 가장 화려했다. 백제는 해마다 송에 사자를 보냈을 뿐만 아니라, 문화교류 내용 또한 매우 풍부했다. 주목할 점은『송서』97권 이만전·백제에 기록에 의하면, 원가 27년(450년), 백제왕 여비余毗가 상서와 특산물을 조공한 것 이외에도 "태사 풍야부馮野夫를 서하 태수로 삼을 것을 추인해 주고, 표문으로『역림易林』,『식점式占』, 요노腰弩 등을 요구하자, 태조(송문제)가 그것을 주었다."[21] 또한,『주서』권 49 이역전상 · 백제에서는 백제는 "송의 <원가력>을 사용하였고, 인월寅月을 해의 처음으로 하였다." <원가력>은 유송 천문학자 하승천何承天이 만들었

21 완전 동일한 내용이 기재되어있는 것을 볼 수 있다.『南史』卷七十九 夷貊传下 · 百济, 1972쪽.

으며, 원가元嘉 22년(445년) 정식으로 사용되었다. 양·천람 8년(509년)에 이르러 폐지되었으며, 조충지祖冲之의 <대명력>으로 바뀌었다. 남조에서는 총 65년간 사용되었다. 송 <원가력>은 역시 원가 27년(450년) 『역림易林』, 『식점式占』등의 서적과 함께 백제로 전해졌다.

원가 27년(450년) 남조에서 백제로 도입된 "요노腰弩"는 대체 어떠한 살상용의 선진 병기였을까? 왜 도입되었을까? 백제에 들어온 후에 어떻게 유용하게 사용되었을까? 에 관한 세심한 분석이 필요하다. 이러한 문제는 당시 백제와 고구려의 군사 전쟁과 깊은 관련이 있으며, 백제와 남조의 특수한 관계 등 복잡한 배경을 하고 있기 때문에 이를 바탕으로 깊이 있게 토론할 가치가 있다.

양홍杨泓의 연구에 의하면, 한대漢代에서부터 전쟁에서 주로 장거리 병기로 사용되었으며, 노弩는 궁弓보다 더 중요하다. 일반적인 노는 사람의 팔 힘으로 발사하는데, 사정거리는 비교적 짧고 살상력에도 한계가 있다. 뿐만 아니라 사정거리가 길고 살상력이 강한 큰 강노는 크기가 크고 무거워서 반드시 모든 힘을 집중 사용하여 운용해야 한다. 따라서 발로 밟거나 허리로 끌거나 심지어 권양기(絞车)에 설치한다.[22] 그중에서 팔 힘으로 당기는 노를 "벽장노臂張弩"라고 부르며, 발로 밟는 노를 "궐장노蹶張弩", 허리힘으로 당기는 노를 "요노腰弩" 또는 "요인노腰引弩"라고 부른다

요인노를 사용 할 시에는 사수는 허리 부분에 로프로 궁 시위를 당긴다. 산동 가양嘉祥의 동한시대 한무씨漢武氏 사당의 화상석 중에 요인노 그림이 있다. 사수는 허리에 갈고리를 매달고 있으며, 또한 우측의 궁미弓弭에서 허리 쪽으로 나온 줄로 그 형태를 설명할 수 있다. 요인노는 강력한 힘이 있는데, 어떤 학자의 추산에 따르면 그 사정거리가 400미터에 달한다고 한다.[23] 서진

22 양홍, 1985, 『중국 고병기 논총』, 문물출판사, 209 · 210 · 215쪽.
23 참고, 손기, 1990, 『한대물질문화자료도설』, 문물출판사, 143쪽.

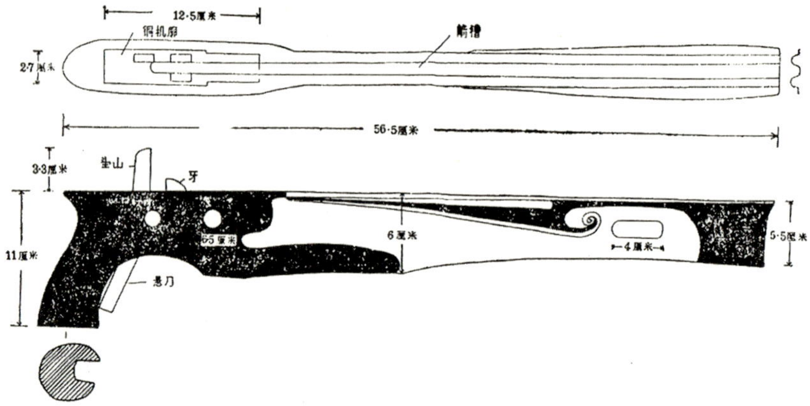

그림 1 강소성 우이 동양 서한묘 출토 칠노

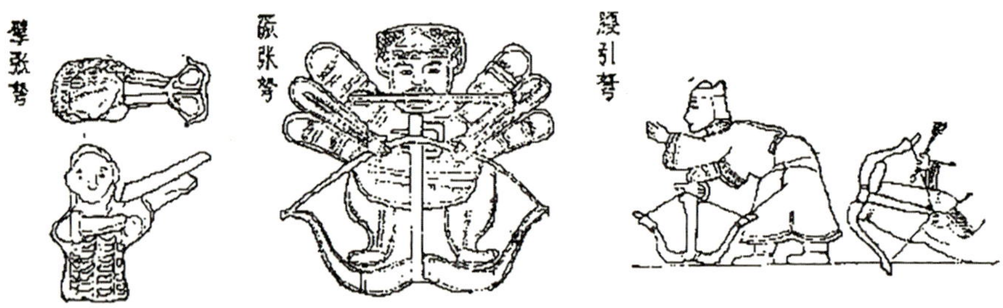

그림 2 한대 화상 소재 중의 벽장노, 궐장노와 요인노

초, 무위태수 마륭은 "요인노 36균, 궁 4균, 표지를 세워 간단히 시험하였으며立标简试" 용사 3,500명을 모집하여 양주 강융羌戎의 난을 평정하였다.[24]

36근은 1균钧이며, 4균은 1석이다. 즉 36균을 환산하면 9석이며 모두 1080근이다. 약 합이 지금의 272.1kg이다. 거연한간居延漢簡의 기록에는 당시 군의 장비에는 각종 노弩가 있었는데, 출현 빈도가 비교적 많은 것은 3석, 5석, 6석 노이며, 그 외에도 4석 7석 8석인 것도 있었으나, 6석 노가 가장 많았다. 마융이 "간시簡試"에서 사용한 36균 요인노는 보통의 노보다 강도가 세다. 이러한

24 『晋书』卷五十七 马隆传, 1555쪽.

요인노를 사용할 때, 필요한 힘이 커서 허리 부분에 큰 손상이 발생할 수 있다. 『남사南史』 기록에 따르면, 제나라 종실의 소민蕭敏이 신안태수로 임명되어 쾽을 잘 쏘았다고 한다. 후에 "노를 쏘다 허리에 손상이 생겨 죽었다." 하였는데, 요인노 사용과 관련이 있다.

원가 27년(백제 비유왕 24년, 450년), 한성백제는 남조의 유송으로부터 "요노"를 들여왔다. 이는 당시의 백제가 직면한 어려움과 관련이 있다. 4세기부터 고구려는 발전의 중심을 요동에서 한반도 북부의 원래 낙랑 지역으로 전환하였다. 따라서 전력으로 북쪽으로 확장하고 있는 백제와 격렬한 쟁탈이 전개되었다. 『삼국사기』에 따르면, 근초고왕 후의 근수구왕 시기(재위 375-384년)에는 두 나라 간의 쟁탈전이 더욱 심하였다. 하지만 진사왕 8년(동진 태원 17년, 392년)부터 백제는 점점 불리하게 되었으며, 해마다 이어진 전쟁으로 인하여 사상이 막심하였다. 뿐만 아니라 한수 이북의 여러 부락 또한 고구려에 함락되었다. 심지어 아신왕 6년(동진 융안 원년, 397년), 백제는 태자 전지를 인질로 왜와 결언을 맺었나. 비유왕(재위 427-455년, 유송 원가 4년에서 효건 2년)이 즉위 후까지 계속해서 왜와 교류하였으며, 주도적으로 신라와 화의하였다. 더욱 빈번히 유송에 사자를 보내 조공하였으며, 여러 방면으로 고구려와의 전쟁에서 불리한 상황을 벗어날 대책을 모색하였다. 유송에서 요노를 들여온 것도 비유왕이 백제가 어려움을 극복하고자 하는 노력의 하나로 볼 수 있다.

한편 동진 때부터 대륙 남쪽의 관군은 거대한 위력의 강노를 제조할 능력이 있었다. 『송서宋書』 권1 무제기武帝紀에는 의희義熙 6년(410년), 동진대장 유요가 건강성 서쪽 석두성에서 노순盧循에 대항하였다. 노순은 "10여 함을 보내 돌을 발사하며 목책을 공격하였고, 공(유요)은 신노를 발사하여 명중하였으며, 곧 함락되었다. 노순은 멈추고 다시는 목책을 공격하지 못했다" 또 말하길, 그 후 진군은 계속해서 노순을 토벌하였는데, "(유요)군에는 수 만균의 신노가 있었으므로 모두 함락시켰다." 이 중에 "만균萬鈞"은 비록 과장된 단어

이지만, 동진 말년 배치한 노弩의 위력이 강대함을 설명한 것이라 할 수 있다. 백제 비유왕은 유송에서 거대한 위력을 가진 강노인 "요노腰弩"를 들여왔다.

문헌 기록에 따르면, 일반적인 상황에서 남조시기에 외국으로 특수한 서적·무기를 수출하는 것은 당시의 제도에서는 허락하지 않았다는 사실이다. 예를 들면 북위 효문제는 예전에 남제에게 책을 빌리는 요청을 한 적 있는데, "조의가 필요하여 줄 수 없다朝议欲不与." 후에 "일이 결국 성사될 수 없다事竟不行."[25]고 하였다. 영명 6년(488년), 강족 출신의 탕창왕宕昌王 량미梁弥가 사자를 보내 남제에게 "군사의장과 기술 서적을 요구했다. 이에 조서詔書로 말하길, '군대 예의 등 9종류를 알 필요가 있다, 하지만 모두 좋은 것은 아니다. 하지만 군기 종류가 매우 많은데, 그것에 이르기가 쉽지 않다. 내부 기술은 교섭할 수 없다. 비각秘閣 도서는 예외 없이 반출이 안 된다. 『오경집주』, 『논어』에는 지금 특별히 칙명에 의해 왕에게 각 1부를 하사한다.'"[26]고 하였다. 특별히 자주 보는 경서만 하사하지만, 병기와 기술 서적은 수출을 거절한 것이다. 다른 예를 들면 선비족 출신의 하남왕 토곡혼吐谷浑 습인拾寅이 "아들 역도후는 천문을 좋아해서子易度侯好星文, 천문서적을 요구하였으나尝求星书, 조정이 의논하여 지급하지 않았다朝议不给."[27] 고 한다. 이는 비록 모두 소제萧齐 때의 일이지만, 유송의 제도와 규정도 서로 크게 다르지 않을 것이다. 곤혹스러운 것은 원가 27년(450년), 백제 비유왕이 유송에 요구한 『역림』, 『시점』 역시 점서占卜류의 "기술 서적"이다. 뿐만 아니라 요노는 더더욱 당시에 비교적 민감한 선진 병기에 속한다. 하지만, 송 문제는 순순히 백제의 요구에 대답을 하였다. 중국학자들은 이에 관하여 백제가 동진과 남조의 지배 질서 중에 특수한 위치에 있었으므로 남조의 특별한 우대를 받았다고 생각한다. "백제

25 『南齐书』 卷四十七 王融传, 1972, 중화서국, 818~820쪽.
26 『南齐书』 卷五十九 宕昌传, 1032~1033쪽.
27 『南齐书』 卷五十九 河南传, 1026쪽.

와 동진·남조 사이에는 단순한 정치·경제 이익의 교류 층면을 완전히 초월하여 문화공동체로써 깊이가 있으며, 나아가 감정공동체 이상의 교류 수준에 이르렀다"[28]

남조 시기, 요노는 주로 전쟁에서 사용되었으나, 양나라 때는 시직侍直[29] 양측의 금위병에서도 보이고 있다.『수서 · 예의지칠』에 기재되길, 양 무제의 시위侍衛 가운데, "夾轂 · 蜀客 · 楯劍 · 格兽羽林 · 八从游荡 · 十二不从游荡 · 直从細射 · 廉察 · 刀戟 · 腰弩 · 大弩 등의 부대가 있고, 무릇 49 부대로 각 문의 위, 아래로 배치한다. 사뭇 의장대이다"[30]. 이 제도는 서진의 대가노부大駕鹵簿[31]에서 왔을 것이다.『진서 · 여복지輿服志』에서 말하길, 조정의 대가노부는 "표범 꼬리 마차豹尾車뒤부터 노부鹵簿까지다. 하지만, 신노神弩가 20장 좁은 길을 이루고 후부後部에는 의장 악대가, 다섯 장의 신노에 한 명의 장수를 배치하고 좌우로 각각 2명의 장수를 배치하였다."[32] 이 기록에서는 "신노"라고 불렀다. 당시의 대내외 형세를 고려해볼 때 비유왕이 요노를 들여와서 의위儀衛와 왕궁수어王宮守禦용으로만 사용했을 가능성은 적으며, 주로 고구려와의 전쟁에 사용했을 것으로 생각된다. 필자가 주목한 것은『삼국시기』에 기재된 비유왕 재위 기간에는 오히려 백제와 고구려 간의 전쟁이 크게 없었다는 점이다. 이는 비유왕 전후 빈번한 충돌과 전쟁이 있었던 정세와 큰 차이가 있다. 또한 백제가 유송으로부터 들여온 요노의 영향이며, 나아가 고구려에 거

---

28 이 문제에 관해, 이뢰가 상세하게 논하였으므로 그의 저서를 참고, 2014년 제2기,「백제의 천하인식과 동진 남조의 천하질서」,『화동사범대학학보(철학사회과학판)』.

29 옛날 관서나 궁궐에서 당직을 서던 직위.

30 "又有左右夾轂, 蜀客, 楯剑, 格兽羽林, 八从游荡, 十二不从游荡, 直从细射, 廉察, 刀戟, 腰弩, 大弩等队, 凡四十九队, 亦分直诸门上下。行则量为仪卫."

31 황제 제천시 의장을 "대가"라고 부르고, 황제 제천시 쓰인 의장 군대를 "대가노부"라고 칭한다. "대가노부"는 제천, 기곡, 상우에 쓰이는데, 가장 높은 등급으로 수행관료와 호위 인수가 가장 많고, 의장과 악무 역시 제일 잘 갖춘 노부로, 황제 제사 천제에 쓰이고, 농업풍년과 우순풍조를 바라는 제일 중요하고 성대한 의식이다.
http://www.wikiwand.com/zh-cn/%E9%B9%B5%E7%B0%BF

32『晋书』卷二十五 輿服志, 760쪽.

대한 군사적 위협이 된 것과 깊은 관계가 있다고 봐야 할 것이다.

앞에서 언급하였듯이 노弩는 육석六石이 가장 많으며, 서진 때 마융이 사용한 요노腰弩는 구석九石이었는데, 그 강도는 일반적인 노에 비해 1.5배 이상으로 대노大弩에 속한다. 하지만 양무제가 제문諸門과 의위儀衛의 노 부대에 요노뿐만 아니라, 대노가 따로 있었다. 따라서 요노는 당시 가장 큰 종류의 노가 아니었으며, 오히려 보통의 소형 노보다 위력이 크고 사정거리가 길었지만, 대형 노보다 사용이 편리하고 민첩한 중형 노의 형태이었을 것이다. 1960년, 남경 통제문通濟門 밖에서 다수의 남조 말기의 벽돌 우물을 발견하면서 부근에서 출토된 남조의 동노기銅弩機 5점을 수습하였다.[33] 구조를 살펴보면 보통의 동노기와 차이가 크지 않으나, 크기 면에서는 남경지역의 동진 고분에서

그림 3 남경 통제문 밖에서 출토된 남조의 대형 동노기

33 이위연, 1961년 제4기, 「남경 통제문 밖 발견 남조묘」, 『고고』. 이 글에서는 여기서 발견된 원형과 원요형 벽돌 구조 건축을 남조 고분으로 추측한다. 저자는 이전에 이미 그 오류를 밝히고, 당시

그림 4 동진 왕민묘에서 출토된 동노기

그림 5 동진 왕건 묘에서 출토된 동노기

출토된 같은 종류의 기물보다 상당히 큰 편에 속하며, 크기는 29㎝에 달한 반면,[34] 왕민王閔묘에서 출토된 것은 14.6㎝이다. 왕건묘에서 출토 된 것은 길이 16㎝(〈그림 5〉 동진 왕건 묘에서 출토된 동노기)이며, 고숭高崧가족 묘지 제6호 묘에서 출토된 것은 12.5cm이다. 전문가의 분석에 따르면, 통제문 밖에서 출토된 거대한 노弩는 "선반床子에만 설치 가능하며, 권양기 등의 기타 방법을 이용하여만 사용 가능하다."고 하며, 따라서 "후대 당·송시기에 유행한 다궁장노多弓床弩의 전신일 것이다."[35]고 하였다. 출토된 남조의 대형 동노기는 인근 동부성東府城에서 발생한 전쟁과 관련이 있을 것으로 보인다. 현도悬刀 하단 한쪽 둥근 구멍이 있는데, 아마도 밧줄을 묶는데 사용하였을 것이며, 보통의 소형 동노기와는 다른 형태를 보이는데, 필자는 본 논문에서 토론하고자 하는 요노일 가능성이 크다고 본다.

특히 흥미로운 것은 1925년 8월 을축년 대홍수 직후, 한강 남안南岸 풍납토성 유적 서남쪽이 무너지며 큰 항아리가 발견되었는데, 항아리 안에는 중국에서 온 동초두銅鐎斗, 동노기銅弩機, 동경銅鏡, 심엽형心葉形 금동대구金銅帶具 등의 중요한 유물이 발견되었다. 아쉬운 점은 그중에서 동노기가 소실되어 구체적인 형태에 대해 알 수가 없다. 항아리에서 이와 함께 출토된 2점의 동초두는 이미 5세기 후기의 남조 유송劉宋 시기 유물로 추정되었는데,[36] 필자는 이 유적에서 지금까지 보인 전문도기錢紋陶器를 포함한 대형 시유 항아리 역시 5세기 중후반 유송 시기의 것이 가장 많다고 생각한다.[37] 필자는 줄곧 이

자주 보이는 벽돌 우물로 여겼다. 참고, 나종진 · 왕지고, 2004, 『육조문물』, 남경출판사, 354쪽. 또한, 이 글에서는 잘못 적은 동노기가 584건에 달하는데, 사실은 5건이다.

34 사진 참고, 남경박물관편, 2004, 『육조문물』, 문물출판사, 380쪽.

35 양홍, 『중국 고병기 논총』, 230쪽.

36 [일본] 경부자은, 1927, 『백제미술』, 동경, 157쪽. [한국] 권오영, 2011년 제2기, 「백제 최초의 왕성-풍납토성 조사」, 『동남문화』; [한국] 박순발, 2012년 제4기, 「백제도성의 고고학적 발견과 연구」, 『남경효장학원학보』.

37 왕지고, 2015, 「한국 서울 풍납토성의 세가지 문제에 대한 시론」, 『변강고고연구』 제17집, 과학출판사; 왕지고, 2015, 『육조 건강성 발굴과 연구』, 강소인민출판사, 377~394쪽.

실종된 동노기가 혹시 원가元嘉 27년(450년) 백제 비유왕이 유송에서 들여온 요노 중에 하나일 것으로 생각하며, 추후에 더 확실한 증거가 발견되기를 희망한다.

비유왕은 소원대로 유송으로부터 당시 동아시아 세계에서 가장 선진적인 살생 병기 중에 하나인 요노를 들여왔으나, 최종적으로 한성백제가 붕괴되는 비극을 바꾸지는 못했다. 25년 후, 개로왕 21년(유송劉宋 원휘元徽 3년, 475년) 9월, 고구려 장수왕이 이끈 3만 대군의 집중 공격으로 백제왕도 한성은 “성이 파괴되고 왕이 죽게 된다.”의 국면을 맞이하게 되었다. 다음 달, 개로왕의 아들 문주왕이 웅진으로 도읍을 옮겼으며 백제의 한성 시대는 이렇게 끝이 난다. 한성백제의 역사에 있어서 개로왕은 현명한 군주는 아니었다. 그는 고구려 대군이 국경까지 침범하여 국가가 위기 상황에 직면한 중대한 순간에도 여전히 고구려에서 보낸 간첩 승려 도림의 중상모략 말을 믿었다. 백성들을 모두 징발하여 흙을 구워 성을 쌓고 그 안에 궁실과 누각, 대사를 만들어, 지인이 고갈되고 백성은 빈궁해지고 군대는 쇠약해지는 형국을 초래하였다. 개로왕은 당시의 복잡한 동아시아 국제 형세를 잘 파악하지 못한 채, 472년 처음으로 북위에 사자를 보내, 북위가 군대를 이끌고 고구려를 정벌하기를 부탁하면서 역사에 웃음거리의 족적을 남기게 되었다. 1925년 풍납토성 유적에서 발견된 것은 유송에서 들여온 동노기일 것으로 추정되며, 동노기는 고구려와의 전투에서 어느 정도의 역할을 해냈을 수도 있지만, 전쟁의 결말을 전환시킬 수는 없었을 것이다. 국운에 영향을 미치는 중요한 요소는 사람일 뿐, 선진 무기를 들여온다고 해서 바뀔 수 있는 것은 아니다. 이러한 진리는 과거와 현재 모두 같을 뿐이다.

후기

본 논고는 한성시대 백제와 중국 동진 · 남조의 교류에 대한 두 가지 문제에 관해 논하였다. 중국 문헌을 기본으로 하고 중국학자의 연관된 성과를 주로 참고로 하였다. 언어상의 어려움으로 인하여 한국의 자료와 관련 논고는 중문으로 번역된 일부 성과물만 참고하였다. 따라서 누락된 자료가 있을 수 있으며, 한국에서의 관점과 중복된 것이 있을 수도 있다. 이 기회를 빌어 한국의 연구 동료와 친구들의 의견을 수렴하여 본 논고를 수정 보완하길 희망한다. 마지막으로 본고를 번역해서 한국학계에 소개해 준 번역자에게 감사드린다.

주제발표 6

百濟とヤマト

奈良県の４～５世紀代の集落から探る

青 柳 泰 介 橿原考古学研究所

Ⅰ.はじめに

奈良県における古墳時代前期~中期社会は、古墳時代初頭の纏向遺跡を筆頭とする奈良盆地東南部地域が優位な社会から、前期後半~中期に盆地各地の勢力が台頭してきて、東南部の優位な状況が薄れていく社会への移行過程であると思われる。それは、一方でヤマト王権が勢力を伸長していく過程と表裏の関係にあるとも思われる。

本発表では、そのヤマト王権拡人過程に渡来系集団がどう関わり、その中で百済系集団はどういう役割を演じたかについて考えてみたい。

Ⅱ. 奈良県における4～5世紀代の集落概観

まずは、奈良県における古墳時代前期~中期の集落動態を確認しておきたい。

奈良県は大きく奈良盆地部とそれ以外に分かれ、前者は東北部(ソフ(ワニ)地域)、西北部(イコマ・ヘグリ地域)、東南部~中央部(シキ・イワレ地域)、南部(アスカ・ヒノクマ地域)、西南部(カヅラキ地域)、後者は主に山間部になり、大和高原地域、宇陀地域、五條地域、吉野地域に分かれる。

弥生時代中期に盆地内各地でみられた拠点集落は、芝遺跡や坪井・大福遺跡のように、弥生時代後期には廃絶するか衰退し、纏向遺跡や大福遺跡のように、その近接地に拠点的機能が移行して、古墳時代前期へ継続するようだ。ただし、鴨都波遺跡のように、弥生時代中期から古墳時

代へと継続する拠点集落も存在するので、その変化は一様ではなく、地域により違いがみられる。また、弥生時代~古墳時代の遺跡は、盆地東部~南部に偏る傾向があることは注意されよう。なお、古墳時代中期になると、和爾・森本遺跡や布留遺跡のように、弥生時代後期から継続する大集落もみられるが、南郷遺跡群のように、当該期に出現する大集落もみられる(中野・福辻・杉山・青柳 2016)。

盆地部以外では、点的に弥生時代~古墳時代の集落がみられるが、地域によ

り展開の仕方が違うようである。特に、宇陀地域に重要な遺跡が集中し、それは古墳の展開の仕方にもあらわれている。なお、五條地域では、古墳時代中期に突如として方墳の多い近内古墳群が形成され、隣接する葛城地域の南郷遺跡群との関わりでも注目される。

Ⅲ. 奈良県における４～５世紀代の渡来系要素概観

次に、奈良県における古墳時代前期~中期の集落における渡来系要素を概観しておきたい(青柳 2005)。

本稿では渡来系要素は主に韓半島系を指し、集落では主に韓式系土器、「大壁建物」などの居住要素、鉄器生産、馬飼育などの手工業生産を代表とする生産要素に顕著にあらわれると考える。

時期別に見ていくと、古墳時代前期には渡来系要素はほとんどみられない。その数少ない事例では、複数の渡来系要素がみられる集落はほとんどなく、韓式系土器か鉄器生産の痕跡のいずれかがみられる程度である。その中で唯一、纏向遺跡だけが韓式系土器、鉄器生産の痕跡という複数の渡来系要素がみられ、さらに木製の輪鐙の存在から馬飼育の可能性も想定できるので、その特異性が際立っている。

それが中期になると、各地で韓式系土器、鉄器生産の痕跡がみられるようになり、複数の渡来系要素がみられる集落も増加する。特に、布留遺跡と南郷遺跡群などでは、多数の渡来系要素が確認できる。また、盆地南部~西南部では「大壁建物」が集中して樹立される状況がみられ、前代と違って、韓半島から渡来系集団が大挙して渡来している状況が想定できる。ただし、奈良盆地北部や山間部では渡来系要素が確認される事例が少ないことは注目してよい。

なお、今までは古墳時代の奈良県での馬の飼育については、文献の記述、古墳出土の馬具や馬形埴輪の存在などから、間接的に想定されているにすぎなかったが、馬歯・馬骨そのものに対する最近の理化学分析の進展により、ようやくその実態が分かりはじめた[1]。詳細はこれからだが、先述の多数の渡来系要素が確認されている遺跡の中で、南郷遺跡群で馬を飼育していた可能性が高まってきた。今後は布留遺跡や他の遺跡の出土品にも同様の分析が進行したら、蔀屋北遺跡を代表とする大阪府の事例との比較検討ができるようになると思われるので、期待したい。

ちなみに、上記事例はいずれも奈良盆地部の事例で占められるが、それ以外の地域については、前期の確認例は皆無で、中期についてもわずかに榛原地域と五條地域で確認されるにすぎない。このことは、前章でふれた集落動態の中で、古墳が顕著に展開する地域と符号するので、興味深い。

1　丸山真史, 2016,「古墳時代の馬の普及と飼育・管理」,『古代学研究』208, 古代学研究会.

Ⅳ. 百済とヤマトの関係

1. 概観

以上、奈良県における古墳時代前期~中期の集落動態と渡来系要素について概観してきた。前期の集落については、弥生時代後期から継続する集落が多く、顕著な渡来系要素については、奈良盆地東南部の纏向遺跡以外ではみられない。その系譜が気になるところであるが、少量の細片しか確認されていないので、明確な系譜関係を追究できないのが残念である。ただし、ここで確認された鍛冶関係遺物は、博多遺跡群出土品との共通点がみられ[2]、当時の最先端技術の痕跡を示す遺物であり、かつ共伴する遺物に韓式系土器(百済・馬韓系)の両耳壺の細片がみられる[3]ことは示唆的である。

中期になると、前代から継続する集落の中で、積極的に渡来系要素を摂取する布留遺跡のようなグループと、消極的な和爾・森本遺跡のようなグループとに分かれるようだ。その背景には、奈良盆地北部や山間部で渡来系要素が希薄である現象とも関係しているようであり、注意される。

一方、南郷遺跡群のように、当該期に突如として出現する大集落もあるが、

2 村上恭通, 1998,『倭人と鉄の考古学』, 青木書店.
3 坂靖・中野咲, 2016,『古墳時代の渡来系集団の出自と役割に関する考古学的研究』.

奈良県では稀な事例である。そこでは渡来系要素を積極的に摂取した痕跡がみられ、隣接する五條地域で当該期に急に古墳や渡来系要素が展開する現象ともリンクしていよう。その反面、同じ地域で弥生時代中期から継続する大集落の鴨都波遺跡では、南郷遺跡群ほど顕著な渡来系要素を確認できないので、同一地域内でも差がみられ、興味深い。

2. 渡来系要素の系譜について

当該期の渡来系要素は、韓半島の様々な地域からの影響がみられ、遺跡内で明確に峻別できない状態にあるが、少なくとも「大壁建物」は百済中枢地域(韓半島西南部の熊津、泗沘、益山周辺)との関係が深いことは、ほかの渡来系要素に比べて顕著である[4]ので、そのことに簡単に触れておきたい。

1)「大壁建物」について

「大壁建物」は、幅約50㎝の溝を方形に掘削して、その内外に柱を密に配置する特異な下部構造をもつ建物であり、まだその構造については解明されるにいたっていない。特に、溝を掘削した直後にいったん埋め戻してから、あらためて柱穴を掘削するという工法をなぜとるのかということについては、まったく解答ができない状態が続いている。共伴するオンドル状施設のルーツなどから、東アジア北部に展開する土壁建物を祖型とする可能性があると考える。また、現状で百済地域に5世紀中葉を遡る事例がないことも課題として残るが、日本列島では系譜が追えない建物であるので、将来的に百済地域の漢

4 青柳泰介, 2016,「「大壁建物」研究の現状と課題および展望」,『研究紀要』第12集, (財)由良大和古代文化研究協会.

城周辺で確認されると確信している。それは日韓における「大壁建物」の配置状況に共通点が多いことも傍証になると考える。

日本列島での類例および展開過程をみていると、奈良盆地南部~西南部に古墳時代中期に将来されたあと、後期に入って類例が増加するが、後期後半以降は滋賀県大津市北郊の穴太遺跡群に日本で確認されている古墳時代の事例の大半が集中するという特異な展開過程を示す。

また、注意しておきたいのは、類例の多い奈良県や滋賀県の事例を精査すると、その性格については、必ずしも手工業生産と結びつかないことである。たとえば、南郷遺跡群での事例のほとんどは、手工業生産が盛んに行われていた古墳時代中期中葉を過ぎた中期末~後期のものである(青柳 2014)。この傾向は、同時期の類例が集中する高取町域や後代の滋賀県の穴太遺跡群でもいえる。

このことは、韓半島における類例が百済中枢部に集中することも考慮すると、手工業生産などに関わった技術者系集団を統括した階層が利用した建物というよりも、外交や行政などに関わった行政実務者系集団を統括した階層が利用した建物であった可能性を示唆しているかもしれない。特に、類例が増加する古墳時代中期末は、百済において首都漢城が陥落するという、未曾有の政治的事件がおこった時期と符号するので、渡来系集団の性格もそれまでの技術系から、行政実務系(外交実務重視?)へと転換しても何らおかしくはないだろう。日本列島における類例で漢城陥落以前に確実に遡る事例が南郷柳原遺跡例ぐらいしかないこと、その後の類例の展開過程が戦略要地や官衙などの政治色の強い場所に配置され、かつ手工業生産とむすびつかない例が多いことなども傍証となろうか。

2) 手工業生産について

話が前後するが、古墳時代中期に話を戻すと、渡来系要素の大半は手工業生産と結びついており、なかでも鉄器生産、須恵器生産や馬の飼育に顕著にあらわれるようなので、奈良県の当該事例を確認しておきたい。ただし、須恵器については、奈良盆地で顕著な事例を見いだせないので省き、残り２者についてみていきたい。

① 鉄器生産

奈良盆地では布留遺跡、脇田遺跡、南郷遺跡群などで鉄滓や鞴羽口などの鍛冶関係遺物が顕著にみられる[5]が、周辺から出土する韓式系土器は百済・馬韓系と想定されている[6]ので、基本的に前代の纏向遺跡の状況と変わらないのであろうか。なお、中町西遺跡からは少量の鍛冶関係遺物とともに土製竈焚口枠(百済・馬韓系)も出土しているので、注目される[7]。この種遺物は大阪府では類例が多いが、奈良県ではこの事例のみである。

② 馬の飼育

奈良盆地では布留遺跡、南郷遺跡群で多量の馬の歯・骨が出土している。先述したように、南郷遺跡群出土馬歯の理化学分析により、幼齢馬の存在と、東日本から連れて来られた馬の存在、さらに食性の変化も想定された[8]ので、奈良県でもはじめて馬の管理・飼育について、直接資料から読み取れるようになった。

その系譜が気になるところだが、南郷遺跡群では多系統の韓式系土器が出土しており特定が難しいので、大阪府の馬管理・飼育の代表的な遺跡である

5　坂靖, 1998,「古墳時代における大和の鍛冶集団」,『橿原考古学研究所論集』第十三, 吉川弘文館.
6　坂靖・中野咲, 2016,『古墳時代の渡来系集団の出自と役割に関する考古学的研究』.
7　坂靖, 2010,「中町西遺跡の造り付け竈焚き口枠」,『青陵』第131号.
8　青柳泰介・覚張隆史・丸山真史, 2016,「南郷大東遺跡から出土した馬歯の化学分析」,『青陵』第146号.

蔀屋北遺跡の事例を参考にすると、百済・馬韓系になろうか(宮崎 2013)。ただし、大阪府で多数確認されている土製竈焚口枠は奈良県ではほとんど確認できず、逆に奈良県で多数確認できる「大壁建物」は大阪府ではほとんど確認できないという違いがあることは、注意した方がよい。

上記以外では、和爾・森本遺跡、乙木・佐保庄遺跡、唐古・鍵遺跡、十六面・薬王寺遺跡、阿部丘陵遺跡群、曽我遺跡、四条遺跡、観覚寺遺跡、鴨都波遺跡などでも確認されているが、まだ実態の把握にはほど遠い状況である。

なお、榛原地域の谷遺跡では、馬の歯・骨とともに木製の馬の鞍も出土しており、注目される。この遺跡からは縄蓆文タタキの陶質土器片も出土しているので、百済・馬韓系集団との関連性を想定でき、今後注意される遺跡となろう。榛原地域が山間部では数少ない顕著な古墳や渡来系要素が確認される地域であることも注意されよう。

ちなみに、奈良県では中期の木製の鞍は、盆地部の下田東遺跡、十六面・薬王寺遺跡、名柄遺跡でしかみつかっていない[9]。下田東遺跡以外では、馬の歯・骨も出土しているので、馬形埴輪や副葬品としての馬具よりも、馬の実態を知る上では重要な資料と位置づけられよう。

3. 小結

以上より、奈良県において古墳時代前期~中期に展開した渡来系要素とそのルーツを概観すると、前期については渡来系要素が希薄であるので、考古学的にはヤマト王権との関係は不明とせざるをえない。わずかに纏向遺跡での小規模な鉄器生産と関わった節があり、それに百済・馬韓系集団が関わっ

9 宮崎泰史, 2012,「家畜と牧場」,『古墳時代の考古学』5, 同成社.

た可能性があるようだ。

中期になると、鉄器生産を核とした手工業生産を中心に渡来系集団が活躍した形跡が濃厚にみられるようになる。それには様々な地域の渡来系集団が関与したようであるが、特に百済・馬韓系集団が目立った動きをしたようである。彼らの活躍により、王権の経済的基盤が強固になっていったと考えられる。また、中期末からは「大壁建物」が盆地南部~西南部で多数確認されるようになるので、百済中枢地域との関係が経済レベルだけではなく、政治レベルでも緊密化していったようだ。

Ⅴ. おわりに

近肖古王(4世紀後半代)治世の百済とヤマトとの関係については、残念ながら、集落の状況からは指摘できなかった。ただし、それを遡る古墳時代初頭には、纏向遺跡で小規模ながら鉄器生産などの痕跡を想定でき、その背後に百済・馬韓系集団の介在を予測できた。中期の状況も踏まえると、当該期にも密接な関係を築いていたことを語る遺物が将来的に出てくる可能性はあろう。そういう意味で、七支刀が近肖古王と密接な関係があるとすれば、石上神宮でそれが保管されるようになった経緯経過と布留遺跡の展開過程に関係性がみえるか、今後の課題となろう。なお、百済とヤマトの関係は、古墳時代中期における

鉄器生産や馬の飼育などを通して、経済的なつながりができたところに、漢城陥落という非常事態を通じて、政治的にも密接な関係性ができたと思われ、近肖古王代はいわば、その密接な関係性がはじまるきっかけをつくった原点として位置づけられる可能性が高いので、今後も地道に解明の努力を続けていかなければならないだろう。

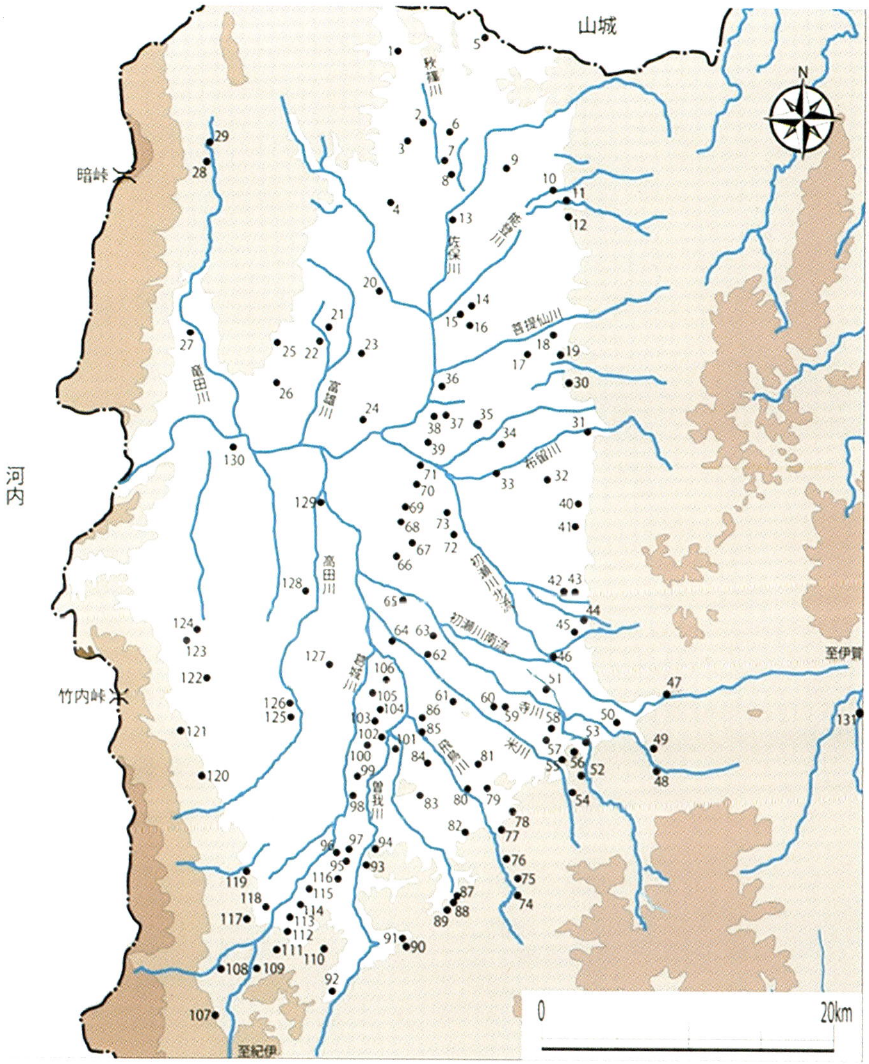

図 1 大和における集落遺跡分布図

番号	市町村	遺跡名	弥生中期後半	弥生後期前半	弥生後期後半	庄内前半	庄内後半	古墳前期前半	古墳前期後半	古墳中期前半	古墳中期後半	手工業生産	遺構	遺物	備考
1	奈良市	秋篠・山陵												関東系土器	
2	奈良市	西大寺東										鍛冶	大型建物	塩	西大寺東、山陵町
3	奈良市	菅原東										玉造	方形区画(前期)	車輪石、石釧	
4	奈良市	六条山											高地性		
5	奈良市	長谷												関東系土器	
6	奈良市	佐紀										鍛冶、武器	方形周溝墓、方形区画(中期)	車輪石、石釧	佐紀、佐紀池、芝辻、二条大路、二条大路南地区
7	奈良市	横領													平城京右4−1−1
8	奈良市	柏木											方形周溝墓	石釧	柏木、大安寺西、四条大路地区
9	奈良市	三条												合子形石製品	三条、大森、大宮地区、油阪、杉ヶ町
10	奈良市	東紀寺										鍛冶		塩	
11	奈良市	南紀寺											導水施設(中期)	塩	
12	奈良市	古市													
13	奈良市	杏													
14	大和郡山市	美濃庄													
15	大和郡山市	稗田・若槻											水田		
16	大和郡山市	発志院												塩	
17	天理市	長寺													
18	天理市	和爾・森本											方形周溝墓、四面庇建物(中期前半)、方形区画(中期後半)	韓、塩、馬	
19	天理市	東大寺山											高地性		
20	大和郡山市	東城										玉造			
21	大和郡山市	小泉											高地性		
22	大和郡山市	原田										鍛冶		韓	
23	大和郡山市	田中垣内													
24	安堵町	東安堵													
25	斑鳩町	三井岡原											高地性		
26	斑鳩町	酒ノ免													
27	平群町	初香山											高地性		
28	生駒市	壱分											方形区画？(中期)	車輪石、韓	
29	生駒市	中菜畑													
30	天理市	別所裏山											高地性		
31	天理市	布留										鍛冶、武器、玉造、ガラス、木	倉庫群、方形区画(中期)	韓、塩、馬	
32	天理市	田町													
33	天理市	合場													
34	天理市	平等坊・岩室											方形区画(前期)	鍬形石、韓	
35	天理市	小路												韓、塩、馬	
36	大和郡山市	八条北												韓、塩	
37	天理市	中町西												韓、塩、土製竈焚口枠	
38	大和郡山市	八条											しがらみ	韓	
39	天理市	角田												韓	
40	天理市	乙木・佐保庄												韓、塩、馬、木製威儀具	
41	天理市	成願寺													
42	天理市	柳本													
43	天理市	柳本立花												石釧	
44	天理市	向山										玉造			
45	桜井市	纒向										鍛冶	方形区画(前期後半、中期後半)、大型建物、導水施設、祭祀土坑群、前方後方形墳墓	韓、塩、関東系土器、銅鐸片、銅鏃、鉄鏃、石臼、石釧、弧文板、木製仮面、木鐙	
46	桜井市	芝											水田(中期)、方形周溝墓	銅鐸形土製品、建物絵画土器	
47	桜井市	脇本										青銅器、鍛冶？		銅鐸片、銅鏃、鉄製品	
48	桜井市	粟原カタソバ													
49	桜井市	忍坂												銅鏃	
50	桜井市	城島												多量の木製土木具	
51	桜井市	上之庄										玉造		車輪石	
52	桜井市	上之宮												紡錘車	
53	桜井市	能登											独立棟持柱建物		
54	桜井市	生田													
55	桜井市	安倍寺下層										鍛冶		石釧、馬	
56	桜井市	安倍山											高地性、多重環壕		
57	桜井市	吉備													
58	桜井市	横内													
59	桜井市	大福										青銅器	方形周溝墓、銅鐸埋納坑	小形仿製鏡、銅鏃、銅剣、銅鐸、銅鐸形土製品	
60	橿原市	坪井・大福										鍛冶		韓、塩	
61	橿原市	下明寺													
62	田原本町	多												韓、塩	
63	田原本町	薬楽寺										玉造(中期)		韓、塩	
64	田原本町	矢部											方形周溝墓	韓、塩	
65	田原本町	十六面・薬王寺										玉造(前期)	方形周溝墓、馬土坑(中期)	韓、塩、馬、木鞍	
66	田原本町	保津・宮古											方形周溝墓、方形区画(前期)		
67	田原本町	羽子田													
68	三宅町	伴堂東										玉造	方形周溝墓、方形区画	韓	
69	三宅町	三河											水田、方形周溝墓		
70	天理市	庵治													
71	川西町	下永東城										鍛冶	方形区画(前期)	石釧、韓	
72	田原本町	唐古・鍵										青銅器	馬土坑(中期)	銅鐸片、車輪石、韓、塩、馬	
73	田原本町	清水風													
74	明日香村	坂田寺下層													
75	明日香村	島庄(嶋宮)												塩	
76	明日香村	飛鳥京跡下層												韓、塩	
77	明日香村	山田道下層												韓	
78	明日香村	上ノ井手													
79	橿原市	高所寺池												内行花文鏡、韓	
80	橿原市	四分											水田	銅鏃、韓、塩	藤原宮西方官衙下層
81	橿原市	藤原宮東方官衙下層											独立棟持柱建物	塩	
82	橿原市	和田廃寺下層												韓、塩	
84	橿原市	四条										鍛冶		韓、塩、馬	
88	明日香村	檜前遺跡群												韓	
89	高取町	観覚寺											大壁建物	韓、馬	

60	橿原市	坪井·大福	鍛冶		韓、塩	
61	橿原市	下明寺				
62	田原本町	多			韓、塩	
63	田原本町	秦楽寺	玉造(中期)		韓、塩	
64	田原本町	矢部		方形周溝墓	韓、塩	
65	田原本町	十六面·薬王寺	玉造(前期)	方形周溝墓、馬土坑(中期)	韓、塩、馬、木鞍	
66	田原本町	保津·宮古		方形周溝墓、方形区画(前期)		
67	田原本町	羽子田				
68	三宅町	伴堂東	玉造	方形周溝墓、方形区画	韓	
69	三宅町	三河		水田、方形周溝墓		
70	天理市	摩治				
71	川西町	下永東城	鍛冶	方形区画(前期)	石釧、韓	
72	田原本町	唐古·鍵	青銅器	馬土坑(中期)	銅鐸片、車輪石、韓、塩、馬	
73	田原本町	清水風				
74	明日香村	坂田寺下層				
75	明日香村	島庄(嶋宮)			塩	
76	明日香村	飛鳥京跡下層			韓、塩	
77	明日香村	山田道下層			韓	
78	明日香村	上ノ井手				
79	橿原市	高所寺池			内行花文鏡、韓	
80	橿原市	四分		水田	銅鏃、韓、塩	藤原宮西方官衙下層
81	橿原市	藤原宮東方官衙下層		独立棟持柱建物	塩	
82	橿原市	和田廃寺下層			韓、塩	
83	橿原市	橿原				
84	橿原市	四条	鍛冶		韓、塩、馬	
85	橿原市	院上				
86	橿原市	内膳·北八木				
87	明日香村	御園アリイ				
88	明日香村	檜前遺跡群			韓	
89	高取町	観覚寺		大壁建物	韓、馬	
90	高取町	松山			塩	
91	高取町	薩摩		方形周溝墓、大壁建物	韓、塩	
92	御所市	巨勢寺下層			韓、塩	
93	橿原市	一町				
94	橿原市	千塚山		高地性		
95	橿原市	一町西		水田(庄内)、しがらみ		
96	葛城市·御所市	新村·柳原散布地				
97	橿原市	萩之本			韓	
98	大和高田市	西坊城		水田(中期)	韓、塩	
99	橿原市	新堂	鍛冶	水田	韓、塩	
100	橿原市	曲川		方形周溝墓、木樋		
101	橿原市	五井		畑		
102	橿原市	南曽我				
103	橿原市	芝ノ前				
104	橿原市	曽我	玉造		韓、塩、馬	
103	橿原市	中曽司遺跡				
106	橿原市	土橋		方形周溝墓		
107	御所市	南郷遺跡群	鍛冶、武器、玉造、ガラス、木	方形区画、大壁建物、四面庇建物、倉庫群、導水施設、土器棺	韓、塩、馬	
108	御所市	名柄	鍛冶、玉造	方形区画(中期)	銅鐸·多鈕細文鏡、馬、木鞍、韓、塩	
109	御所市	巨勢山境谷		高地性		
110	御所市	国見山		高地性		
111	御所市	中西			鏡	
112	御所市	秋津	鍛冶、玉造	水田、方形周溝墓、方形区画(前期)	車輪石、石釧、多孔銅鏃、韓、塩	
113	御所市	今出		水田		
114	御所市	玉手		しがらみ、水田		
115	御所市	茅原中ノ坊		しがらみ、水田		
116	御所市	観音寺本馬		しがらみ、方形周溝墓	石釧	
117	御所市	楢原			関東系土器	
118	御所市	鴨都波	玉造	しがらみ、方形周溝墓、古墳、馬土坑	銅鏃、馬	
119	葛城市	脇田	鍛冶	方形周溝墓	韓、塩	
120	葛城市	太田	鍛冶	方形区画(前期)	石釧、塩	
121	葛城市	竹内			韓、塩	
122	香芝市	鎌田		しがらみ	倉庫部材	
123	香芝市	藤ノ木丁				
124	香芝市	下田東			木鞍	
125	大和高田市	礒野北	玉造	導水施設		
126	大和高田市	大中				
127	大和高田市	藤森東				
128	広陵町	寺戸				
129	広陵町	箸尾			塩	
130	王寺町	舟戸·西岡		高地性		
131	宇陀市	谷	木器		韓、塩、馬、木鞍	

■ : 遺構あり
□ : 遺物のみか様相不明
韓 : 韓式系土器, 塩 : 製塩土器

表 1 大和における集落遺跡消長表 (番号は図1,2に対応)

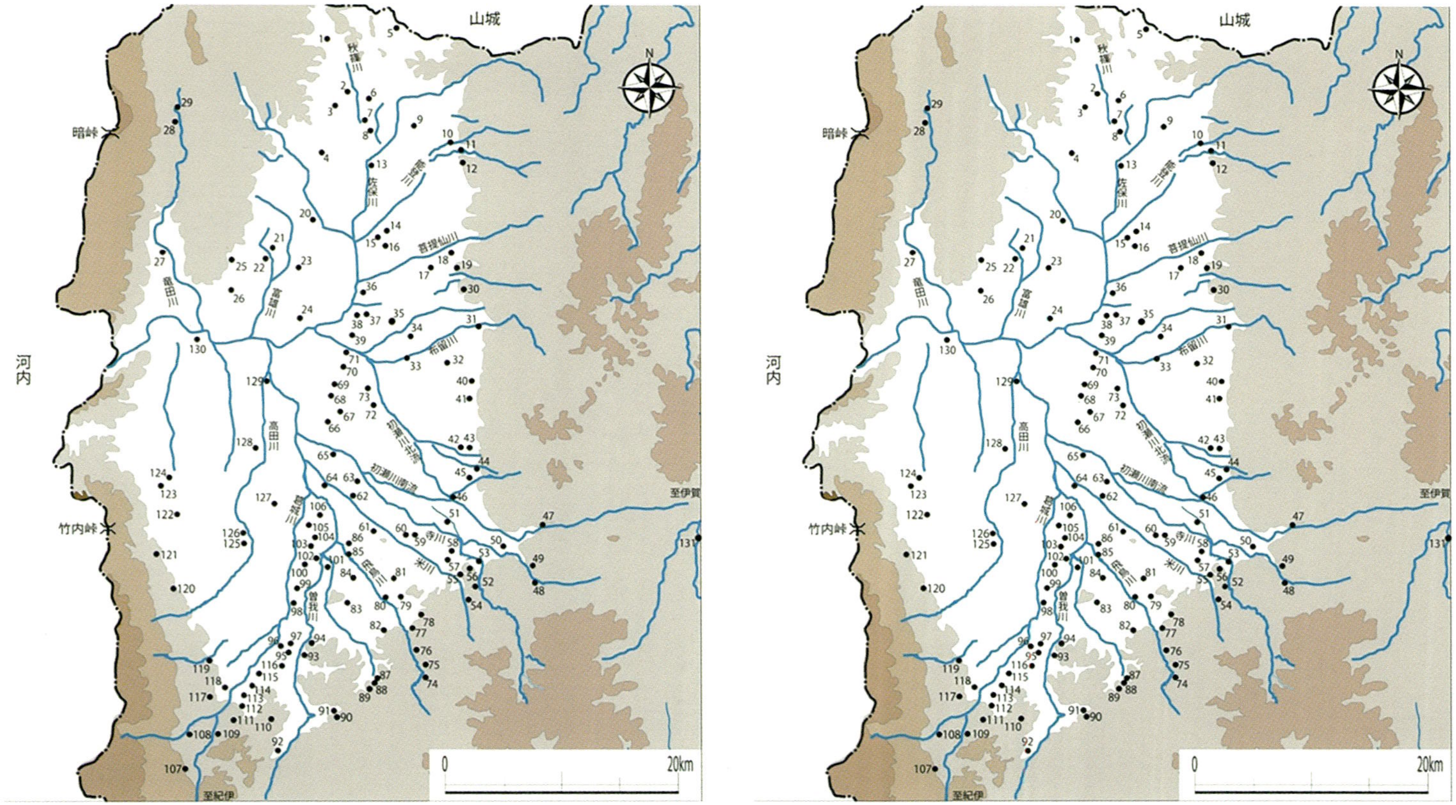

図 2 4世紀代(左), 5世紀代(右)の集落遺跡分布図
(■ : 大壁建物, ▲ : 馬飼育, ● : 鉄器生産)

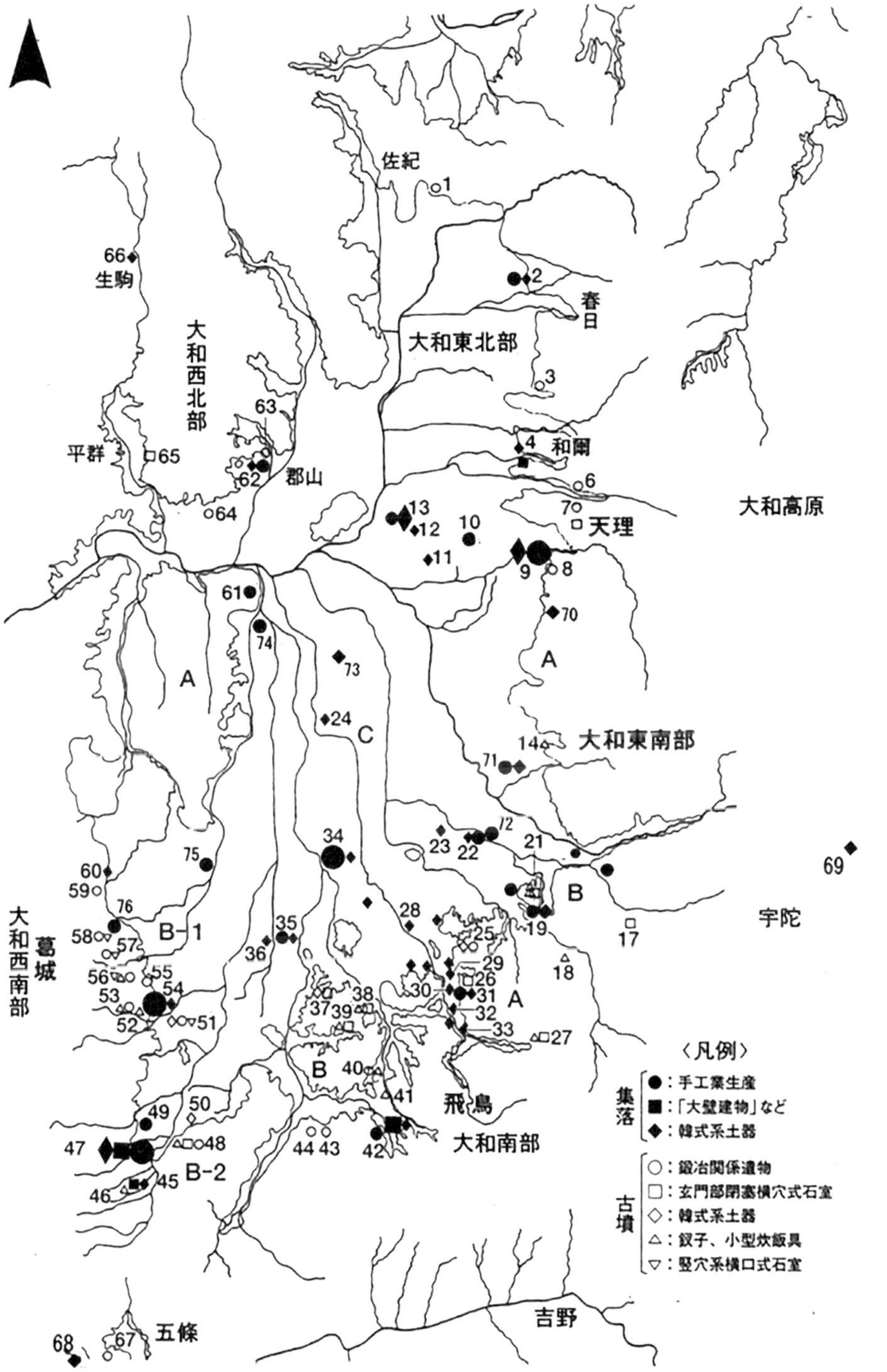

図 3 大和における渡来系要素分布図

番号	遺跡名	時期	手工業生産				韓式系土器	「大壁建物」	備考
			鉄器	馬	玉	ガラス			
70	乙木・佐保庄	4C					○		
		5C		?					
71	纏向	4C	○	?	○		○		木鐙
72	上之庄	4C			○				
73	伴堂東	4C					○		
74	箸尾	4C	○						
75	礒野北	4C			○				
76	太田	4C	?						
2	東紀寺	4C	○						
		5C					○		
4	和爾・森本	5C					○		
9	布留	5C	◎(刀剣)	?	◎	◎	◎		銅滓、ミニチュア鉄器
10	九ノ坪・シマダ	5C			○				
11	平等坊・岩室	5C					○		
12	小路	5C					○		
13	中町西	5C	○				◎		土製竈焚口枠、小型竈
19	上之宮	4C					○		
22	大福	4C	○						
		5C					○		
23	坪井	5C					○		
24	十六面・薬王寺	5C		?			○		木鞍
28	四分	5C					○		
29	山田道下層	5C					○		
30	飛鳥寺下層	5C					○		
31	飛鳥池下層	5C	○				○		
32	岡	5C					○		
33	島庄	5C					○		
34	曽我	5C		?	◎		○		
35	東坊城	5C	○				○		
36	西坊城	5C					○		水田
42	清水谷	5C					○	◎	
45	林	5C					○	L字形竈	
47	南郷	5C	◎(甲冑、刀剣)	○	○	○	◎	◎	ミニチュア鉄器、銀滴、銅滓
49	名柄	5C	○(刀剣)	?	○		○		木鞍
54	脇田	5C	○				○		
60	竹内	5C					○		
61	宮堂	5C	○						
62	原田	5C	○				○		
66	壱分	5C					○		
68	荒坂	5C					○		
69	谷	5C		?			○		

表 2 大和の集落における渡来系要素一覧表(番号は図3に対応)

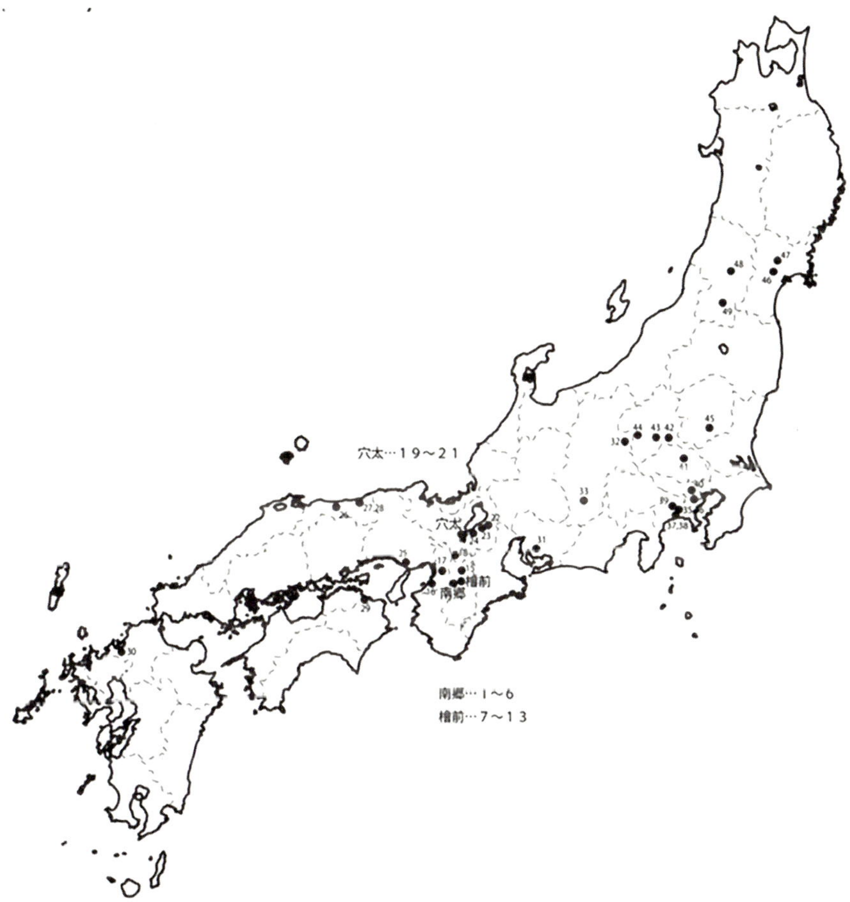

図 4 日本列島における主要「大壁建物」分布図（数字は表3の遺跡番号に対応）

番号		遺跡群名	遺跡名	所在地	遺構名	時期	類型	規模(単位:m)				柱列	棟持柱(径 単位:m)	隅柱配置	通常柱(径 単位:m)	杭状柱(径 単位:m)	壁材	内部空間	出入口	遺跡の性格	備考
遺跡	遺構							長軸	短軸	幅	深さ										
1	1	南郷	南郷柳原	奈良	SD01	第1段階	A-1	9.7以上	7.0	0.3~0.7	0.7	3?	○	□?	0.2					「中間層」居宅	石垣、湧水点祭祀場を伴う
2	2		南郷生家		SD01	第2~3段階?		8.0		0.5	1.4				?				陸	集落	
	3				SD02	第2~3段階?		8.2		0.5	1.4				?						
3	4		南郷井柄		大壁住居	第2段階	A-2?	11.2	5.0	0.6	0.5	1	○	×?	○			柱		「中間層」居宅	周辺に運河?、子持ち勾玉
4	5		佐田(柚/太)		SB18	第2段階	A-2?	8.2		0.4	0.5	1		⊓?	∩			井?		集落	
5	6		南郷岩下		SB01	第2段階	A-1	6.9	6.6	0.6~0.8	0.6	2	○	⊓×	0.2(材あり)		土?	井、土間?		「中間層」居宅	
	7				SB02	第3段階	A-1	(7.0)	6.5	0.3~0.6	0.2	2	○	⊓∩	0.2						
6	8		井戸大田台		大壁住居01	第2段階	A-2	6.0	5.5	0.5~0.7	0.3~0.7	1		×?	0.2~0.3	∩				集落	
	9				大壁住居02	第3段階	A-2	5.8		0.4~0.8	0.3~0.5	1		×?	0.2	∩					
7	10	檜前	清水谷ナルミ		大壁建物1	第2段階	A-2	10.8		0.8		1		×	?			オンドル			大壁遺構5~7
	11				大壁建物2	第2段階	A-2		10.0	0.4		1	?	×	?						
	12				大壁建物3	第2段階	A-2	11.0	10.2	0.6		1		×	?				陸		
	13				大壁建物4	第2段階	A-2			0.4		1	?	×	?						
8	14		森ヲチヲサ		大壁建物1	第2段階		13.5	13.5	0.5	0.3	1		×?	0.2			オンドル?	陸?		周囲に石敷を伴う
	15				大壁建物2	第2段階		10.5		0.5											
	16				大壁建物3	第2段階				0.6											
9	17		観覚寺		大壁建物1	第2段階	A-2	8.8	7.6	0.4~0.5	0.1~0.4	1		×	0.2	0.2		オンドル			大壁遺構9基(6世紀~8世紀後半)、方形石積池(6世紀後半?)、L字形鑑
	18				大壁建物2	第2段階	A-2			0.5~0.6	0.2~0.3	1			0.2						
	19				大壁建物3	第2段階				0.6	0.3	1		⊓	0.2						
	20				大壁建物4	第2段階		10.0		0.5~0.8	0.2	1		⊓	0.3						
	21				大壁建物8	第2段階				0.5	0.4	1		×	0.3						
10	22		薩摩		9次大壁建物1	第2段階	A-2	17.0	15.0	0.5	0.3	1		⊓	0.2						大壁遺構1、2、道路
	23				9次大壁建物2	第2段階	A-2			0.5	0.3	1		×	0.2						
	24				9次大壁建物3	第2段階		14.5		0.5	0.2	1		×	?						
	25				9次大壁建物4	第2段階				0.4~0.7	0.3	1		×	?	∩					
	26				11次大壁建物2	第2段階				0.4	0.2	1		×	?						
11	27		羽内		大壁建物1	第3段階		7.0		0.4		1		⊓	∩	∩					大壁遺構3あり
	28				大壁建物2	第3段階				0.6		1		∩?	∩	∩					
12	29		森カシ谷		大壁建物1	第3段階		6.2		0.6		1		∩	0.1~0.2			オンドル		高地性、要塞?	
	30				大壁建物2	第3段階		6.4		0.4											
13	31		ホラント		SX31	第3段階	B-2	7.0		0.7~1.3	1.6	1		⊓	0.2(コウヤマキ)				陸?	官衙前身	
14	32		寺池尻・池之内		大壁建物	第3段階?	A-1?	7.0		0.5~0.7	0.4~0.8	2			?					官衙?	盛余池堤上
15	33		檀本高塚		独立建物跡	第3段階	A-2	4.0	4.0	0.3~0.5	0.1~0.2	1	?	○	0.2~0.3			柱	陸	祭祀?	周囲に溝・広場を伴う
16	34		大県	大阪	方形周溝遺構	第1~2段階?		(8.0)	(8.0)	0.5	0.2	1?			?				陸?	居館	周囲に方形溝
17	35		桑津		SB03	第3段階	B-1?	11.5	4.1	0.3~0.6	0.4	1		∩	0.1~0.2	?				官衙か居館	溝が接続
18	36		森垣外 A地区	京都	大壁住居跡639	第2段階	B-1?	9.0	9.0	0.3~0.7	0.4	1		⊓	∩			土間?	柱	居館	B地区に方形区画2か所あり
	37				大壁住居跡143	第2段階	B-1?			0.4	0.4	1		⊓	∩						
	38				大壁住居跡585	第2段階	B-1?	7.0	6.5	0.4	0.2	1		⊓	∩						
19	39	穴太	穴太(BP)A地区	滋賀	第2遺構面大壁造り建物-1	第3段階?	A-2	6.0	6.4	0.5~0.8	0.3~0.5	1		□	○間柱に礎板あり						大壁造り建物-1→2→3→4、1と3には張出玄関を伴う
	40				第2遺構面大壁造り建物-2	第3段階?	A-2	7.5	6.4	0.5~0.8	0.3~0.5	1		⊓	∩						
	41				第2遺構面大壁造り建物-3	第3段階?	A-2?		7.4	0.6~0.9											
	42				第2遺構面大壁造り建物-4	第3段階?	A-2?														
	43				第1遺構面大壁造り建物-1	第3段階	B-1?	8.6	(7.2)	0.8~1.0	1.0~1.4	1	0.2(クリ)	∩	0.1~0.2(スギ)		土(礫木舞)	土間	柱		大壁造り建物-3→2→1、いずれも周囲に溝、1には前面に目隠し壁あり
	44				第1遺構面大壁造り建物-2	第3段階	B-1	(8.6)	(7.2)	0.8~1.0	0.6~0.7	1	0.2(スギ)	○		0.1~0.2(スギ)		板間?(転ばし根太)	柱		
	45				第1遺構面大壁造り建物-3	第4段階(飛鳥)	B-1?	8.0	8.0	0.4~0.5	0.5~0.9	2?		○	0.1~0.2(スギ)				柱?		
	46				第1遺構面大壁造り建物-4	第3~4(飛鳥)段階?	B-1?	7.0	7.0	0.4~0.5	0.2~0.3	1		∩		∩材あり			陸		
	47		穴太(BP)C地区		大壁造り建物—1	第3段階?	C?	6.8	4.6	0.6	0.1~0.6	1		⊓	∩			井	陸?	古代寺院前身	大壁造り建物—1→4、他に大壁造り建物—2、3あり
	48				大壁造り建物—4	第3段階?	C?	7.0	6.0	0.8	0.1	1		⊓	∩	?			陸?		
	49				大壁造り建物—5	第3段階?		7.5		0.5~1.0					?			石敷?	陸		
	50		穴太(赤田)		SB21	第2~3段階		10.4	9.8	0.6~0.9	0.4	1			?						周囲に溝を伴う
	51		穴太(下大門)		方形周溝状遺構	第3段階		8.5	8.3	0.3~0.7	0.3	2?			?						
	52		穴太(弥生町)		SB1	第3段階	B-2	7.5	7.5	0.6	0.3	1	○	□○		0.1(材あり)		オンドル?	陸		入口施設あり、周囲に溝を伴う
	53		穴太(南滋ノ尾)		大壁建物1	第3段階?	B-2			0.6	0.2	1	?	∩		0.1(材あり)					大壁建物2→1
	54				大壁建物2	第3段階?	B-2	9.2		0.7	0.4~0.5	1		∩		0.1(材あり)			陸		
	55		穴太南(VD)		2号囲溝	第3段階		8.0	8.0	0.8	0.3										
	56				4号囲溝	第3段階		8.0	8.0	0.8	0.3	1		×?	?	?			陸		
20	57		滋賀里(南生水)		SB6	第3段階	B-1	10.0	8.0	0.4~0.6	0.2~0.3	1		∩		0.1			陸		SB6→SB7、SB7の前面に溝あり
	58				SB7	第3段階	B-2	10.0	10.0	0.6~1.4	0.3~0.6	1	?	×		0.1			陸		
	59		滋賀里(寺世A)		SX2	第3段階	A-2	9.4		0.7~1.0	0.5	2?	0.3	×⊓	0.2	0.1					
	60		滋賀里(見世D)		SB6	第2~3段階	B-1	8.5	8.5	0.7	0.4	1	?	○		0.1(材あり)					
	61		滋賀里(小嶋田)		SB-1	第3段階	B-2?		(10.8)	0.4~0.6	0.2~0.3	1?	?				土?				SB-4あり、SB-3→1・4→2、周辺に溝
	62				SB-2	第3段階	B-2?		8.0	0.4~0.6	0.2~0.3	1	0.25(コウヤマキ)	∩×	0.1(材あり)				陸		
	63				SB-3	第3段階	B-2?		8.8	0.8~1.0	0.5	2?	?								
	64		滋賀里(VA)		18号囲溝	第3段階	B-2?	8.0	8.0	1.0	0.8	1?		×?		∩材あり					水路に接する?
	65		大谷南		SB1	第3段階?	B-2?	7.5	7.1?	0.5	0.3	1	0.3	∩?		0.2			陸		
	66		上高砂		SD1	第3段階?		10.0		0.8	0.3	1?			?	?					SD2と3は一体の遺構?
	67				SD2	第3段階?		5.5		0.5	0.2	1?		∩?	?	?					
	68				SD3	第3段階?		10.0		0.4	0.1	1?			?	?					

	69	南滋賀(倍尻)		方形周溝遺構	第3段階?	B-2?	7.0	7.0	0.5	0.5	2?		×?		?			陸?		L字溝が接続する?
	70	南滋賀		Ⅲ大壁建物	第3段階	B-2	8.5		0.8~1.0	0.4~0.6	2?		○		0.1~0.2(材あり)			陸		前面に柵、周囲に柵と溝を伴う
	71			Ⅴ大壁建物1	第3段階?	A-2?	7.8		0.5~0.8	0.3	1		○	?	?					大壁建物1→2、入口水路と柵を伴う?
	72			Ⅴ大壁建物2	第3段階?	A-2?	7.8		0.5~0.7	0.3	1		○	?	?					
21	73			Ⅵ SB1	第3段階	B-2			0.6	0.3	1		○	0.2(材あり)				柱?		周囲にピット・焼土坑列を伴う?
	74	南滋賀(北浮田)		SB1	第3段階	B-2	8.8		0.6	0.5	2?		○	0.1~0.2(コウヤマキ)	0.1(ヒノキ)			陸		入口両脇と前面に柵列
	75	南滋賀(砂子田)		大壁建物	第3段階?	B-2	(10.0)	9.0	0.6~0.7	0.4~0.5	1	0.3(ヒノキ)	□		0.1~0.2(ヒノキ)			陸		周辺に溝
	76	南滋賀(南滋賀廃寺)		SX6	第4段階(飛鳥)?		9.3	8.7	0.5	0.1~0.3		?							寺院内瓦窯附属	
22	77	木曽		4TSB0401	第3段階	B-1?	7.6	6.1	0.4~0.6	0.1~0.2	1		×	0.2、握石あり					集落	溝は四隅を掘り残す
	78			5TSB0501	第3段階	C?	7.0	5.4	0.4~0.7	0.1~0.2	1		□	○握石あり						
23	79	なまず		SH-3	第3段階	B-1?	5.6	5.5	0.5~0.8	0.3	1	0.4	○	0.3	0.2	土?	かまど	陸?	特殊?	溝に接する
24	80	半紺寺		SB26301	第4段階(飛鳥)?	B-1	10.0以上	6.7	1.0	0.5~0.8	1		×	0.2~0.3(ヒノキ)		土?	間仕切り大壁	柱		
25	81	寒風	兵庫	SB40	第3段階	B-1	7.0	4.9	0.5~0.6	0.2~0.3	1		□	○				柱?	集落	
	82			SB41	第3段階	B-1	4.0	3.9	0.5	0.1~0.3	1		□	○				柱?		
26	83	夏谷		1号大壁住居状遺構	第2段階		12.2	12.0	0.6~1.0	0.1~0.3	2?			?	?				集落	周辺に礎石建物、古墳あり
27	84	松原田中		396溝	第2~3段階	B-2	11.4	8.2	0.6	0.2	1		□	□材あり				柱	集落	隣接地に松原古墳群あり
	85	上光遺跡群		SB120A	第4段階(飛鳥)	B-1	8.4	4.2	0.5~0.9	0.1~0.2	1		□	0.2					官衙中枢建物群	
	86			SB125A	第4段階(飛鳥)	B-1	8.6	4.3	0.7~1.0	0.4~0.7	1	0.4	□	○						
	87		鳥取	SB130A	第4段階(飛鳥)	B-1	8.4	3.9	0.6~0.8	0.1~0.3	1	0.4	□	0.3~0.4						
	88			SB135A	第4段階(飛鳥)	B-1	9.0	4.8	0.7~0.9	0.2~0.4	1		□	0.4						
28	89			SB140A	第4段階(飛鳥)	B-1	8.4	4.2	0.6~0.7	0.1~0.2	1	0.3	□	0.3						
	90			SB145A	第4段階(飛鳥)	B-1	8.6	4.4	0.4~0.8	0.1~0.3	1	0.3	□	0.2~0.4						
	91			SB150A	第4段階(飛鳥)	B-1	8.6	4.4	0.5~0.7	0.2~0.4	1	0.2	□	0.2~0.4						
	92			SB155A	第4段階(飛鳥)	B-1	8.6	4.1	0.6~0.7	0.1~0.2	1		□	0.3~0.4						
	93			SB160A	第4段階(飛鳥)	B-1	8.4	4.2	0.5~0.9	0.1~0.2	1		□	0.4						
29	94	揚間	香川	SB201	第3段階	A-2	5.8	4.3	0.8	0.5	1		□?	○			井		祭祀?	周辺に十坊墓群?あ
	95	梅林		SB06	第2段階?	A-2?	5.5	2.9	(0.2)		1	?	□	0.1	○				居館?	隣接して水田あり
30	96		福岡	SB07	第2段階?	A-2?	5.4	4.2	(0.1)		1	0.12	○□	0.1	○					
	97			SB08	第2段階?	A-2?		6.2	(0.3)		1	0.2	□	主柱0.2、間柱0.1			柱?			
	98	矢迫		SB08	第4段階(飛鳥)			8.0	0.4~0.5	0.8~1.0	1		○	?	?			陸	新興集落	入口施設あり
31	99		愛知	SB10	第3段階	A-2?	9.8	7.2	0.4~0.5	0.2~0.6	1		○	○	○			陸		
	100			SB11	第3段階			5.8	0.4~0.5	0.1~0.6	1		○	?	?			陸		
32	101	上の城		掘立柱建物址	第2~3段階?	A-2かB-1	7.6	5.9	1.0	0.5	1	?	□	?			柱?	柱	集落	
	102	恒川	長野	正倉域建物址08	第4段階(奈良)	C	4.4	3.8	0.8~1.2		1		□	○					伊那郡衙関連	
33	103			正倉域建物址12	第4段階(奈良)	C	4.4	3.9	0.7~1.0		1		□	○						
	104			田中倉垣外建物址07-2	第4段階(奈良)	C	4.6	3.9	0.8~0.9	0.6	1		□	○						周辺に道路遺構あり
	105			田中倉垣外建物址10	第4段階(奈良)	C	6.1	4.0	0.7	0.9	1		□	○	?					
	106	千年伊勢山台		SB0071	第4段階(飛鳥)	B-2?			0.8~1.4	0.5	1		○?	0.3~0.4、地中梁あり					武蔵国橘樹郡衙関連	周辺に大壁遺構(塀)、隣接して古代寺院あり
	107			SB0087	第4段階(飛鳥)	B-2?			0.5~0.9	0.4	1			0.3、地中梁あり						
34	108			SB0030	第4段階(飛鳥~奈良)	B-1?	6.0	6.0	0.8~0.9	0.6	1		□	0.3~0.4、地中梁あり			床束?			
	109			SB0201	第4段階(奈良)		7.2		0.8~1.0	0.6	1			○						
	110			SB0007	第4段階(平安)	C		5.3	0.4~0.6	0.2~0.4	1		□	0.2~0.3						
	111	本郷		GI地区1号掘立柱建物跡	第4段階(飛鳥)	A-2かB-1	22.6以上	4.4	1.1~1.6	0.8~1.0	1	?	□	0.2~0.3	?				官衙関連(仏堂あり?)	
35	112			RC地区6号掘立柱建物址	第4段階(飛鳥~平安)	A-2かB-1	7.1	5.2	0.7~1.0	0.4~0.5	1		□	○						
	113			KE地区11号掘立柱建物址	第4段階(平安)	C	6.3	4.8	0.4	0.6~0.7	1		□	0.4	?					三面庇、釘、鋸、墨書土器(小僧)、炭化米
36	114	下寺尾西方A	神奈川	H9号掘立柱建物	第4段階(奈良)	A-2	4.5	3.3	1.0	0.1~0.5	1		□	○					相模国高座郡衙関連	隣接して古代寺院あり
	115	六の域		SB01	第4段階(平安)	A-2かB-1	4.4	3.8	0.5~0.8	0.5~0.6	1		□	○	?				相模国府関連	折頭釘
	116			SB05	第4段階(奈良)	C	6.0	4.5	0.5~0.9	0.3~1.4	1		○?	○	?					L字釘
37	117			SB09	第4段階(奈良~平安)	C	8.8	6.6	0.8~1.2	0.4~0.6	1		□	○	?					扉、蒋府あり
	118			SB14	第4段階(平安)	C	8.3		0.8	0.0~0.5	1		□	○	?					鉛釘
	119			SB15	第4段階(奈良)	C	6.6	5.1	0.6	0.2	1		○?	○	?					
	120	天神前		第7地点SB01	第4段階(奈良)	A-2かB-1	5.6	3.5~3.9	0.7~0.9	0.1~0.4	1		□	○			焼土		相模国府関連	
38	121			第7地点SB05	?	C	5.1	3.4	0.4~0.8	0.8~1.0	1		□	○						
	122			第7地点SB06	第4段階(平安)	C	4.4~5.0	4.5	0.7~1.2	0.3~0.4	1		□	○						
	123	鳶尾		16号掘立柱建物址	第4段階(平安)	C	6.2	5.2	0.4~0.5	0.2~0.3	1	?	□	○					集落	
39	124			19号掘立柱建物址	第4段階(平安)	C	7.5	6.1	0.3~0.5	0.2	1	?	□	0.2~0.3						
	125			26号掘立柱建物址	第4段階(奈良~平安)	C	5.6	4.4	0.6~0.7	0.1	1		□○	○						
	126			55号掘立柱建物址	第4段階(奈良~平安)	C	5.3	5.3	0.4~0.6	0.1~0.3	1		□	○						
40	127	古照衛・相之面	東京	SB4	第3~4(飛鳥)段階	A-2	8.5	5.4	0.3~0.7	0.1~0.2	1	?	□	0.1~0.2	?				集落(官衙?)	
41	128	熊道下	埼玉	第63号掘立柱建物跡	第4段階(飛鳥~奈良)?	A-2	19.7以上	5.4	0.8	0.4	1		□	0.2~0.3					官衙か居館	
42	129	下善名探鯨		1号掘立柱建物跡	第4段階(奈良)	C	11.2	6.1	0.6	0.3	1	0.2	□	0.2	?				集落	
	130	新保		1号掘立柱建物跡	第4段階(奈良)	C	4.8	4.8	1.0~1.1	0.3~0.6	1		□	○握石あり					寺院付属施設?	
	131		群馬	2号掘立柱建物跡	第4段階(奈良)	C	6.3	5.7	0.9~1.1	0.2~0.6	1		□	○握石あり						
43	132			10号掘立柱建物跡	第4段階(奈良)	C	10.5	5.4	0.7~1.3	0.2~0.6	1		□	○握石あり						建て替えあり
	133			13号掘立柱建物跡	第4段階(奈良)	A-2?	12.6	4.2	1.3	0.4	1		□	○握石あり						
44	134	原		1号掘立柱建物跡	第4段階(奈良)	A-2かB-1	9.8以上	5.1	0.8~1.1	0.3~0.5	1		□	0.3			床束?	陸?	碓氷郡関連?	周囲に溝、石敷を伴う
45	135	西下谷田	栃木	SB-10B(門)	第4段階(飛鳥)	C	7.7	4.5	0.9~1.1	1.0~1.2	1		□	0.3、地中梁あり					官衙関連	周囲に小ピット群あり
46	136	一里塚	宮城	SB2944	第4段階(奈良)	B-2?	9.5	5.5	0.5~0.7	0.4	1		□	?			床束?		官衙関連	
47	137	新田柵跡		SX512	第4段階(奈良)	B-2	16.8~17.0	7.5~7.6	0.3~0.7	0.2~0.6	1		○	0.2		板?	間仕切り溝	陸?	城柵官衙	排水溝?が付く
48	138	高瀬山		12区2号掘立柱建物跡	第4段階(奈良~平安)	B-1?	7.1	5.6~6.0	0.5	0.4	1		□	0.2					長岡郷(集落)	周辺から墨書土器
	139	太夫小屋Ⅰ	山形	SB985・1054	第4段階(平安)	D	15.0	7.9~8.1	0.8~2.4	0.3~0.6	1		□	0.3~0.4(材あり)			井		官衙関連(寺院も?)	二面庇?(SB985・1054)、溝底に長い礎板、周辺から仏具、墨書土器
49	140			SB1074・1120	第4段階(平安)	D	9.6	5.2	1.0~1.4	0.2~0.6	1	?	□	0.3(クリ)						
	141			SB986・1110	第4段階(平安)	D	9.0	9.0	0.6~1.4	0.5~0.9	1		□	0.2~0.4(材あり)			間仕切り?			

凡例…「隅柱配置」…□:隅角′ ○:隅丸′ ×:隅柱なし′ 「出入口」…陸:陸橋′ 柱:柱の間

표 3 日本列島における重要「大壁建物」一覧表

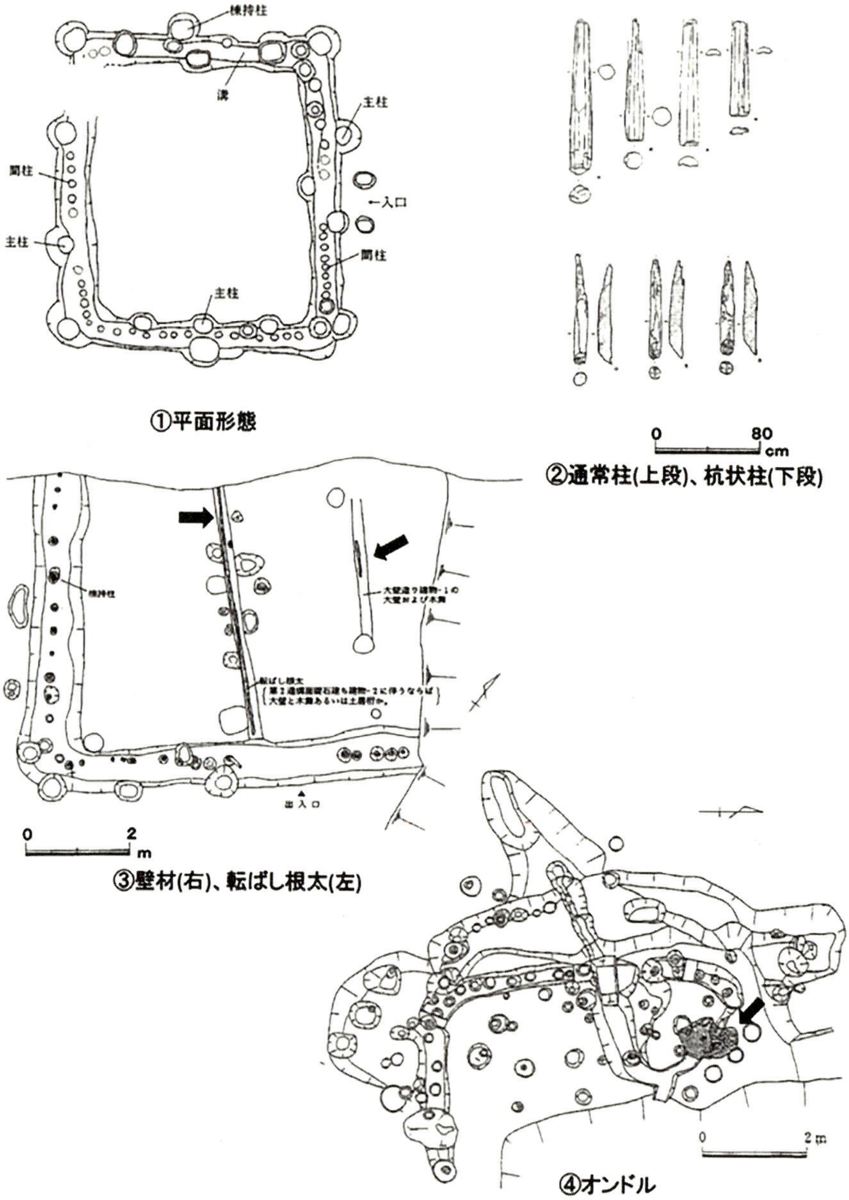
棟持柱
溝
主柱
間柱
←入口
主柱
間柱
主柱
①平面形態
0 80 cm
②通常柱(上段)、杭状柱(下段)
棟持柱
出入口
0 2 m
③壁材(右)、転ばし根太(左)
0 2 m
④オンドル

図 5 名称

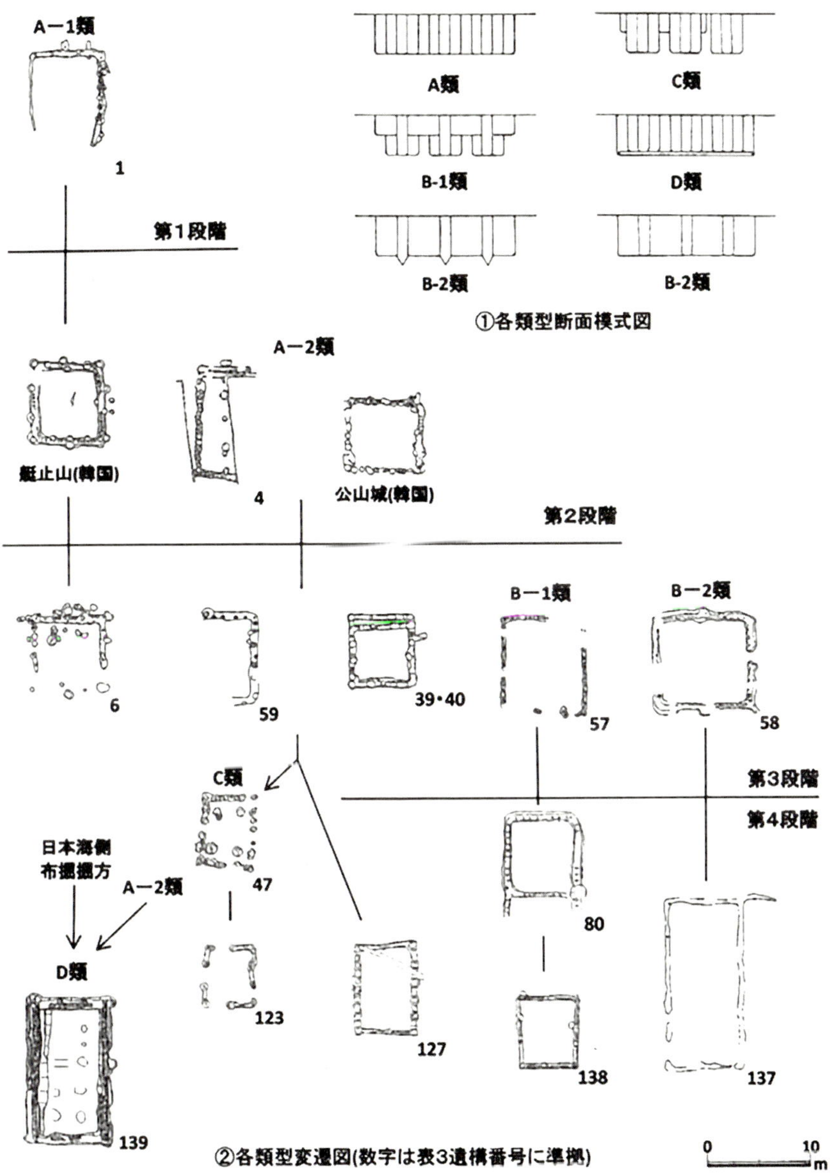
A－1類
1
第1段階
A類
C類
B-1類
D類
B-2類
B-2類
①各類型断面模式図
A－2類
艇止山(韓国)
4
公山城(韓国)
第2段階
B－1類
B－2類
6
59
39•40
57
58
C類
第3段階
第4段階
日本海側
布掘掘方
A－2類
47
80
D類
123
127
138
137
139
②各類型変遷図(数字は表3遺構番号に準拠)
0
10
m

図 6 類型

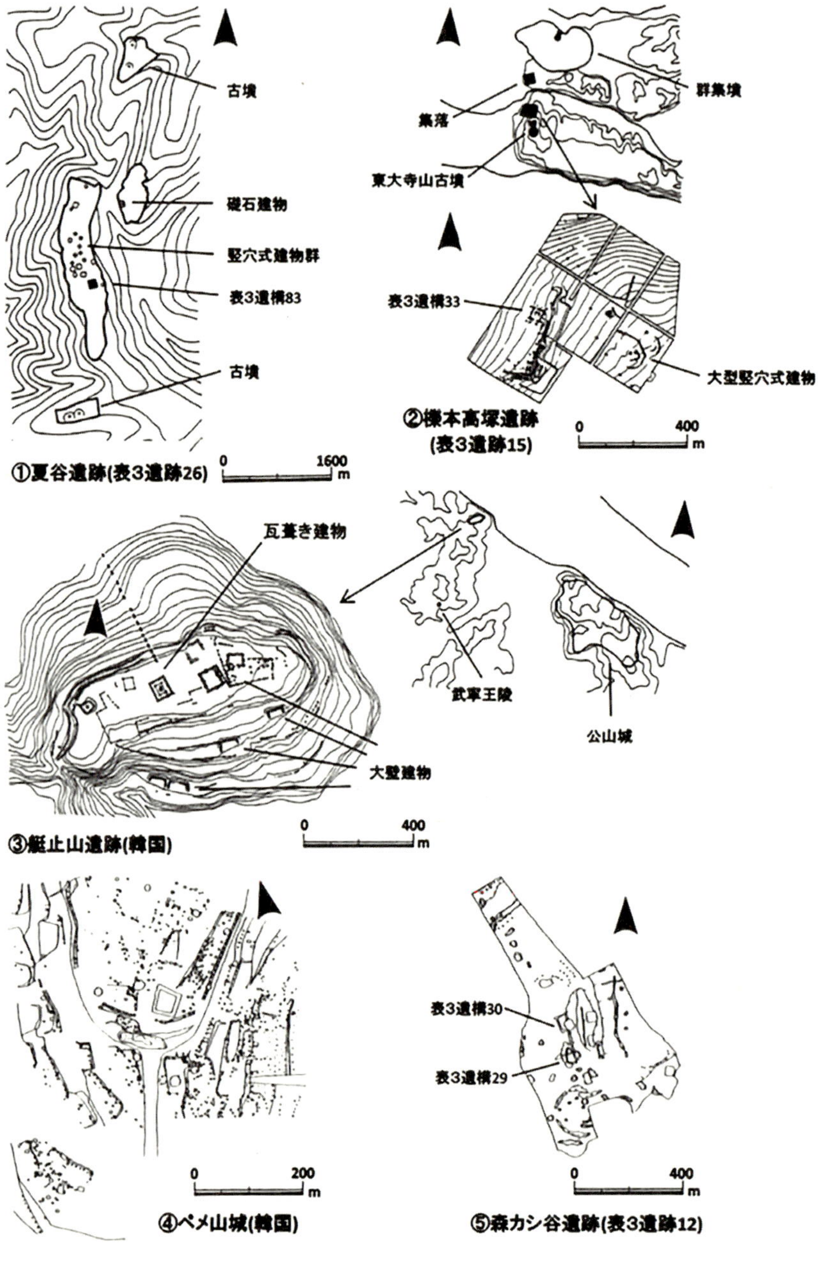

図 7 遺跡の中で位置關係

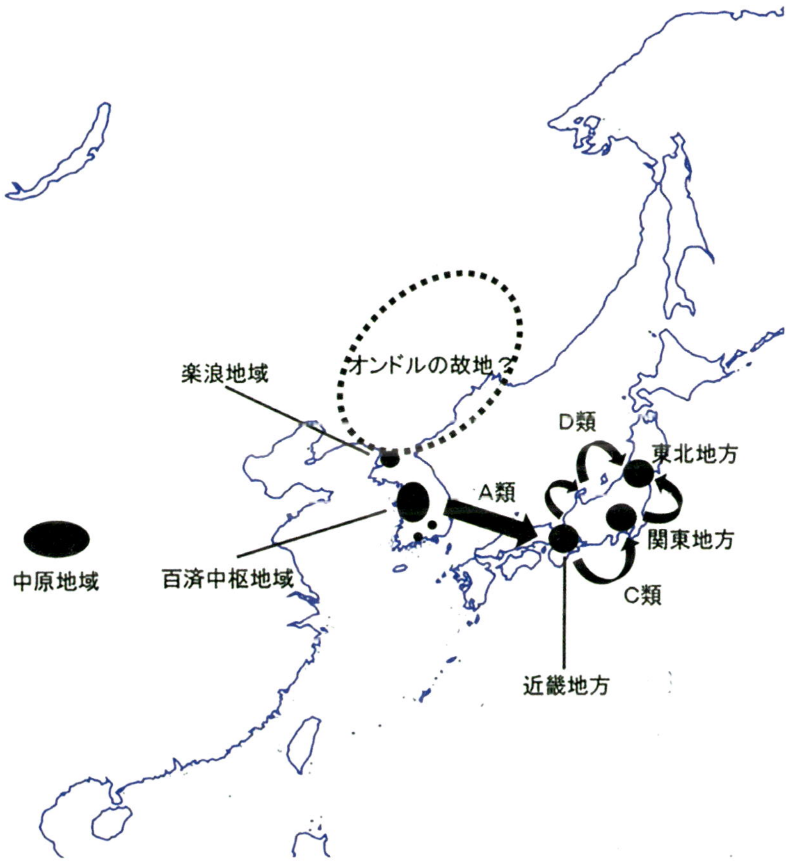

図 8 東アジアにおけるの「大壁建物」の動向

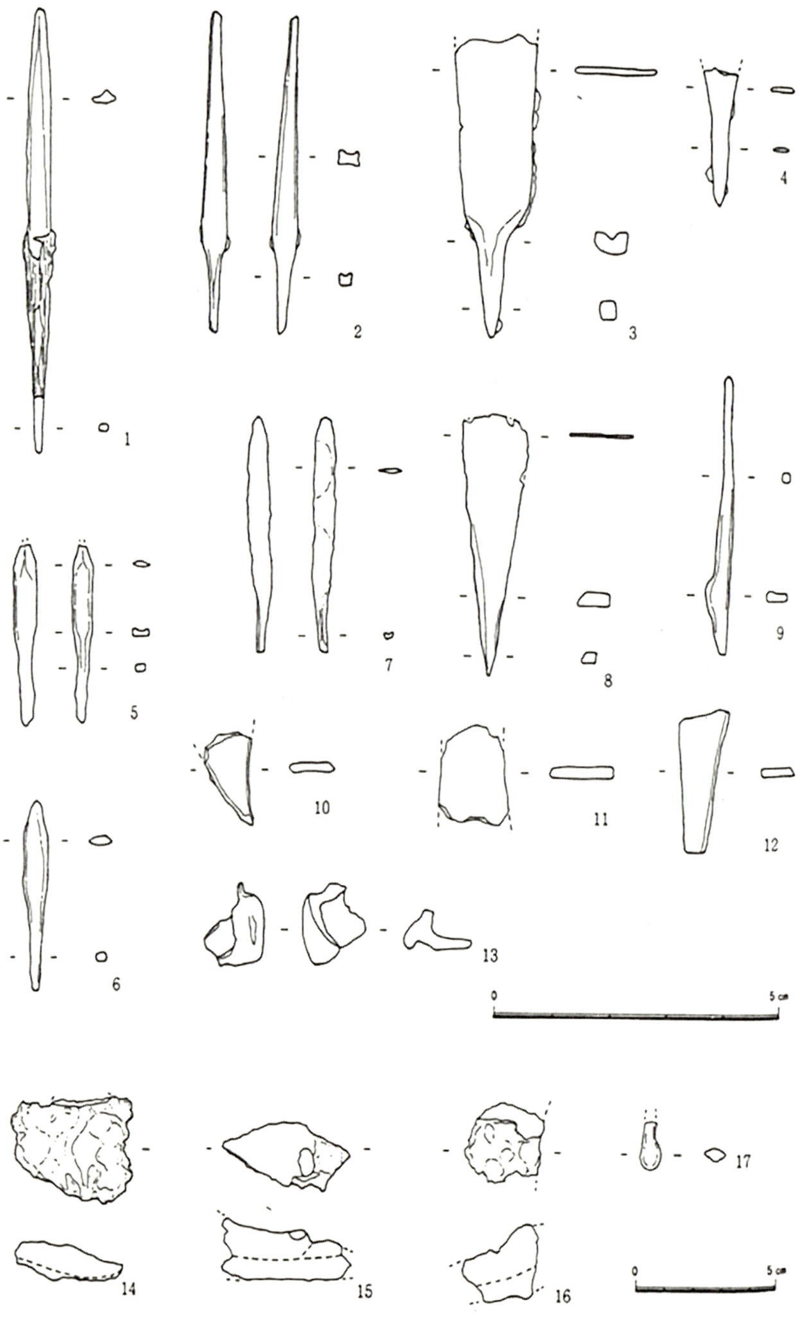

図 9 纒向遺跡出土鉄器, 鉄滓

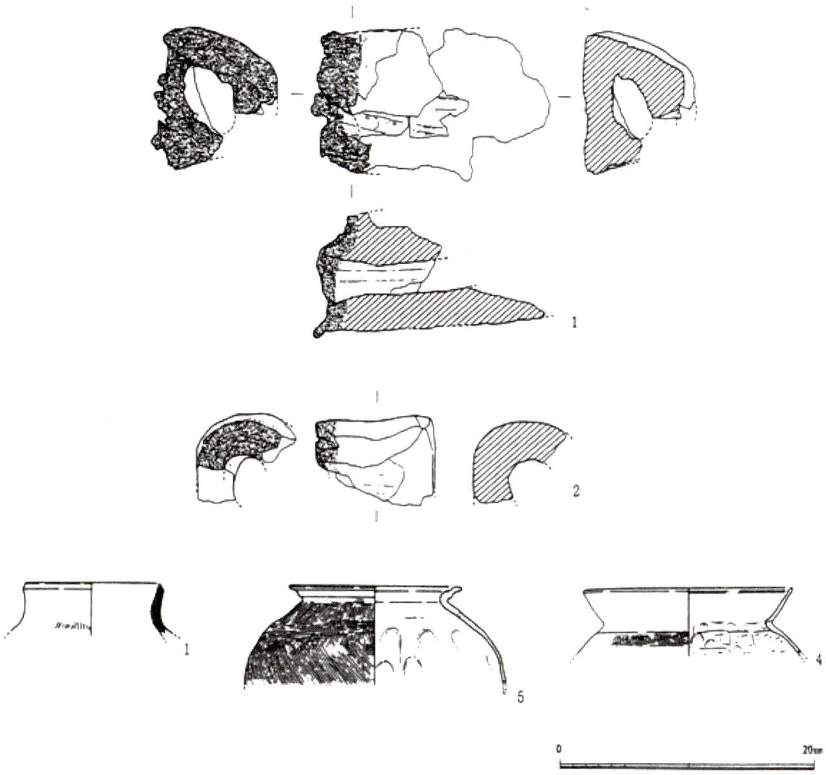

図 10 纒向遺跡出土鞴羽口—土器

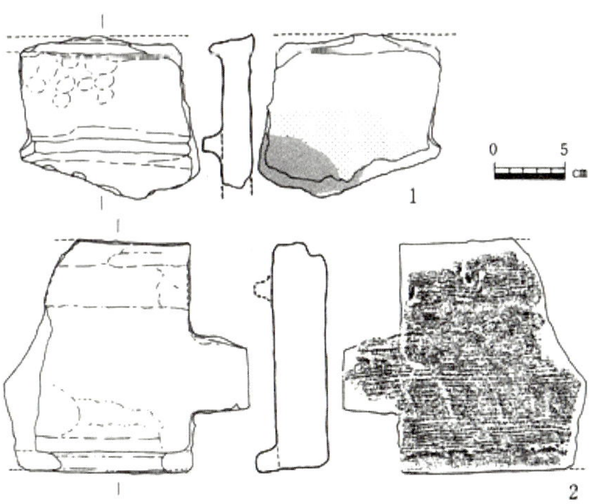

図 11 中町西遺跡出土土製竈焚口枠

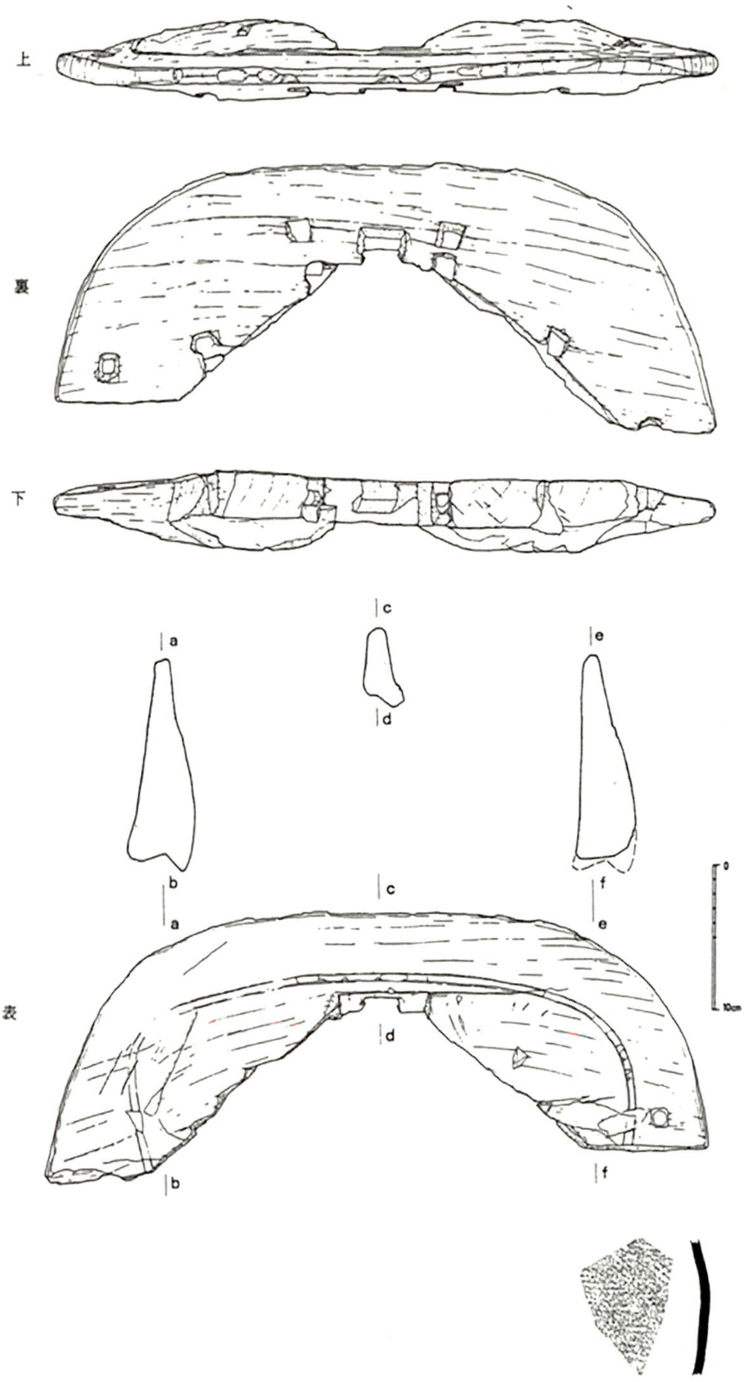

図 12 谷遺跡出土木製鞍, 陶質土器

■ 参考文獻

青柳泰介, 2005,「大和の渡来人」,『ヤマト王権と渡来人』サンライズ出版.

青柳泰介, 2014,「南郷遺跡群と葛城地域」,『韓式系土器研究』XⅢ.

青柳泰介, 2016,「「大壁建物」研究の現状と課題および展望」,『研究紀要』第12集、(財)由良大和古代文化研究協会.

青柳泰介・覚張隆史・丸山真史, 2016,「南郷大東遺跡から出土した馬歯の化学分析」,『青陵』第146号.

中野咲・福辻淳・杉山拓己・青柳泰介, 2016,「大和地域」,『集落動態からみた弥生時代から古墳時代への社会変化』, 古代学研究会.

坂靖, 1998,「古墳時代における大和の鍛冶集団」,『橿原考古学研究所論集』第十三, 吉川弘文館.

坂靖, 2010,「中町西遺跡の造り付け竈焚き口枠」,『青陵』第131号.

坂靖・中野咲, 2016,『古墳時代の渡来系集団の出自と役割に関する考古学的研究』.

丸山真史, 2016,「古墳時代の馬の普及と飼育・管理」,『古代学研究』, 208, 古代学研究会.

宮崎泰史, 2012,「家畜と牧場」,『古墳時代の考古学』5, 同成社.

宮崎泰史, 2013,「日本畿内地域の馬韓・百済関係考古学資料の性格」,『全南地域馬韓諸国の社会性格と百済』, 百済学会.

村上恭通, 1998,『倭人と鉄の考古学』, 青木書店.

주제발표 6

백제와 야마토

~나라현의 4~5세기대 집락을 통한 고찰~

아오야기 다이스케 카시하라고고학연구소

번역 박 재 용 충청남도역사문화연구원

Ⅰ. 머리말

나라현奈良縣의 고분시대 전기~중기 사회는 고분시대 초기의 마키무쿠纏向 유적을 중심으로 나라 분지 동남부 지역이 우위인 사회에서 전기 후반~중기에 분지 각지의 세력이 대두함에 따라 동남부 우위였던 상황이 약화되어가는 사회로 이행되는 과정이라고 생각된다. 한편으로는 야마토 왕권이 세력을 신장해 가는 과정과 표리관계에 있다고 여겨진다.

본 발표에서는 야마토 왕권 확대 과정에 도래계 집단이 어떤 관련이 있는지, 그 가운데 백제계 집단은 어떠한 역할을 담당했는지에 대해서 생각해 보고 싶다.

Ⅱ. 나라현의 4~5세기대 집락 개관

먼저 나라현奈良縣의 고분시대 전기~중기의 집락 상황을 살펴보고자 한다.

나라현은 크게 나라 분지부와 그 이외 지역으로 나뉜다. 전자는 동북부 소후(와니) 지역, 서북부(이코마 · 헤구리 지역), 동남부~중앙부(시키 · 이와레 지역), 남부(아스카 · 히노쿠마 지역), 서남부(카즈라기 지역), 후자는 주로 산간부로 대화고원 지역, 우다宇陀 지역, 고조五條 지역, 요시노吉野 지역을 가리킨다.

야요이시대 중기에 분지 내 각지에서 보이는 거점 집락은 시바芝유적이나 츠보이坪井 · 다이후쿠大福유적과 같이 야요이시대 후기에는 없어지거나 쇠퇴하고, 마키무쿠纏向유적이나 다이후쿠유적처럼 그 근접지역으로 거점적 기능이 이행하여 고분시대 전기로 이어진 것 같다. 다만 카모츠바鴨都波유적처럼 야요이시대 중기부터 고분시대로 이어지는 거점집락도 존재하기 때문에 그 변화양상은 똑같지 않고 지역에 따라 차이가 나타난다. 또한 야요이시대~고분시대 유적은 분지 동부~남부에 치우친 경향이 있다는 점을 주목할 필요가 있다. 더욱이 고분시대 중기가 되면 와니和爾 · 모리모토森本 유적이나 후루布留유적처럼 야요이시대 후기부터 있었던 대집락도 보이지만, 난고南鄕유적군과 같이 해당 시기에 출현하는 대집락도 있다[1].

분지부 이외에서는 야요이시대~고분시대의 집락이 점적으로 분포하지만 지역에 따라 전개방식에 차이가 보이는 것 같다. 특히 우다宇陀지역에 중요한 유적이 집중하는데, 이는 고분의 전개방식에도 나타나고 있다. 게다가 고조五條지역에서는 고분시대 중기에 갑자기 방분이 많은 치카우치近內 고분군이 형성되어 인접한 카츠라기葛城지역의 난고南鄕유적군과의 관계에서도 주목된다.

1 中野咲 · 福辻淳 · 杉山拓己 · 青柳泰介, 2016,「대화지역」,『집락동태로 본 야요이시대에서 고분시대로의 사회변화』, 고대학연구회.

Ⅲ. 나라현의 4~5세기대 도래계 요소 개관

다음으로 나라현奈良縣의 고분시대 전기~중기 집락의 도래계 요소를 개관해보고자 한다[2].

본고에서 도래계 요소는 주로 한반도계를 가리키며, 집락은 주로 한식계 토기, 「대벽건물」 등의 거주요소, 철기 생산, 말 사육 같은 수공업 생산을 대표하는 생산요소에 현저히 나타나 있다고 생각한다.

시기별로 보면, 고분시대 전기에는 도래계 요소는 거의 보이지 않는다. 그 몇 안 되는 사례에서는 복수의 도래계 요소가 보이는 집락이 거의 없고 한식계 토기 혹은 철기생산의 흔적 중 어느 한쪽이 보이는 정도이다. 그중에서 유일하게 마키무쿠纏向유적만이 한식계 토기, 철기생산의 흔적 같은 복수의 도래계 요소가 보이며, 더욱이 목제 윤등輪燈의 발굴을 통해서 말 사육의 가능성도 상정할 수 있기 때문에 그 특이성이 두드러진다.

이것이 중기가 되면 각지에서 한식계 토기, 철기생산의 흔적이 보이게 되고, 복수의 도래계 요소가 보이는 집락도 증가한다. 특히 후루布留유적과 난고南鄕유적군 등에서는 다수의 도래계 요소를 확인할 수 있다. 또한 분지 남부~서남부에서는 「대벽건물」이 집중적으로 세워지는 상황이 보여 전기와 달

2 青柳泰介, 2005, 「대화의 도래인」, 『야마토 왕권과 도래인』, 선라이즈 출판.

리 한반도에서 도래계 집단이 대거 도래하고 있던 상황을 상정해 볼 수 있다. 다만 나라 분지 북부나 산간부에서는 도래계 요소가 확인되는 사례가 적다는 점이 주목된다.

또한 지금까지는 나라현奈良縣의 고분시대 말 사육에 대해서 문헌의 기술, 고분 출토의 마구나 마형 하니와埴輪의 존재 등을 통해 간접적으로 상정해 보는 것에 지나지 않았지만, 말 이빨과 말 뼈 자체에 대한 최근의 이화학 분석 진전에 의해 드디어 그 실태가 밝혀지기 시작했다[3]. 앞으로 자세한 사실이 더욱 밝혀질 것으로 기대되는데, 전술한 다수의 도래계 요소가 확인된 유적 중에서 난고南鄕유적군에서 말을 사육했을 가능성이 높아졌다. 앞으로 후루유적이나 다른 유적 출토품에도 비슷한 분석이 진행된다면, 시토미야키타蔀屋北 유적을 대표로 하는 오사카부大阪府의 사례와 비교 검토가 가능하게 될 것이라고 기대한다.

더불어 위의 사례는 모두 나라 분지부의 사례이지만, 그 이외의 지역에 대해서는 전기의 확인된 예가 전무하며 중기의 경우도 겨우 하이바라榛原 지역과 고조五條지역에서 확인될 뿐이다. 이것은 앞장에서 살펴본 집락의 상황 속에서 고분이 현저히 전개되는 지역과 부합하기 때문에 흥미 깊다.

3 丸山真史, 2016, 「고분시대의 말의 보급과 사육 · 관리」, 『고대학연구』 208, 고대학연구회.

Ⅳ. 백제와 야마토의 관계

1. 개관

이상에서 나라현奈良縣의 고분시대 전기~중기의 집락 동태와 도래계 요소에 대해서 개관했다. 전기의 집락은 야요이시대 후기부터 계속되는 집락이 많고, 도래계 요소는 나라 분지 동남부의 마키무쿠纏向유적 이외에서는 보이지 않는다. 그 계보가 주목되지만 소량의 세편細片밖에 확인되고 있지 않기 때문에 명확한 계보 관계를 추구할 수 없어서 유감이다. 단, 여기서 확인된 단야鍛冶관계 유물은 하카타博多유적군 출토품과 공통점이 보이고[4], 당시의 최첨단 기술의 흔적을 보여주는 유물이자 동반된 유물에 한식계 토기(백제 · 마한계) 두귀단지兩耳壺의 작은 조각이 보이는 것은 시사하는 바가 크다.

중기가 되면 전기에서 이어진 집락 중에서 적극적으로 도래계 요소를 받아들인 후루布留유적과 같은 그룹과 소극적인 와니和爾 · 모리모토森本유적과 같은 그룹으로 나뉘는 것 같다. 그 배경에는 나라 분지 북부나 산간부에서 도래계 요소가 희박한 현상과 관계된 것 같으므로 주목할 필요가 있다.

한편, 난고南鄕유적군과 같이 해당 시기에 갑자기 출현하는 대집락도 있는데 나라현奈良縣에서는 희귀한 사례이다. 거기엔 도래계 요소를 적극적으로

4 村上恭通, 1998, 『왜인과 철의 고고학』, 청목서점.

받아들인 흔적이 보이며 인접한 고조五條지역에서 해당 시기에 갑자기 고분이나 도래계 요소가 전개하는 현상과도 연결될 듯하다. 반면에 같은 지역에서 야요이시대 중기부터 계속된 대집락 카모츠바鴨都波유적에서는 난고유적군 정도로 도래계 요소를 현저하게 확인할 수 없으므로 동일 지역 내에서도 차이가 보여 흥미롭다.

2. 도래계 요소의 계보에 대해서

해당 시기의 도래계 요소는 한반도의 여러 지역의 영향이 보이고, 유적 내에서 명확히 구별할 수 없는 상태로 있지만, 적어도 다른 도래계 요소와 비교해서 「대벽건물大壁建物」은 백제 중추지역(한반도 서남부 웅진, 사비, 익산 주변)과 관계가 현저하게 깊기 때문에 이에 대해 간단히 살펴보고자 한다[5].

1) 「대벽건물(大壁建物)」에 대해서

「대벽건물大壁建物」은 폭 약 50㎝의 도랑을 방형으로 파고, 그 내외에 기둥을 촘촘히 배치한 특이한 하부구조를 가진 건물이다. 아직 그 구조에 대해서는 해명되지 않고 있다. 특히 도랑을 판 직후에 일단 메우고 나서 다시 기둥구멍을 파는 공법을 왜 사용했는가에 대해서는 전혀 해답을 찾지 못하고 있다. 공반하는 온돌형태 시설의 루트 등을 통해서 볼 때 그 조형은 동아시아 북부에서 전개되던 토벽건물이었을 가능성이 있다고 생각한다. 또한 현 상황에서 백제 지역에 5세기 중엽까지 거슬러 올라가는 사례가 없는 것도 과제로 남아 있지만, 일본열도에서는 계보를 추구할 수 없는 건물이므로 향후 백

5 青柳泰介, 2016,「대벽건물 연구의 현상과 과제 및 전망」,『연구기요』 제12집, (재)유량대화고대문화연구협회.

제 지역인 한성 주변에서 확인될 것이라고 확신하고 있다. 한일 양국의 「대벽건물」의 배치상황에 공통점이 많다는 것도 방증이 된다.

일본열도의 유사한 사례 및 전개과정을 보면, 고분시대 중기에 나라 분지 남부~서남부로 전파된 후, 후기에 들어 그 사례가 증가하지만 후기 후반 이후는 시가현滋賀県 오오츠大津시 북쪽의 아노우穴太 유적군에 일본에서 확인된 고분시대 사례의 대부분이 집중하는 특이한 전개과정을 보여준다.

또한 주목하고 싶은 것은 사례가 많은 나라현奈良縣이나 시가현滋賀県의 사례를 정밀하게 조사하면 그 성격이 반드시 수공업 생산과 연결되지 않는다는 점이다. 예를 들면 난고南鄕유적군의 사례 대부분은 수공업 생산이 성행하던 고분시대 중기 중엽을 지난 중기 말~후기의 것이다. 이런 경향은 동시기 사례가 집중하는 타카토리쵸高取町 지역이나 후대의 시가현 아노우유적군에서도 나타난다.

이것은 한반도의 사례가 백제 중추부에 집중하는 점을 고려하면 수공업 생산 등에 관련된 기술자계 집단을 통괄한 계층이 이용한 건물이라고 말하기보다 외교나 행정 등에 관련된 행정실무자계 집단을 통괄한 계층이 이용한 건물이었을 가능성을 시사하는 것일지도 모른다. 특히 유례가 증가하는 고분시대 중기 말에는 백제의 수도 한성이 함락된 미증유의 정치적 사건이 일어난 시기와 일치하므로 도래계 집단의 성격도 종래의 기술자에서 행정실무계(외교실무 중시?)로 전환되었다고 해도 이상하지 않을 것이다. 일본열도의 사례 가운데 한성 함락 이전으로 확실히 거슬러 올라가는 것은 야나기바라柳原 유적의 사례 정도만 있다는 점, 이후 사례의 전개과정이 전략요지나 관아 같은 정치색이 강한 장소에 배치되고, 더구나 수공업 생산과 연결되지 않은 예가 많은 점 등도 방증이 될 것이다.

2) 수공업 생산에 대해서

고분시대 중기에는 도래계 요소의 대부분이 수공업 생산과 연결되어 있다. 그 중에서도 철기생산, 스에키 생산이나 말 사육에 현저히 나타나기 때문에 나라현奈良縣의 해당 사례를 살펴보고자 한다. 단, 스에키에 대해서는 나라분지에서 현저한 사례를 찾을 수 없으므로 제외하고 남은 2가지에 대해서 고찰해 보고자 한다.

① 철기생산

나라 분지에서 후루布留유적, 와키타脇田유적, 난고南鄕유적군 등에서 슬래그나 풀무 송풍구鞴羽口 등 단야 관계 유물이 현저히 보이지만[6] 주변에서 출토되는 한식계 토기는 백제 · 마한계로 상정되므로[7] 기본적으로 전대의 마키무쿠纒向유적 상황과 다르지 않다고 생각한다. 한편 나카마치니시中町西유적에서는 소량의 단야관계 유물과 함께 토제 가마 분구틀(백제 · 마한계)도 출토되어 주목된다[8]. 이런 종류의 유물은 오사카부에서는 비슷한 사례가 많지만 나라현奈良縣에서는 이곳뿐이다.

② 말 사육

나라 분지에서는 후루布留유적, 난고南鄕유적군에서 다량의 말 이빨 · 뼈가 출토되었다. 전술한 것처럼 난고유적군 출토 말 이빨의 이화학 분석을 통해 망아지의 존재와 동일본에서 끌고 온 말의 존재, 게다가 식성의 변화도 확인되었기[9] 때문에 나라현에서도 처음으로 말의 관리 · 사육에 대해서 직접 자료를 통해 조사할 수 있게 되었다.

그 계보가 주목되는데, 난고유적군에서는 다계통의 한식계 토기가 출토되

6 坂靖, 1998,「고분시대에 있어 대화의 단야집단」,『강원고고학연구소론집』 제13, 길천홍문관.
7 坂靖 · 中野咲, 2016,『고분시대의 도래계집단의 출신과 역할에 관한 고고학적 연구』.
8 坂靖, 2010,「나카마치니시유적 유적의 가마 분구틀 구조」,『青陵』 제131호.
9 青柳泰介 · 覚張隆史 · 丸山真史, 2016,「난고 오오히가시유적에서 출토한 말 이빨의 화학분석」,『青陵』 제146호.

어 특정이 어렵기 때문에 오사카부의 말 관리 · 사육의 대표적인 유적인 시토미야키타蔀屋北유적의 사례를 참고해보면 백제 · 마한계가 아닐까 한다[10]. 다만 오사카부에서 다수 확인된 토제 가마 분구들은 나라현에서는 거의 확인할 수 없고, 반대로 나라현에서 다수 확인할 수 있는 「대벽건물大壁建物」은 오사카부에서는 거의 확인할 수 없다는 차이점은 주의할 필요가 있다.

상기 이외에 와니和爾 · 모리모토森本유적, 오토키乙木 · 사호노쇼佐保庄유적, 카라코唐古 · 카기鍵유적, 쥬로쿠멘十六面·야쿠오지藥王寺유적, 아베阿部구릉 유적군, 소가曾我유적, 시조四條유적, 칸가쿠지觀覺寺유적, 카모츠바鴨都波유적 등에서도 확인되지만, 아직 실태를 파악하기에는 멀었다.

한편 하이바라榛原지역의 타니谷유적에서는 말 이빨 · 뼈와 함께 목제 말안장도 출토되어 주목된다. 이 유적에서는 승석문繩席文 도질토기편도 출토되었기 때문에 백제 · 마한계 집단과의 관련성을 상정해 볼 수 있다. 앞으로 관심을 가지고 지켜볼 필요가 있는 유적이 될 것이다. 하이바라지역이 산간부에서는 몇 안 되는 고분이나 도래계 요소가 확인되는 지역이라는 것도 주목된다.

이와 관련하여 나라현奈良縣에서는 중기의 목제 안장은 분지부의 시모다히가시下田東유적, 쥬로쿠멘十六面 · 야쿠오지藥王寺유적, 나가라名柄유적에서만 발견된다[11]. 시모다히가시유적 이외에는 말 이빨 · 뼈도 출토되므로 말 형태의 하니와나 부장품 마구보다 말의 실태를 아는데 중요한 자료로 중요시될 것이다.

10 宮崎泰史, 2013, 「일본기내지역의 마한·백제관계 고고학 자료의 성격」, 『전남지역 마한제국의 사회성격과 백제』, 백제학회.

11 宮崎泰史, 2012, 「가축과 목장」, 『고분시대의 고고학』 5 , 동성사.

3. 소결

이상에서 나라현의 고분시대 전기~중기에 전개된 도래계 요소와 그 루트를 개관해보면 전기에는 도래계 요소가 희박하기 때문에 고고학적으로 야마토 왕권과의 관계가 불분명하다고 할 수 밖에 없다. 겨우 마키무쿠纏向유적의 소규모 철기생산과 관련된 점이 있고, 거기에 백제 · 마한계 집단이 관련되었을 가능성이 있다고 볼 수 있다.

중기가 되면 철기 생산을 핵으로 한 수공업 생산을 중심으로 도래계 집단이 활약한 흔적이 농후하게 나타난다. 거기에는 여러 지역의 도래계 집단이 관여한 것 같은데, 특히 백제 · 마한계 집단이 두드러진 활약을 한 것 같다. 그들의 활약으로 왕권의 경제적 기반이 강고해졌다고 생각된다. 또한 중기 말부터는「대벽건물」이 분지 남부~서남부에서 다수 확인되므로 백제 중추지역과의 관계가 경제 레벨뿐만 아니라 정치레벨까지도 긴밀화되어 갔다고 여겨진다.

Ⅴ. 맺음말

근초고왕(4세기 후반 대) 치세 때의 백제와 야마토의 관계에 대해서는 유감이지만, 집락의 상황을 통해서는 파악할 수 없었다. 다만 이를 거슬러 올라간 고분시대 초기에는 마키무쿠纏向유적에서 소규모지만 철기생산 같은 흔적을 확인할 수 있고, 그 배경으로 백제 · 마한계 집단의 개재介在를 추정할 수 있었다. 중기의 상황의 경우도 해당 시기에 밀접한 관계를 구축하고 있었다는 점을 말해주는 유물이 앞으로 나올 가능성이 있다. 그런 의미에서 칠지도가 근초고왕과 밀접한 관계가 있다고 한다면, 이소노가미 신궁石上神宮에 그것이 보관되게 된 경위 · 경과와 후루布留유적의 전개과정에 관련성이 보이는지 여부에 대한 것은 앞으로 과제라고 생각한다.

그리고 백제와 야마토의 관계는 고분시대 중기의 철기생산이나 말 사육 등을 통해서 경제적으로 관계가 형성되었을 때 한성함락이라는 비상사태로 인해 정치적으로도 밀접한 관계를 맺을 수 있었다고 생각된다. 근초고왕은 말하자면 그 밀접한 관계가 시작되는 계기를 만든 원점으로 자리매김할 수 있는 가능성이 높기 때문에 앞으로 꾸준히 해명하는 노력을 계속해나가야만 할 것이다.

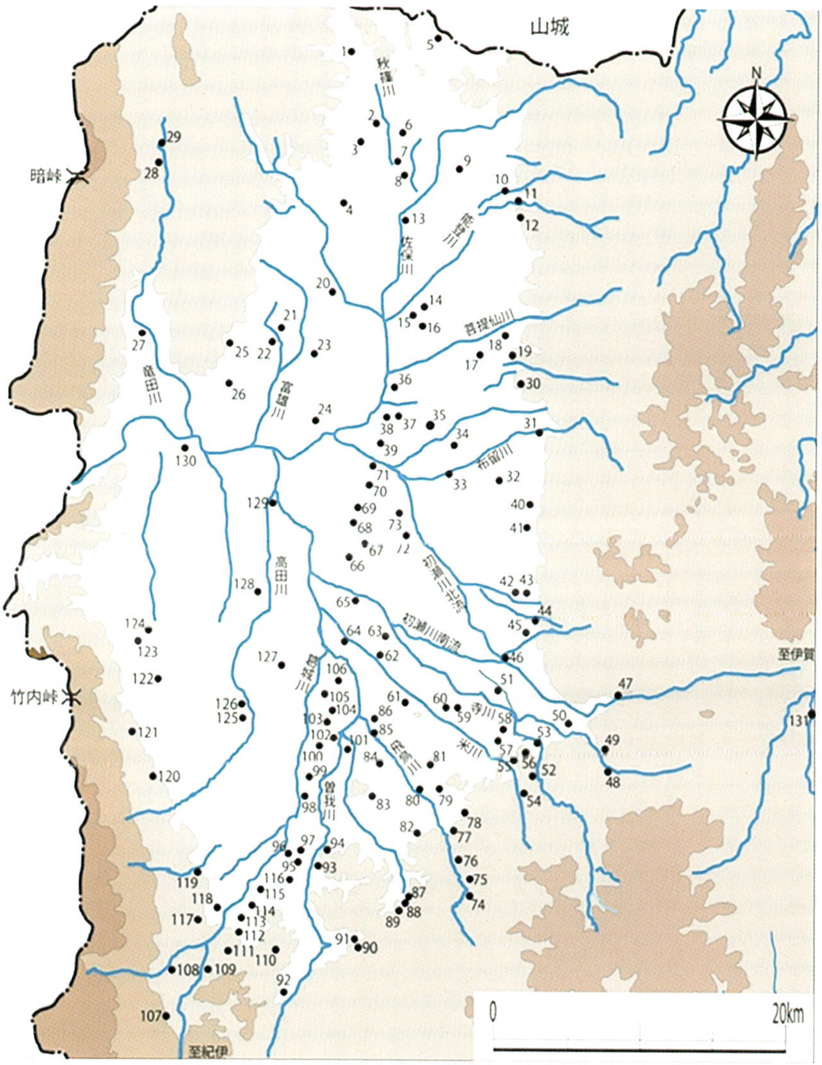

그림 1 大和의 집락유적 분포도

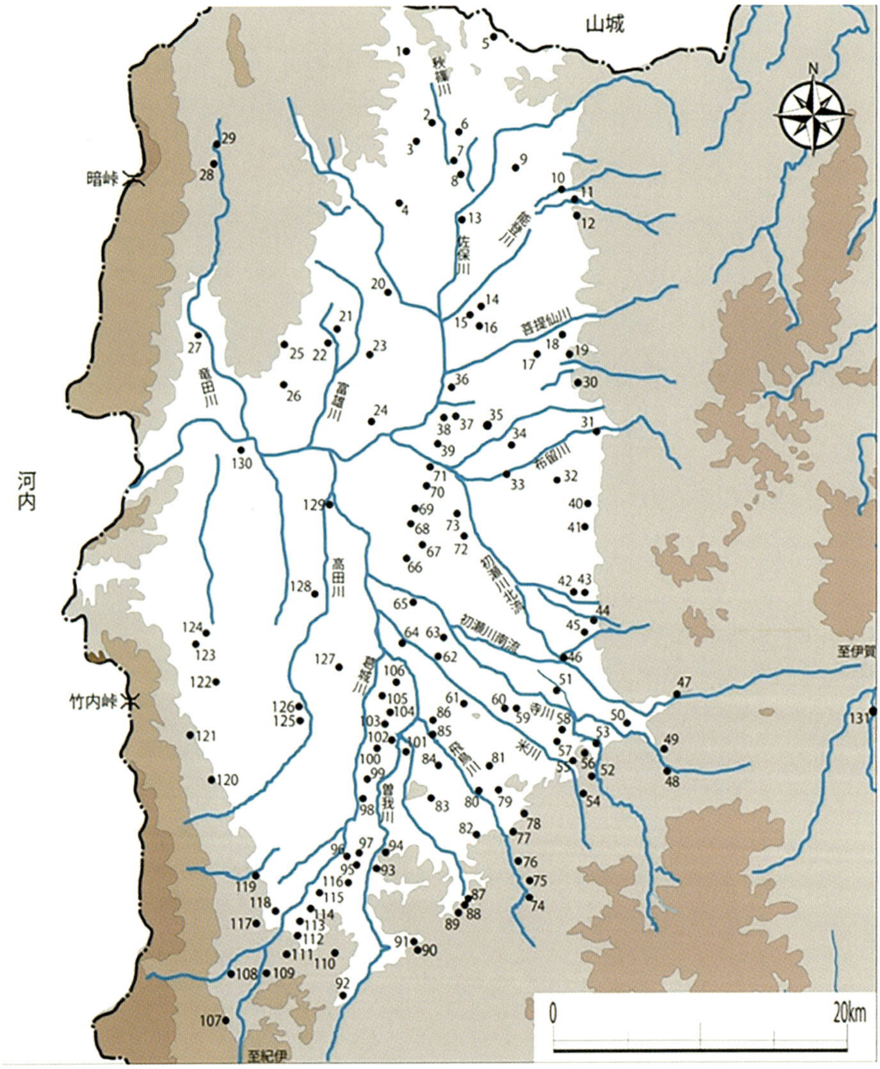

그림 2-1 4세기 대의 집락유적 분포도
(■ : 대벽건물, ▲ : 말사육, ● : 철기생산)

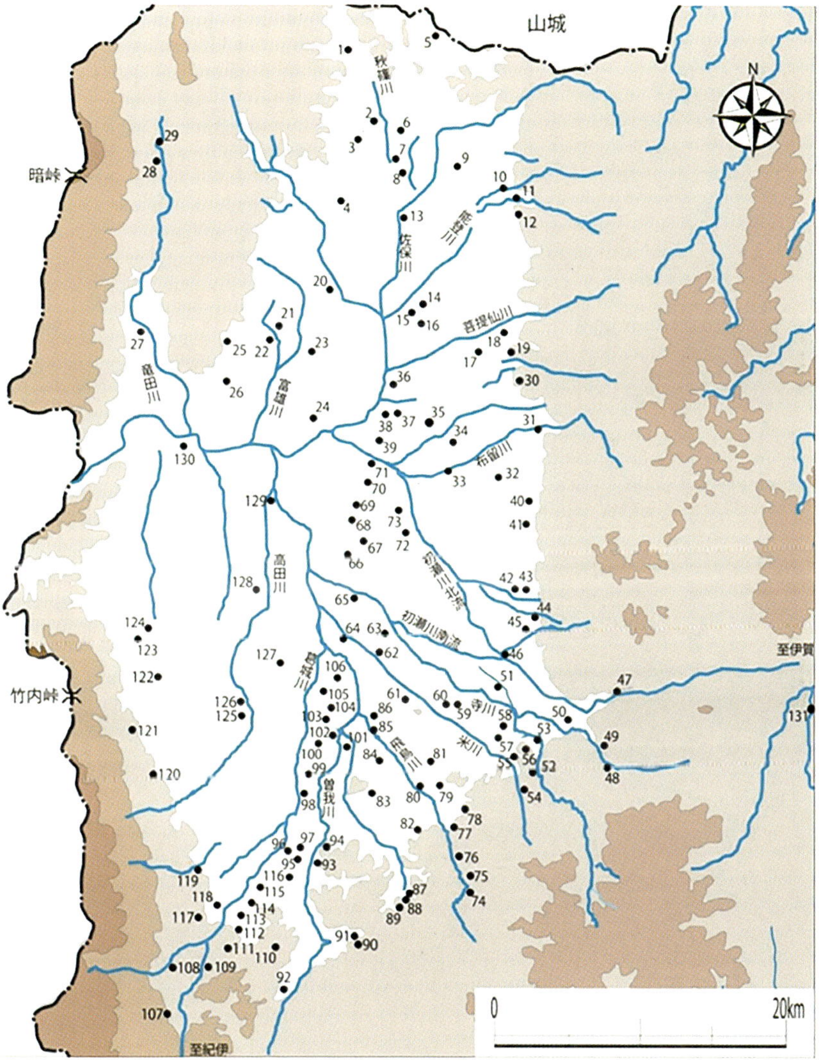

그림 2-2 5세기 대의 집락유적 분포도
(■ : 대벽건물, ▲ : 말사육, ● : 철기생산)

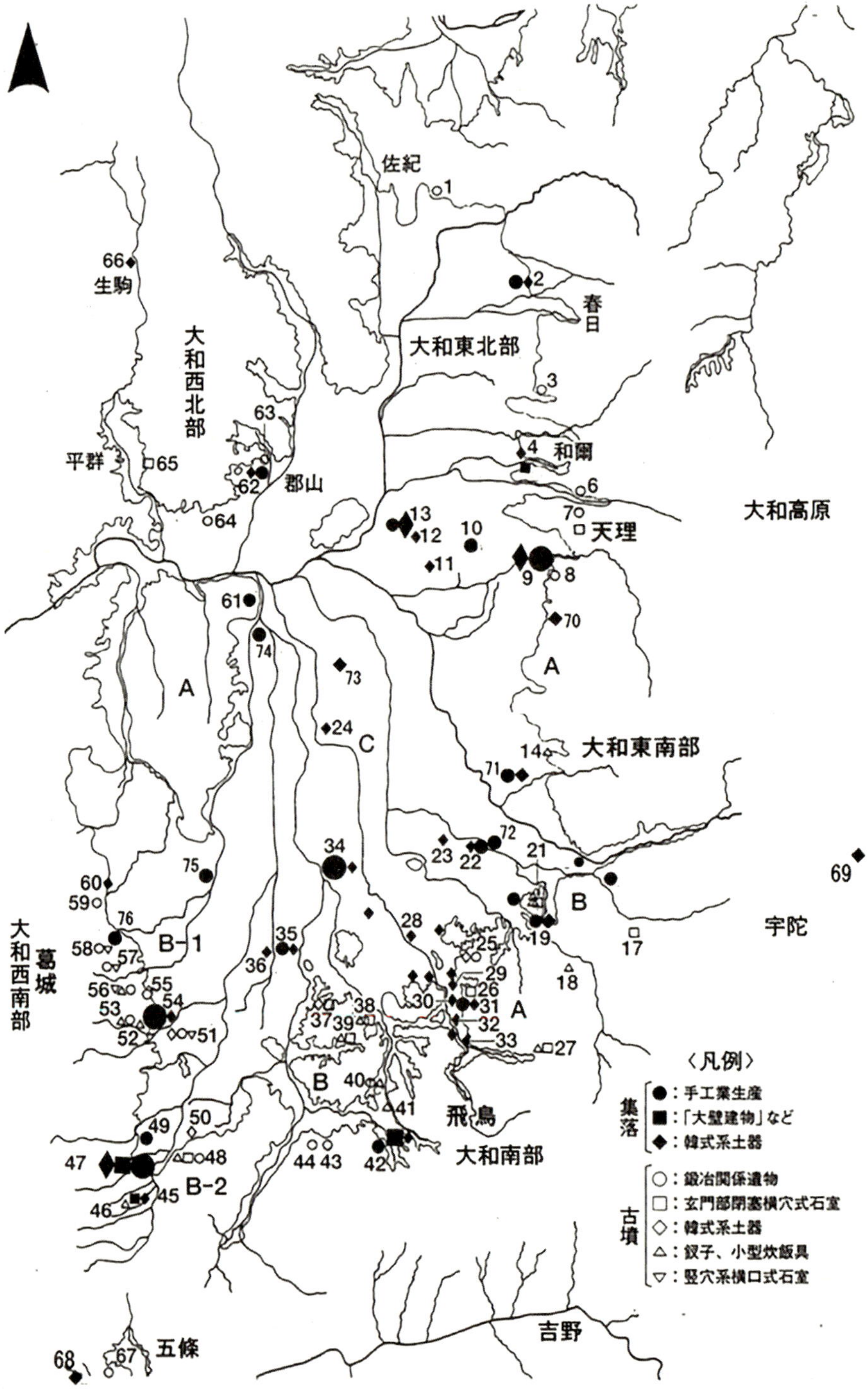

그림 3 대화의 도래계 요소 분포도

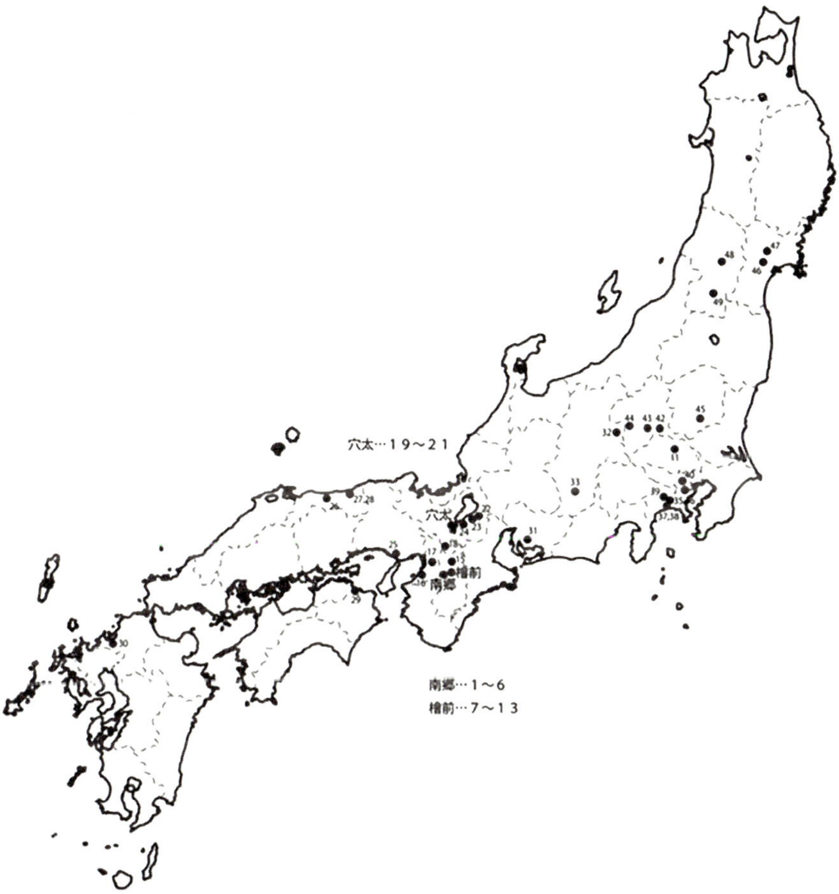

그림 4 일본열도의 주요 「대벽건물」 분포도 (숫자는 표3의 유적번호와 대응)

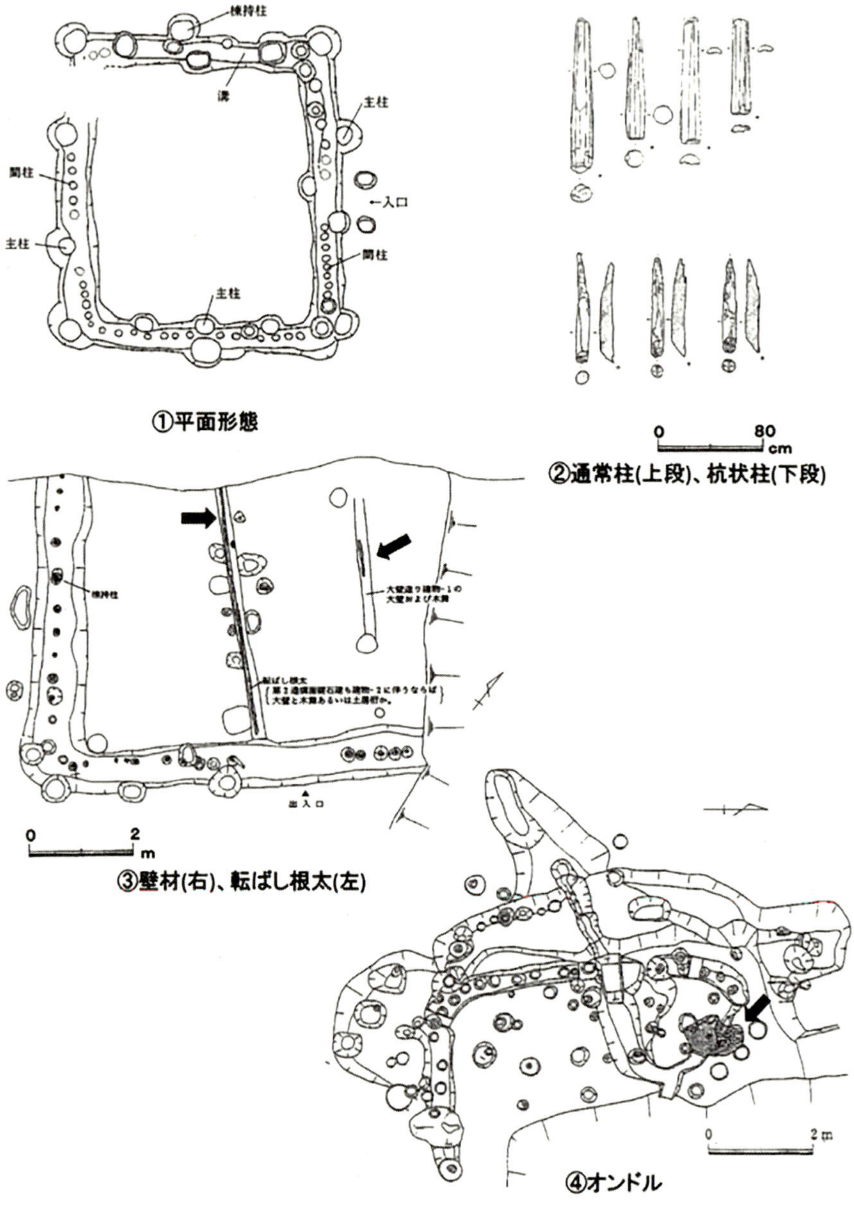

그림 5 명칭
①평면형태, ②보통기둥(상단), 말뚝모양 기둥(하단), ③벽재(우), 굴러간 들보(좌), ④온돌

番号	市町村	遺跡名	弥生中期後半	弥生後期前半	弥生後期後半	庄内前半	庄内後半	古墳前期前半	古墳前期後半	古墳中期前半	古墳中期後半	手工業生産	遺構	遺物	備考
1	奈良市	秋篠・山陵												関東系土器	
2	奈良市	西大寺東										鍛冶	大型建物	塩	西大寺東、山陵町
3	奈良市	菅原東										玉造	方形区画(前期)	車輪石、石釧	
4	奈良市	六条山											高地性		
5	奈良市	長谷												関東系土器	
6	奈良市	佐紀										鍛冶、武器	方形周溝墓、方形区画(中期)	車輪石、石釧	佐紀、佐紀池、芝辻、二条大路、二条大路南地区
7	奈良市	横領													平城京右4−1−1
8	奈良市	柏木											方形周溝墓	石釧	柏木、大安寺西、四条大路地区
9	奈良市	三条												合子形石製品	三条、大森、大宮地区、油阪、杉ヶ町
10	奈良市	東紀寺										鍛冶		塩	
11	奈良市	南紀寺											導水施設(中期)	塩	
12	奈良市	古市													
13	奈良市	杏													
14	大和郡山市	美濃庄													
15	大和郡山市	稗田・若槻											水田		
16	大和郡山市	発志院												塩	
17	天理市	長寺													
18	天理市	和爾・森本											方形周溝墓、四面庇建物(中期前半)、方形区画(中期後半)	韓、塩、馬	
19	天理市	東大寺山											高地性		
20	大和郡山市	東城										玉造			
21	大和郡山市	小泉											高地性		
22	大和郡山市	原田										鍛冶		韓	
23	大和郡山市	田中垣内													
24	安堵町	東安堵													
25	斑鳩町	三井岡原											高地性		
26	斑鳩町	酒ノ免													
27	平群町	初香山											高地性		
28	生駒市	壱分											方形区画？(中期)	車輪石、韓	
29	生駒市	中菜畑													
30	天理市	別所裏山											高地性		
31	天理市	布留										鍛冶、武器、玉造、ガラス、木	倉庫群、方形区画(中期)	韓、塩、馬	
32	天理市	田町													
33	天理市	合場													
34	天理市	平等坊・岩室											方形区画(前期)	鍬形石、韓	
35	天理市	小路												韓、塩、馬	
36	大和郡山市	八条北												韓、塩	
37	天理市	中町西												韓、塩、土製竈焚口枠	
38	大和郡山市	八条											しがらみ	韓	
39	天理市	角田												韓	
40	天理市	乙木・佐保庄												韓、塩、馬、木製威儀具	
41	天理市	成願寺													
42	天理市	柳本													
43	天理市	柳本立花												石釧	
44	天理市	向山										玉造			
45	桜井市	纒向										鍛冶	方形区画(前期後半、中期後半)、大型建物、導水施設、祭祀土坑群、前方後方形墳墓	韓、塩、関東系土器、銅鐸片、銅鏃、鉄鏃、石臼、石釧、弧文板、木製仮面、木鐙	
46	桜井市	芝											水田(中期)、方形周溝墓	銅鐸形土製品、建物絵画土器	
47	桜井市	脇本										青銅器、鍛冶？		銅鐸片、銅鏃、鉄製品	
48	桜井市	粟原カタソバ													
49	桜井市	忍坂												銅鏃	
50	桜井市	城島												多量の木製土木具	
51	桜井市	上之庄										玉造		車輪石	
52	桜井市	上之宮												紡錘車	
53	桜井市	能登											独立棟持柱建物		
54	桜井市	生田													
55	桜井市	安倍寺下層										鍛冶		石釧、馬	
56	桜井市	安倍山											高地性、多重環壕		
57	桜井市	吉備													
58	桜井市	横内													
59	桜井市	大福										青銅器	方形周溝墓、銅鐸埋納坑	小形仿製鏡、銅鏃、銅剣、銅鐸、銅鐸形土製品	
60	橿原市	坪井・大福										鍛冶		韓、塩	
61	橿原市	下明寺													
62	田原本町	多												韓、塩	
63	田原本町	秦楽寺										玉造(中期)		韓、塩	
64	田原本町	矢部											方形周溝墓	韓、塩	
65	田原本町	十六面・薬王寺										玉造(前期)	方形周溝墓、馬土坑(中期)	韓、塩、馬、木鞍	
66	田原本町	保津・宮古											方形周溝墓、方形区画(前期)		
67	田原本町	羽子田													
68	三宅町	伴堂東										玉造	方形周溝墓、方形区画	韓	
69	三宅町	三河											水田、方形周溝墓		
70	天理市	庵治													
71	川西町	下永東城										鍛冶	方形区画(前期)	石釧、韓	
72	田原本町	唐古・鍵										青銅器	馬土坑(中期)	銅鐸片、車輪石、韓、塩、馬	
73	田原本町	清水風													
74	明日香村	坂田寺下層													
75	明日香村	島庄(嶋宮)												塩	
76	明日香村	飛鳥京跡下層												韓、塩	
77	明日香村	山田道下層												韓	
78	明日香村	上ノ井手													
79	橿原市	高所寺池												内行花文鏡、韓	
80	橿原市	四分											水田	銅鏃、韓、塩	藤原宮西方官衙下層
81	橿原市	藤原宮東方官衙下層											独立棟持柱建物	塩	
82	橿原市	和田廃寺下層												韓、塩	
83	橿原市	橿原													
84	橿原市	四条										鍛冶		韓、塩、馬	
85	橿原市	院上													
86	橿原市	内膳・北八木													
87	明日香村	御園アリイ													
88	明日香村	檜前遺跡群												韓	
89	高取町	観覚寺											大壁建物	韓、馬	

60	橿原市	坪井・大福	■		■	■	▒			■	■	鍛冶		韓、塩	
61	橿原市	下明寺			▒			■	▒	▒	▒				
62	田原本町	多	■		■			■	■					韓、塩	
63	田原本町	秦楽寺						▒	▒	■	▒	玉造(中期)		韓、塩	
64	田原本町	矢部			▒	■	■	■					方形周溝墓	韓、塩	
65	田原本町	十六面・薬王寺	▒		■	■	■	■		■	■	玉造(前期)	方形周溝墓、馬土坑(中期)	韓、塩、馬、木鞍	
66	田原本町	保津・宮古	▒		■		■	■	■	■	■		方形周溝墓、方形区画(前期)		
67	田原本町	羽子田					■	■	■						
68	三宅町	伴堂東				■	■		■	■	■	玉造	方形周溝墓、方形区画	韓	
69	三宅町	三河	■		■	■	■	■	■				水田、方形周溝墓		
70	天理市	庵治					■	■	■						
71	川西町	下永東城						■	■	■	■	鍛冶	方形区画(前期)	石釧、韓	
72	田原本町	唐古・鍵	■	■	■	▒	■	■		■		青銅器	馬土坑(中期)	銅鐸片、車輪石、韓、塩、馬	
73	田原本町	清水風	■		■										
74	明日香村	坂田寺下層						■							
75	明日香村	島庄(嶋宮)						▒	■	■	■			塩	
76	明日香村	飛鳥京跡下層			■					▒	■			韓、塩	
77	明日香村	山田道下層							■	▒	▒			韓	
78	明日香村	上ノ井手							■						
79	橿原市	高所寺池								■	■			内行花文鏡、韓	
80	橿原市	四分	■	■	■		■	■		■	■		水田	銅鏃、韓、塩	藤原宮西方官衙下層
81	橿原市	藤原宮東方官衙下層		▒	▒	■		■	■	■	■		独立棟持柱建物	塩	
82	橿原市	和田廃寺下層			■		■	▒	■	▒	■			韓、塩	
83	橿原市	橿原			▒	▒		▒	▒		▒				
84	橿原市	四条			■		■	▒	■	■	■	鍛冶		韓、塩、馬	
85	橿原市	院上				■	■	▒							
86	橿原市	内膳・北八木			■	■	■	■	■	■	■				
87	明日香村	御園アリイ	■							▒					
88	明日香村	檜前遺跡群								■				韓	
89	高取町	観覚寺					▒	▒	■	▒	▒		大壁建物	韓、馬	
90	高取町	松山								▒	■			塩	
91	高取町	薩摩	■		■	■	■	■		■	■		方形周溝墓、大壁建物	韓、塩	
92	御所市	巨勢寺下層								▒	▒			韓、塩	
93	橿原市	一町	■	■	■			■	■						
94	橿原市	千塚山			■	■	■						高地性		
95	橿原市	一町西	▒		■	■	▒	■	■	■	■		水田(庄内)、しがらみ		
96	葛城市・御所市	新村・柳原敷布地				▒	▒				▒				
97	橿原市	萩之本		▒	■			▒	▒	■	▒			韓	
98	大和高田市	西坊城						■	▒	■	■		水田(中期)	韓、塩	
99	橿原市	新堂						■	■	■	■	鍛冶	水田	韓、塩	
100	橿原市	曲川	■	■	■	■	■	▒	▒		■		方形周溝墓、木棺		
101	橿原市	五井				▒	■	■	■				畑		
102	橿原市	南曽我				■	■				■				
103	橿原市	芝ノ前		▒				▒	▒		▒				
104	橿原市	曽我			■			▒	■	■	■	玉造		韓、塩、馬	
105	橿原市	中曽司遺跡			■			▒							
106	橿原市	土橋	■		▒	▒							方形周溝墓		
107	御所市	南郷遺跡群								■	■	鍛冶、武器、玉造、ガラス、木	方形区画、大壁建物、四面庇建物、倉庫群、導水施設、土器棺	韓、塩、馬	
108	御所市	名柄		▒	■		■	■	■	■	■	鍛冶、玉造	方形区画(中期)	銅鐸・多鈕細文鏡、馬、木鞍、韓、塩	
109	御所市	巨勢山境谷		▒	▒								高地性		
110	御所市	国見山	▒	▒									高地性		
111	御所市	中西		▒	■	▒	▒	■	■	■	▒			鏡	
112	御所市	秋津	▒	▒	▒	▒	▒	■	■	▒	▒	鍛冶、玉造	水田、方形周溝墓、方形区画(前期)	車輪石、石釧、多孔銅鏃、韓、塩	
113	御所市	今出	▒	▒	▒	▒		▒	■	▒			水田		
114	御所市	玉手	▒	▒	▒	▒	▒	▒	▒	▒	▒		しがらみ、水田		
115	御所市	茅原中ノ坊		▒	▒	▒	▒	▒		▒	▒		しがらみ、水田		
116	御所市	観音寺本馬			▒			▒	▒	▒	▒		しがらみ、方形周溝墓	石釧	
117	御所市	樫原					■	■	▒					関東系土器	
118	御所市	鴨都波	■	■	■	■	■	■	■	▒	▒	玉造	しがらみ、方形周溝墓、古墳、馬土坑	銅鏃、馬	
119	葛城市	脇田	▒	▒	▒			▒	▒	▒	▒	鍛冶	方形周溝墓	韓、塩	
120	葛城市	太田			■	■	■	■	▒			鍛冶	方形区画(前期)	石釧、塩	
121	葛城市	竹内					■	■	■	■	■			韓、塩	
122	香芝市	鎌田				▒		■	■				しがらみ	倉庫部材	
123	香芝市	藤ノ木丁			■			■	■	■	■				
124	香芝市	下田東			▒	▒	▒	▒	▒	▒	▒			木鞍	
125	大和高田市	磯野北						■				玉造	導水施設		
126	大和高田市	大中			■	■	■	■	■	■	■				
127	大和高田市	藤森東						■							
128	広陵町	寺戸						▒							
129	広陵町	箸尾						■	■	■	■			塩	
130	王寺町	舟戸・西岡			■								高地性		
131	宇陀市	谷			▒	▒	▒	■	■	▒	▒	木器		韓、塩、馬、木鞍	

■ : 遺構あり
▒ : 遺物のみか様相不明
韓 : 韓式系土器, 塩 : 製塩土器

표 1 대화의 집락유적 소장표

番号	遺跡名	時期	手工業生産				韓式系土器	「大壁建物」	備考
			鉄器	馬	玉	ガラス			
70	乙木·佐保庄	4C					○		
		5C		?					
71	纏向	4C	○	?	○		○		木鐙
72	上之庄	4C			○				
73	伴堂東	4C					○		
74	箸尾	4C	○						
75	礒野北	4C			○				
76	太田	4C	?						
2	東紀寺	4C	○						
		5C					○		
4	和爾·森本	5C					○		
9	布留	5C	◎(刀剣)	?	◎	◎	◎		銅滓、ミニチュア鉄器
10	九ノ坪·シマダ	5C			○				
11	平等坊·岩室	5C					○		
12	小路	5C					○		
13	中町西	5C	○				◎		土製竈焚口枠、小型竈
19	上之宮	4C					○		
22	大福	4C	○						
		5C					○		
23	坪井	5C					○		
24	十六面·薬王寺	5C		?			○		木鞍
20	四分	5C					○		
29	山田道下層	5C					○		
30	飛鳥寺下層	5C					○		
31	飛鳥池下層	5C	○				○		
32	岡	5C					○		
33	島庄	5C					○		
34	曽我	5C		?	◎		○		
35	東坊城	5C	○				○		
36	西坊城	5C					○		水田
42	清水谷	5C					○	◎	
45	林	5C					○	L字形竈	
47	南郷	5C	◎(甲冑、刀剣)	○	○	○	◎	◎	ミニチュア鉄器、銀滴、銅滓
49	名柄	5C	○(刀剣)	?	○		○		木鞍
54	脇田	5C	○				○		
60	竹内	5C					○		
61	宮堂	5C	○						
62	原田	5C	○				○		
66	壱分	5C					○		
68	荒坂	5C					○		
69	谷	5C		?			○		

표 2 대화지역 집락의 도래계 요소 일람표 (번호는 圖과 대응)

番号 遺跡	番号 遺構	遺跡群名	遺跡名	所在地	遺構名	時期	類型	溝(単位:m) 長軸	短軸	幅	深さ	柱列	棟持柱(径 単位:m)	隅柱配置	通常柱(径 単位:m)	杭状柱(径 単位:m)	壁材	内部空間	出入口	遺跡の性格	備考
1	1	南郷	南郷柳原	奈良	SD01	第1段階	A-1	9.7以上	7.0	0.3~0.7	0.7	3?	○	□?	0.2					「中間層」居宅	石垣、導水点祭祀場を伴う
2	2		南郷生家		SD01	第2~3段階?		8.0		0.5	1.4				?				陸	集落	
	3				SD02	第2~3段階?		8.2		0.5	1.4				?						
3	4		南郷井柄		大壁住居	第2段階	A-2?	11.2	5.0	0.6	0.5	1	○	×?	○			柱		「中間層」居宅	周辺に運河?、子持ち勾玉
4	5		佐田(柚ノ木)		SB18	第2段階	A-2?	8.2		0.4	0.5	1		□?	○			井?		集落	
5	6		南郷岩下		SB01	第2段階	A-1	6.9	6.6	0.6~0.8	0.6	2	○	□×	0.2(材あり)		土?	井、土間?		「中間層」居宅	
	7				SB02	第3段階	A-1	(7.0)	6.5	0.3~0.6	0.2	2	○	□○	0.2						
6	8		井戸大田台		大壁住居01	第2段階	A-2	6.0	5.5	0.5~0.7	0.3~0.7	1		×?	0.2~0.3	○				集落	
	9				大壁住居02	第3段階	A-2	5.8		0.4~0.8	0.3~0.5	1		×?	0.2	○					
7	10	檜前	清水谷ナルミ		大壁建物1	第2段階	A-2	10.8		0.8		1		×	?			オンドル			大壁遺構5~7
	11				大壁建物2	第2段階	A-2		10.0	0.4		1	?	×	?						
	12				大壁建物3	第2段階	A-2	11.0	10.2	0.6		1		×	?				陸		
	13				大壁建物4	第2段階	A-2			0.4		1	?	×	?						
8	14		森ヲチヲサ		大壁建物1	第2段階		13.5	13.5	0.5	0.3	1		×?	0.2			オンドル?	陸?		周囲に石敷を伴う
	15				大壁建物2	第2段階		10.5		0.5											
	16				大壁建物3	第2段階				0.6											
9	17		観覚寺		大壁建物1	第2段階	A−2	8.8	7.6	0.4~0.5	0.1~0.4	1		×	0.2	0.2		オンドル			大壁遺構9基(6世紀~8世紀後半)、方形石積池(6世紀後半?)、L字形竈
	18				大壁建物2	第2段階	A−2			0.5~0.6	0.2~0.3	1			0.2						
	19				大壁建物3	第2段階				0.6	0.3	1		□	0.2						
	20				大壁建物4	第2段階		10.0		0.5~0.8	0.2	1		□	0.3						
	21				大壁建物8	第2段階				0.5	0.4	1		×	0.3						
10	22		薩摩		9次大壁建物1	第2段階	A−2	17.0	15.0	0.5	0.3	1		□	0.2						大壁遺構1、2、道路
	23				9次大壁建物2	第2段階	A−2			0.5	0.3	1		×	0.2						
	24				9次大壁建物3	第2段階		14.5		0.5	0.2	1		×	?						
	25				9次大壁建物4	第2段階				0.4~0.7	0.3	1		×	?	○					
	26				11次大壁建物2	第2段階				0.4	0.2	1		×	?						
11	27		羽内		大壁建物1	第3段階		7.0		0.4		1		□	○	○					大壁遺構3あり
	28				大壁建物2	第3段階				0.6		1		○?	○	○					
12	29		森カシ谷		大壁建物1	第3段階		6.2		0.6		1		○	0.1~0.2			オンドル		高地性、要塞?	
	30				大壁建物2	第3段階		6.4		0.4											
13	31		ホラント		SX31	第3段階	B-2	7.0		0.7~1.3	1.6	1		□	0.2(コウヤマキ)				陸?	官衙前身	
14	32		東池尻・池之内		大壁建物	第3段階?	A-1?	7.0		0.5~0.7	0.4~0.8	2			?					官衙?	磐余池堤上
15	33		檜本高塚		掘立建物群	第3段階	A-2	4.0	4.0	0.3~0.5	0.1~0.2	1	?	○	0.2~0.3			柱	陸	祭祀?	周囲に柵・広場を伴う
16	34		大園	大阪	方形周溝遺構	第1~2段階?		(8.0)	(8.0)	0.5	0.2	1?			?				陸?	居館	周囲に方形溝
17	35		[illegible]		SB03	第3段階	B-1?	11.5	4.1	0.3~0.6	0.4	1		○	0.1~0.2	?				官衙か居館	溝が接続
18	36		森垣外 A地区	京都	大壁住居跡639	第2段階	B-1?	9.0	9.0	0.3~0.7	0.4	1		□	○			土間?	柱	居館	B地区に方形区画2か所あり
	37				大壁住居跡143	第2段階	B-1?			0.4	0.4	1		□	○						
	38				大壁住居跡585	第2段階	B-1?	7.0	6.5	0.4	0.2	1		□	○						
19	39	穴太	穴太(BP)A地区	滋賀	第2遺構面大壁造り建物-1	第3段階?	A-2	6.0	6.4	0.5~0.8	0.3~0.5	1		□	○間柱に灌板あり						大壁造り建物-1→2→3→4、1と3には張出玄関を伴う
	40				第2遺構面大壁造り建物-2	第3段階?	A-2	7.5	6.4	0.5~0.8	0.3~0.5	1		□	○						
	41				第2遺構面大壁造り建物-3	第3段階?	A-2?		7.4	0.6~0.9											
	42				第2遺構面大壁造り建物-4	第3段階?	A-2?														
	43				第1遺構面大壁造り建物-1	第3段階	B-1?	8.6	(7.2)	0.8~1.0	1.0~1.4	1	0.2(クリ)	○	0.1~0.2(スギ)		土(檜木皮)	土間	柱		大壁造り建物-3→2→1、いずれも周囲に柵、1には前面に目隠し壁あり
	44				第1遺構面大壁造り建物-2	第3段階	B-1	(8.6)	(7.2)	0.8~1.0	0.6~0.7	1	0.2(スギ)	○		0.1~0.2(スギ)		板間?(転ばし根太)	柱		
	45				第1遺構面大壁造り建物-3	第4段階(飛鳥)	B-1?	8.0	8.0	0.4~0.5	0.5~0.9	2?		○	0.1~0.2(スギ)				柱?		
	46				第1遺構面大壁造り建物-4	第3~4(飛鳥)段階?	B-1?	7.0	7.0	0.4~0.5	0.2~0.3	1		○		○材あり			陸		
	47		穴太(BP)C地区		大壁造り建物−1	第3段階?	C?	6.8	4.6	0.6	0.1~0.6	1		□	○			井	陸?	古代寺院前身	大壁造り建物−1→4、他に大壁造り建物−2、3あり
	48				大壁造り建物−4	第3段階?	C?	7.0	6.0	0.8	0.1	1		□	○	?			陸?		
	49				大壁造り建物−5	第3段階?		7.5		0.5~1.0					?			石敷?	陸		
	50		穴太(赤田)		SB21	第2~3段階		10.4	9.8	0.6~0.9	0.4	1			?						周囲に柵を伴う
	51		穴太(下大門)		方形周溝状遺構	第3段階		8.5	8.3	0.3~0.7	0.3	2?			?						
	52		穴太(弥生町)		SB1	第3段階	B-2	7.5	7.5	0.6	0.3	1	○	□○		0.1(材あり)		オンドル?	陸		入口施設あり、周囲に柵を伴う
	53		穴太(南滋ノ尾)		大壁建物1	第3段階?	B-2			0.6	0.2	1	?	○		0.1(材あり)					大壁建物2→1
	54				大壁建物2	第3段階?	B-2	9.2		0.7	0.4~0.5	1		○		0.1(材あり)			陸		
	55		穴太南(VD)		2号周溝	第3段階		8.0	8.0	0.8	0.3										
	56				4号周溝	第3段階		8.0	8.0	0.8	0.3	1		×?	?	?			陸		
20	57		滋賀里(南生水)		SB6	第3段階	B-1	10.0	8.0	0.4~0.6	0.2~0.3	1		○		0.1			陸		SB6→SB7、SB7の前面に柵あり
	58				SB7	第3段階	B-2	10.0	10.0	0.6~1.4	0.3~0.6	1	?	×		0.1			陸		
	59		滋賀里(見世A)		SX2	第3段階	A-2	9.4		0.7~1.0	0.5	2?	0.3	×□	0.2	0.1					
	60		滋賀里(見世D)		SB6	第2~3段階	B-1	8.5	8.5	0.7	0.4	1	?	○		0.1(材あり)					
	61		滋賀里(小嶋田)		SB-1	第3段階	B-2?		(10.8)	0.4~0.6	0.2~0.3	1?	?								SB-4あり、SB-3→1・4→2、周辺に溝
	62				SB-2	第3段階	B-2?		8.0	0.4~0.6	0.2~0.3	1	0.25(コウヤマキ)	○×	0.1(材あり)		土?		陸		
	63				SB-3	第3段階	B-2?		8.8	0.8~1.0	0.5	2?	?								
	64		滋賀里(VA)		18号周溝	第3段階	B-2?	8.0	8.0	1.0	0.8	1?		×?		○材あり					水路に接する?
	65		大谷南		SB1	第3段階?	B-2?	7.5	7.1?	0.5	0.3	1	0.3	○?		0.2			陸		
	66		上高砂		SD1	第3段階?		10.0		0.8	0.3	1?			?	?					
	67				SD2	第3段階?		5.5		0.5	0.2	1?		○?	?	?					SD2と3は一体の遺構?
	68				SD3	第3段階?		10.0		0.4	0.1	1?			?	?					

21	69	南滋賀(榎尻)		方形周溝遺構	第3段階?	B-2?	7.0	7.0	0.5	0.5	2?		×?		?			陸?		L字溝が接続する?
	70	南滋賀		Ⅲ大壁建物	第3段階	B-2	8.5		0.8~1.0	0.4~0.6	2?		○		0.1~0.2(材あり)			陸		前面に柵、周囲に柵と溝を伴う
	71			Ⅴ大壁建物1	第3段階?	A-2?	7.8		0.5~0.8	0.3	1		○	?	?					大壁建物1~2、入口水路と柵を伴う?
	72			Ⅴ大壁建物2	第3段階?	A-2?	7.8		0.5~0.7	0.3	1		○	?	?					
	73			Ⅵ SB1	第3段階	B-2			0.6	0.3	1		○	0.2(材あり)				柱?		周囲にピット・焼土坑副を伴う?
	74	南滋賀(北浮田)		SB1	第3段階	B-2	8.8		0.6	0.5	2?		○	0.1~0.2(コウヤマキ)	0.1(ヒノキ)			陸		入口両脇と前面に柵列
	75	南滋賀(砂子田)		大壁建物	第3段階?	B-2	(10.0)	9.0	0.6~0.7	0.4~0.5	1	0.3(ヒノキ)	□		0.1~0.2(ヒノキ)			陸		周辺に溝
	76	南滋賀(南滋賀廃寺)		SX6	第4段階(飛鳥)?		9.3	8.7	0.5	0.1~0.3		?							寺院内瓦窯附属	
22	77	木曽		4TSB0401	第3段階	B-1?	7.8	6.1	0.4~0.6	0.1~0.2	1		×	0.2、根石あり					集落	溝は四隅を掘り残す
	78			5TSB0501	第3段階	C?	7.0	5.4	0.4~0.7	0.1~0.2	1		□	○根石あり						
23	79	なまず		SH-3	第3段階	B-1?	5.6	5.5	0.5~0.8	0.3	1	0.4	○	0.3	0.2	土?	かまど	陸?	特殊?	溝に接する
24	80	平隆寺		SB26301	第4段階(飛鳥)?	B-1	10.0以上	6.7	1.0	0.5~0.8	1		×	0.2~0.3(ヒノキ)		土?	間仕切り大壁	柱		
25	81	寒風	兵庫	SB40	第3段階	B-1	7.0	4.9	0.5~0.6	0.2~0.3	1		□	○				柱?	集落	
	82			SB41	第3段階	B-1	4.0	3.9	0.5	0.1~0.3	1		□	○				柱?		
26	83	夏谷	鳥取	1号大壁住居状遺構	第2段階		12.2	12.0	0.6~1.0	0.1~0.3	2?			?	?				集落	周辺に礎石建物、古墳あり
27	84	松原田中		396溝	第2~3段階	B-2	11.4	8.2	0.8	0.2	1		□	□材あり				柱	集落	隣接地に松原古墳群あり
28	85	上光遺跡群		SB120A	第4段階(飛鳥)	B-1	8.4	4.2	0.5~0.9	0.1~0.2	1		□	0.2					官衙中枢建物群	
	86			SB125A	第4段階(飛鳥)	B-1	8.6	4.3	0.7~1.0	0.4~0.7	1	0.4	□	○						
	87			SB130A	第4段階(飛鳥)	B-1	8.4	3.9	0.6~0.8	0.1~0.3	1	0.4	□	0.3~0.4						
	88			SB135A	第4段階(飛鳥)	B-1	9.0	4.8	0.7~0.9	0.2~0.4	1		□	0.4						
	89			SB140A	第4段階(飛鳥)	B-1	8.4	4.2	0.6~0.7	0.1~0.2	1	0.3	□	0.3						
	90			SB145A	第4段階(飛鳥)	B-1	8.6	4.4	0.4~0.8	0.1~0.3	1	0.3	□	0.2~0.4						
	91			SB150A	第4段階(飛鳥)	B-1	8.6	4.4	0.5~0.7	0.2~0.4	1	0.2	□	0.2~0.4						
	92			SB155A	第4段階(飛鳥)	B-1	8.6	4.1	0.6~0.7	0.1~0.2	1		□	0.3~0.4						
	93			SB160A	第4段階(飛鳥)	B-1	8.4	4.2	0.5~0.9	0.1~0.2	1		□	0.4						
29	94	前間	香川	SB201	第3段階	A-2	5.8	4.3	0.8	0.5	1		□?	○			井		祭祀?	周辺に十坑墓群?あ
30	95	梅林	福岡	SB06	第2段階?	A-2?	5.5	2.9	(0.2)		1	?	□	0.1	○				居館?	隣接して水田あり
	96			SB07	第2段階?	A-2?	5.4	4.2	(0.1)		1	0.12	○□	0.1	○					
	97			SB08	第2段階?	A-2?		6.2	(0.3)		1	0.2	□	主柱0.2、間柱0.1			柱?			
31	98	矢迫	愛知	SB08	第4段階(飛鳥)			8.0	0.4~0.5	0.8~1.0	1		○	?	?			陸	新興集落	
	99			SB10	第3段階	A-2?	9.8	7.2	0.4~0.5	0.2~0.6	1		○	○	○			陸		入口施設あり
	100			SB11	第3段階			5.8	0.4~0.5	0.1~0.6	1		○	?	?			陸		
32	101	上の城	長野	掘立柱建物址	第2~3段階?	A-2かB-1	7.6	5.9	1.0	0.5	1	?	□	?			柱?	柱	集落	
33	102	恒川		正倉域建物址08	第4段階(奈良)	C	4.4	3.8	0.8~1.2		1		□	○					伊那郡衙関連	
	103			正倉域建物址12	第4段階(奈良)	C	4.4	3.9	0.7~1.0		1		□	○						
	104			田中倉垣外建物址07-2	第4段階(奈良)	C	4.6	3.9	0.8~0.9	0.6	1		□	○						周辺に道路遺構あり
	105			田中倉垣外建物址19	第4段階(奈良)	C	6.1	4.9	0.7	0.9	1		□	○	?					
34	106	千年伊勢山台	神奈川	SB0071	第4段階(飛鳥)	B-1?			0.8~1.4	0.5	1		○?	0.3~0.4、地中梁あり					武蔵国橘樹郡衙関連	
	107			SB0087	第4段階(飛鳥)	B-2?			0.5~0.9	0.4	1			0.3、地中梁あり						
	108			SB0030	第4段階(飛鳥~奈良)	B-1?	6.0	6.0	0.8~0.9	0.6	1		□	0.3~0.4、地中梁あり			床束?			周辺に大壁遺構(群)、隣接して古代寺院あり
	109			SB0201	第4段階(奈良)		7.2		0.8~1.0	0.6	1			○						
	110			SB0007	第4段階(平安)	C		5.3	0.4~0.6	0.2~0.4	1		□	0.2~0.3						
35	111	本郷		GI地区1号掘立柱建物跡	第4段階(飛鳥)	A-2かB-1	22.6以上	4.4	1.1~1.8	0.8~1.0	1	?	□	0.2~0.3	?				官衙関連(仏堂あり?)	
	112			RC地区6号掘立柱建物址	第4段階(飛鳥~平安)	A-2かB-1	7.1	5.2	0.7~1.0	0.4~0.5	1		□	○						
	113			KE地区11号掘立柱建物址	第4段階(平安)	C	6.3	4.8	0.4	0.6~0.7	1		□	0.4	?					三面庇、釘、銅、墨書土器(小皿)、炭化米
36	114	下寺尾西方A		H9号掘立柱建物	第4段階(奈良)	A-2	4.5	3.3	1.0	0.1~0.5	1		□	○					相模国高座郡衙関連	隣接して古代寺院あり
37	115	六の域		SB01	第4段階(平安)	A-2かB-1	4.4	3.8	0.5~0.8	0.5~0.6	1		□	○	?				相模国府関連	折頭釘
	116			SB05	第4段階(奈良)	C	6.0	4.5	0.5~0.9	0.3~1.4	1		○?	○	?					L字釘
	117			SB09	第4段階(奈良~平安)	C	8.8	6.6	0.8~1.2	0.4~0.6	1		□	○	?					庇、孫庇あり
	118			SB14	第4段階(平安)	C	8.3		0.8	0.3~0.5	1		□	○	?					[illegible]
	119			SB15	第4段階(奈良)	C	6.6	6.1	0.8	0.2	1		○?	○	?					
38	120	天神前		第7地点SB01	第4段階(奈良)	A-2かB-1	5.6	3.5~3.9	0.7~0.9	0.1~0.4	1		□	○			棒土		相模国府関連	
	121			第7地点SB05	?	C	5.1	3.4	0.4~0.8	0.8~1.0	1		□	○						
	122			第7地点SB06	第4段階(平安)	C	4.4~5.0	4.5	0.7~1.2	0.3~0.4	1		□	○						
39	123	鳶尾		16号掘立柱建物址	第4段階(平安)	C	6.2	5.2	0.4~0.5	0.2~0.3	1	?	□	○					集落	
	124			19号掘立柱建物址	第4段階(平安)	C	7.5	6.1	0.3~0.5	0.2	1	?	□	0.2~0.3						
	125			26号掘立柱建物址	第4段階(奈良~平安)	C	5.6	4.4	0.6~0.7	0.1	1		□○	○						
	126			55号掘立柱建物址	第4段階(奈良~平安)	C	5.3	5.3	0.4~0.6	0.1~0.3	1		□	○						
40	127	古屋敷・岡之原	東京	SB4	第3~4(飛鳥)段階	A-2	8.5	5.4	0.3~0.7	0.1~0.2	1	?	□	0.1~0.2	?				集落(官衙?)	
41	128	鍛道下	埼玉	第63号掘立柱建物跡	第4段階(飛鳥~奈良)?	A-2	19.7以上	5.4	0.8	0.4	1		□	0.2~0.3					官衙か居館	
42	129	下渕名塚越	群馬	1号掘立柱建物跡	第4段階(奈良)	C	11.2	6.1	0.6	0.3	1	0.2	□	0.2	?				集落	
43	130	新保		1号掘立柱建物跡	第4段階(奈良)	C	4.8	4.8	1.0~1.1	0.3~0.6	1		□	○根石あり					寺院付属施設?	
	131			2号掘立柱建物跡	第4段階(奈良)	C	6.3	5.7	0.9~1.1	0.2~0.6	1		□	○根石あり						
	132			10号掘立柱建物跡	第4段階(奈良)	C	10.5	5.4	0.7~1.3	0.2~0.6	1		□	○根石あり						建て替えあり
	133			13号掘立柱建物跡	第4段階(奈良)	A-2?	12.6	4.2	1.3	0.4	1		□	○根石あり						
44	134	原		1号掘立柱建物跡	第4段階(奈良)	A-2かB-1	9.8以上	5.1	0.8~1.1	0.3~0.5	1		□	0.3			床束?	陸?	緑水駅関連?	周囲に溝、石敷を伴う
45	135	西下谷田	栃木	SB-10B(門)	第4段階(飛鳥)	C	7.7	4.5	0.9~1.1	1.0~1.2	1		□	0.3、地中梁あり					官衙関連	周囲に小ピット群あり
46	136	一里塚	宮城	SB2944	第4段階(奈良)	B-2?	9.5	5.5	0.5~0.7	0.4	1		□	?			床束?		官衙関連	
47	137	新田柵跡		SX512	第4段階(奈良)	B-2	16.8~17.0	7.5~7.8	0.3~0.7	0.2~0.6	1		○	0.2		板?	間仕切り溝	陸?	城柵官衙	排水溝?が付く
48	138	高瀬山	山形	12区2号掘立柱建物跡	第4段階(奈良~平安)	B-1?	7.1	5.6~6.0	0.5	0.4	1		□	0.2					長岡郷(集落)	周辺から墨書土器
49	139	太夫小屋Ⅰ		SB985・1054	第4段階(平安)	D	15.0	7.9~8.1	0.8~2.4	0.3~0.6	1		□	0.3~0.4(材あり)			井		官衙関連(寺院も?)	二面庇?(SB985・1054)、溝底に長い礎板、周辺から仏具、墨書土器
	140			SB1074・1120	第4段階(平安)	D	9.6	5.2	1.0~1.4	0.2~0.8	1	?	□	0.3(クリ)						
	141			SB986・1110	第4段階(平安)	D	9.0	9.0	0.6~1.4	0.5~0.9	1		□	0.2~0.4(材あり)			間仕切り?			

凡例…「隅柱配置」…□:隅角′ ○:隅丸′ ×:隅柱なし′ 「出入口」…陸:陸橋′ 柱:柱の間

표 3 일본열도의 주요「대벽건물」일람표

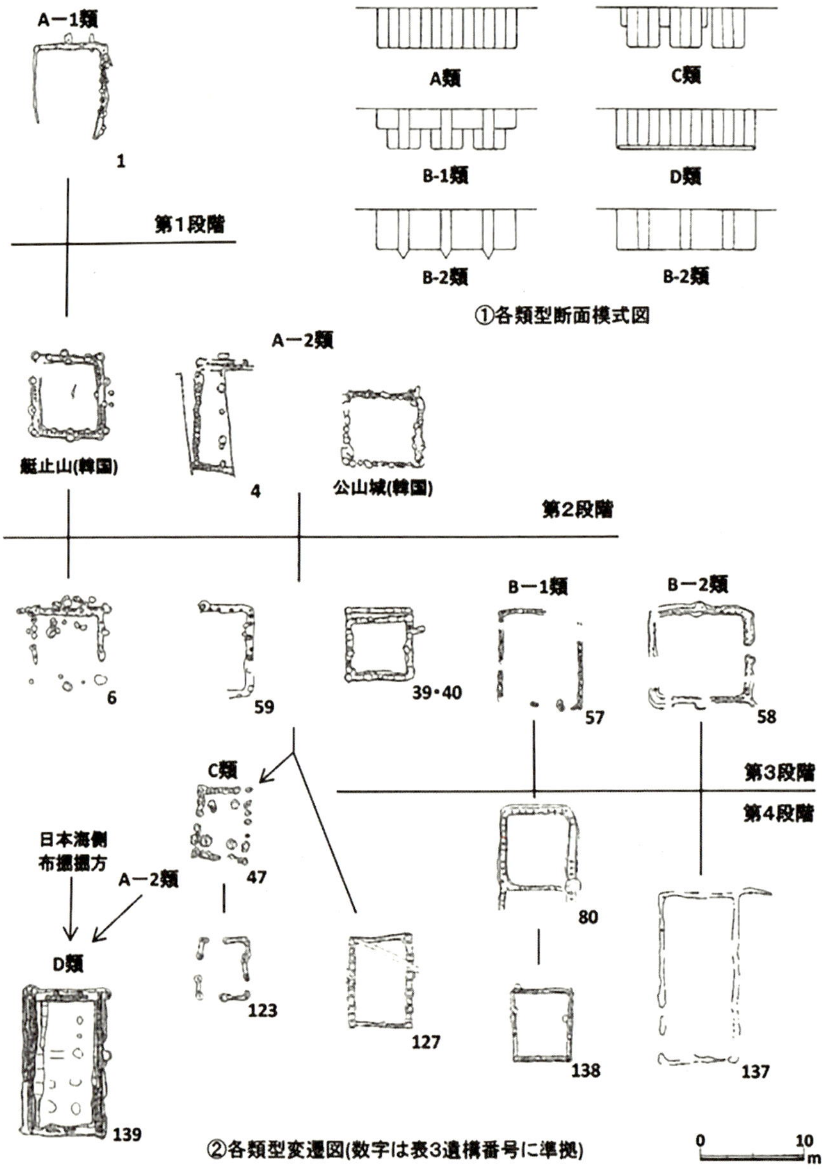

그림 6 유형
①각 유형 단면모식도, ②각 유형 변천도 (숫자는 표3 유구번호에 준거)

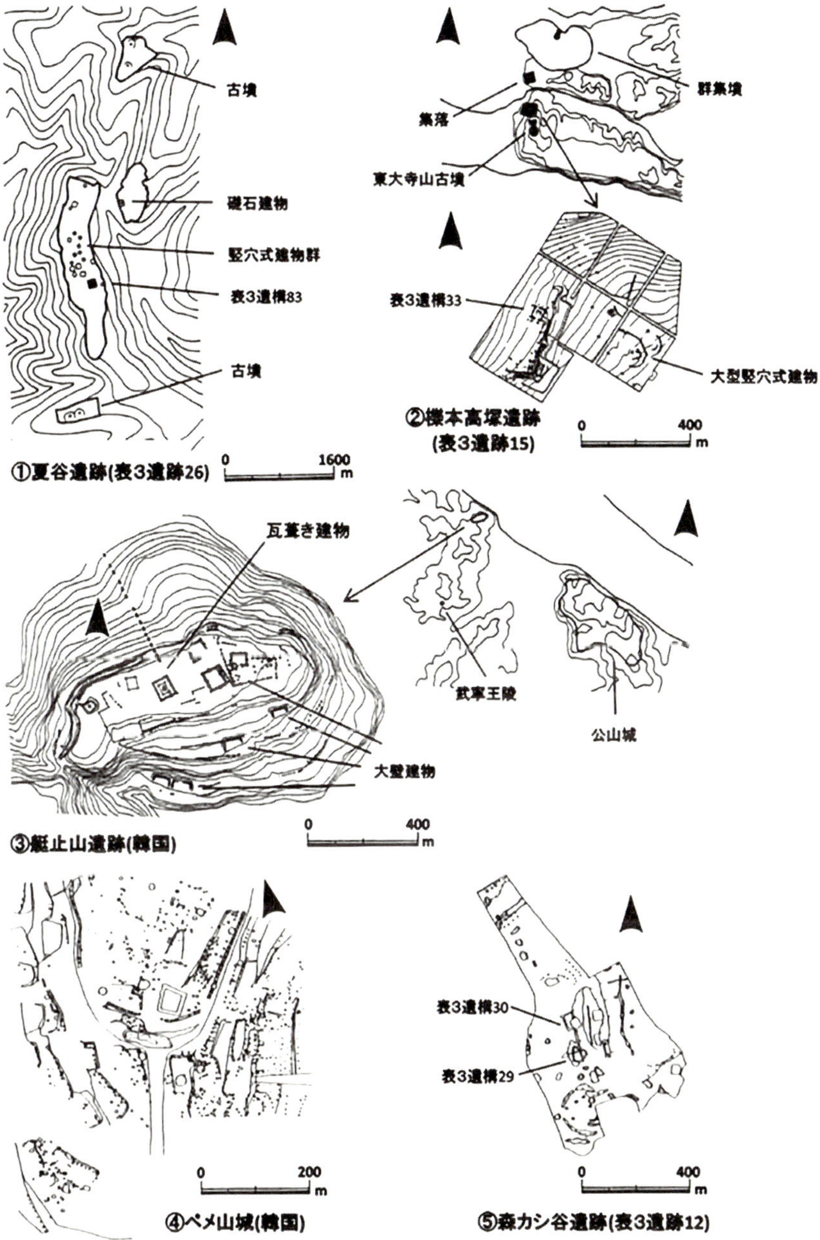

그림 7 유적 중에서 위치관계
①나츠타니 유적(표3 유적26), ②이치노모토 고총유적(표3 유적15),
③정지산 유적(한국), ④배매산성(한국), ⑤모리카시다니 유적(표3 유적12)

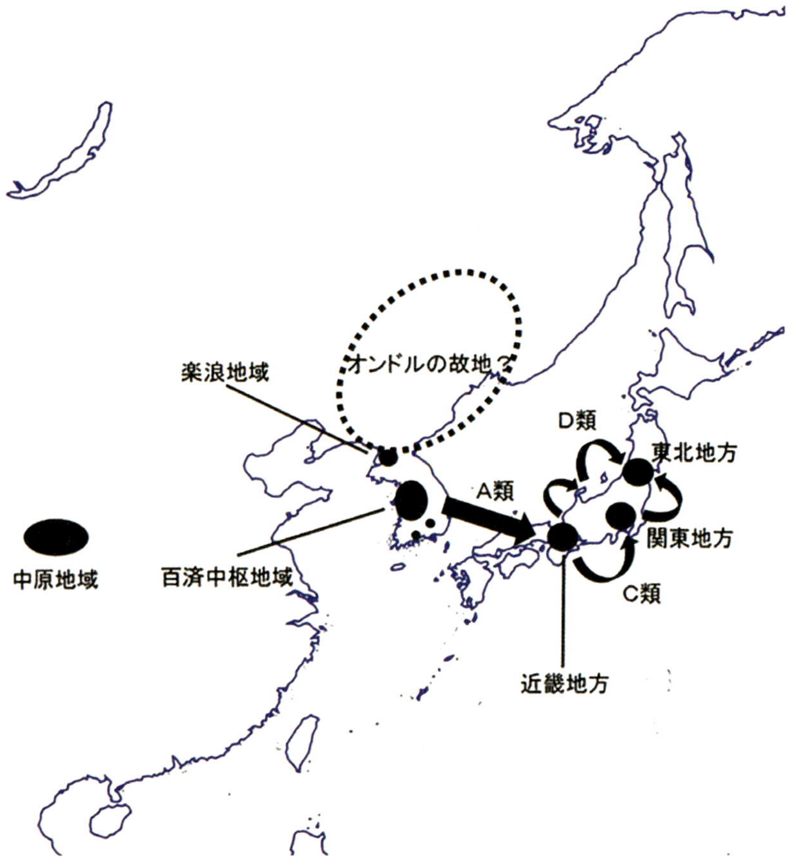

그림 8 동아시아 「대벽건물」의 동향

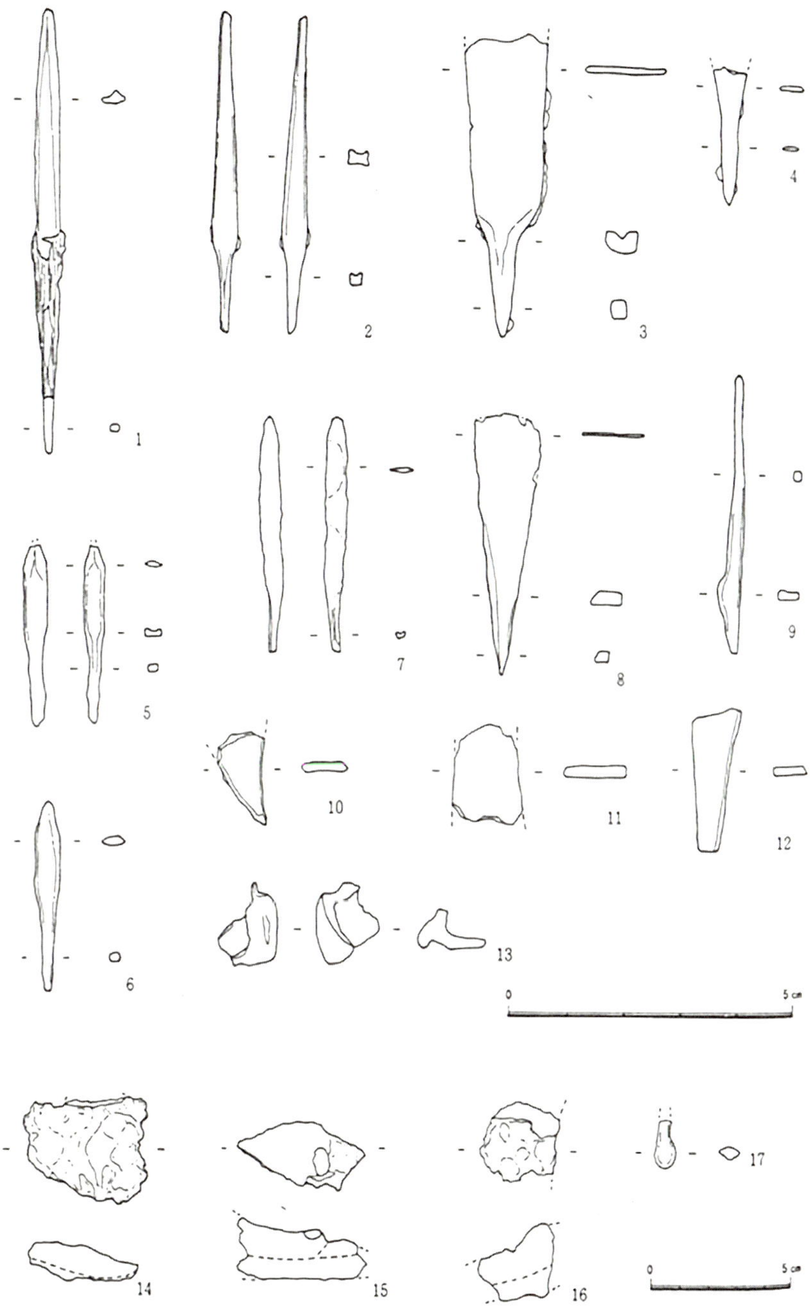

그림 9 마키무쿠(纏向)유적 출토 철기, 슬래그

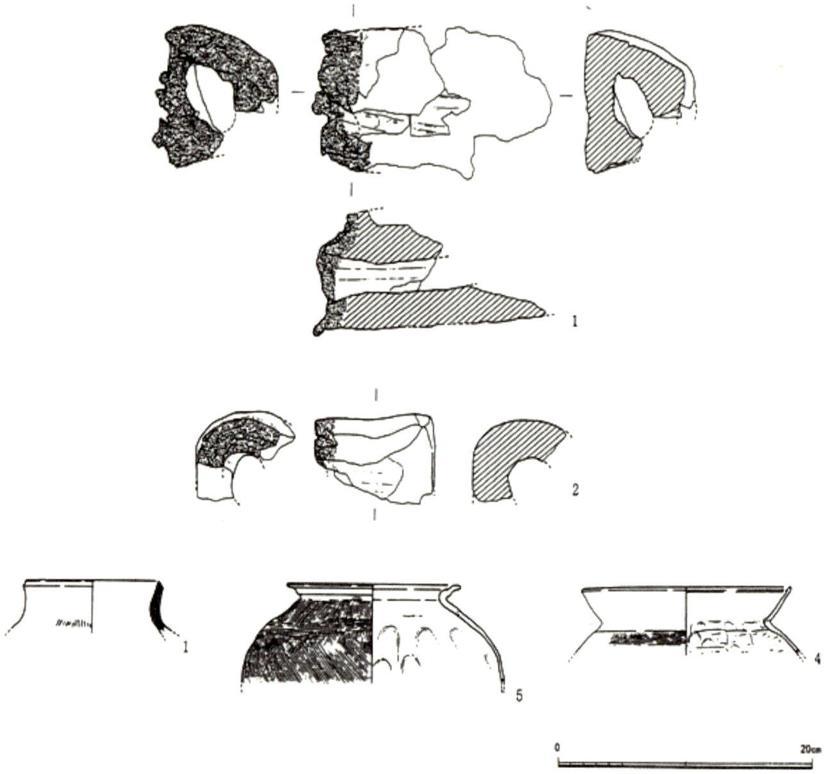

그림 10 마키무쿠(纏向)유적 풀무 송풍구, 토기

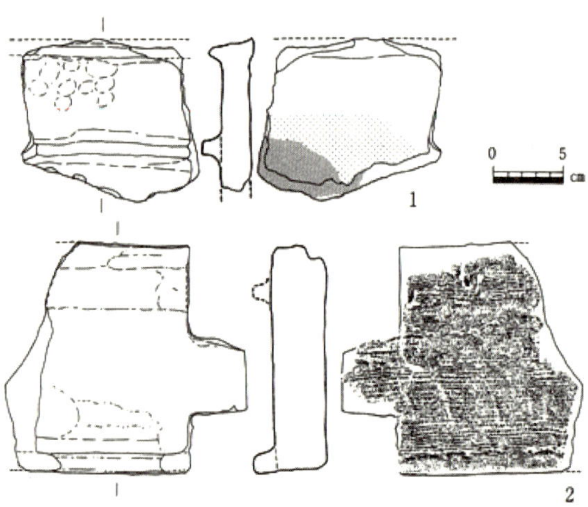

그림 11 나카마치니시(中町西)유적 출토 토제 가마 분구틀

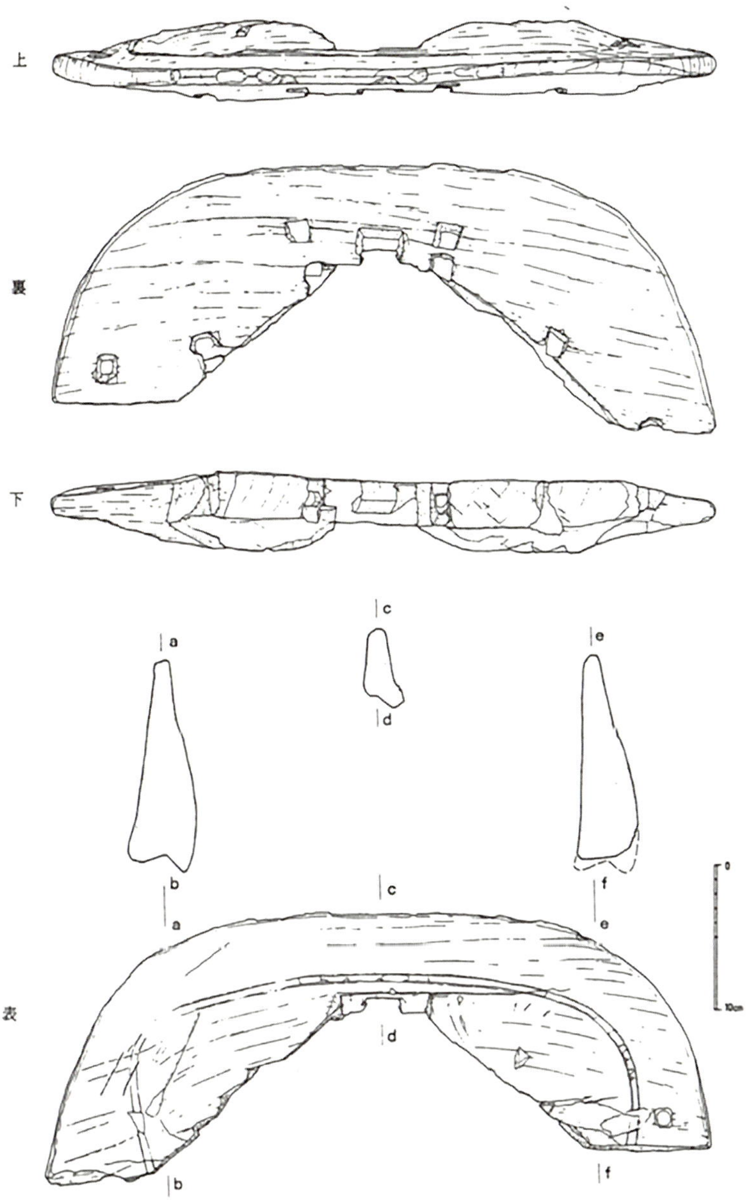

그림 12 타니(谷)유적출토 목제 말안장, 도질토기

■ 참고문헌

青柳泰介, 2005,「대화의 도래인」,『야마토 왕권과 도래인』, 선라이즈 출판.

青柳泰介, 2014,「난고유적군과 가츠라기지역」,『한식계토기연구』XⅢ.

青柳泰介, 2016,「대벽건물 연구의 현상과 과제 및 전망」,『연구기요』 제12집, (재)유량대화고대문화연구협회.

青柳泰介 · 覚張隆史 · 丸山真史, 2016,「난고 오오히가시유적에서 출토한 말 이빨의 화학분석」,『青陵』 제146호.

中野咲 · 福辻淳 · 杉山拓己 · 青柳泰介, 2016,「대화지역」,『집락동태로 본 야요이시대에서 고분시대로의 사회변화』, 고대학연구회.

坂靖, 1998,「고분시대에 있어 대화의 단야집단」,『강원고고학연구소론집』 제13, 길천홍문관.

坂靖, 2010,「나카마치니시유적 유적의 가마 분구틀 구조」,『青陵』 제131호.

坂靖 · 中野咲, 2016,『고분시대의 도래계집단의 출신과 역할에 관한 고고학적 연구』.

丸山真史, 2016,「고분시대의 말의 보급과 사육 · 관리」,『고대학연구』 208, 고대학연구회.

宮崎泰史, 2012,「가축과 목장」,『고분시대의 고고학』5 , 동성사.

宮崎泰史, 2013,「일본기내지역의 마한·백제관계 고고학 자료의 성격」,『전남지역 마한제국의 사회성격과 백제』, 백제학회.

村上恭通, 1998,『왜인과 철의 고고학』, 청목서점.

지정토론문

성정용

최종택

조윤재

박순발

권오영

「서울 석촌동고분군의 구성과 변천」에 대한 토론문

토론 성정용 (충북대학교)

임영진 선생님의 논고는 석촌동고분군을 구성하는 주요 고분들(1~5호분)에 대한 조사내용을 다시 한번 짚어보고 주요 고분군의 위치를 비정해보는 한편, 기존에 발표한 백제 한성기 건국문제에 대한 견해들을 종합한 것으로서 이 시기 문제를 이해하는데 필요하다고 생각된다. 다만 1970~80년대 석촌동 주요 고분들의 조사가 매우 단편적으로 이루어졌었기 때문에 현재 한성백제박물관에서 실시하고 있는 석촌동에 대한 조사가 향후 계속하여 이루어진다면 주요 고분이나 이른바 백제식 적석총의 구조, 나아가 축조시기 등의 문제에 대해 보다 소상히 접근할 수 있는 계기가 마련될 수 있을 것으로 기대한다. 이에 따라 조금 불명확한 점이 있는 개별 고분 내용보다는 석촌동 고분군을 토대로 한 백제건국과정에 대한 선생님의 논지를 따라 몇 가지 궁금하거나 보충설명이 필요한 듯한 부분에 여쭈어보고자 한다.

먼저 석촌동 구릉지대에는 2세기 중후엽경부터 토광묘가 나타나는데, 이는 토기 · 칠기 등의 부장품으로 미루어 서북한의 토광묘 세력과 관련된 것으로서 아산만권과 마찬가지이지만 석촌동 일대가 규모에 있어 더 작았던 것으로 추정된다고 하였다. 현재 석촌동고분군으로 대표되는 백제 초기 고고학의 가장 큰 문제는 3세기 이전으로 소급될 수 있는 분묘가 그리 명확하지 않다는 점에 있다고 생각된다. 백제 한성기 편년에서 중심적 역할을 해온 가락동 2호분의 경우 소성도나 기형 등에서 과연 3세기대로 볼 수 있을지 회의적인 시각이 많은 것 또한 사실이며, 현재 석촌동에서 상대적으로 이보다 올라갈 수 있는 무덤은 3호분 동쪽의 이른바 대형토광묘군 뿐이다. 그런데 경기 이남(오산 궐동)과 충청도 지역(아산 밖지므레, 청주 봉산리와 외북동 등)에서 최근 조사된 성과들을 보면 A.D. 2세기 무렵 이 지역의 토광묘문화는 이른바 유개대부호有蓋臺附壺(각종 다양한 형상기물들이 포괄되어 있어 그리 적절한 명칭은 아닌 것으로 생각된다)와 원저발형토기, 철장검 등을 특징으로 한다. 물론 한강 하류와 경기 이남지역의 문화양상이 똑같을 수는 없을 것이지만, 석촌동 토광묘 나아가 한강 하류역에서 어떠한 양상이 A.D. 2세기 무렵까지 소급될 수 있다고 볼 수 있는지에 대한 기준은 필요할 듯하다. 이는 이후 분구묘-적석총 등으로 변화되는 석촌동고분군의 구성과 변천에 대한 임영진 선생님의 해석과도 직결되어 있는 문제일 것으로 생각된다.

한강하류역의 이형토기와 금공예품 등의 출토유물 역시 이질적임을 지적하고 있는데, 이 중 김포 운양동에서 출토된 금제 이식은 북방지역과 관련되는 것임이 이미 지적된 바 있다. 그렇다면 양자강유역의 토돈묘와 관련시킬 수 있는 보다 구체적인 유물상으로는 어떤 것을 적시할 수 있을지 여쭈어보고 싶다.

한강 유역의 고구려계 적석총의 출현계기와 관련하여 고구려계 주민의 2차에 걸친 남하 결과로 설명하고 있다.

* 고구려계 주민 1차 남하 : 연천일대 임진강유역 즙석분구묘. 연노부에서 계루부로 왕권이 바뀌는 과정에서 소외된 세력 구체적으로는 남부로 비정되는 관노부세력으로서, 한강유역에 먼저 정착하였던 분구묘집단을 피해 임진강유역에 자리잡음.
* 고구려계 주민 2차 남하 : 임진강유역에서 고대국가를 세울 수 있는 충분한 기반을 확보하기 어려운 상황 속에서 새로운 계기(3세기 중엽 경 영서말갈과 군현의 연합공격에 밀린 것이거나 또는 유주자사 관구검이 고구려를 공

격하고 낙랑·대방태수가 옥저와 동예를 치는 틈을 타 대방군 기리영을 공격한 정시연간의 사건을 계기로 고이왕대에 천도)가 마련되었기 때문.

이와 관련하여 고고학적인 연대관의 문제는 차치하고, 일단 임진강유역에서조차 충분한 기반을 확보하지 못한 집단이 과연 한강유역의 선주집단을 제압하고 고대왕국을 건설할 수 있었을까하는 의문이 들 수밖에 없다. 한편 연천 삼곶리 적석총으로 미루어 고구려계 주민들의 1차 연천지역 남하는 고구려의 천도, 왕권교체나 왕권확립, 영역확대 등과 같은 고구려 내부의 정치적 변화와 관련된 것으로서, 『삼국지』 동이전 고구려조에 연노부(소노부)에서 계루부로 왕권이 교체되었다고 하는바 왕권이 바뀌는 판도 변화 과정에서 소외된 세력 구체적으로는 관노부세력이 남하하였을 가능성을 제기하고 있다. 그렇다면 북한강과 남한강 일대에 점재하고 있는 즙석분구묘 축조 세력 또한 모두 고구려 나아가 관노부세력이 남하한 결과로 보아야 할까?

2차 남하와 관련시켜 본 유명한 '대방군 기리영 공격사건'은 태수太守 궁준弓遵을 전사시키는 성과를 올리기도 하지만 결국 한韓의 멸망으로 귀결되고 만다.[1] 이 공격의 주체에 대해 마한 목지국(충청도 북부 일대?)으로 보는 설과 한강유역의 백제로 보는 설, 경기 북부에 있었을 것으로 추정되는 신분고국으로 보는 설 등으로 크게 나뉘어져 있었다. 최종적으로 공격한 주체(韓)가 멸망을 당하였다는 점에서 선생님의 논지전개와 관련해 공격 주체가 대단히 중요할 수밖에 없다. 만약 전통적인 논리였던 마한 목지국이라면 한강유역 집단이 건재할 것이기 때문에 이동의 계기가 있기 어려울 것이고, 한강유역 집단이라면 임선생님이 말하는 선주 분구묘집단이 될 터인데 이들이 과연 마한의 대표적 역할을 할 만한 집단이었을까? 한편 경기북부설은 '신지

1 部從事吳林 以樂浪本統韓國 分割辰韓八國 以與樂浪. 吏譯轉有異同 臣智激韓忿 攻帶方郡崎離營. 時 太守弓遵 樂浪太守劉茂 興兵伐之. 遵戰死 二郡遂滅韓(三國志 魏書 東夷傳 韓).

격한분臣智激韓忿’을 ‘신분고국분臣濆沽國忿’으로 교감(윤용구)한데 기반하는 것인데, 만약 신분고국臣濆沽國이 주도하였다면 전쟁결과 세력이 축소(또는 말 그대로 소멸)된 집단이 오히려 한강유역을 차지하고 고도의 고대국가체제를 갖추었다는 점에서 조금 수긍하기 어려운 측면이 있다. 선생님은 과연 기리영공격의 주체를 누구로 비정하고 있으며 그 전개과정을 어떻게 보고 계시는지 여쭈어 보고 싶다.

석촌동 1호분 북분 제1단 석축 위에서 조사되어 석곽묘로 보고된 유구는 백제 최고지배세력에 해당하는 1호분 주인공 세력의 불안정성을 말해주는 것으로 최고지배세력의 무덤에 걸쳐 하위계층의 무덤이 축조되었던 것은 세력 교체에 따른 결과물로 해석하고 있다. 나아가 온조 직계가 사반왕에서 단절되는데 사반왕이 폐위(236년)되었다는『삼국사기三國史記』기록을 통해 선행 고분 파괴 축조 현상을 초고와 고이계의 두 왕통 사이에 충돌이 있었다고 보는 견해와 관련시켜 보고 있는데, 이는 백제의 복잡한 왕위계승과정과 고분군의 다양성을 설명할 수 있는 하나의 방안이 될 수도 있을 듯하다. 다만 석촌동 1호분과 북분 석축 위의 석곽묘 축조시기가 과연 이러한 설명과 잘 정합될 수 있을지 문제가 될 수 있을 듯한데, 선생님은 이들의 축조시기를 언제쯤으로 보고 계시는지? 석곽묘의 경우 거기서 나온 물레흔이 있는 토기로 보아 고려시대 이후 것이며 1호분의 축조시기가 그리 올라가지 않는 것으로 본 견해가 있었으나(박순발), 이 토기는 중국 흑유자기임이 확인된 바 있다(성정용). 결국 근초고왕 또는 그 이후에 석곽묘가 조성된 것인데, 이 시기는 누가 뭐라해도 적석총계 왕통이 확립된 시기로 볼 수 있을 것이다. 과연 이 시기 적석총계 왕권이 선행 고분의 파괴를 용인할 만큼 불안정하였다고 할 수 있을까? 그보다 오히려 이 석곽묘는 중국자기가 출토된 점으로 미루어 그 위상이 그리 낮은 사람의 무덤은 아니었을 것으로 볼 수 있으므로, 혹시 이것을 석촌동의 다장묘 전통과 관련시켜 볼 수는 없을까?

「서울 석촌동고분군과 중국 길림성 집안 고구려 왕릉」에 대한 토론문

토론 최종택 (고려대학교)

주지하듯 발표자께서는 고구려 고고학의 대표적인 연구자로서 오랫동안 고구려 고분의 연구에 매진해 왔으며, 최근에는 고구려 왕릉의 연구에서 괄목할만한 성과를 내고 있다. 이번 발표는 고구려 왕릉에 대한 그간의 연구 성과를 바탕으로 석촌동고분군 대형분의 축조방법과 축조시기 등을 비교 분석함으로써 한성시기 백제의 왕릉에 대한 이해의 수준을 한 단계 진전시킨 것으로 사료된다. 특히, 석촌동고분군 적석총의 축조 배경과 의미에 대해서는 오랫동안 논의가 분분하였으나 통설이 세워지지 못하고 있는바, 이번의 발표를 통해 그간의 논의가 상당 부분 정리될 수 있을 것으로 기대한다. 토론자는 본 발표의 핵심적인 내용에 대해서는 이견이 없으나, 토론자로서의 소임을 다하기 위해 발표문과 관련된 궁금한 사항에 대한 몇 가지 보충질문을 드리고자 한다.

첫째, 고구려 적석총의 구조와 명칭에 대한 것으로 일반적으로 고구려 적석총은 분형에 따라 무기단식, 기단식, 계장식, 계단식 적석총으로 구분하며, 내부구조는 석광(또는 석곽), 광실, 석실로 구분하고 있다. 발표자께서는 내부구조를 중국학자들의 명칭을 수용하여 석광, 광실, 석실로 구분하고, 구체적으로는 목관, 목실, 목개 석실, 석실의 구조로 변화된 것으로 설명하고 있다. 토론자도 이러한 설명에 대체로 동의하는 바이나 적석총의 내부구조(매장주체부)에 대한 명칭을 통일할 필요가 있다고 생각한다. 물론 중국이나 북한의 적석총 발굴조사 결과가 자세히 보고되지 않고 있어 여러 한계가 있지만 석광, 광실, 석실보다는 목관, 목곽, 목실, 목개석실, 석실 등 구체적인 용어를 사용하는 것이 바람직하지 않을까 생각한다.

둘째, 고구려 왕릉급 고분에서 출토되는 기와에 대한 설명에서 장군총 등 계단식 석실적석총의 경우 묘상건축의 존재를 인정하지만, 계장식 적석총 등의 경우 출토되는 기와는 묘상건축에 사용된 것이 아니라 분구를 덮었던 것으로 이해하고 있다. 토론자도 이에 동의하나 장군총 등 계단식 석실적석총 이외의 고분에서 출토되는 기와는 구체적으로 목실의 지붕을 덮었던 것으로 생각하고 있는데 이에 대한 발표자의 견해를 듣고 싶다.

셋째, 발표자는 왕릉급 적석총 분구의 규모가 축소되는 것과 석실로 간소화되는 현상을 경제적인 이유가 반영된 것으로 이해하고 있는 것으로 보이는데, 적석총을 축조하는 오랜 기간 동안 얻어진 구조상의 안정성이 그 까닭이 될 수는 없는지 의견을 듣고 싶다.

넷째, 발표자께서는 석촌동고분군의 구조를 검토한 후 즙석봉토분에 석재를 덧대어 계단상으로 축조한 고분이 선행하며, 내부를 돌로 채운 고구려식 적석총이 후행하는 것으로 이해하고 있으며, 석촌동고분군의 조영이 남쪽에서 북쪽으로 진행된 것으로 이해하고 있다. 이러한 추론이 사실이라면『삼국사기三國史記』 백제본기百濟本紀 개로왕조의 왕릉 수즙기사와 일맥상통하는 것으로 생각할 수도 있는데, 이에 대한 발표자의 견해를 말씀해주시기 바란다.

「동진역사문화박물관의 동진연구」에 대한 토론문

토론 조윤재 (고려대학교)

본문의 집필자인 허장생許長生 관장님은 육조六朝의 고도인 남경南京지역 고고학연구를 해온 연구자로써 특히 동진東晉시대 연구의 특화를 갖춘 동진역사문화박물관의 관장을 맡은 지 수년에 달하고 있다. 본문의 특성상 논점에 대한 토론이나 현안을 제시한 성격이 아니기에 몇 가지 질문을 하는 것으로서 토론을 대신하려 한다.

강녕江寧 곡리谷里 정가촌鄭家村 M6호 출토 계수호鷄首壺는 4점이 모두 유사한 기형과 크기를 보여주고 있어 동일 자기요(요구)에서 생산되었을 가능성이 높다. 동진박물관에서 소장하고 있는 동진시기(현재 동진시기로 편년하고 있는 유물) 청자의 생산요지는 대체적으로 어떻게 판단하고 있는지 궁금하다. 또 출토 계수호의 성격을 진묘鎭墓 및 벽사僻邪의 용도로 추정하고 있어 주목할 만하다. 좀 더 자세한 근거를 필자에게 듣고 싶다.

남경南京 상방上坊단지 동진묘에서 출토된 남색 유리편의 분석 결과 소다석회유리로써 로만글라스로 보고 있다. 현재까지의 고고자료로 볼 때 동진시기 이후 남조고분에서는 유리용기의 출토 사례가 전무한 상황인데 이에 대한 필자의 다른 견해가 있는지 궁금하며 로마 혹은 사산조유리제품의 유입경로는 어떻게 생각하는지 이 점도 함께 부탁드린다.

남경 상방단지 동진묘에서는 석연石硯도 1점 출토되었다. 이러한 석연은 석대연石黛硯이라고도 부르는데 그 용도가 궁금하다. 남성의 눈썹화장黛眉 사례가 문헌에서 보이고 있는데 만약 필자가 이에 대한 자료 혹은 고견高見이 있다면 문방도구로서 사용된 벼루와 눈썹화장에 사용된 화장도구로서의 벼루가 어떤 차이점을 보이는지, 혹 동진역사문화박물관에는 관련유물을 소장하고 있는지 소개 부탁드린다.

강녕지역에서 출토된 동진시기 세가대족의 취장聚葬 구역에서도 황실구성원들의 능원과 같은 시설이 확인된 사례가 있는지 질문 드린다.

「한성시대 백제와 중국 동진 남조 교류에 대한 두 가지 문제」에 대한 토론문

토론 박순발 (충남대학교)

본 발표문은 백제 근초고왕대에 일어난 고구려 평양성 공격, 한산 천도, 동진東晋과의 정식 수교 및 국제 정치무대 진출, 『서기書記』 편찬 등 일련의 국가 정비 과정을 당시 16국 시대의 복잡한 국제 정세를 능동적으로 잘 활용한 것으로 이해하고 있다. 백제가 그처럼 국제 정세를 잘 파악할 수 있었던 것은 낙랑 대방 등 중국 군현지역 출신 한인漢人들을 적극 수용 활용하였기 때문으로 보았다.

한편, 한반도 밖에도 백제인들이 활동하고 있었는데, 잘 알려진 바와 같이 『신서晋書』 보용황재기慕容皝載記에 기록된 345년 봉유封裕 상서上書에 당시 전연 도성 용성龍城 주변에 있던 "구려句麗, 백제 및 우문百濟及宇文, 단부 사람들段部之人"이다. 백제 사람들이 여기에 등장하는 배경에 대해 전연이 한반도 지역의 백제에서 징병되어 온 것으로 보았다. 그에 대한 문헌기록은 없으나 『진서』 부견재기符堅載記에 380년 부락苻洛이 반란을 도모하기 위해 선비鮮卑, 오환烏桓, 고구려高句麗, 백제百濟, 설라薛羅, 휴인休忍등에 사신을 파견하여 징병을 요청한 사실로 미루어 전연前燕 시기에도 그러하였을 가능성[1]과 함께

1 『資治通鑑』 晉紀380年 孝武帝 太元 5年條에도 같은 내용이 보이는데, 그에는 "설라"는 신라(新羅)로 되어 있다. 휴인은 그 실체를 특정하기 어려우나 당시 한반도 남부에 있던 정치체임은 짐작할 수 있다.
한편, 『三國史記』 新羅本紀 奈勿王 26年條(381)에 위두(衛頭)를 전진(前秦)에 견사 조공한 사실이 있는데, "'경이 말하는 해동지사가 이전과 달라진 것은 무엇 때문인가'라 묻자 위두가 답하기를 '시대 변화에 따라 이름이 바뀌어 지금과 같이 되었다고'하니 납득하였다"고 하여 신라

역시 『진서』 모용황재기 346년조에 보이는 전연이 부여 도성을 공격하여 왕 및 5만여 구를 사민徙民한 부여인을 당시 사람들이 백제인으로 불렀을 가능성을 제시하였다.

백제인으로 여겨졌던 이들은 전연의 서쪽 변경으로 사민되었다가 나중에 전연이 전진前秦에 멸망된 뒤 통치가 허술한 틈을 타 자립하였는데, 근초고왕대에 이들을 활용하여 요서遼西를 경략經略하였다고 이해하고 있다. 요서경략을 통해 국제사회에서 백제의 위상은 높아지고 특히 남북조가 대치하고 있던 남조 유송劉宋은 각별히 대우하였다는 것이다. 그러한 국제정치적 배경으로 인해 백제 비유왕毗有王은 유송에 『역림易林』, 『식점式占』 등 기잡서伎雜書와 요노腰弩 등을 요청하자 그를 받아들였다는 것이다. 적대국은 물론 일반적인 외교관계에 있는 국가에게 국력 신장에 중요한 기능을 하는 선진 문물이나 군기軍器를 반출하지 않았던 관례에 비추어 백제에 대한 특별대우는 단순한 정치적 경제적 이익의 차원을 넘어서 문화공동체 내지 감정공동체로 관계로 격상되었다고 평가하였다. 이때 들여온 요노가 1925년도 풍납토성에서 청동초두靑銅鐎斗와 함께 출토되었다고 전하는 노弩였을 것으로 보았다.

이상의 내용은 매우 흥미롭고 공감되는 부분이 적지 않으며, 이 분야 연구에 새로운 자극이 될 것으로 평가된다. 그러나 구체적인 부분에서 한국학계의 일반적인 관점과 차이가 있어 그를 중심으로 다음과 같이 질의하고자 한다.

1. 발표자는 한성시대는 371년 "이도한산移都漢山"시점부터 475년 한성 함락 사이로 비정하고 있다. 그러한 연대관은 풍납토성 경당지구 출토 시유전문도기의 연대를 4세기 후반~5세기 중후반 무렵으로 보는 데에 기인한다. 그러한 점으로 보면, 풍납토성 축조 연대를 3세기 중후엽으로 보는 견해는 성립될 수 없으며, 371년 한성으로 천도하기 이전의 백제

의 국호가 이전과는 달라진 사정을 짐작할 수 있다.

도성인 위례성과 하남위례성은 서울지역이 아니라는 것이다. 백제의 첫 도읍지는 구체적으로 요동遼東~낙랑樂浪 사이에 있었을 것으로 보며, 3세기 전후 한강유역으로 옮겨온 것으로 이해하고 있다[2].

이러한 관점은 기존 한국학계의 인식과 차이가 크다. 우선, 경당지구에서 나온 전문도기가 4세기 후반 이후라 하더라도 풍납토성의 축조가 곧 그 이후라는 직접적인 증거는 되지 않는다. 최근 다양한 자연과학적 연대측정 결과도 300년을 전후한 시점에 축성이 진행되었음을 보여주고 있을 뿐 아니라, 풍납토성 지역에는 축성 이전에도 적어도 2세기대부터 취락이 존재하고 있었기 때문이다. 환호취락에서 성벽취락으로 전환은 단지 국가 단계 사회로의 성장 시점을 판단하는 것으로는 의미를 가질 수 있으나 그 출현 이전에 백제 건국세력이 한강유역에 없었다는 것을 의미하지는 않는다. 최근 한강하류지역에서 기원전 1세기대부터 한식漢式 토기 등 유물이 지속적으로 나오고 있는 점이나 『삼국사기三國史記』 백제본기百濟本紀의 기사 등으로 보는 한 백제의 첫 도읍지인 위례성도 낙랑보다 북쪽이 아니라 낙랑의 남쪽, 예濊지역의 서쪽, 마한의 동북쪽에 있었음은 부정할 수 없다. 백제의 건국지를 '대방고지帶方故地'혹은 마한의 동북쪽으로 기록하고 있으며, 마한의 한 나라로 이해되고 있었던 점에서 요동~낙랑 사이로 초도지를 비정하기는 어렵다.

2. 발표자는 『진서』 모용황재기에 나오는 345년 봉유封裕 상서上書에 당시 전연 도성 용성龍城 주변에 있던 "구려句麗, 백제 및 우문百濟及宇文, 단부 사람들段部之人"가운데 백제인을 346년 전연이 부여 도성을 공격하여 왕 및 5만여 구를 사민한 부여인일 가능성이 큰 것으로 이해하였다. 이 문제는 이른바 '요서백제遼西百濟'의 문제로서 한국학계의 숙제 가운데 하

2 王志高, 2015, 「試論韓國首爾風納土城的三個問題」, 『邊疆考古研究』 第17, 科學出版社.

나이다. 그리하여 2015년 한성백제박물관에서 이를 둘러싼 학술회의가 열리기도 하였다.

봉유 상서문의 '백제'를 '부여'의 잘못으로 보는 입장은 정황론적으로 요서백제의 존재를 부정하는 관점에서 주로 제기된 것이지만, 발표자는 요서지역에 백제가 있었을 것으로 보는 입장에서 그렇게 해석하고 있어 흥미롭다. 그런데, 봉유의 상서시점(345년)과 부여인 사민시점(346년)의 선후 관계로 보는 한 발표자의 이해는 그다지 자연스럽지 않은데, 그와 관련하여 봉유 상서문의 백제는 부여가 아니라 백제로 보아야 한다는 입장도 논리적으로 부정하기 어렵다는 견해[3]가 있다. 그리고 발표자는 345년 봉유의 건의에 의해 고구려, 백제 등 사람들을 전연의 서경西境 지역으로 사민하였다고 하였으나, 해당 기사의 문면으로 보면 사민은 일어나지 않았던 것으로 해석되고 있다[4]. 아무튼, 봉유의 상서 내용을 사실로 보아야 한다는 입장도 부정하기 어려우므로 전연 영역 내에 군사행동의 결과로 붙잡힌 백제인의 존재를 전적으로 부정하기는 어렵다. 다만, 발표자의 견해와 같이 봉유의 건의에 의해 이들이 전연의 서변으로 사민되었다가 전진이 전연을 멸망시키면서 자립하였을 것으로 이해하기 위해서는 본 발표문에 제시된 이상의 추가적인 근거 제시가 필요한 것으로 보인다.

참고로 토론자가 최근 고고학 자료를 통해 접근해 본 바에 의하면, 아직까지 요서지역에서 백제의 존재를 시사하는 근거는 발견되지 않고 있다[5].

3 강종훈, 2015, 「4세기 전반 백제군(百濟軍)의 요하(遼河) 일대에서의 활동에 관한 기사의 검토」, 『백제와 요서지역』, 백제학연구총서 쟁점백제사 7, 한성백제박물관.

4 최진열, 2015, 「16국시대 요서(遼西)의 인구 증감과 전연(前燕) 후연(後燕) 북연(北燕)의 대응」, 『백제와 요서지역』, 백제학연구총서 쟁점백제사 7, 한성백제박물관.

5 박순발, 2015, 「고고학적으로 본 요서(遼西)지역」, 『백제와 요서지역』, 백제학연구총서 쟁점백제사 7, 한성백제박물관.

■ 참고문헌

강종훈, 2015, 「4세기 전반 백제군(百濟軍)의 요하(遼河) 일대에서의 활동에 관한 기사의 검토」, 『백제와 요서지역』, 백제학연구총서 쟁점백제사 7, 한성백제박물관.

박순발, 2015, 「고고학적으로 본 요서(遼西)지역」, 『백제와 요서지역』, 백제학연구총서 쟁점백제사 7, 한성백제박물관.

최진열, 2015, 「16국시대 요서(遼西)의 인구 증감과 전연(前燕) 후연(後燕) 북연(北燕)의 대응」, 『백제와 요서지역』, 백제학연구총서 쟁점백제사 7, 한성백제박물관.

王志高, 2015, 「試論韓國首爾風納土城的三個問題」, 『邊疆考古研究』 第17, 科學出版社.

「백제와 야마토」에 대한 토론문

토론 권오영 (서울대학교)

아오야기青柳선생님은 나라현奈良縣의 고고학적 조사를 주도하는 카시하라 고고학연구소에서 장기간 조사와 연구에 종사하면서 일본 고분시대 연구 및 한국과의 교류사에 중요한 업적을 남긴 이 분야의 대표적 연구자 중 한명이다. 특히 한반도와 관련된 정보를 다량 간직한 나라현 난고南鄕유적군의 발굴조사와 보고서 작성 경험을 바탕으로 삼아 이른바 도래계 문화에 대한 연구를 심화시키고 있다. 그의 벽주(대벽)건물, 수변제사에 대한 연구는 모두 이러한 경험을 바탕으로 진행되었던 연구 성과로서 이 분야 연구가 미개척 상태였던 한국 학계에도 큰 영향을 준 바 있다.

오늘의 발표문은 최근(2016년)에 공표된 몇몇 논문을 기초로 하고 있어서 일본학계의 최신 조사와 연구 성과를 알 수 있는 좋은 기회였다. 다만 정보의 전달이 부족하거나 표현이 불분명한 부분, 토론자와 생각이 다른 부분 등이 있어서 몇 가지 질문을 드리고자 한다.

1. 난고(南鄕)유적군과 고조(五條)지역 치카우치(近內) 고분군의 관계

난고南鄕유적군은 일본 기내畿內지역의 대표적인 한반도계 이주민[1] 관련 유

1 일본학계에서 사용하고 있는 "도래인", "도래문화"는 학술용어로서 나름의 장점을 지니고 있지만 한국학계에서 이 용어를 사용할 경우에는 주체, 방향의 혼선이 온다. 따라서 "(한반도계)

적이다. 장기간에 걸친 조사와 연구를 통하여 유적의 성격이 많이 알려진 상태이다. 다만 이 유적을 남긴 주민집단의 분묘가 어디에 있는지, 어떤 형태인지 궁금하였는데 이번에 발표자는 치카우치近内고분군과의 관계를 주목하고 있다. 그 관계를 어떻게 보고 있는지 의견을 듣고 싶다.

2. 말의 사육

종래 일본에서 말의 사육과 관련된 중요한 유적으로 오사카부大阪府 시토미야키타蔀屋北유적이 중시되었다. 이 유적에서는 충청-전라지역과 관련된 것으로 여겨지는 조리용기(이른바 한식계토기)와 함께 U자형 토제 아궁이테가 다수 출토되었으며 말의 사육과 관련된 제염토기, 등자와 재갈, 브러시 등이 발견되어 가와치河内 마사부馬飼部와의 관련성이 거론된 바 있다.

이번에 발표자는 난고南鄕유적에서 발견된 말의 치아에 대한 분석을 통하여 나라지역에서도 말의 사육이 이루어지고 있었다는 주장을 소개하고 있다. 이 논문이 발표된 해가 금년이므로 매우 최신의 정보인 셈이다. 이에 대한 상세한 설명을 부탁드린다. 아울러 목마장으로 이용된 장소의 추정, 말의 사육에 필수적인 소금을 만든 제염토기의 존재 여부에 대해서도 설명을 듣고 싶다.

3. 마키무쿠(纏向)유적 출토 토기의 정체

발표자의 주장대로 나라분지에서 고분시대 전기에 해당되는 유적에서 한반도계 유물이 출토되는 예는 매우 적으며, 마키무쿠纏向유적 출토 흑색마연

이주민", "한반도계 문화"라는 용어로 대체하고자 한다.

토기와 추정 장란형토기 정도가 거론될 뿐이었다. 하지만 이 유물들은 잔편이어서 한반도의 어느 지역과 연관되어 있는지 추정하기 곤란한 상태였다. 역시 금년에 이 유적에서 새롭게 양이(부)호가 확인되었고 이를 마한-백제계로 비정하였다고 한다. 이 토기에 대한 설명을 부탁드리고자 한다.

4. 벽주(대벽)건물의 연대문제

발표자는 일본열도에서 발견되는 벽주건물이 백제와 관련됨을 주장하면서 한반도의 벽주건물이 남향유적의 사례(5세기 중엽)보다 오래된 것이 없음이 문제라고 하고 있다. 최근 사가현滋賀縣에서도 난고南鄕유적보다 시간적으로 소급되는 벽주건물이 검출되어 연대문제가 불거진 바 있었다.

하지만 최근 한성기에 해당되는 벽주건물의 사례(양주 가석지구, 평택 세교지구)가 확인되었기 때문에 이 부분은 자연스럽게 해소된 것으로 보인다.

5. 백제-왜 관계의 본질

발표자의 주장대로 칠지도와 함께 고찰할 만한 나라지역의 고고학적 자료는 마키무쿠纏向유적 정도에 불과하다. 대부분은 고분시대 중기 이후의 자료이다. 이에 대한 발표자의 해석은 백제 중추지역과의 관계가 경제적 레벨만이 아니라 정치적 레벨로서도 긴밀화하고 있다고 해석하고 있다. 상세한 설명이 없어서 그 진의를 알기 어려운데 보완설명을 부탁드린다.

종합토론

석촌동고분군과 근초고왕

좌장 양기석

토론

강현숙 우금영虞金永

권오영 임영진

성정용 조윤재

아오야기 다이스케青柳泰介 허장생許長生

좌장 양기석(충북대학교)

지금부터 2일차 발표에 대한 종합토론을 시작하겠습니다.

원래는 토론시간이 좀 늦게 설정되어 있는데 일찍 끝났기 때문에, 오늘 또 연휴고 해서 시간 조정을 해서 3시 30분부터 빨리 시작을 하게 됐습니다. 그리고 토론시간이 90분 정도로 되어 있습니다마는 어제, 오늘 연이틀 근초고왕을 배우러 많은 분들이 찾아와 주셨기 때문에 그 염원에 부응하는 의미에서 오늘 토론시간을 90분에서 120분, 2시간으로 연장을 해서 5시 반에는 절대로 새로운 이닝에 안 들어가도록 진행을 하겠습니다.

오늘 토론을 맡은 충북대학의 명예교수로 있는 양기석입니다. 여러분 감사합니다.

(장내 박수)

오늘 토론에 나와 주신 분을 순서대로 소개 올리겠습니다.

임영진 선생님의 '석촌동고분군의 구성과 변천'이라는 글에 대해서 충북대학교 성정용 선생님이 토론을 맡아주시겠습니다. 소개 올리겠습니다.

(장내 박수)

다음은 강현숙 선생님께서 석촌동고분군과 고구려 왕릉, 주로 고구려의 적석총에 대한 말씀을 해 주셨는데 여기에 토론을 맡아주실 분은 고려대학교의 최종택 선생님입니다.

(장내 박수)

이번 2일차 발표는 전반부에는 주로 석촌동고분군에 대한 고고학적인 입장이 발표가 되었습니다. 오후에는 근초고왕이 있었던 4세기 후반 중국과 일본에서의 동아시아 관계 속에서 교류라든가 또 여러 가지를 검토하는 시간을 가졌습니다. 중국 동진역사문화박물관의 허장생許長生 선생님이 '동진역사문화박물관의 동진연구'라는 주제로 발표를 해 주셨는데, 고려대학교의 조윤재 선생님이 토론 및 통역을 하시는 것으로 되어 있죠? 오늘 통·반장을 다 맡으시는 것으로 하겠습니다. 조윤재 선생님을 다시 소개 올리겠습니다.

(장내 박수)

그다음에 네 번째 주제가 동진과 백제의 교섭 관계를 고고학적인 입장에서 검토를 하게 됐는데 남경사범대학南京師範大學의 우금영虞金永 선생님이 발표를 해 주셨습니다. 이에 대해서 충남대학교의 박순발 선생님이 토론을 해 주시겠습니다. 소개 올리겠습니다.

(장내 박수)

다음은 4~5세기 나라 지역의 백제 주민에 대해서 카시하라 고고학연구소橿原考古学研究所의 아오야기靑柳 선생님께서 발표를 해 주셨는데, 여기에 대해서 서울대학교의 권오영 선생님이 토론을 해 주시겠습니다.

(장내 박수)

토론이 2시간이라고 하지만 이야기를 진행하다 보면 시간이 많이 걸릴 수도 있겠습니다. 그래서 우선은 이번 학술대회의 가장 초점이 석촌동고분군에 있기 때문에 자연히 토론시간의 비중을 석촌동고분 쪽으로 올리기로 하고 그 나머지 부분에 대해서는 후반부 중국이나 일본의 관련성과를 검토해 보는 시간, 그다음에 마지막으로 플로어에 계신 여러분들 두세 분만 의견을 받아서 질의응답을 하는 시간으로 진행을 하겠습니다. 토론시간은 시간을 절약하는 의미에서, 토론

요지가 잔뜩 쓰여 있습니다. 전반부는 그 내용을 요약한 부분이 있고 그다음에 토론자가 질의한 내용이 1, 2, 3으로 구성되어 있는데, 시간을 절약하는 의미에서 내용 요약은 생략하시고 토론 요지 긴 것은 요약을 해서 정확하게 발표자에게 전달을 해서 또 성의 있는 답변이 오고가도록, 그래서 여러분의 궁금증을 해소하는 시간으로 해서 한 분당, 어제는 노중국 선생님이 한 5~6분 드렸습니다마는 오늘은 내용의 중요성을 감안해서 7~8분 정도로 더 드리겠습니다. 그래서 간략하게 또 핵심적인 얘기를 해 주시면 되겠습니다.

근초고왕 하면 백제의 13번째 임금으로서 우리가 백제사에서 가장 땅을 넓힌 정복 군주로서 백제의 전성기를 구가했던 왕으로 이해하고 있습니다. 근초고왕은 영역 확장 과정을 보면 한반도의 서남부 해안, 중부 지역을 포함해서 3분의 2 정도를 확보했고 또 그 훌륭한 기록을 『서기書記』라는 역사책으로 남기기도 했던 왕입니다. 그래서 그 이후의 백제 여러 왕들은 근초고왕을 닮기 위해서 하나의 큰바위 얼굴로 생각을 해서 근초고왕대의 영역, 또 근초고왕대의 훌륭한 업적을 따라가려는 노력들이 나오고 있습니다. 예를 들면 지난번에 쟁점백제사에서도 언급이 되었던 개로왕도 영역을 확장하는데 고구려와의 싸움에서도 과거 근초고왕대의, 고구려에게 빼앗긴 그 영역을 확보하기 위한 의지를 보여 준 적이 있었고, 그 뒤에 성왕이라든가 또 7세기 초의 무왕이라든가 이런 왕들도 근초고왕대의 영역을 하나의 모델로 해서 백제의 중흥을 이끌어 내려는 노력이 나올 정도로 중요한 역할을 했습니다. 그럼에도 불구하고 『삼국사기三國史記』에 보면 근초고왕에 대한 기사는 몇 개 없습니다. 거기에 전반부 내용이 개로왕대와 마찬가지로 거의 공백이 되어 있어요. 도대체 근초고왕은 무슨 일을 했는가 알 수가 없고, 그리고 나머지 부분에 정복에 대한 얘기, 주로 고구려와 전투를 벌여서 고구려 고국원왕을 전사시키는 이런 얘기, 또 박사 고흥이 『서기』를 지었다 하는 이런 얘기 외에는 별로 나오는 게 없습니다. 다만 그 시기에 중국의 『진서晉書』라든가 『일본서기日本書紀』, 어제 말씀드린 신공왕후神功皇后 이런 기사에 단편적으로 근초고왕대의 그 사실이 나오기 때문에 이런 자료를 우리가 토대로 해서 근초고왕대의 위대한 역사상을 복원하려는 노력이 나온 겁니다.

그러면 제일 먼저, 임영진 선생님이 석촌동고분군을 발굴하시는 데 아마 중요한 역할을 하신 것으로 알고 있습니다. 뿐만 아니라 몽촌토성 발굴조사도 같이 참여하셔서 그야말로 산증인이라고 할 수가 있습니다. 그래서 발표를 해 주셨는데, 성정용 선생님의 토론이 있겠습니다.

1. 서울 석촌동고분군의 구성과 변천

성정용(충북대학교)

예. 첫 번째 토론을 맡게 된 성정용입니다. 어제 문헌사에 이어서 아침에 석촌동고분군, 몽촌토성 발굴도 보고 또 오늘 고고학적 발표를 들으면서 정말 공부가 많이 되었습니다. 그래서 근초고왕대 석촌동고분군을 다시 한 번 이해하는 계기가 됐던 것 같습니다. 오늘 제가 토론을 맡게 된 임영진 선생님은 80년대에 서울대학교 계시면서 몽촌토성, 그리고 석촌동고분군을 여럿 발견하시면서 그 이후에 관련 논문을 정말 많이 쓰셨습니다. 그래서 이쪽 백제 고고학의 한 영역을 개척하셨다고 할 수 있을 텐데, 90년대 이후에 전남 지역 내려가셔서는, 근초고왕이 바로 마한을 멸망시키지 않습니까. 반대로 백제에 저항하는 마한을 부흥시키는 역할을 하고 계셨거든요. 그러다가 이번에 발표하신 내용을 쭉 종합하면 마한의 고고학적 성과, 그리고 백제의 고고학적 성과 두 개를 결합시켜서 백제의 변천과정을 설명하시는 것 같습니다. 앞부분에 석촌동고분군의 분포, 구조 문제 이런 것을 말씀하셨는데, 이 부분보다는 선생님 말씀하신 핵심이 석촌동고분군을 통해서 백제의 건국세력이 어떻게 변화하였을까에 있는 것 같아서 구조 문제는 조금 이따 강현숙 선생님이나 다른 선생님들 토론에 맡기고요. 변천 문제 위주로 해서 한번 질문을 해 보려고 합니다. 제 토론 내용이 다분히 그런 쪽에 맞추어져 있습니다.
그래서 선생님 발표하신 마지막 그것을 일부러 띄워 놨습니다. 말로 하면 전달이 잘 안 될 것 같아서 일부러 보여 드렸습니다마는, 말씀하신 대로 아까 다섯 단계로 보고 계시는 것 같습니다. 첫 번째가 백제 기층세력 처음 형성 단계, 두 번째가 아마 낙랑 지역에 있는 고성계 유민이 남하하면서 2세기 단계에 토광묘土壙墓 문화가 한강 유역에 형성된 단계. 그리고 세 번째가 양자강 유역 토돈묘土墩墓가 이쪽 한강 유역, 서해안 지역에 들어와서 정착해서 백제의 하나의 선행 기층세력이 또 하나 됐던 것. 네 번째가 본격적으로 고구려 적석총積石塚 세력이 남하하는 단계. 그리고 다섯 번째로 적석총 세력하고 기존에 있던 선주민 집단들하고 융합하는 단계. 그래서 백제의 적석총이 만들어지는 단계. 이렇게 나누신 것 같은데, 제가 이 내용 그대로 한 것이기 때문에 크게 다르게 이해한 것은 아니라고 생각을 합니다. 선생님, 제가 혹시 잘못 설명한 부분이 있는지요? 괜찮습니까? 예. 그래서 제가 다른 게 아니라 이쪽 지역에 과연 물질문화가, 석촌동고분군이 보여 주는 물질문화가 어떤 것이 과연 선생님이 설명한 가운데 있는 것과 정합하는지를 한 번 더 설명을 부탁드리는 의미에서 그러는 겁니다. 특히 중부 지역, 충청도 지역, 경기이남 지역의 물질문화 형성과 한강 하류역, 서울 지역의 물질문화 형성이 같을 수는 없습니다. 그런데 대략 최근에 저희 충청도 지역에서, 경기이남 지역에서 확인되는 2세기대 양상이 있어서, 이런 양상들이 지금 확인이 됩니다. 특히 기존에 '유개대부호有蓋臺附壺'라고 불리던 건데, 이름은 적당한 것은 아닙니다. 여러 가지 형상들을, 기물들을 형상화시켜서 만든 것이기 때문에 다양한 것들이 발견됩니다마는, 어쨌든 이렇게 '유개대부호'라고 불리는 이런 것하고 원저발형토기圓低鉢形土器, 심발형토기深鉢形土器. 타날打捺이 되어 있습니다. 저희는 경질문토기硬質文土器라고 부르는 무문토기無文土器만 나온 줄 알았는데요. 10여 년 전부터 타날打捺된 원저토기圓低土器가 같이 공반이 됩니다. 이것하고 같이 공반이 됩니다. 거기에는 철검들. 철검이 이전에 이쪽 중부 지역에는 잘 없었습니다마는 근래 이렇게 세 가지 요소가 같이 공반이 되어 나오고 있습니다. 이것이 아마 2세기에, 뭐 올라가면 1세기까지 올라갈지 모르겠습니다마는 경기이남 지역, 충청도 지역의 문화 양상이 것 같습니다. 특히 이 철검이 참 재미있는 건데요. 작년에 오송 봉산리라고 청주 옆에 있는 오송 KTX 역사 있는 부근에서 발굴된 건데요. 이런 철검이 나왔습니다. 손잡이 부분이 청동으로 되어 있습니다. 그리고 손잡이 부분에 돌기가 이렇게 쭉 되어 있는데요. 부여 유수노하심榆樹老河深에서 유일하게 똑같은 게 한 점 나온 게 있습니다. 이 세 번째 거, 가운데 있는 게 아마 그게 될 것 같습니다. 이 부분이 바로 똑같이 돌기가 표현되어 있습니다. 그래서 이 철검이 부여 지방에서 직접 들어온 것인지 아닌지 그것을 바로 논할 수는 없습니다마는, 어쨌든 물질문화 양상이 굉장히 유사하다는 것을 알 수 있을 것 같습니다. 이런 양상들이 중부이남 지역에 1세기대 아니면 2세기를 중심으로 하는 문화 양상이 될 것 같고요. 또 이런 합장묘들이 중부이남 지역에서 굉장히 많이 발견이 되고 있습니다. 그래서 아마 2세기 단계, 이런 토광묘土壙墓 단계부터 합장묘가 나오고 그다음에 3세기 단계 되면 이런 환두대도環頭大刀가 위주로 되는 그것하고 좀 바뀌는 것 같습니다. 그리고 주구토광묘周溝土壙墓라는 토광묘가 나오고요. 그리고 또 저희 중부이남 지역에서 특이한 것 중에 하나가 바로 이런 재갈이 하나가 있습니다. 이런 재갈은 기존에 알려진 것과는 전혀 다른 건데요. 철봉을 두드려서 그냥 그대로 꼬지 않고 단접鍛接해서 만드는 형태입니다. 그런데 지금까지 국내 중부이남 지역에 딱 두 점만 나왔습니다. 한 점은 충주에서 나왔고 한 점은 청주에서 나왔는데, 이런 재갈들이 고구려에도 있고요. 그다음에 아까 말씀드린 부여 유수노하심에 있는 것도 그림은 표현이 잘 안 되어 있습니다마는 사실 여기에 약간 이렇게 되어 있는 표시가 바로 단접한 표시입니다. 똑같습니다. 그리고 이런 입문 형태도 똑같고요. 그다음에 흉노匈奴 이런 초원지에 있는 것도 똑같습니다. 기원전 1~2세기부터 북방 지역에 유행하던 것들이 중부이남 지역에 들어와 있습니다. 이런 문화들이 이쪽 경기이남 지역에서 보이고 있는데, 과연 한강이남 지역에서 AD 2세기를 볼 수 있는 양상이, 정말 지금 발굴이 너무 좁게 됐기 때문에 그런데 어떤 것을 앞으로 상정할 수 있을지 한번 여쭤 보고 싶은 게 하나입니다.

두 번째는 분구묘 단계 양상 아까 말씀을 해 주셨기 때문에, 뭐 오리 모양 토기라든지 몇 가지 말씀을 해 주셨는데 과연 그 단계에 해당되는 것, 아까 말씀하셨으니까 그것은 생략을 하겠습니다.

세 번째로 적석총 단계 사람들이 연천 지역으로 내려왔다가 다시 서울, 경기로 내려왔다고 하는데요. 과연 연천 지역에 있던 집단이, 신분고국臣濆沽國이라고 문헌에서 2000년대 초에 비정을 한 것 같은데요. 그런 것과 연결시켜서 선생님께서 연차적인 적석분구묘積石墳丘墓들이 3세기 단계에 있다가 3세기 중반~후반에 뭔가 문제가 생겨서 내려왔다고 얘기를 하신 것 같은데요. 제 토론문 마지막에 479쪽에 있는 내용입니다. 마지막에 대방군 기리영崎離營 공격 사건과 연결시켜서 말씀을 하십니다. 3세기 중반에 한의 어느 집단이 대방군 기리영을 공격하게 되는데요. 그때 태수 궁준弓遵을 전사시킵니다. 그런데 전투의 결과는 한·마한세력이 멸망을 합니다. 공격한 사람이 멸망을 합니다. 그런데 이 공격한 사람이 누구냐가 문제가 될 것 같습니다. 충청도에 있던 마한이라면 목지국目支國이 될 텐데요. 목지국이 됐다면 뭐 멸망한 사람이 별로 관계가 없게 됩니다. 또 하나는 만약 백제가 공격했다면 한강 유역이 백제가 될 텐데요. 이게 좀 문제가 될 것 같고요. 네 번째는 일반적으로 보는 것처럼 신분고국이 공격했다고 한다면 공격한 사람이 멸망하게 됐는데 그 사람들이 어떻게 백제 본류인 한강 유역으로 남하할 수 있었을까 이게 좀 의문스럽습니다. 그래서 남하하는 계기가 과연 어떻게 이때 남하할 수 있을까 이것이 궁금합니다. 그래서 그런 점을 여쭤 보고 싶고요.

그리고 마지막으로 석촌동 1호분 아까 말씀을 하셨는데요. 1호분 북분에 있는, 위석분구묘로 표현을 하신 것 같습니다. 이전에 거기에서 나온 아까 보여 주신 흑유계수호黑釉鷄首壺로 생각되는 것이 이전에는 다른 것으로도 인식이 됐었는데요. 흑유계수호로 볼 때 석촌동 북분에 있는 위석분구묘는 4세기 중반~후반 될 수도 있을지 모르겠습니다. 하여튼 4세기대의 좀 늦은 시기라고 한다면 이것을 가지고 선생님께서는 적석총 세력이 파괴되는, 선행 분묘가 파괴되는 것 보면 왕실 교체의 갈등 과정을 반영하는 것 아니냐고 설명을 하셨던 것 같은데, 오히려 그런 것보다는 오늘 현장에서 보셨듯이 적석총도 계속 연접해서 만들어지고 선행 분묘도 덮고 파괴하는 현상들이 자연스럽게 일어나는 것 같은데, 북분에 있는 것도 그러한 선행 분묘를 자연스럽게 파괴하면서 들어설 수 있는 사회적 환경에서 조성된 것이 아닌가. 그렇다면 갈등을 보여 주는 요소로만 꼭 볼 수 없지 않을까 싶어서 그 점에 대해서 다시 한 번 여쭤 보고 싶습니다.

좌장 양기석(충북대학교)

네 가지를 물으셨는데, 세 가지를 답변해 주시기 바랍니다.

임영진(전남대학교)

성정용 교수님의 토론문을 3일 전에 받아 봤습니다. 사실 오늘의 발표는 그동안 논란이 많았던 중요한 고분들의 구조 문제에 대해서 논의를 해 볼 필요가 있겠다 싶어서 거기에 초점을 맞췄는데, 그 문제보다는 해석의 문제를 중심으로 질문을 하셨습니다. 굉장히 중요한 부분들이고, 제 나름대로 그동안 생각했던 견해를 조금 보충해서 발표를 했습니다만 제 견해는 그동안 충분하지 못한 조사를 토대로 냈던 일종의 가설이기 때문에, 앞으로 논의와 새로운 조사에 따라서 얼마든지 수정 내지 보완의 여지가 남아 있다는 것을 먼저 말씀을 드립니다. 백세의 선국과 발전 과정에 대해서는 문헌사 쪽에서도 그렇고 고고학 쪽에서도 그렇고 대단히 많은 견해들이 분출하고 있지만, 정리가 제대로 되지 못하는 게 우리의 현실입니다. 전남 지역 병합 시기 문제에 있어서도 60년 이상 통설로 내려왔던 근초고왕대 병합설이 어제 많은 문헌 전문가들에 의해서 신빙성이 그다지 높지 않다고 보아 논란이 됐고요. 고고학 쪽에서도 사실 마찬가지인데, 지금 성정용 교수의 질문에서는 백제의 발전 과정을 고고학적으로 들여다볼 수 있는 묘제의 변화 배경과 그 획기에 대한 중요한 두 포인트가 질문이 되어 나왔습니다. 그래서 제 나름대로 답변에 대해서 조금 고민을 해 봤지만, 모든 것을 만족시킬 수 있는 답변은 사실 조금 어렵다는 것을 미리 말씀을 드리면서 지금까지 조사된 내용을 토대로 답변 드릴 수 있는 내용을 말씀드리겠습니다.

첫째로 석촌동고분군에서 가장 이른 시기로 편년된 최하층의 집단 토광묘集団土壙墓와 1호 토광묘土壙墓의 연대 문제인데, 이것은 집단 토광묘에서 출토된 유물들이 회백색 연질계 토기와 칠기로서 평양平壤 정백동貞柏洞 목관묘木棺墓 단계와 상통하는 점이 있거든요. 대개 3세기까지는 떨어지지 않고 2세기 후반까지는 볼 수 있지 않겠는가 하는 견해였는데, 성 교수는 충청권에서 조사되고 있는 2세기대로 추정되는 새로운 자료를 준비해서 보여 주셨습니다. 석촌동 출토품들하고 상당한 차이가 있는데, 저는 그 차이는 어느 정도 설명이 될 수 있다고 봅니다. 제가 발표문에서도 밝혔지만 비슷한 시기에 비슷한 배경에서 고조선 계통의 유민들이 남하했다고 보는데, 한강 유역 쪽으로 들어온 세력이 있고 충청권으로 들어간 세력이 있었다고 봅니다. 그런데 충청권이 여러 가지 점에서 규모가 큽니다. 세력이 크다는 것이 분명히 드러나고 있는데, 철기를 비롯한 유개대부호 이런 것들은 중국 한과 관련이 되면서도 또 북방과도 관련이 되는데, 그만큼 그 세력의 대외교섭력이라고 할까, 이런 것을 반영하는 세력의 규모와 관련되어 있는 것으로 생각이 됩니다. 유개대부호有蓋臺附壺는 중국 한대에 유행했던 도창陶倉에 기원이 있다고 보기도 하고, 그리고 환두대도環頭大刀 같은 경우는 북방에서도 나오지만 사실 중국 절강성 용천龍泉 쪽에 보시면 거기가 지금도 중국에서는 검을 만드는 가장 우수한 집단들이 모여 있는 곳인데, 그쪽에서 발굴 조사되고 수집된 자료들을 보면 이미 전국시대에 환도가 나오고 있습니다. 그래서 북방 환두대도는 오히려 중국 남부보다는 늦다고 얘기할 수가 있습니다. 우리는 항상 우리가 지금 접하고 알고 있는 범위에서 모든 것을 연결시키고 해석하고 있지만, 백제를 이해하는데 있어서는 동아시아의 이해가 필수적이고 북방뿐만 아니라 중국 남부 쪽에도 관심을 기울일 필요가 있다는 것은 두 말할 필요가 없을 것입니다. 아무튼 아산만권은 분명히 한강 유역권하고는 세력 규모의 차이가 크고, 그 세력 규모의 차이가 그들이 지참한 유물의 차이에서 나타나고 있다, 이렇게 봅니다. 그러나 시간적인 차이는 별로 크지 않을 것이다 이런 생각이고요.

두 번째는 석촌동분구묘를 양자강 유역의 토돈묘土墩墓와 관련시킬 수 있는 보다 구체적인 유물상을 제시해 달라 이렇게 요구를 하셨는데, 사실 양자강 유역의 토돈묘들이 시기적으로 빠르고 성행을 했지만 이게 한국으로 건너오는 과정에서는 산동반도를 경유합니다. 근자에 들어서 산동山東 제남济南 쪽에서 고속도로가 만들어지면서 많은 고분들이 발굴이 됐는데, 토돈묘 가운데는 수평적인 확장에 의해서 분구가 사다리꼴을 띠게 된 그런 무덤도 나오고 있고, 또 왕씨 지석誌石이 나온 유적도 있습니다. 그래서 그 집단들의 이동 과정을 추정할 수가 있는 것이죠. 강남 쪽의 세력들이 점점 북쪽으로 옮아가면서 한대에 한강 유역으로 들어왔을 가능성을 저는 배제할 수 없다고 보는데, 근자에 들어서 김포 지역에서 출토된 백색 토기 가운데는 낙랑에 기반을 둔 것이 아니라 산동반도에서 직접 들어왔을 가능성이 높은 그런 백색 토기들도 확인되고 있는 거거든요. 그래서 그런 중국 남부 지역 세력들의 북쪽 육로를 통한 이주라기보다는 중국 내부의 정치적인, 사회적인, 또 환경적인 변화 속에서 새로운 길을 택한 사람들이 해로를 통해 간헐적으로 들어왔을 가능성이 높고, 한강 유역의 분구묘들은 어느 정도 서해안 쪽에 머물던 세력들이 한강을 따라서 서울 석촌동 쪽으로 올라오는 과정 속에서 나타난 것이 아닌가 그렇게 생각이 됩니다. 결국 유물상으로 중국 양자강 유역과 직결시킬 수 있는 것은 그렇게 많다고 하기가 어렵습니다. 시간적으로, 공간적으로 차이를 가지고 있기 때문에 계속된 변화 속에서 이루어진 정착이다, 이렇게 본다면 그런 문제에 대한 해명은 어느 정도 되지 않을까 싶습니다. 그런데 문제는 백제권에서 출토된 중국 도자기를 보면 200점이 넘고 서진西晉대의 전문도기로 인정받는 것부터 시작해서 동진東晉, 유송劉宋 전문도기로 이어지고 또 남조南朝 여러 청자류들이 많이 출토가 되고 있습니다. 같은 시기 신라권은 2점, 고구려권은 10여 점이고, 일본은 2점이 알려져 있지만 공식적으로 유적에서 출토된 자기는 없습니다. 그러니까 같은 삼국에서도 백제권에 중국의 도자기들이 그렇게 집중하는 데는 결국 백제와 중국 남조와의 유기적인 관계가 배경이 되었겠지만, 과연 그런 일을 실제로 담당한 실무진은 누구였을까 하는 점을 생각해 볼 필요가 있고, 그것은 결국 항해 능력을 갖추고 중국과 실무적인 교섭을 할 수 있는 세력이 백제권에 존재하고 있었다는 것을 말해 주는 것이고, 그런 세력들이 분구묘와 관련된 세력이 아닐까, 저는 여전히 그런 생각은 유지하고 있습니다. 앞으로 제 생각과 반하는 새로운 자료가 나와서 제가 이 견해를 보완하든지 바꿔야 할 일이 생길지는 모르겠습니다만, 지금까지 조사된 내용 자료만으로 본다면 저는 이 견해는 바꿀 필요는 없을 것으로 생각을 하고 있습니다. 그리고 그런 다양한 묘제들이 한성백제 지역에 공존하는 것은 그만큼 한성백제의 건국 과정에서 다양한 세력들이 협력 내지는 힘을 모아서 고대국가 백제를 건국했다는 것을 말해 주는 한편, 백제 초기의 왕권이 썩 안정적이지 못했을 가능성을 보여 준다고 생각합니다. 공주 지역으로 내려가면 석실묘石室墓로 통일이 된다고 할 수 있을 정도로 단일화 경향이 나타나고 사비 지역으로 가면 더더욱 그런 게 강해지는데, 결국 그것은 백제의 왕권의 안정화, 사회의 전체적인 안정화, 이런 것을 묘제가 반영하는 것이 아닌가 싶고요. 결국 한성백제 묘제의 다양성은 구성원의 다양성, 그리고 상대적으로 왕권의 불안정성을 얘기해 주는 것이 아닌가 이렇게 생각합니다.

세 번째 질문은 제가 상정했던 적석총積石塚 세력의 남하 과정에서 일차적으로 임진강 유역에 머물렀다가 2차 남하를 통해서 한강 유역에 정착할 수 있었다는 것인데, 제가 연노부涓奴部니 관노부灌奴部니 하는 것을 거론한 것은 문헌사 연구 성과를 원용한 것입니다. 문헌 연구자들의 연구 성과가 없으면 저는 이런 얘기를 할 수가 없죠. 강현숙 선생님께서 박사학위 논문을 쓰신 것이 고구려 고분의 변천에 관한 것인데, 고구려 압록강 유역 적석총의 분포를 보면 5개 권역으로 나누어져 있고, 그 5개 권역을 각각 고구려 5부로 비정하시는데, 압록강 이남 쪽에서 조사된 적석총들의 구조가 임진강 유역이나 석촌동에서 조사된 적석총과 상통하기 때문에, 만약에 고구려 적석총 세력이 남하를 했다면 압록강 이북의 핵심 지역, 집안 일대보다는 압록강 남안 세력이 내려왔을 가능성이 높고, 그것은 정치적으로 고구려 내부 왕권 교체라든가 천도라든가 세력 개편 이런 것과 관련됐을 가능성이 높다. 그 정도입니다. 고고학 자료 가지고 정치적인 실체를 확정하는 것은 어렵다는 것은 다 이해하시는 바시죠.

그리고 아까 질문에서는 생략하신 것 같은데, 질문지에 있으니까 잠깐 말씀드리겠습니다. 북한강과 남한강 일대에서 조사된 적석 무덤이죠. 여기에서는 '즙석분구묘葺石墳丘墓'라고 표현하셨는데, 이 세력 또한 고구려, 나아가 관노부 세력의 남하 결과로 보아야 할까 하고 퀘스천 마크만 붙이셨는데, 일단 이 명칭 문제에 있어서 강현숙 선생님 명칭이나 박순발 선생님 명칭이나 최병현 선생님 명칭이 조금씩 다릅니다. 본인이 생각하는 계통 문제와 관련해서 명칭이 붙지 않았을까 싶은데, 저는 '즙석분구묘'는 여기에 붙이기는 적당하지 않을 것이라고 생각합니다. 왜냐하면 즙석분구묘는 한강 유역에서 조사된 76 파괴분이라든가 3호분 동쪽 고분이라든가 5호분 이런 게 지상에 매장시설을 갖춘, 분구 내 매장시설을 갖추고 그 위에 돌을 덮은 것인데, 북한강, 남한강 상류의 문제의 고분은 거대한 자연 사구를 기반으로 해서 즙석을 두텁게 해서 그 즙석부 최상부에 복수 매장 시설을 두는 그런 특징이 있거든요. 그래서 이것을 '즙석총葺石塚'으로 부르는 게 좋겠다는게 제 생각인데, 즙석분구묘는 그런 점에서 한강 유역의 서로 계통이 다른 고분과 혼동될 여지가 있기 때문에 그 명칭은 피하는 것이 좋겠다고 생각합니다. 아무튼 이 세력은 기본적으로 사구를 이용하지만 적석부를 형성하고, 그 적석부에 매장 주체 시설을 둔다는 점에서 넓은 의미에서는 북방의 돌을 이용한 무덤, 좁은 의미에서는 고구려 적석총과 무관하지는 않을 것이라고 생각합니다. 그러나 그 수용 계통이 다르기 때문에, 같은 데에서 기원을 찾을 수 있다고 할지라도 서로 다른 문화의 전통을 가진 서로 다른 집단이 수용했을 경우는 당연히 변형이 이루어질 수밖에 없습니다. 분명 이것은 차이가 있고, 저는 문헌사 쪽에서 얘기하시는 영서말갈靺鞨세력을 그 즙석총의 주인공으로 보는 것이 옳지 않은가 그런 생각을 하고 있습니다.

그다음 질문은 정말 중요한 질문이죠. 백제의 건국과 직결시킬 수 있는 중요한 문제로서 문헌사 쪽에서도 굉장히 다양한 연구 성과들이 제시되어 있습니다. 똑같은 문헌 사료를 통해서 다양한 결론이 나오는데, 문헌만 가지고 연구하는 사람들도 이렇게 내놓은 결론이 다른데 고고학을 하는 사람이 정확한 결론을 내기는 더욱 어렵습니다. 제가 고고학적으로 본 1차, 2차의 남하와 관련해서 문헌사 학계의 이러이러한 성과를 참고할 필요가 있다, 이렇게 본문에는 소개를 했는데, 성정용 교수께서는 당신은 그러면 어떻게 생각하느냐고 단도직입적으로 묻고 있습니다. 쉬운 문제는 아닙니다마는 고고학 쪽에서는 고고학적인 상황을 토대로 해서 그와 같은 문헌 연구자들의 연구 성과 가운데 어떤 견해를 합리적으로 보느냐 이런 선택이 가능할 거고, 거기에 덧붙인다면 조금의 보완, 이 정도 가능하겠죠. 그래서 저는 개인적으로 일단 목지국目支國 세력이 되기는 어렵지 않겠느냐. 왜냐면 목지국은 이제 더 이상 논란이 될 필요가 없을 만큼 확실해졌습니다만 아산만 일대를 기반으로 한 세력이죠. 핵심지는 천안 일대가 되지 않을까 싶은데요. 거기에 있는 세력이 대방을 치기는 쉽지 않을 겁니다. 그래서 가까운 지역의 세력이기 때문에, 한강 유역의 선주민 세력이거나 북쪽의 세력, 그런데 북쪽의 세력이라면 고고학적으로 비정할 수 있는 자료는 연천 지역의 무덤밖에 없습니다. 그 무덤을 남긴 세력들밖에 없는데, 저는 연천 지역의 고구려 1차 남하 세력이 주인공이었다가 패퇴해서 한강 유역으로 내려왔을 가능성도 배제할 수가 없고, 한강 유역의 세력들이 패하는 정세 변화 속에서 임진강 유역 쪽에서 호시탐탐 기회를 노리고 있던 적석총 세력들이 한강 유역으로 진입하였을 가능성이 있지 않겠는가 하고 생각합니다. 후자 쪽이 조금 더 가능성이 있지 않을까 생각합니다.

이제 마지막 질문에 대한 답변이 남았습니다. 역시 대단히 복잡한 문제인데 석촌동 1호분 북분 석축 위에 걸쳐서 조사됐던 유구 87-1호 석곽묘石槨墓로 보고된 것인데요. 오전 발표에서도 그 문제에 대해서 약간 설명을 드렸는데, 제 PPT 좀 다시 보여 주실 수 있을까요? 보시면 1호분 북분이고 남분입니다만 서로 연접하는 석축부의 축조 상태를 통해서 북분이 먼저고 남분이 후대에 부가 됐다는 것을 말씀을 올렸는데, 1호분 중간쯤 이 부분이 해당됩니다. 1호분 북분 1단 석축 위에 걸쳐 있고 이쪽은 아마 후대에 파괴되면서 퇴적된 석재가 아닌가 싶어요. 그 면을 이용해서 유구가 축조됐는데, 발굴 당시에도 당연히 이것이 무엇일까 하는 대체 뭔가 의구심을 가지고 여러 사람들이 같이 논의하고 고민을 할 수밖에 없었죠. 그러나 결론은 유구가 분명하고, 출토된 유물이 교란되지 않은 채 동시성을 가지고 일괄 유물로서 출토된다, 이것은 분명히 유구임에 확실하다. 어떤 사정에서 이런 현상이 -고고학적 현상이죠- 조사를 통해서 파악됐는지 모르지만 이것은 분명한 유구이기 때문에 그 유구의 성격을 규명해야 하지만, 처음 보는 자료이고 그래서 일단은 석곽묘石槨墓로 보고를 한 겁니다. 그러나 지금 생각하면 그것은 단순한, 우리가 이미 알고 있는 그런 종류의 석곽묘는 아니고 주변 지역에서 유사한 자료를 찾아본 결과 중국 토돈묘土墩墓에서 흔히 큰 돌들을 주변에 돌리고 바닥에는 돌을 까는 그런 유구들이 조사되고 있습니다. 그래서 그것과 관련될 가능성이 높다고 본 것이죠. 유사한 구조를 가진 2호 석곽묘에서는 중요한 유물이 출토되었습니다. 발굴 당시는 시유도기施釉陶器라고 했지만 성정용 교수께서 수고를 하셔서 파편들을 접합해서 아마 덕청요德青窯 흑유계수호黑釉鷄首壺겠죠. 파편만 남았지만 부분적으로 복원이 됐습니다. 그 유구는 반이 파괴되는 바람에 유물도 반 정도밖에 남지 않았는데, 그런 조그마한 유구에서 중국 덕청요 흑유계수호가 나온다고 하는 것은 그 사람의 기반이 어디에 있었는가를 얘기해 주는 중요한 자료라고 생각하는데, 아무튼 1호 석곽묘가 1호 적석총에 걸쳐서 확인된, 이런 고고학적 현상이 나타나는 이유, 이것은 해석의 문제인데 결국 백제 초기 어느 왕과 왕비의 합장묘라고밖에 볼 수 없는 상당한 규모의 적석총이 파괴된 채 거기에 후대에 조그마한 무덤이 만들어진다. 이것은 상식적으로는 도저히 납득할 수 없는 것이죠. 그래서 계속해서 의구심이 남을 수밖에 없었고, 그런 의구심 속에서 나름대로의 견해들을 몇 분들이 내셨는데, 가장 중요한 것은 고고학적인 팩트입니다. 고고학적 사실을 부정하고 다른 전제, 가정 속에서 새로운 견해를 내는 것은 대단히 위험한 것입니다. 저는 이것은 유구임에 분명하기 때문에, 어떻게 해서 왕과 왕비 무덤으로 추정되는 이 무덤이 제대로 관리되지 못하고 이렇게 파괴가 되고 그 위에 다른 무덤이 후대에 만들어 졌는가 이것을 해석하는 데 고민을 해야 한다고 생각을 했고, 그 고민의 결과 가운데 하나가 백제 왕실의 이원성, 온조-초고계, 비류-고이계인가요, 이 두 왕통이 엎치락뒤치락 백제 초기 왕좌를 차지해 나가는, 일찍이 김철준 교수께서 백제 왕계가 고구려, 신라와는 다른 이원적인 계통을 가지고 있었다고 보신 바가 있는데, 그런 것과 관련지을 가능성이 높지 않겠는가, 그런 생각 속에서 이 유구의 출연 배경을 검토한 바가 있습니다.
그리고 연대 문제가 역시 여기에는 핵심이 되겠는데, 다음 PPT사진을 보실까요. 아까는 도면을 보여 드렸는데, 이게 유구이고 거기에서 출토된 일괄 유물들입니다. 이 유물의 연대를 대개 4세기 초로 봤기 때문에 선행하는 무덤이 파괴되고 방치된 상태로 4세기 초에 이런 무덤이 만들어졌다면 최소한 반세기 정도는 올라가는 게 합리적인 판단이 아니겠는가 해서 3세기 중엽이라는 연대관을 내놓은 겁니다. 그런데 만약 이 유물들이 4세기 중엽, 4세기 말 이렇게 된다면 석촌동 1호분의 연대는 연동될 수밖에 없다고 봅니다. 그래서 오히려 포인트는 여기에 맞추어져야 한다고 보고요. 그리고 토론문의 마지막 부분, 석곽묘石槨墓에서 나온 물레흔이 있는 토기로 보아서 고려시대 이후로 보는 견해가 있었지만, 그러나 중국 흑유자기黑釉瓷器임이 확인된 바 있다고 하고 연대에 대한 견해를 냈는데, 이것은 1호분과 관련된 것이 아닙니다. 석촌동 1호 석곽石槨이 아니고, 다음 PPT 부탁합니다. 이 유구입니다. 이 유구는 석촌동 2호분 옆에서 나온 겁니다. 2호분하고는 조금 떨어진 상태로 조사된 것이기 때문에, 이 연대를 1호분에 적용시킬 수는 없어요. 이 문제는 오해를 하신 것 같습니다. 조금 길어진 감이 있지만 시간이 충분하다고 그래서 자세히 말씀을 드렸습니다. 이상으로 답변을 마치겠습니다.

좌장 양기석(충북대학교)

예. 석촌동고분군이 본 학술회의의 주제고, 또 그동안 발굴 조사가 정밀하게 또 충분한 시간을 두고 이루어지지 않았기 때문에 여러 가지 문제가 생기고 있습니다. 지금도 말씀하신 것처럼 석곽묘石槨墓에 나오는 유물과 본 적석총積石塚하고 관계가 어떠냐 하는 문제뿐만 아니라 적석총이 나타나기 이전에 한강 유역의 선주 문화에 대한 문제, 또 토돈묘土墩墓와의 관계 등등이 거론되고 있습니다마는, 오늘 토론회에서 다 결정될 사항은 아닌 것 같습니다. 이것은 나중에 개별 토론이 끝난 다음에 몇 가지 문제만 다시 짚어서 얘기를 진행하도록 하겠습니다.

지금 시간이 많이 지났기 때문에, 두 번째, 강 선생님은 고구려 적석총에 대한 말씀을 해 주셨습니다. 그리고 강 선생님 생각에 한강 유역의 적석총이 어떻게 변화되는가를 세 가지를 제시해서 조금 다른 말씀을 해 주신 것 같습니다. 토론을 최 선생님이 481쪽에 네 가지를 말씀해 주셨는데 조금 스피디하게 진행을 하겠습니다.

2. 서울 석촌동고분군과 중국 길림성 집안 고구려 왕릉

최종택(고려대학교)

알겠습니다. 가능한 빨리 말씀드리도록 하겠습니다.

제가 네 가지 질문을 드렸는데요. 강현숙 선생님은 사실 제가 굳이 소개를 안 드려도 고구려 고고학의 대표적인 연구자이시고 또 최근 2000년대 초에 고구려 고고학에서 특히 왕릉의 주인공, 왕릉과 왕릉 주인공에 대한 연구가 굉장히 많이 이루어져 왔습니다. 그리고 오늘 고구려, 특히 적석총으로 된 왕릉급 고분 고구려 사례들을 구조, 변화 과정, 왕릉과 관련된 경관 등을 자세히 설명하시고 석촌동고분에서 보이는 왕릉급 고분들과 비교를 하셨습니다. 그래서 상당히 중요한 시사점이 있다고 생각을 하고요. 특별히 제가 견해를 달리하거나 이런 것은 아니지만 몇 가지 평소 생각하고 있던 궁금한 점을 얹어서 네 가지 질문을 만들었습니다.

첫 번째, 두 번째는 사실 석촌동과는 큰 관계가 없을 수도 있는 주제입니다. 첫 번째 주제는 저도 해결이 쉽지 않은 문제라고 생각합니다마는 그래도 이제는 오래 얘기가 됐기 때문에 좀 정리를 해야 할 것 같은 문제인데, 고구려 적석총은 현재 남아 있는 외형에 대한 명칭이 있고, 발굴 조사 결과 유추되는 내부 구조에 대한 명칭이 병존돼서 혼용되고 있습니다. 그래서 무기단無基壇 석광石壙, 기단基壇 석광石壙, 기단基壇 광실壙室, 계단階段 석실石室 이런 식으로 일반적으로 중국에서는 쓰이고요. 그 구체적인 구조로는 석광石壙, 광실壙室, 석실石室은 현재 보이는 구조에 대한 설명이고 내부 구조는 목관木棺, 목실木室, 목개 석실木蓋石室, 석실石室 이런 개념이 쓰이는데, 연구자들도 사실 굉장히 헷갈리는 명칭이기도 하고 아까 임영진 선생님께서도 그것을 정리해서 보여 주셨는데 또 그렇게 정연하게 정리하면 너무 또 복잡해지고 그런 문제가 있습니다마는 적어도 우리가 잘 안 쓰는 석광石壙과 광실壙室이라는 용어는 목관木棺, 목광木壙, 목실木室로 대체해서 뭐 에러가 있더라도 적어도 한국에서는 그렇게 좀 정리하면 어떨까 싶은 생각이 들어서 지나가는 길에 여쭤 보는 말씀입니다. 평소에 늘 나누는 말씀인데요.

두 번째는 아까 정치영 선생님께서도 석촌동에 기와가 출토되는 상황을 보여 주셨고, 예전에 4호분 옆에서도 기와와 와당이 많이 출토가 됐습니다. 고구려의 경우도 왕릉급 고분에서 기와가 상당히 많이 출토가 되고요. 그래서 강현숙 선생님께서는 이 부분, 특히 계장식階

墻式 적석총積石塚 이후에 나오는 석실石室 적석총積石塚, 구체적으로는 장군총 같은 경우는 묘상墓上 건축建築을 상정하고 계신데, 이때 계장식 적석총에서 출토되는 기와가 묘상 건축이 아니고 분구를 덮었던 것이라고 이해를 하고 있습니다. 저도 동의하는 바인데, 좀 구체적으로 보면 이게 분구를 덮었던 게 아니라 묘실墓室, 그러니까 목재로 된 목실木室의 지붕, 가형家形 목실木室의 지붕을 덮었던 기와가 아닐까. 당시 모양을 상정해 보자면 피라미드형 계단식階段式 적석총積石塚에 마지막 층 맨 위에는 가형 목실의 지붕이 기와로 덮여있는 채로 노출되어 있었을 가능성은 없는지 그것을 한번 여쭤 보고 싶습니다.

그다음에 세 번째는 사실 국내성에 있는 고구려 왕릉급 적석총들은 점차 규모가 축소되는 과정에 있습니다. 그래서 장군총 단계에 가면 사방 30m 정도로 축소되면서 무너지지 않고 규모가 잘 남아 있습니다. 물론 지금 장군총 훼손이 진행 중이라서 문제가 됩니다마는, 그런데 말씀대로 이렇게 규모가 축소되는 것이 경제적인 이유가 반영된 것일 수도 있습니다. 또한 석실이 도입되면서 박장화가 진행돼서 그럴 수도 있고 한데, 지금 남아 있는 구조상으로 보면 왕릉급 고분 중에 한 변이 60m 정도 되는 고분은 제대로 남아 있는 적석총이 없습니다. 그래서 저는 이게 오히려 경제적인 이유도 있겠으나 기술에 대한 경험적인 결과로서, 이해의 결과로서 규모를 줄여서 안정성을 도모한 것이 아닌가. 그리고 완성된 결과물이 장군총이 아닌가 이런 생각을 하는데 그렇게 볼 수 있는지 평소 생각을 여쭤 보고 싶습니다.

그리고 마지막 네 번째는 사회자께서도 말씀하셨습니다마는 이 석촌동고분의 구조를 검토하고 석촌동고분군의 크게 축조 과정, 조영 과정에 대해서 설명을 하셨는데 예를 들면 즙석봉토분葺石封土墳의 석재를 덧대서 계단상으로 축조한 고분이 먼저고, 내부를 돌로 채운 고구려식 적석총이 후행하는 것이라고 이해를 하고 계십니다. 그래서 석촌동고분군이 남쪽에서 북쪽으로 조영이 진행되었다고 이해하고 계신데, 이미 오래전부터 저희가 회자하던 얘기지만 그런 추론이 가능하다면 『삼국사기三國史記』 백제본기百濟本紀 개로왕조蓋鹵王條에 나오는 왕릉 수즙修葺 기사, 아까도 잠깐 보셨습니다마는 그 기사를 그대로 수용하는 듯한 생각으로 이해가 되는데, 그렇게 이해하고 계신 것인지, 또 그렇게 이해한다면 사실은 이게 시쳇말로 말씀드리면 술자리에서 안줏감으로 할 수도 있는 얘기이겠으나 사실은 이게 굉장히 중요한 문제일 수가 있습니다. 만약에 이 기사대로 이해를 한다면 석촌동고분군의 축조 과정과 지금 현재 발굴되는 결과를 재해석해야 할 필요가 있거든요. 수즙된 결과가 지금 남아 있는 거라면 그 연대 차이가 굉장히 클 수도 있기 때문에, 마지막에 남아 있는 것은 개로왕대 연대를 가지기 때문에 이게 누구도 쉽게 판결을 못할 수 있는 얘기이기는 하나 그에 대한 논의도 해 보면 좋겠어서 질문을 드렸습니다. 고맙습니다.

좌장 양기석(충북대학교)

네 가지입니다. 말씀해 주시죠.

강현숙(동국대학교)

먼저 첫 번째 질문에 답을 하겠습니다. 사실 저도 고구려 고분 공부를 처음 할 때는 '석곽石槨'이라는 표현을 썼습니다. '석곽 적석총'이라는 '석곽'이라는 표현을 썼고요. 또 북한에서도 '석곽石槨'이라는 표현을 씁니다. 중국에서는 '석광石壙'이라는 표현을 쓰고 있고요. 그런데 조금 더 공부를 해 보고 또 직접 답사를 해 보고 하면서 약간 생각이 바뀌었습니다. 어떻게 생각이 바뀌었냐면 '석곽'이라는 것은 말

자체가 돌로 상자를 짠 겁니다. 돌로 상자를 짜서 거기에 관을 안치하거나 또는 바닥에 처리를 하고 시신을 안치하는 건데, 많은 보고서의 상당수 적석총에서 네 벽을 짜맞춘 석곽의 모습이 보이지 않았습니다. 그래서 고민을 한 끝에 중국에서 쓰는 '석광'이라는 표현을 썼고요. 그런데 북한에서 나온 자료, 제가 압록강 이북과 이남을 집안 지역과 만포라든가 초산 이 일대를 조금 나눠 본 것은 북한에서 나온 보고서 중에는 네 벽의 모서리를 짜 맞춘 것처럼 도면이 되어 있기도 합니다. 그래서 '석광石壙'과 '석곽石槨'이라는 표현을 혼용하고 있습니다. 그런데 '석광'이든 '석곽'이든 간에 무덤 안에 안치하는 것은 1인이고 위에서 아래로 주검을 안치하는 수혈식 장법이라는 점에서는 마찬가지입니다. 그런데 이 석광이 문제입니다. 돌을 놓고 그대로 돌리지는 않았을 텐데 목관木棺을 쓰거나 그보다 큰 목곽木槨을 썼을 겁니다. 그런데 이 목관의 경우도 적석총이 이른 시기부터 조성되었음을 감안해 보면, 적어도 기원전 2세기부터 조성되었음을 감안해 보면 목관을 서로 짜 맞추었을 겁니다. 철못으로 관을 짜지는 않았을 거고, 어느 시점이 지나면 못으로 관을 짜고 엮었을 겁니다. 그런데 석광石壙 적석총積石塚 중에서 관못이나 또는 꺾쇠가 확인되는 예가 그다지 많지는 않습니다. 그래서 이 석광 적석총을 목관, 목곽 나누면 딱 좋겠는데 목관, 목곽으로 판단할 수 있는 경우가 극히 드뭅니다. 또 석광 적석총 중에 관못이 안 나왔다고 모두 목관木棺이라고 할 수도 없고요. 꺾쇠가 안 나왔다고 목관이라고 할 수도 없고 그래서 여하튼 목질 장구를 사용했는데 이것을 어떻게 구분하기가 어려워서 잠정적으로 '석광石壙'이라는 표현을 씁니다. 다만, 석곽인 구조를 충분히 확인할 수 있는 경우, 네 벽을 돌로 쌓았겠구나 확인할 수 있는 경우에는 '석곽石槨 적석총積石塚'으로 구별하여 부릅니다. 이제 목실木室인데요. 목실은 여러 가지 고민을 했습니다. 함몰

부위의 크기 가지고 우리가 판단할 수 있을까 하는 고민도 했는데, 함몰 부위의 크기 가지고는 판단이 어렵고요. 목실 구조라고 판단하게 된 근거는 그 조사하는 과정에서 조금 전에도 말씀드렸듯이 관못이 나오기도 하고 꺾쇠가 나오고 그리고 장막을 걸었던 걸이쇠들이 나옵니다. 그렇다면 이것은 그냥 목관, 목곽보다는 훨씬 큰 나무로 된 집이었을 거다. 아마 낙랑 무덤의 귀틀 정도의 그런 구조였을 거라고 생각을 합니다. 그래서 목실木室이라고 생각을 하는데, 이 목실 구조 중에는 경우에 따라서 무덤 앞에 길이 나와 있는 경우도 있습니다. 우리가 묘도 또는 연도라고 하는 거죠. 그래서 이 목실은 목실 안에 관 하나가 들어간 게 아니라 둘이 안치되었을 가능성이 크다 해서 저는 횡혈식 구조로 보고 있습니다. 그런데 중국에서 '광실壙室'이라고 표현하는 매장부를 보니까 어느 경우에는 벽이 일부 돌로 쌓은 벽들이 확인됩니다. 단지 중국에서 광실이라고 하며, 석실로 하시 않는 이유는 돌로 만든 천장석이 확인되지 않아서 인데, 이를 석실과 구분하여 '광실'이라고 합니다. 그래서 이 광실의 경우에는 목실木室과 목개木蓋 석실石室 두 구조가 있었을 것으로 생각을 합니다. 그래서 그 구조가 확실한 경우에는 목개 석실 또는 목실이라 할 수 있는데, 그도 양자를 모두 판단하기 어려운 경우, 그래서 저도 마음에 안 드는 용어지만 그냥 포괄적으로 '횡혈식 구조의 광실'이라고 합니다. 석실은 말 그대로 돌로 방을 완전히 짠 것이기 때문에, 그리고 천장까지 갖춘 것이기 때문에 '석실石室 적석총積石塚'이라고 표현을 하고 있고요. 조금 더 새롭게 조사가 된다면 아니면 또 역으로 백제 지역에서 조금 더 그런 자료가 또는 신라에서 그런 자료가 나와서 역으로 추적을 할 수 있다면 조금 더 세분화된 조금 더 구체적이고 보편적인 매장주체부 실명이 가능할 것으로 기대를 해 봅니다.

그다음에 두 번째 질문입니다. 두 번째 질문은 사실 천장이 돌로 잘 갖추어지지 않으면 그 위에 뭔가를 얹기는 어렵습니다. 그래서 구조물이 있었다고 상정하기는 어렵고, 굳이 구조물이 있었다고 상정을 하자면 장군총의 예에 비추어보면 있을 만한 게 천추총, 태왕릉, 장군총입니다. 그리고 장군총은 제가 가상 복원도를 제시했는데, 실은 그 위에 얹은 건물이 제가 얹은 게 아니라 북한에서 전 동명왕릉 위에 얹어놓은 것을 갖다 저도 그냥 얹어본 겁니다. 그래서 그 위에 집 모양의 구조물이 있었을 텐데 어떤 구조인지는 실은 저도 자신은 없습니다만 집 위에 구조물이 있었을 거고, 그렇게 함으로써 다른 커다란 무덤들과 차별적인 가시성을 가졌겠구나 라고 판단을 합니다. 그런데 그 이전의 무덤들의 경우에 있어서 많이 나오는 기와나 와당들이 어떤 형태로 존재했었겠는가라고 생각을 할 때는 지금 토론자께서 말씀하셨듯이 가형家形 목곽木槨의 지붕을 얹었을 거라고 생각을 해볼 수도 있습니다. 그렇다면 가형 목곽 위에 기와를 얹고 그 상태로 노출되어 있다고 생각을 해야 하는데, 그렇다면 기록에 돌을 쌓아서 봉석해서 위묘했다는 기록과는 약간의 상치가 되고요. 또 매장부의 상부가 지상에 드러난다고 하는 것은 무덤을 축조하려는 의도와도 잘 부합되지 않는 점이 있습니다. 그런데 저는 어떻게 생각을 하냐면 아마 4세기 대부터 나오는 계단식階段式 적석총積石塚은 계단에다가 기와를 얹었을 것으로 생각을 합니다. 그리고 맨 상부에다가도 기와를 와적해서 집 모양이 되도록 기와를 쌓았을 것으로 생각을 합니다. 그러니까 목곽이 가형 목곽의 지붕을 쌓은 게 아니라 분구 위에 기와를 얹어서 와적을 해서 집 모양이 되도록 함으로써 차별성을 보였을 거고요. 그다음에 계장식階墻式 적석총積石塚은 사실 계단상의 분형을 가지고 있지는 않습니다. 그런 경우에도 기와를 덮어서, 가능한 한 지붕 형태로 기와를 덮었을 것으로 생각을 합니다. 그래서 기와를 덮었다는 것은 기와를 덮지 않은 무덤과의 가시적으로 드러나는 차별성도 있고요. 또 하나는 그 기와가 초대형 무덤에서만 확인되는 게 아니라 작은 무덤에서도 확인됩니다. 기와로 덮을 수밖에 없는 것은 매장부가 지상에 있고 돌로 쌓았기 때문에 비라든가 오는 데서 오는 방수 효과를 위한 덮어 주는 시설이 필요합니다. 그런 의미에서 기와를 덮었을 거고, 초대형 무덤에서는 기와 덮은 형태가 뭔가 가시적으로 집 모양이 되도록 하지 않았을까 그 정도 추정을 해 보고 있습니다. 저도 좀 멋있게 그림을 잘 그려 보고 싶은데, 남아 있는 자료로는 한계가 있을 수밖에 없습니다.

그다음에 세 번째 문제인데요. 장군총은 규모가 태왕릉에 비하면 반으로 줄어들었습니다. 체적은 3배니까 한 8배로 줄어든 거죠. 그런데 반면에 매장부는 더 커졌습니다. 석실이 보통 한 변 길이가 3m 정도 되는데, 장군총은 5m 정도 됩니다. 석실이 커졌습니다. 저는 그것은 물론 무덤 축조 기술의 발전, 또 안정적인 구조, 뭐 여러 가지를 상정해 볼 수가 있는데, 저는 무덤을 바라보는 생각이 바뀌었다고 생각을 합니다. 적석총이라는 무덤은 분구를 통해서 피장자를 보여 주는 거고, 피장자의 자손을 보여 주는 게 적석총이라는 분구입니다. 그런데 그다음 단계의 무덤은 봉토분封土墳입니다. 봉토분은 물론 크고 작은 크기의 차이가 있지만, 봉토분에서 치중하는 것은 매장부입니다. 석실石室입니다. 석실을 얼마나 잘 쌓았는가에 있습니다. 그러니까 무덤을 쌓는 관념, 생각이 바뀐 것이라고 볼 수가 있죠. 또 그렇게 생각이 바뀐 것은 이제 무덤이 말해 주는 사회가 아니라는 것일 수도 있습니다. 그래서 저는 장군총이 줄어든 것은 고대 사회에서 고총이 가지는 성격에 변화가 있었던 것이 커다란 요인의 하나가 아니었을까 생각을 합니다.

그다음에 네 번째는 제가 고구려 적석총을 하기 때문에 할 수 있는 소설입니다. (웃음) 이것을 하면서 또 PPT를 만들면서 점점 소설도 처음에 원고를 썼을 때 소설과 또 PPT 발표 준비를 하면서 소설이 조금 바뀌었는데요. 한 가지 가능성의 하나가 즙석봉토분葺石封土墳을 쓰던 사람들이 계단식階段式 적석총積石塚을 썼다 하면 즙석봉토분과 계단식 적석총은 시간적인 차이가 있습니다. 순차적으로 축조되었을 것이고요. 그게 가장 자연스러운 소설입니다. 그런데 제가 조금 발칙하게 아주 과감한 소설을 해 보자면 이런 겁니다. 여하튼 한성기에 석촌동 일대에 가락동 포함해서 커다란 무덤은, 적석총 이전에 커다란 무덤은 즙석봉토분입니다. 이 즙석봉토분 또한 지상에 매장부가 있는 무덤입니다. 그리고 개로왕대 보니까 선왕의 무덤들이 유해가 드러나 있다고 그러죠. 그러니까 즙석봉토분이고 무덤이 커지면서 매장부는 점점 위로 올라갔을 겁니다. 그런데 후대에 삭평이 되고 변화가 있으면서 매장부가 거의 드러날락 말락한 상황이 됐습니다. 그래서 이래서는 안 되겠다, 나라의 권위가 안서겠다 해서 왕릉을, 결국은 그 왕릉 우리가 능역 하는 게 왕릉이 제대로 관리되고 유지되는 게 국가가 얼마나 안정되게 유지되는가를 보여 주는 거거든요. 그래서 개로왕이 큰 돌을 갖다가 쌓았습니다. 쌓아서 저런 계단상의 버팀석을 가진 적석총이 되었을 거다 하는 게 제 가설 중의 두 번째 소설입니다. 그렇다면 두 개를 나눠 봐야 되겠죠. 먼저 있었던 무덤의 연대와 더 쉬워서 계단상에 분구를 갖추게 된 연대는 서로 일치하지는 않을 겁니다. 그래서 버팀석을 가진 계단상으로 만든 석촌동 2호분, 3호분, 4호분 같은 경우, 특히 3, 4호분의 경우에 있어서 그 두 무덤을 축조한 시점을 보자면 올라가도 4세기 후엽 이상으로 올라가기는 어려울 거고, 내려 보자면 5세기대로 내려 볼 수가 있을 거고. 그렇다고 개로왕대에 5세기 중반~후반에 이루어졌을 거라고 판단하기에도 조심스럽고 해서 제 머릿속에 있는 이 두 소설 중에 어느 게 더 설득력을 가질 건가, 또 이 소설을 어떻게 그럴듯하게 사람들을 설득시킬 수 있을 건가 하는 것은 앞으로 제게 남겨진 과제라고 생각을 합니다. 답변이 충분히 되었을지 모르겠습니다.

좌장 양기석(충북대학교)

그런데 지금 네 번째 말씀하신 것 중에 개로왕대에 고구려와 사이가 아주 안 좋거든요. 그런데 왕권을 강화하기 위해서 고구려 것을 굳이 받아들일 필요가 있을까? 아니 저도 잘 몰라서 그냥 한번 참고하시라고 말씀드렸습니다. 답변 안 하셔도 됩니다.

강현숙(동국대학교)

그와 관련해서 예전에 박순발 선생님이 해석을 한 게 있는데요. 서로 경쟁관계에 있어서 큰 무덤을 축조하고자 하는 그런 과정이고요. 또 그런 생각도 해 봤습니다. 흙만 가지고 50m 하는 무덤 쌓기 쉽지 않습니다. 그리고 너네가 이렇게 큰 무덤을 쌓았으면 나도 쌓는다 하는 그런 경쟁심리가 있었을 거고요. 또 제가 그렇게 판단한 이면에는 그 이전 왕들이 동명왕묘에 배알했다는 기사들이 있어서 그런 것을 감안해 보면 계단상의 적석총을 경쟁적으로 쌓을 수도 있었겠다고 생각을 해서 그와 같은 소설을 써봤습니다.

좌장 양기석(충북대학교)

예. 지금까지 석촌동고분군에 대한 토론이 길어졌습니다. 원래 주제고 또 여러 가지 의문점이 많기 때문에 이것은 개별 토론이 끝난 다음에 몇 가지를 다시 한 번 우리가 공동으로 짚고 넘어가겠습니다. 선생님이 말씀하실 게 있으신 것 같은데 공동 토론할 때 2부에서 말씀해 주시기 바랍니다.

그다음에는 근초고왕대 중국 동진東晉, 왜와의 관계 얘기가 나오겠습니다. 세 번째 발표하신 분이 동진역사박물관의 동진연구에 대해서 하셨는데, 이것은 372년에 동진과 외교 관계를 맺고 나서 또 거기에서 나오는 도기류 이런 것들이 백제 쪽에도 많이 수입이 되고 있기 때문에, 그것보다는 가지고 있는 여러 소장품들을 말씀하신 것 같은데요. 조윤재 선생님, 여기에 크게 토론하실 것은 없으실 것 같은데 말씀 좀 해 주시죠.

3. 동진역사문화박물관의 동진연구

조윤재(고려대학교)

동진역사문화박물관의 동진연구에 대해서 토론문을 작성한 고려대학교 조윤재입니다. 좌장께서 말씀하신 대로 각을 세우고 쟁점을 논의한다든가 그러한 성격의 문장이 아니기 때문에 제가 조금 궁금한 것들을 몇 가지 얘기하면서 토론을 대신하려고 합니다.

본문을 지필하신 허장생許長生 관장님은 육조六朝의 고도인 남경南京 지역 고고학 연구를 해 온 연구자로서 특히 동진東晋 시대 연구에 특화를 갖춘 동진역사문화박물관의 관장을 수년간 맡아서 일을 해 오고 계십니다. 본문에서 보이는 몇 가지 동진역사문화박물관에서 조사를 통해서 얻어진 유물과 물론 전세나 구입을 통한 물건들도 있습니다마는 주로 조사를 통해서 얻어진 물건에 대해서 몇 가지 궁금한 점을 여쭤 보도록 하겠습니다.

첫 번째, 강녕江寧 곡리谷里 정가촌鄭家村 M6호 출토 계수호鷄首壺입니다. 아까 발표 시간에 봤듯이 모두 4점이 출토된 것으로 보고되고 있습니다. 그 기형과 크기가 거의 유사해서 동일한 가마터 혹은 생산지에서 유입된 것이 아닌가, 공급된 것이 아닌가 이렇게 보고 있습니다. 특히 중국이 육조시기 청자, 자기 문제에 대해서는 역시 이 '요구'라고 하는 것, 과연 이 가마터가 어디 계통의 가마터인가 하는 문제가 상당히 현안입니다. 이것은 나중에 육조시기, 특히 남조南朝 시기로 들어가면서 이 자기가 거의 상품화가 되는 시점에 있어서는 상당히 중요한 대목으로 대두가 됩니다. 그래서 지금 혹시 동진역사문화박물관에서 소장하고 있는 동진시기, 제가 괄호를 왜 했냐면 이 물건 중에서는 출토지가 분명하지 않은 물건들도 좀 있기 때문에 현재 동진시기로 편년을 하고 있는 유물 중에서 이 청자의 생산요지는 대체적으로 동진역사문화박물관에서는 어떻게 판단하고 있는지 이 점이 궁금하고요. 또 출토 계수호의 성격을 진묘鎭墓라고 본문에서 추정을 하셨습니다. 이것은 제가 봤을 때는 대단히 흥미로운 일입니다. 자기를 이용해서 진묘를 했다. 진묘수鎭墓獸를 빼놓고 자기를 이용해서 제대에서 진묘의 기능을 하도록 안치를 했다하는 것은 저희들은 처음 듣는 이야기입니다. 그래서 만약에 진묘의 기능을 했다고 하면 필자에게 조금 더 사세한 근거를 들어 보고 싶습니다.

두 번째로 남경南京 상방上坊 단지입니다. 상방 단지 동진 묘에서 출토된 아까 보여 주셨던 남색 유리편입니다. 유리 파편인데, 성분에 대한 분석과 수치들을 아까 표로 보여 주셨습니다. 결과적으로 소다석회계 유리이면서 또 로만 글라스로 보고 있었습니다. 현재까지 고고 자료를 볼 때 유리가 많이 나오지는 않았습니다. 18기정도 고분에서 유리가 출토되고 있는데, 특히 유리 출토 고분은 동진시기에 전부 편중되어 있습니다. 남조南朝 고분에서는 1기를 빼놓고는 아직 보고된 사례가 없습니다. 그렇기 때문에 남조 고분에서 유리 용기의 출토 사례가 거의 전무한 상황인데, 이에 대한 필자의 또 다른 견해가 있는지 궁금하고요. 로마 혹은 사산조 유리 제품의 유입 경로는 사실 남경은 실크로드 선상에서 항상 제외됩니다. 제외되는데, 실제적으로 최근 출토 유물들을 보면 사산 페르시아 동전이라든지 그리고 남조 고분에서도 호인용胡人俑 들이 지금 지속적으로 출토되고 있는 상황입니다. 그래서 유입 경로가 필자께서는 어떻게 생각하고 계시는지 여쭤 보겠습니다.

세 번째로 역시 같은 고분입니다. 남경南京 상방上坊 단지 동진 묘에서 아까 보여 주셨던 석제 벼루가 하나 있습니다. 석연石硯이 한 점 출토가 됐는데, 보통 중국 고분에서 출토된 이러한 석연은 석대연石黛硯이라고 해서 그 용도가 남성의 눈썹 화장을 하기 위한 안료나 먹을 갈았던 그런 용도로 추정을 하고 있습니다. 물론 중국 관련 문헌에서도 보이고 있습니다. 만약 필자께서 이에 대한 자료가 더 있고 또 이에 대한 다른 의견이 있다면 문방도구로써 사용된 벼루와 눈썹 화장에 사용된 석대연으로써, 화장도구로써의 벼루가 구체적으로 원형 방형의 차이점 말고 또 어떠한 차이점이 있는지. 안 그러면 고분 묘주의 신분 차이에 있어서 어떠한 양상이 보이는 건지 여쭙고 싶고요. 혹 동진역사문화박물관에서 관련 유물을 소장하고 있다면, 지금 사진은 준비 안 되었겠지만 사례를 들어주시면 고맙겠습니다.

네 번째, 마지막으로 강녕江寧 지역에서 출토된 동진시기의 세가대족의 소위 말하는 취장聚葬 구역이 있습니다. 아까도 말씀드렸듯이 금강錦江성 가까운 지역에서 대부분 세가대족들의 무덤이 집중되고 있습니다마는, 그래도 강녕 지역에서도 지금 세가대족의 무덤들이 출토가 되고 있으니까, 물론 그 대상들의 수는 적겠지만 역시 그 구성원들의 묘역이 확인은 되고 있습니다. 만약 그렇다면 육조시기 황실 구성원들의 능원과 같은, 물론 규모가 작고 형태가 다르지만 이러한 유사한 능원 시설이 만약에 확인된 사례가 있으면 이 점도 여쭙고 싶습니다. 고맙습니다.

좌장 양기석(충북대학교)

예. 그 네 가지는 간략하게 답변해 주시기 바랍니다. 내용이 그렇게 상세한 것을 요구하는 것 같지는 않아서요. 간략히 부탁드립니다.

허장생(동진역사문화박물관)

첫 번째, 동진역사문화박물관에서 소장하고 있는 청자들의 생산지 문제에 대해서 말씀을 드리도록 하겠습니다. 남조南朝, 육조六朝 전체에 들어서 6개의 큰 자기 생산지로 중국에서는 분류를 하고 있습니다. 남조에 월요越窯, 무주요婺州窯, 홍주요洪州窯, 월요越窯입니다. 그리고 마지막으로 덕청요德青窯가 있는데요. 절강성浙江省에 용천요龍泉窯가 있습니다. 그래서 육조 금강 지역에서 확인되는 대부분의 청자가 육대 가마터를 크게 벗어나지 않습니다. 생산량에 정량적 숫자가 가장 높은 것은 역시 월요 생산품들입니다. 그래서 육조시기에 전체적으로 통틀어봐서도 월요에서 생산된 자기의 품질이라든지 유약의 색깔이라든지 압도적으로 가장 높은 상품성을 보증하고 있습니다. 동진시기로 접어들면서 덕청요와 강서성江西省의 홍주요의 생산품들이 수량적으로 조금씩 증가세를 보이고 있습니다. 지금 보시는 그림의 이 청자는 월요 계통의 청자가 되겠습니다. 이런 계수호鷄首壺라든지 청자의 용도는 잘 아시다시피 주기 혹은 차기로 사용된 경우가 많습니다. 아까 말씀드렸던 고분에서 출토된 4점의 계수호가 실제 사용하기로는 너무 체적이 작고 거의 미니어처 수준의 크기입니다. 이전에도 고분에서 출토된 사례가 있긴 합니다만 그 수가 1점에서 2점정도 수준이었습니다. 지금 현재까지 보고된 사례를 보면 서진西晉 말기에서 동진東晉까지 통틀어서 이렇게 작은 규모, 작은 크기의 4점의 계수호가 발견된 사례는 이번이 처음입니다. 아마 배장용으로 썼을 가능성이 높은데 안에 무슨 물질을 담았을 가능성도 제기되고 있습니다. 혹자는 그렇게 추정을 하는 사람도 있습니다. 여성이 묘주인 고분에 화장의 재료가 되는 물질을 담아서 같이 배장을 한 사례도 추정해 볼 수 있지 않을까, 이렇게 얘기를 하는 사람도 있습니다. 그러나 이번에 출토된 이 4점의 계수호는 그 크기와 출토 위치가 조금 특이합니다. 일반적으로 계수호의 출토 위치는 묘실이나 연도, 묘도 부분에서 주로 출토되는 게 일반적인 예인데 이번 같은 경우는 제대, 제사를 지내는 제대에 각 모서리 부분에 정연하게 있다는 게 조금 특이한 사항입니다. 그래서 이 제대 부분에 두 점, 그리고 묘실 뒤쪽에 각 방향에 두 점 이렇게 배치가 되어 있습니다. 그래서 직접적으로 관련된 문헌은 아니겠지만 그런 징후가 보이는 문헌 기재와 그다음에 고고학 자료의 현상을 봤을 때 이것이 조금 더 특별한 의미가 있는 혹시 진묘鎭墓의 그러한 기능을 한 기물이 아닐까 저는 이렇게 보고 있습니다.

석대연石黛硯에 대한 문제입니다. 아까도 말씀드렸지만 이러한 벼루 형태는 출토 사례가 그다지 많지는 않은 편입니다. 지금까지 출토 사례를 봤을 때는 5점 정도가 지금 건강성 혹은 건강성 주위 지역에서 보이고 있다고 합니다. 현재 출토 자료 혹은 관련 문헌 자료를 통해서 봤을 때는 실제 글을 쓰기 위해서 먹을 갈았던 벼루는 대부분 원형으로 나타나고 있습니다. 실제 글을 쓰기 위해서 만들었던 벼루 같은 경우는 도제 혹은 자기 재질이 대부분입니다. 이것은 그런 데 비해서 석제인 것이 조금 다른 상황입니다. 그리고 일단 연지 부분이 상당히 얕습니다. 만약에 저기에 글을 쓰기 위해서 먹을 간다든가 하면 먹물이 금방 넘쳐 나올 정도로 상당히 얕다는 겁니다. 그래서 이 점을 봤을 때는 분말을 개어서 살짝 발라서 찍어서 바르는 용도로 이렇게 보고 있습니다. 아마 남성들의 눈썹 부분에 검은색 화장을 위한 화장 도구의 하나로 추정을 해 봅니다.

세 번째는 아까 보여 드렸던 남색 유리 파편에 대한 문제입니다. 그래서 아까도 말씀드렸습니다마는 소다석회 유리 계통의 성분을 보여 주고 있습니다. 지금 저러한 유리의 출토 자료로는 14개 사례가 보이고 있는데요. 그중에서 특히 남색을 띠고 있는 소다석회 계통의 유리는 3개의 사례가 보입니다. 남경南京 지역 상산 왕신묘에서 출토된 예가 있고요. 진강镇江 지역에서도 한 번 출토된 적이 있고. 운 좋게도 한국에 와서 또 한 번 남색 유리를 보게 되었습니다. 아무래도 이러한 유리들의 유입 경로는 실크로드 선상을 빼놓고 말할 수는 없을 것 같습니다.

네 번째 질문에 답을 드리도록 하겠습니다. 육조시기 등급이 높은 고분들, 특히 능원에 대한 문제입니다. 지금까지 확인된 육조시기 능원과 그 능원과 관련된 부속시설이 확인되는 것은 지금 두 개의 사례가 보이고 있습니다. 남경 서하구栖霞区 송문제 묘에서 능원으로 보이는 시설이 지표에서 보이는 건 아니겠지만 시구를 통해서 보인 것으로 보입니나. 남경 서쪽에 있는 가속묘의 묘역에서 능원으로 보이는 일부 시설인지는 모르겠습니다만 그런 사례가 또 보고된 바가 있다고 합니다. 이런 능원이 보이는 고분들, 고분군들의 시대에 서진西晉에서 당대 초기 정도까지 보이고 있습니다. 아직 강녕江寧 지역에서는 그러한 시설들이 보이지 않고 있습니다. 아마 세 가지 상황에서 그런 상황이 조성된 것 같습니다. 아마 지금 보이지 않는 것은 원형의 지형이 많이 훼손될 가능성이 첫 번째가 있고요. 아마 능원을 설치하지 않았던 가능성도 있고요. 이쪽에 묻힌, 세가대족이라고 하지만 그들의 신분 자체가 능원을 조성할 정도의 당시 사회적 위치는 아니었을 가능성도 있다고 봅니다. 이것으로서 제 질문에 대한 답을 마치도록 하겠습니다.

좌장 양기석(충북대학교)

예. 수고하셨습니다. 아무래도 국제학술회의가 돼서 통역을 하고 하다 보니 시간이 많이 지체되고 있습니다. 양해해 주시기 바랍니다.

다음에 네 번째 주제가 한성시대 백제와 중국 동진·남조南朝 교류에 대한 글이 발표가 됐는데, 두 가지인 것 같습니다. 하나는 백제의 요서 영유설 문제를 긍정하는 입장인 것 같고, 두 번째는 남조 송宋나라와 백제와의 교역품 중 아까 PPT 보면 요노腰弩라고 그러나요, 요노라고 하는 활이 있습니다. 고구려와 싸우다 보면 중요한 신무기가 필요하게 되니까 그것을 백제가 요청을 해서 확보하는 이 두 가지 문제를 말씀해 주셨습니다. 충남대학의 박순발 선생님께서 토론을 해 주시겠습니다. 485쪽에 있습니다.

4. 한성시기 백제와 중국 동진·남조교류에 대한 두 가지 문제

박순발(충남대학교)

시간이 없는 관계로, 사실은 오늘 왕지고王志高 교수께서 오셔야 지금 질의하는 내용이 해결되리라고 생각합니다마는, 어쨌거나 왕지고 선생께서 지금 사회자께서 말씀하신 그런 부분도 포함해서 기본적인 관점 중에 하나가 대단히 우리 학계의 내용과는 다릅니다. 가령 예를 들면 한성시대라는 것을 371년 근초고왕 이도한산移都漢山 이후부터 475년까지만 봅니다. 이것은 사실 이 논문에서는 인용만 하고 말았는데, 최근 2015년도의 길림대학吉林大學 변강연구소邊疆研究所에 나오는 거기에 실려 있습니다. 그 글을 보면 거기에 더 나아가서 굉장히 우리 학계의 의견과는 많이 다른 것이 첫 도읍지는 요동에서 낙랑 사이에 있었다, 이런 얘기를 하고 있습니다. 이런 전제가 있기 때문에 이 부분은 아무리 국제학술회의라도 이런 것은 사실 왜 그런 근거를 가지냐 하는 것을 우리가 들어 봐야 하겠기에 주저리주저리 써 놨습니다. 한강 유역에 가령 기원전 1세기 대부터 시작해서 최근에 많이 발견되고 있고 그리고 또 패대이수浿帶二水라는 것이 중국사서나 다 인용되고 있는데 그게 백제가 말하자면 패대이수 내지는 대방고지 지대 있죠. 그 대방고지가 도저히 거기는 될 수 없는 여러 가지 문제점이 있습니다. 그래서 그런 부분이 저희와는 다릅니다. 여기에서 이게 답변해서 그냥 해결될 문제는 아닌 것 같습니다.

그다음에 또 하나는 바로 작년입니까. 한성백제박물관에서 이른바 요서백제 문제를 했는데 거기에서 논의된 내용을 완전히 아직, 말하자면 우리 학계에 정보가 없는 상태가 있습니다. 그래서 모용외재기慕容廆載記의 인용 뭐 이것은 다 아는 사실입니다. 가령 여기에 나오는 봉유封裕의 얘기, 그리고 부락이 그것 하는 문제, 그리고 이것을 부여로 보느냐 하는 굉장히 우리 학계에 이견이 많은네, 우선 345년에 봉유 상서문하고 그리고 부여를 데리고 온 사건 자체는 1년 뒤입니다. 1년 뒤에 있었던 것을 그 전에 먼저 했다는 그 문제가 있고요. 그리고 또 하나 문제는 또 중요한 근거로 삼는 것이 실제 용성 근처에 있는 백제나 이런 사람들을 사민徙民했다, 그게 봉유 상서가 안 받아들여졌다고 보는 게 문면으로 봐서는 맞습니다. 그 문제도 있고 해서 어찌 보면 입론의, 말하자면 그럴 수가 있다 정도지만 입론의 골간이 흔들릴 수 있는 부분이 상당히 많다는 것이고요. 그런 등등의 얘기를 지적했습니다. 그래서 오셨으니까 말씀을 하셔도 좋지만, 근본적으로 이 문제는 여기에서 많은 시간을 해서 해결될 문제는 아니지 않나 이런 생각이 듭니다. 이상입니다.

좌장 양기석(충북대학교)

예. 지금 요점이 한성백제의 시작을 371년 고구려와 싸우고 나서 한산으로 도읍지를 옮겼다는 기사가 나오는데, 아마 그 시점으로 잡는 것은 우리 역사 인식과는 상당한 차이가 있는 것 같습니다. 그 이전의 역사 부분이 없어지기 때문입니다. 이런 문제도 검토가 필요한 것 같고. 두 번째에 요서경략설遼西經略說과 관련된 얘기인데 봉유이야기나 또 그와 관련된 고고학 자료가 없고, 또한 선생님도 안 오셨는데 답변이 가능하신지 모르겠습니다. 해 주시죠.

우금영(남경사범대학)

이 두 문제는 본인이 봐도 백제와 중국과의 교섭 문제라든지 교류의 문제라든지 대단히 중요한 문제인 것 같습니다. 요서경략설 부분에 대해서는 그 가능성에 대한 타진 정도를 모색하기 위해서 이것을 준비하게 된 계기가 됐습니다. 그래서 일단 이러한 가설의 기초가 되는 부분은 역시 당시 관련되는 여러 가지 국제적인 상황들, 문헌을 통해서 본다거나 아니면 고고유물을 통해서 본다든가 그러한 전반적인 상황 하에서 가능성을 타진했습니다. 기본적으로 최근 생성되는 백제 관련 자료에 대한 인지가 일단 부족하고요. 그리고 상대적으로 한국 학자들에 비해서 백제 고고학 혹은 백제 고대사에 대한 접근의 기회가 적은 점을 인정합니다. 그래서 제가 중국에 가서 왕지고王志高 선생님과 이 질문에 대한 답변을 준비해서 보충할 것은 보충하고 대답할 것은 대답해서 다시 보내는 방법으로 이 질문에 대한 대답을 마감하려고 합니다. 감사합니다.

좌장 양기석(충북대학교)

박순발 선생님, 관련해서 제가 질문 드리고 싶은 것은 1925년도 을 축년乙丑年 그 유명한 홍수 때 선생님이 말씀하신 초두鐎斗라든가 또 청동으로 만든 요노腰弩라든가 이런 것들이 나왔죠. 그것을 5세기 후반 유송劉宋의 유물로 보고 있는데, 그 문제에 대해서는 어떻게 생각하세요?

박순발(충남대학교)

글쎄요. 지금 없는 물건 가지고 말할 수는 없지만 그중에서 지금 현재까지도 볼 수 있는 것은 초두인데, 초두는 제가 그것을 한 번 정리한 적 있습니다마는 왕지고 선생도 제 초두 편년을 인용해서 유송이니까 같이 나온 것도 유송이겠지 이런 건데, 대체로 그 문제는 그렇게 봐도 큰 문제는 없는 것 같아요.

좌장 양기석(충북대학교)

5세기 후반으로 봐도요? 예. 알았습니다.

그러면 마지막으로 아오야기靑柳 선생님이 백제와 야마토大和에 대한 관계를 말씀해 주셨는데, 물론 근초고왕대와는 직접적인 관련이 없는 것 같습니다. 그 당시의 유적이 별로 남아 있지 않은데, 『고사기古事記』 같은 데 보면 근초고왕대 왕인이 왜에 건너가서 천자문을 전해주고 아직기가 말기르는 법을 전해주었다는 기사가 있지만 이를 뒷받침할 근거가 일본열도에는 없으며 5세기부터 대벽건물이니 말, 야철 이런 유적들이 나온다고 하셨는데, 거기에 대해서 서울대 권오영 선생님이 토론을 해 주신다고 했습니다. 491쪽입니다.

5. 백제와 야마토

권오영(서울대학교)

시간이 없어서 내용을 생략할 수는 없고 간단간단하게 말씀을 드리겠습니다. 지금 좌장께서 말씀하신 대로 문제는 칠지도에 관련된 부분에 대해서 아오야기 선생님이 아까 마지막에 말씀하시면서 속을 밝히지 않으셨어요. 그래서 제가 쉬는 시간에 여기 원래 계획에 없었지만 이것 질문하겠다, 답변해 달라고 했던 부분이 여기 지금 지도에 나온 것처럼 제일 오른쪽에 이소노가미 신궁石上神宮이 칠지도가 보관되어 있는 장소죠.

그리고 지금 파란색으로 칠했던 위에 있는 부분이 이 시기에 해당되는, 4세기 시대에 해당되는 유적이 집중되는 지역이다 해 놓고서는 그다음에 왼쪽 아래 보면 노란색으로 해서 지금 잘 안 보이는데 니시야마西山 고분인가요. 큰 전방후방분前方後圓墳으로 이렇게 동그라미를 쳐놓으셨어요. 그래서 제가 물어봤던 것은 그러면 칠지도가 지금 신궁에 보관되어 있지만 원래는 그러면 어디에 있었던 것 같으냐, 저 아래에 있는 고분에 매장된 것으로 보느냐, 원래 어디에 있었느냐 물어봤어요. 그랬더니 거기에 대한 답을 하시겠다고 하니까 그것을 들어 보는 게 좋을 것 같습니다. 일단은 그것부터 답을 듣고 다시 말씀을 드리겠습니다.

좌장 양기석(충북대학교)

플로어에서 혹시 오늘 주제와 관련해서 질의가 있으시면 메모를 하셔서 저희한테 전달해 주시면 좋겠습니다.

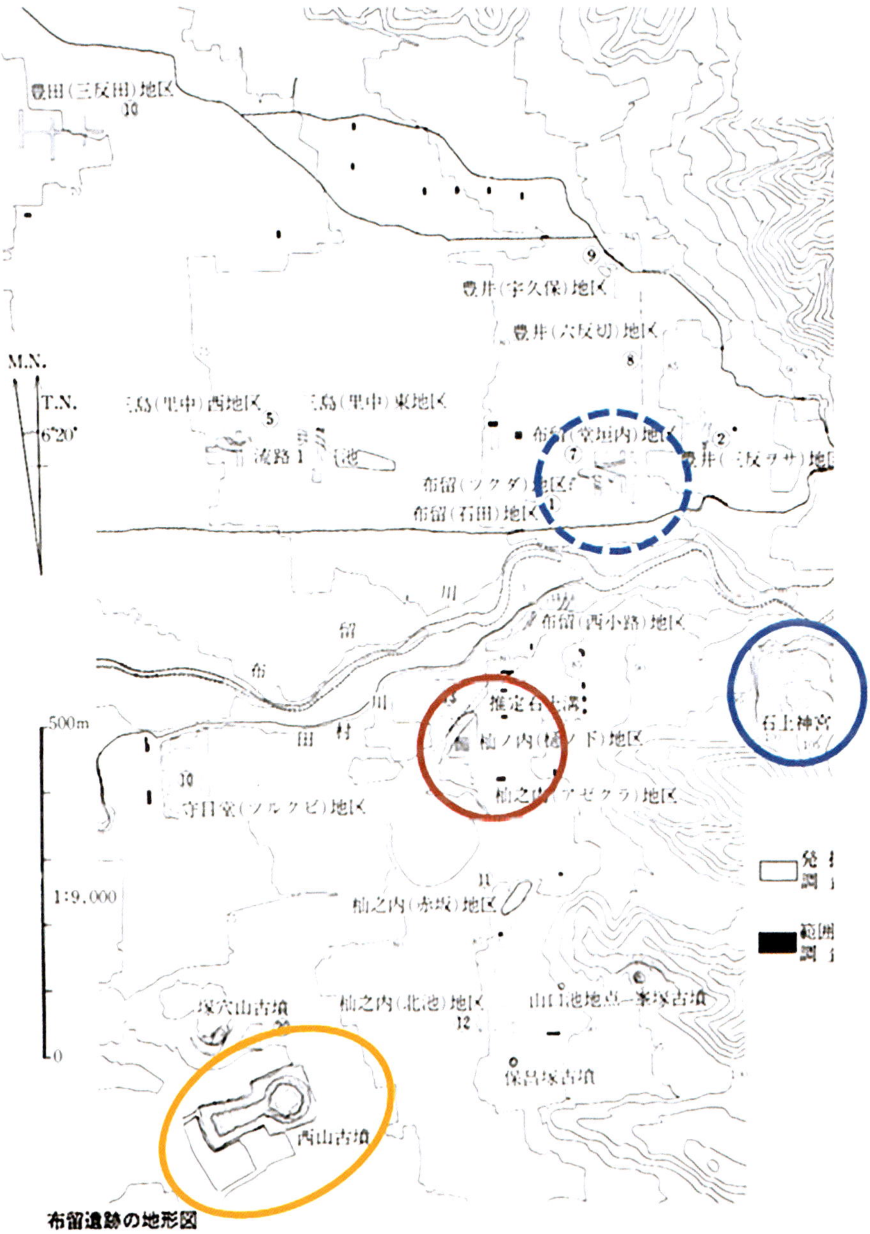
豊田(三反田)地区
豊井(宇久保)地区
豊井(六反切)地区
M.N.
T.N.
6°20'
布留(ツクダ)地区
布留(石田)地区
布留(西小路)地区
推定石上溝
杣之内(アゼクラ)地区
石上神宮
500m
1:9,000
守目堂(ツルクビ)地区
杣之内(赤坂)地区
杣之内(北池)地区
塚穴山古墳
西山古墳
保昌塚古墳
布留遺跡の地形図

그림 후루유적의 지형도

아오야기 다이스케(카시하라고고학연구소)

먼저 후루布留 유적에 대해서 말씀드리겠습니다. 후루유적은 지금 맨 아래에 노란 원에서부터 빨간 선, 그리고 파란 점선까지 전체 길이가 1~2km 정도 범위에 있는 유적이 되겠습니다. 이 유적의 시기는 아까 발표에서 말씀드렸다시피 야요이 시대 말기에서 고분 시대에 걸친 유적이라고 할 수 있습니다. 지금 아래쪽에 있는 것은 보시면 아시겠지만 전방후방분前方後圓墳이 되겠습니다. 그런데 전방후방분에 있는 그 윗부분은 또 후원이 있습니다. 그런 변형된 전방후방분의 고분이 되겠습니다. 시기적으로 볼 때는 거기에서 하니와埴輪가 나오는데, 하니와를 통해서 보면 4세기 전반 정도의 고분으로 추정이 되고 있습니다. 그 이후 이 주변, 이 고분 외에 이 주변 후루유적에 있는 고분은 5세기 후반 대까지의 고분은 없습니다. 집락은 야요이彌生시대 이래 계속 있었는데, 그 중심부에는 고분이 없습니다. 그 부분은 지금 빨간 부분이 되겠습니다. 그리고 4세기대 파란 점선 부분인데, 유물은 출토되고 있는데 명확히 그 유적을 확인할 수가 없는 상황입니다. 게다가 보면 5세기 이후에 출토된 유물에 비해서 4세기대 유물은 지금 매우 빈약한 상황입니다.

여기서부터는 제 본심을 말씀드리겠습니다. 원래 생각하고 있는 이야기를 말씀드리도록 하겠습니다. 칠지도가 4세기 후반이라고 한다면 아마도 칠지도는 후루유적이 아닌 다른 지역에서 보관되어 있던 것은 아닐까 추정하고 있습니다. 지금부터 말씀드리는 것은 고고학적인 근거는 전혀 없습니다. 문헌을 통해서 확인해 보면 야마토大和 조정의 무기를 보관했던 일종의 창고 유적입니다. 기록에 의하면 4세기 이래 동남부 지역에 그러한 창고 유적이 있었다고 기록에는 남아 있습니다. 그렇게 있던 것이 5세기 이후가 돼서 후루유적 어느 지역인가로 옮겨 온 것은 아닐까라고 생각합니다. 그것은 아마도 모노노베씨物部氏, 한자로 하게 되면 물부씨物部氏입니다. 물부씨가 5세기 단계에 후루유적에 거주하게 되는데, 아마 그 단계에 모노노베씨가 가지고 온 것은 아닐까 이렇게 추정해 봅니다. 고분 같은 경우는 나라奈良의 동남부 지역에서 시작을 해서 나라 곳곳에 옮겨 가다가 나중에 카와치河内 지역까지 고분이 점차 전개된 것으로 볼 수 있습니다. 궁전도 바로 이동했다고 생각합니다. 따라서 무기고도 이동되었을 가능성이 크다고 생각됩니다. 그래서 4세기 후반에 칠지도가 일본에 전래됐다고 한다면 야마토大和 동남부 지역이 아닐까 생각이 됩니다. 그 이후에 동남부에 원래 보관되어 있던 것이 조금 더 위에 신궁이 생기고 나서 칠지도가 거기로 바로 이동이 된 것은 아닐까 그렇게 생각을 해 봅니다. 이상으로 설명 충분하셨는지요?

좌장 양기석(충북대학교)

예. 지금까지 개별 발표에 대한 토론이 있었습니다.

권오영(서울대학교)

하나만 드린 거고 아직 다 안 드렸는데요. (웃음) 그런데 일본 연구자 선생님들이 마음속을 공개적으로 얘기 안 하시는데 오늘 얘기를 하셔서 공부 많이 된 것 같고, 그래서 4, 5번은 생략을 하고 1, 2, 3번만 간단간단하게 말씀을 드리겠습니다.

자꾸 본마음을 물어보고 싶은 게, 난고南鄕 유적군이 대표적인 마한·백제계 이주민들이 남긴 유적인데 오늘 발표를 들어 보니까 그분들과 관련된 유적으로 그분들이 어디에 묻혔느냐 문제인데, 고조五條시에 있는 치카우치近內 고분의 관계를 주목하고 계신데 그 근거가 뭔지. 그다음에 말 사육에 대해서도 오늘 재미있는 이야기로서 치아 관련, 2번입니다. 치아 관련 분석을 한 얘기를 하셨는데, 그것만 가지고 되는 것이 아니라 말을 키우던 목마장이라든지 말을 먹이기 위한 제염토기製塩土器 같은 것이 나왔는지 그게 궁금하고요. 그다음에 세 번째는 지금 칠지도와 관련된 고분시대 전기에 해당되는 마한·백제계 토기가 나온 데가 없다. 다만 마키무쿠纏向 유적 하나만 있다고 그랬는데, 글에는 양이부호가 나왔다 그랬는데 아까 사진 보여 주신 것은 양이부호兩耳附壺가 아니라 작은 소호였어요. 그래서 마키무쿠 유적에서 나온 4세기 대와 관련된 마한 · 백제계 토기가 뭐였는지 간단간단하게만 질문 드리겠습니다.

아오야기 다이스케(카시하라고고학연구소)

난고南鄕 유적과 고조五條 유적의 관련성에 대해서 말씀드리면요. 직접적인 관계는 없다고 생각합니다. 난고 유적에 거주했었다고 생각되는 도래계는 대부분의 사람들이 고분을 만들지 않았다고 생각이 됩니다. 확실한 증거는 없습니다. 그러나 두 가지 이상을 상정해 볼 수 있습니다. 첫 번째는 이동했다는 것. 두 번째는 취락 주변에 보면 옹관묘가 출토되었습니다. 아마도 옹관묘甕棺墓일 수도 있겠다는 생각이 듭니다. 근래 고분군에서 보면 거기에 나온 출토 유물들은 많은 부분들이 외국계의 유물들이 많이 출토되고 있는 상황입니다. 그런데 그 두 유적이 난고 유적과 치카우치近内 고분이 가까운 곳에 있었다는 점과 둘 다 모두 고분시대 전기에는 큰 유적이 안 나오는데 중기가 돼서 갑자기 큰 유적이 등장했다는 공통점이 있습니다. 직접적인 관계는 없었다고 생각이 드는데, 그러한 상황을 통해서 보면 어느 정도 관계는 있었지 않았을까 추정해 봅니다.

두 번째 질문에 대해서 답변 드리겠습니다. 발표에서도 말씀드렸다시피 나라현奈良県에서 우마 사육장이 어디일까 하는 고민을 해 본 적은 현재 없습니다. 지금까지는 카와치河内 지역에서 말을 생산해서 나라 쪽으로 보낸 것은 아닐까라고 추정해 왔습니다. 그런데 최근 출토 유물이라든지 아니면 그것을 통한 최근 분석을 통해서 보면 난고南鄕 유적 주변에서 아마도 말을 사육했을 가능성이 높다고 말씀드릴 수가 있겠습니다. 그러나 실질적인 연구는 지금부터라고 생각합니다. 지금 현재 말씀드릴 수 있는 것은 카와치 지역보다는 규모가 작다고는 말씀드릴 수 있습니다.

제염토기製塩土器에 대해서 간단히 말씀드리겠습니다. 지금 빨간 원 안에 나라 분지인데 여기 안에서는 대체적으로 제염토기가 출토되고 있습니다. 그러나 카와치 지역과 비교해 보면 그 양은 매우 적습니다. 카와치에서 100km 정도의 제염토기가 발굴된다면 야마토大和에서는 10km 정도 제염토기가 출토되고 있습니다. 아마 이것은 규모의 차이라고 생각이 됩니다. 그 이상의 것들은 앞으로 연구해 나갈 것을 약속드립니다.

세 번째 질문에 대한 답변을 드리겠습니다. 마키무쿠纒向 유적의 한식계漢式系 토기에 대해서는 모두 거기에 나온 것은 아주 작은 파편입니다. 내용에도 있지만 대개 추측에 불과할 뿐입니다. 최근 연구성과에 의하면 마한·백제계일 가능성이 있다는 정도입니다. 한 가지 말씀드리자면 한식계 토기는 3세기 말에서 4세기 초에 집중되어 있습니다. 그래서 지금부터 한국 연구자분들께 많은 것을 배우고 싶다고 생각하고 있습니다.

좌장 양기석(충북대학교)

더 말씀하실 것 있습니까?

권오영(서울대학교)

없습니다.

좌장 양기석(충북대학교)

예. 사실 제가 오늘 토론을 정리하면서 몇 가지를 공통으로 말씀드리려고 했는데 발표자 수도 많고 또 외국 분들이 있으셔서 급하게 가다 보니까 시간이 너무 늦어졌습니다. 아까 제가 서두에 5시 반은 안 넘기겠다고 했는데 이게 지키지도 못할 말을 했습니다. 대단히 죄송합니다.

마지막으로 정리하는 의미에서 사실은 오늘 검토되어야 할 부분이 우리가 백제 건국과 적석총積石塚 문제만 자꾸 연결시키고 있는데, 문헌과는 차이가 있습니다. 그렇다고 보면 아까 성 선생님이 말씀하신 대로 중서부 지역에서는 적석총과는 좀 다른 계통의 분구묘墳丘墓라든가 주구 달린 토광묘土壙墓 마한계 무덤이라고 그러죠. 이런 문화가 있는데 왜 서울은 그 얘기가 빠지냐. 그리고 또 그것이 아니라면 그것을 대체할 수 있는 선주 문화는 어떤 형태냐, 이런 것들이 앞으로 더 언급이 되어야 할 것 같고, 이런 것이 연결이 안 되니까 예를 들면 파주입니까, 임진강 쪽에 있다가 백제 지배 세력이 한성으로 제2차 이동해 왔다는 얘기들까지도 나오는 것 같습니다. 이런 문제는 아마 서울 지역에도 분명 있었을 텐데 도시화돼서 조사 안 된 채 없어지는 바람에 공백지대로 남아 있는 현상인 것 같습니다.

두 번째로는 백제 적석총 문제를 우리가 점토를 충전하는 방식 이것을 백제식 적석총이라고 얘기하고 실제 1호 북분이나 2호분이나 4호분은 그런 스타일이고, 또 반면에 할석으로만 채워진 고구려 스타일 1호 남분이나 3호분 같은 경우 구별이 되고 있습니다. 이런 것들을 과연 우리가 백제 시기다, 고구려 시기다 이렇게 나눠서 해야 할 이유가 뭔가. 시기 차가 크게 안 난다고 보면 이런 용어도 우리가 한 번쯤은 생각해 볼 필요가 있습니다.

또 하나는 매장 주체부의 문제입니다. 아까 임영진 선생님이 말씀하셨지만 석촌동에 대한 발굴 조사를 하면서 제한적으로 또 발굴 조사를 하다 보니까 매장 주체부를 찾지 못한 부분이 있습니다. 또 그 해석의 문제도 왕왕 있습니다. 또 심지어는 일부 구간 4호분 같은 경우에는 횡혈식 구조의 목실木室 구조라고 강 선생님이 또 말씀하신 부분도 있고 등등 해석상에 여러 가지 의견이 나오는 것도 발굴 조사가 충분치 않으니까 생긴 현상으로 생각이 됩니다. 그러다 보면 여러 가지 부수적인 문제도 많습니다. 이것은 석촌동 일대에 대한 기왕에 조사됐던 부분도 지금 경주에서 하는 것과 마찬가지로 앞으로 철저한 재조사가 이루어져야 할 것 같고, 뿐만 아니라 이 석촌동 주변에 있는 이런 부분까지도 더 심층적으로 조사해야 할 과제가 있는 것 같습니다. 다행히 1호분과 아까 오전에 답사했던 2호분 그 사이에 지금 현재 한성백제박물관에서 발굴한 그 부분이 정밀 조사가 돼서 혹시 미진했던 부분을 커버할 수 있다면 더 좋겠습니다마는 이런 부분들이 앞으로 더 밝혀져야 할 것 같습니다.

마지막으로 우리 학술대회에서 지금 주제가 근초고왕입니다. 지금 나타난 5개의 고분 중에서 3호분을 근초고왕묘라고 얘기하고 있습니다. 그러나 실제로 우리 고대 왕릉급 무덤에서 확실하게 무덤의 주인공이 알려진 것은 무령왕릉밖에는 없습니다. 묘지석이 나왔기 때문에 그렇죠. 물론 태왕릉도 있다고 하지만 태왕은 고구려에 여러 명이 명명되고 있기 때문에 무령왕릉밖에는 없습니다. 그러면 우리가 3호분을 근초고왕릉으로 일반적으로 얘기하고 있는데, 거기에서 나오는 유물 중에 청자반구병青瓷盤口瓶이라든가 이런 중국계 유물들에 대한 연대를 후대로 보는 사람이 있습니다. 그러면 또 근초고왕과 안 맞는 부분이 있습니다. 이것은 이 학술 주제와 관련된 문제이기 때문에 한 번은 간단하게 짚고 넘어가야 할 것 같습니다. 여기에 대해서 과거 김원룡 선생님이 나온 유물 가지고 3호분이 근초고왕릉일 가능성이 높다 이렇게 말씀하셨습니다. 여기에 대해서 박순발 선생님, 한번 말씀해 주실 수 있어요?

박순발(충남대학교)

말씀하신 대로 시간도 없지만 근초고왕릉이라고 추정으로 말씀하신 것은 김원룡 선생님께서 하셨고, 그것의 주된 근거로서는 기단, 말하자면 3호분의 동쪽 기단 아래층에서 나왔다고 하는 동진東晉 청자 반구 구연부편입니다. 그 연대의 반구의 높이라든지 이런 것으로 봐서 그것이 동진제다 하는, 동진제는 아시다시피 317 혹은 316, 420 아닙니까. 그 정도 범위 내인데, 그것을 가지고서 정확히 그것이 420년이냐 아니면 300 얼마냐 이렇게 말하기는 또 무척 어렵습니다. 그런 전반적인 상황을 고려할 때 반구 그것만 가지고 연대를 우리가 아무리 해 봐도 결론 안 날 일이지만 가능성이 있고요. 그리고 전체적으로 즙석葺石으로 무덤을 쓴다는 그 자체가 본래부터 있었느냐? 거기가 사실은 더 중요한 하나의 문제죠. 고구려와 관계해서 부여에서 내려와서 어쩌고 하는, 말하자면 사람이 내려오니까 무덤도 따라 내려올 것이다 하는 그런 쪽의 생각을 갖고 계신 분도 계시고, 그렇지 않고 고고학 자료로 보는 한 처음부터 그런 게 아니고 어느 단계부터 됐다고 했을 때 그 어느 부터라는 것이 대체로 근초고왕대일 가능성이 높다 하는 이런 정황론도 작용하고 있습니다. 그래서 오늘 말씀하신 대로 가장 중요한 이 핵심에 대해서 그렇게 우리가 거론하고 있지 못한 것에 대해서는 분명히 다음에 해야 하겠지만, 이 짧은 시간에 김원룡 선생님께서 말씀하신 그 취지만을 제가 말씀드릴 뿐이고, 제 개인 의견은 보태지 않겠습니다.

좌장 양기석(충북대학교)

예. 임영진 선생님도 발표문에서 그것을 언급하시고 가능성이 높다고 하셨으니까, 시간이 없으니까 그것을 받아들이겠습니다. 그다음에 또 하나는 적석총을 발굴하면서 매장 유구가 잘 안 나오니까, 이게 얼마 전에 쟁점백제사에서, 그랬죠? 쟁점백제사에서 이남석 선생님이 제단설을 주장한 적이 있습니다. 물론 극소수 의견이지만 여기에 대해서 성정용 선생님이 지금 시간이 없으니까 그것에 대해서. 예? 임 선생님은 말씀하셨는데요.

박순발(충남대학교)

강 선생님이 아까 그런 말씀을 하셨어요.

좌장 양기석(충북대학교)

강 선생님이 해 주시겠어요? 한마디만.

강현숙(동국대학교)

적석총이 매장부가 지상에 있죠. 더군다나 큰 무덤일수록 매장부는 지상에서 떨어져 있습니다. 그렇기 때문에 남아 있을 가능성이 그다지 없습니다. 그래서 매장부가 없다는 것이 무덤이 아니라는 절대적인 근거는 될 수가 없습니다.

좌장 양기석(충북대학교)

예. 감사합니다.

또 하나는 아까 강 선생님이 백제 석촌동고분군에 대한 발전 과정을 세 가지로 말씀해 주셨는데, 거기 보면 분구묘墳丘墓로 시작해서 거기에 적석을 하기 시작하고 완전히 고구려식으로 넘어갔다고 했는데 어떻게 보면 우리가 백제 왕실의 기원을 고구려 것으로만 그동안 생각을 하다 보니까 지금 집안에 있는 적석총만 그대로 그리는데, 이것은 어떻게 보면 자체 발전을 해 왔다는 것인데 그런 가능성을 또 말씀드리면 시간이 많이 필요합니다. 이것은 숙제로 두겠습니다. 앞으로도 자체 발생적인 측면에서 해석할 여지는 없겠는가? 왜냐면 한강 유역에도 연천이라든가 임진강이나 한강 중상류 쪽에도 그런 적석 유구묘들이 있고, 또 그 앞선 단계의 즙석봉토분葺石封土墳도 있기 때문에 그런 것도 다시 한 번 검토할 기회는 없는가 하는 생각입니다.

다음 또 하나 문제는 과연 한성시기에 백제 왕릉군의 범위가 어디까지냐의 문제입니다. 아까 강 선생님이 중국의 예를 들어서 거기에 배장陪葬도 있어야 하고 담장도 있어야 한다고 말씀하셨는데, 지금 적석총을 보면 담장은커녕 그 구별도 잘 안 되어 있고 아까 말씀드린 대로 토광묘土壙墓라든가 석광묘石壙墓라는 것이 또 적석총에 끼어들어가서, 물론 시간차는 분명치 않습니다마는 이게 도대체 분명치가 않습니다. 물론 방이동이니 석촌동이니 넓혀서 생각해 볼 수 있는데 이런 것이 단계적으로 어떻게 변화되는가, 이런 것도 우리가 검토해야 할 과제인 것 같습니다.

다음에 끝으로 지금 발굴조사를 하고 있습니다마는 앞으로 백제왕릉군을 어떻게 보존하고 우리가 잘 활용해야 하는가 이 문제에 대해서 한 1분 동안 여기 오신 분들이 한 말씀 다 하시고, 그다음에 끝으로 플로어에서 온 것 두 말씀만, 시간이 좀 늘어나더라도 얘기를 하고 끝내도록 하겠습니다.

그러면 시작은 앉은 순서대로 성 선생님께서 백제왕릉군을 어떻게 보존해야 하며 우리가 어떻게 또 활용을 해야 하는가, 어떻게 또 앞으로 조사를 진행해야 하는가. 1분입니다. 1분 넘으면 마이크를 끄겠습니다. 말씀해 주시죠.

성정용(충북대학교)

예. 제가 또 시작을 하게 되었습니다. 아까 제가 외람되어도 중서부 지역, 충청 지역에 조사한 것을 보여드린 것은 다름이 아니라 저희 서울 지역이 가지고 있던 개발 이런 것으로 일어나는 탐욕 때문에 일어난 어떻게 보면 지금 백제의 한성기를 잘 모르는 참사를 일으킨 것 때문에 말씀드렸던 겁니다. 충청 지역이 고고학 자료가 좋은 게 아니라 그쪽 지역은 그래도 개발이나 그런 것이 조금 덜된 측면 때문에 최근에 뭔가 알려지게 됐던 건데, 근래 백제 지역 석촌동 아까 보셨지만 그 부분은 정말 일부만 남아 있는 겁니다. 조가영 선생님이 복원한 것에 따르면 지금 현재 남아 있는 것은 10분의 1도 안 되는 부분인데, 석촌동의 동쪽 지역이 전부 고분군 지역이고, 이 지역이 앞으로 백제 한성기 초기의 역사를 밝혀 줄 키워드가 될 수도 있는데, 근래 문화재청과 송파구 쪽에서는 오히려 그런 지역에 건물이 들어설 때 조사도 안 하고 할 수 있게 완화시키는 쪽으로 하고 있다고 합니다. 오히려 이렇게 중요한 지역을, 도 기념눈화재조자도 주변 지역에 대해서 공사할 때 오히려 더 강화시켜서 조사를 하게하고 있는데, 가장 핵심적인 지역조차도 오히려 풀어 주는 현상이 이 시점에 서울에서 일어나고 있다고 합니다. 이것을 어떻게 설명해야 할까요. 이렇게 학술대회도 중요하지만, 주변 지역에서 석촌동 그리고 풍납토성, 몽촌토성 이 일대를 전부 어떻게 저희가 정말 잘 조사해서 앞으로 활용해야 할지 여기 계신 분들이 지혜를 모아야 할 때가 아닌가 생각합니다.

좌장 양기석(충북대학교)

예, 고맙습니다. 그다음에 최 선생님. 간단히 해 주세요.

최종택(고려대학교)

1분 동안 말씀드릴 내용은 아닌 것 같고요. 관련 학술회의를 또 해도 모자랄 거라고 생각합니다. 이 정도로 말씀드리겠습니다.

좌장 양기석(충북대학교)

예. 박순발 선생님.

박순발(충남대학교)

서울시가 추진하고 있는 것 중에 하나 유네스코 세계유산 등재추진입니다. 그중에 풍납토성, 몽촌토성. 아마 풍납토성에 초점이 맞추어져 있는 것 같은데 산 사람들의 공간 말고 말하자면 무덤 공간, 즉 왕릉군 이것 없이는 불완전한 것이죠. 지금 조금 남아 있지만 그래도 그것이 유일한 희망이라고 생각합니다. 그것 없으면 결격 사유입니다.

좌장 양기석(충북대학교)

예. 권오영 선생님.

권오영(서울대학교)

30초 만에 끝내겠습니다. 첫 번째, 능원을 찾으려면 고분공원만이 아니라 주변도 주목해야 한다는 당연한 얘기고요. 두 번째는 지금 민가에 유적이 있을 가능성을 생각해야 한다. 마지막으로 적석총의 발생과 왕릉 문제를 해결할 수 있는 또 하나의 유일한 희망 중에 하나는 5호분인데 이것은 너무 쉽게 함부로 파지 말고 정말 공부를 하고 연구한 다음, 어느 정도 물이 올랐을 경우에 정말 신중하게 마지막 희망을 가지고 파볼 수가 있겠다, 이 정도입니다.

좌장 양기석(충북대학교)

예, 고맙습니다. 임영진 선생님.

임영진(전남대학교)

이미 파괴된 것들에 대한 아쉬움은 너무 크지만 남아 있는 것만이라도 앞으로 제대로 발굴해서 그것이 가지고 있는 역사적인 정보를 최대한 찾아낼 수 있도록 경제적인, 행정적인 지원을 해 주시는 게 좋겠다. 여기에 지금 강감창 의원님께서 어제부터 오늘 토론까지 지키고 계시는데, 정말 저는 중요한 일이라고 생각합니다. 학자들만의 일이 아니고 지역 주민이라든가 국가적인 입장에서 관심을 가질 필요가 있기 때문에 정말로 감사하다는 말씀을 드리고 싶고요. 제가 몇 년 만에 석촌동고분군을 방문했는데 경관이 크게 달라져 있습니다. 다들 느끼셨겠지만 롯데 제2빌딩인가요, 엄청난 높이로 솟아있죠. 그게 500m가 넘는다고 들었는데, 석촌동고분군에서 그렇게 우뚝 보이는 롯데빌딩이라면 롯데빌딩 옥상쯤에서 석촌동고분을 바라보는 경관은 어떨까요. 제가 롯데 회장이라면 석촌동고분군과 몽촌토성, 풍납토성이 한눈에 내려다보이는 가장 전망 좋은 한 층을 박물관으로 만들겠어요. 전시실로. 얼마나 현실적인 얘기인지는 모르겠지만. 롯데가 정말 지역 주민에게, 이 국가에 기여할 수 있는 것이라면 그런 전략이 아닐까 싶어요. 오히려 롯데는 한 층을 잃는 게 아니고 엄청난 가치를 갖는 겁니다. 그래서 저희 같은 사람은 백날 얘기해 봤자 어려울 거고, 강 의원님 같은 분들이 나서주신다면 희망은 그래도 있지 않을까 생각해서 청을 드리면서 말을 마칠까 합니다.

좌장 양기석(충북대학교)

예. 강현숙 선생님.

강현숙(동국대학교)

제가 드리고 싶은 말씀 앞에 다 하셨는데요. 여기 여러 분야의 여러 분들이 오셨는데 요새는 문화재 하면 떠오르는 게 규제 대상이란 얘기도 아까 말씀드렸지만 활용을 먼저 얘기를 합니다. 문화유산 활용. 그런데 문화유산을 활용하기 위해서는 철저한 조사와 연구가 뒷받침되어야 활용이 가능합니다. 그런데 조사, 연구 과정은 건너뛰고 활용만 주장하고 있거든요. 특히 석촌동고분군에서 더욱더 필요한 게 철저한 조사, 그리고 연구, 그러고 나서 왕릉군으로서 어떻게 활용할 건가를 생각해야 할 것 같습니다.

좌장 양기석(충북대학교)

예. 다음 외국인 분이지만 한 말씀 부탁드립니다.

허장생(동진역사문화박물관)

이번에 와서 상당히 영광스러운 기회를 가져서 좋고 또 수확도 많았습니다. 아침에 석촌동 유적 공원과 발굴 현장을 보고 느낀 게 상당히 많았습니다. 주변 경관 그리고 주변 지역의 시민들과 함께 어우러지는 유기체가 중국이든 한국이든 되어야 한다고 생각해서 중국에서 없는 광경을 보게 돼서 상당히 큰 수확이었습니다. 아마 중국에서도 이 점이 반드시 강조가 될 것 같습니다. 먼저 최대한의 보존과 보호가 필요하고 그다음에 활용이 되어야 한다고 생각합니다. 이상입니다.

좌장 양기석(충북대학교)

조 선생님.

조윤재(고려대학교)

저는 뛰어넘겠습니다.

아오야기 다이스케(카시하라고고학연구소)

저는 앞에서 말씀하신 강 선생님 의견과 거의 같습니다. 모르는 것은 많고 관심은 많기 때문에 계속해서 연구는 진행되어야 한다고 생각합니다. 그것이 의미가 있다고 생각합니다. 이상입니다.

좌장 양기석(충북대학교)

임영진 선생님에 대한 질문인 것 같습니다. 석촌동 2호분 하부에 강돌을 깔았다는 설명을 하셨습니다. 보여 주신 사진에는 강돌 외에 할석, 즉 깬 돌이 보이고 있는데 오늘 석촌동 발굴 현장 1호 목관묘木棺墓 주변에 보니까 할석들이 많이 배치되어 있습니다. 혹시 연관성이 있는 지 간단하게 말씀해 주시기 바랍니다.

임영신(전남대학교)

굉장히 예리하게 관찰하신 질문이시네요. 석촌동 2호분의 경우는 중심 부분이 아직 발굴이 덜됐고, 서북구하고 동북구가 일부 발굴됐는데요. 발표시에 말씀드렸다시피 목관木棺이 나온 지역은 2호분 전에 소분구를 가진 조그마한 무덤이었습니다. 그것을 포괄하여 크게 2호분을 축조하면서 그 주변 묘역 바닥에 잔돌을 깔았고 외부 쪽은 석축을 하기 위해서 상당히 큰 돌을 썼어요. 그래서 소규모 봉분이 확인된 선행 목관 주변에는 전혀 그런 시설이 없고, 그 주변은 잔돌, 그리고 석축에 가까운 부분은 폭은 차이가 있지만 상당히 큰 할석, 이렇게 구분이 됩니다.

좌장 양기석(충북대학교)

예. 어제부터 오늘 이틀 근초고왕에 대한 국제학술대회가 진행되었습니다. 어제 오늘 마찬가지로 근초고왕의 위업은 아무리 강조해도 지나치지 않습니다. 오늘날 서울이 대한민국의 심장부고 수도인 것은 틀림없습니다. 과거에 서울시에서는 정도 600년 해서 조선시대만을 강조해 왔습니다마는, 사실 오늘날의 뿌리는 우리가 찾아올라가게 되면 백제의 정도, 한성시대 정도로서의 위상에서 찾을 수가 있습니다. 그래서 석촌동을 사랑하는 마음은 곧 백제를 사랑하는 마음이고, 나아가서는 오늘날 서울 시민들의 정체성과도 관련이 있는 중요한 문제입니다. 오늘도 사실 시간이 5시 반입니다마는 시간이 또 더 연장이 돼서 다 서울 석촌동과 백제를 사랑하는 마음으로 이렇게 오랜 시간까지 우리가 시간을 함께 했습니다. 이 사랑하는 마음이 앞으로 더 석촌동의 비밀을 밝힐 수 있는 좋은 계기가 되기를 염원하면서 오늘 참석해 주신 플로어에 계신 여러분들 또 발표해 주신 분, 토론해 주신 분, 또 멀리 비행기 타고 석촌동에 대해서 좋은 말씀을 해 주신 여러 외국인분들께 모두 감사의 말씀을 드리면서 오늘 학술대회를 모두 마치겠습니다. 감사합니다.

(장내 박수)